植民地神社と帝国日本

青井哲人【著】

吉川弘文館

目次

II　境内の生成と変容

挿図表目次

序論　日本植民都市と神社境内

日本の植民地支配の拠点となり、また支配民族（日本人）と被支配民族の居住空間となった「都市」とは、どのようなものだったのか。都市がまず物的・空間的環境としてつくり出されるとすれば、その形態を決定づけるのは何か。こうした問いに答えるため、本書は「神社」に着目している。「日本植民都市」(1)の史的特質を明らかにするために、神社とその境内に着目したのであって、その逆ではない。もちろん、そのかぎりにおいて、本書は植民地につくられた神社とは何だったのか、国家神道とは何なのかという問題にも、これまでとは少し異なる角度からの光を当てることになっているのではないかと思う。

では、神社への着目は、日本植民都市のどのような側面に照明を当てうるのか。それを通して、どのような植民都市論を切り出しうるのか。もちろん本書を通じてそのことは明らかになっていくはずであるが、ここであらかじめその大まかな見取り図を示しておきたい。

1　日本近代都市史研究の現在

まず、「日本近代都市史研究」として近年定義されつつある研究領域の展開過程を簡単に振り返り、ついで「日本植民都市史研究」の状況をみていくことにしたい。

この分野の研究史の総括としては、原田敬一、横井敏郎、成田龍一によるものがある。(2)それらによれば、まず一九六〇年代の圧倒的な都市化を背景とした「都市への関心」が都市の近代をめぐる歴史的な研究の必要性を喚起した。あるいは歴史的眼差しが向けるべき対象として、都市が特徴的な場として発見されたと言ってもよい。これ以降、とりわけ都市下層社会を中心とする都市問題、都市民衆、都市政策の交わる領域に、歴史研究の成果が蓄積されていく。ただし、こうした先駆的な研究は、経済学・社会学・政治学・法学・財政学、あるいは建築学・都市工学といった各領域において、個別にその下位領域を形成する動き、あるいは都市の自治や市民の行動原理をめぐる「都市論」を基礎づけるものとして登場している。また、基本的には都市政策を軸とするこれらの研究群の一方に、文学テクストによる都市空間経験の史的分析など、その後の「生きられた都市」をめぐる研究群の源流もかたちづくられる。歴史学はむしろこうした場に後から参入するかたちとなったこともしばしば指摘される。八〇年代後半から九〇年代には、人口動態や社会的分業、交通や都市間ネットワークなど、いわゆる都市化をめぐる基礎的問題群はもちろん、これ以外にも多様な都市史研究が展開されるようになる。権力を都市成立の要とする議論はそのひとつであり、また近代的生活をめぐる諸種の規範が生成され、また市民に注入される空間として都市を捉える潮流もあらわれる。さらには災害、病、風俗、観光への注目、郊外、女性の対象化、あるいはこれらを通した都市的な生活様式や心性へのアプローチも登場してくる。そして、それら多様な研究群の配置関係を描き出す試みを通して、次第にひとつの研究分野としての自立が意識されるようになっていく。いわゆる江戸東京学の隆盛が都市史研究の定着に果たした役割も大きい。こうして、個別分野の下位領域を形成していた都市への歴史的アプローチの成果が、あらためて都市史研究としての大きな構図のなかに組み込まれ、「近代日本都市史」として括られうる全体像が見えるようになってきたのであり、それが一定の認知を得るとともに、個別研究の寄せ集めという次元を超えた、都市史研究の独自の方法的自覚とともに今後の展望が問われるようになっている。

歴史学者によるこうした日本近代都市史研究の総括において、建築学・都市工学の領域からのアプローチはどのように整理されているだろうか。それは、今のところはっきりと二つに分けられる傾向にある。そのひとつは、石田頼房、越沢明、藤森照信らを先駆として膨大な研究群を産んでいる都市計画史研究であり[3]、他のひとつは、初田亨、橋爪伸也らによるいわば民俗学的な都市史研究である[4]。前者は工学的側面における都市政策史の研究であり、後者は広い意味で「生きられた都市」をめぐる歴史研究であるといってよいから、その意味では「近代日本都市史研究」の大きな動向との矛盾やズレはない。

前者の「都市計画史研究」は、まず近代都市計画の出自を歴史的に問うことを目的に出発している。近代都市計画の思想、法制度、技術、あるいは人物をめぐって、欧米都市計画を参照しつつ、日本におけるその受容と変形、あるいは個別都市での実現過程を主に問題にする。またこの方面の研究では、都市は主として道路や下水道などの基盤施設（インフラストラクチャー）の面において捉えられる。一方後者の「民俗学的都市史研究」では、この基盤施設の上に展開する、一般の住宅や商店などが中心的な対象となる。もちろん、都市計画史研究においても住宅問題は不可欠の焦点であるが、それはあくまでも住宅政策や住宅地計画の制度・技法への関心である。その視点が、単純にいえば公共権力とテクノクラシーの側にあるとすれば、後者の視点はアノニマスな都市民衆の側にある。また、前者が基本的にはつねに近代化という尺度においてその最前線・最先端を見ようとする傾向を持つとすれば、後者は無名の人々の生活文化の持続性と、そこにおける近代化の受容や経験の問題、あるいは近代化という単線的な尺度では捉えられない豊かな都市現象に着目する。日常の生活空間に対して、一方では非日常的な盛り場や遊興の空間への着目が一定の研究群をかたちづくっていることも、この文脈から押さえておくべきだろう。

建築学・都市工学領域の研究は、もちろん物的・空間的環境（都市施設およびそれがつくり出す空間）を扱うことに共通の基盤があり、都市史研究全体からみてもそこに独自の方法と成果が期待されているわけだが、あえて単純化していえば「都市計画史研究」と「民俗学的都市史研究」という二つの極のあいだに多くの研究を位置づけることができるだろう。

2　都市計画史研究と都市史研究

以上を念頭に置いて、日本植民都市に関する研究を振り返ってみると、やはりよく似た布置が観察されるのに気づくだろう。まず歴史学一般において、日本植民地史研究の主流をなす関心は経済的側面と政治的側面にあるといえよう。前者は植民地の産業化と資本主義の問題、後者は帝国全体から個別植民地にわたる統治構造と独立運動の問題などとして展開されており、この両面が都市の問題にもなるわけだが、いずれかといえば都市への明確なアプローチは都市化をめぐる経済史的研究の側で示されてきたと思われる。(5)これに対して、建築学・都市工学、あるいは地理学の方面に、都市計画の歴史研究としての「日本植民都市計画史研究」として一括できるような研究蓄積がある。(6)

一方、「生きられた都市」として日本植民都市をとらえる研究はまだ少ない。植民地の都市社会に踏み込んでいくのがひとつのアプローチであり、文学テクストを素材とした研究もみられる。しかし、いずれの場合も日本植民地における支配／被支配の政治的・経済的・社会的・文化的構造をそこに読み取ろうとする態度が明確に前提とされており、性急にその答えに至ろうとする傾向がみられるのが、植民地を対象とした研究のひとつの特徴であろう。また、こうした研究の布置をいちおう描くことはできるものの、計画史、政策史への大きな偏りは否定しがたく、「日本植民都市史研究」への方法的自覚の形成はまだまだ遅れているように筆者には思われる。ここでは、このことを都市計画史研究をめぐって考えておきたい。

「都市計画史研究」の特徴については先にも述べたが、植民地の都市計画に関する研究の場合、それと同様の特徴を有する一方、独特の性格もある。まず日本人研究者が植民地の都市計画に目を向ける際には、それが植民地という条件ゆえにむしろ日本内地で後に実現する制度や手法を先取りしていたことへの注目が特徴的である。都市計画は植民地においてこそ先進的であり、それが後に内地に「還流」する。植民地は「都市計画の実験室」だというわけである。都市計画史研究が、基本的には近代化という直線的な尺度において、都市計画体系の受容・実現の最先端を見ようとする以上、そのパースペクティブが海外地域まで含めて日本近代の都市計画史として見渡そうとするのは、ある意味では当然なのである。しかし、歴史研究の方法的態度という点では、これではあまりに自足的にすぎよう。

一方、旧植民地各国の研究者が、自国の都市計画史の出自を問うというかたちでも、植民都市計画史の研究は進展してきた。戦後都市計画が植民地期の都市計画をほぼ直接に受け継いだものであるという事情からすれば、まずもってその歴史的な成り立ちに関する知識が必要とされたというのが実情の一端であろう。しかし、韓国でも台湾でも、かつて日本によって自国に実施された都市計画に対する批判としての歴史記述の意義もむろん自覚されてきた。「実験室」が他ならぬ自国である者にとって、「先進性」とは何だろうか。

植民都市計画は、自国都市の連続的な時間に対しては外的なインパクトであるが、同時に自国の都市計画の歴史的出自であり、ゆえに自国の都市の一部ですらあるという両義性を持っている。実は、この両義性こそ、「都市計画史研究」を「都市史研究」へと接続し展開するうえでの重要な手がかりとなる。(7) 逆に、文字通り都市計画そのものを対象とする「植民都市計画史研究」の範疇にとどまるかぎり、この両義性を正面から受け止めることはできないだろう。

実際、従来の「都市計画史研究」では、在来都市の変容過程を復原し、具体的な変化と持続を読みとったうえで、都市計画のインパクトを計測するという態度はほとんど抜け落ちている。場合によっては、計画図を時系列に沿って並べ、それを当該都市の歴史と同一視していると思われるような研究も少なくない。しかし、それは従来の都市計画史研究が当の「都市計画」そのものを史的に評価するための外在的な評価軸を欠いてきたことを意味する（先進性だけが強調されるのは、その他の評価の枠組みが不在であることを意味している）。

本書が扱う朝鮮や台湾の都市は、すでに長い発達の過程を歩んできたものが多い。それを日本の植民地政府と、その支配の下にあった日本人住民や現地住民が、それぞれの可能性と限界のなかで、一定の時間をかけてつくり変えていくプロセスを、様々な角度から復原する作業が積み重ねられねばならない。植民地支配をめぐる歴史過程において、具体的な生活環境に何が足され、何が削り取られ、あるいは何と何が重合し、何が生み出されたのかを丁寧に解きほぐす作業が望まれる。本書は、そうした試みのひとつを、神社境内に即して行ったものである。

3　都市施設としての神社

都市とは、人口と施設が高密に配置された一定の空間的な拡がりである。都市の特性のひとつはこの「集積」という点にあり、そこにあらゆる機能の連関とともに権力関係もが空間的に配置される。しかも植民都市においては、異なる社会が一定の空間を共有するのであって、権力関係とはまず支配者が被支配社会を統治する関係である。こうした文脈からしても、植民都市史研究の根幹には都市の諸構成要素の空間的配置を明らかにする作業がなければならないだろう。

ところで、一口に日本植民都市といっても、そこには様々な類型がある。行政都市、港湾都市、工業都市が代表格であろうか。そうした都市を編成するために、日本はどのような諸施設のセットを必要としたのだろうか。また、その建設はどのようにして進められたであろうか。

陳正哲は、台湾における植民地政府による建設事業の出発の経緯とその特質を、非常に要領よく整理している(8)。それによれば、一八九五年(明治二十八)六月に総督府始政式が執り行われ、翌年に律令第六三号「台湾ニ施行スヘキ法令ニ関スル件」に基づいて総督の権限と総督府官制が整うまでの間は基本的に軍政の時期であり、主として軍事活動上の必要性という観点から、道路・鉄道・橋梁・港湾などの建設は工兵隊が、また庁舎・兵舎などの建設もやはり陸軍色の強い営繕機構が受け持った。総督府が確立すると、民政部門が拡充され、建設事業も多様化していくが、都市建設という局面でそれらを束ねる強力な政策目標となったのは「衛生」であった。総督府に中央衛生会が設置され、都市改造の方向性がつくり出されていく。一八九八年(明治三十一)には児玉源太郎総督とともに、日本の植民都市政策の最重要人物といってよい後藤新平が民政長官として着任すると、滞っていた築港・鉄道建設も民政部門に移され、市区改正を含む多方面の建設事業が本格的に実行に移される。後藤は諸種の調査事業をも精力的に推進し、「衛生」に加えて「産業」を柱とした植民地建設を主導していった。明治末の台湾における建設事業は、北の基隆、南の高雄における近代港湾の建設、これらを端点として全島を縦貫する鉄道線の建設(清末に建設されていた北半の狭軌道路線の広軌化ならびに南半の新設、一九〇八年完成)、そしてこの鉄道によって数珠繋ぎにされる枢要都市を対象とした市区改正事業、の三者からなる明快な構図で説明できる(初期の市区改正事業は、基隆、高雄の両港湾都市、首府の台北の他、台中、台南などの主たる行政都市を対象としている)。市区改正は、狭隘かつ屈曲した街路ネットワークに特徴づけられる在来都市に、整然たる広幅員の街路ネットワークを切り開きつつ、同時に下水道を整備して、交通と衛生が担保された壮麗な都市を実現していった。一方、官庁、官舎の建設体制も整えられていき、さらに内地資本の扶植と専売制の確立にかかわる金融機関や工場の建設なども進められた。こうして、軍・官・産による強力なインフラ建設と資源開発、都市改造という方向性が実質的な成果を納めていくのであり、これら建設事業そのものにも、内地の財閥企業や政商、内地人請負業者などの進出が付随した。

こうした動向を概観したうえで、陳正哲は市区改正（都市改造）と連動しながら市中の一般的な都市建築の生産を受け持った事業体の存在に視野を移していく。従来の都市計画史研究では解明できない、住宅・商店の生産過程と、そこに見出される「日本生活文化」の浸透・定着の様相を、陳は見出そうとするのである。先に筆者が展望した植民都市史研究のひとつのあり方を彼は具体的かつ精緻に示しており、注目すべきものがある。

他方、朝鮮半島の場合には、総督府施政に先行して居留地への勢力扶植の時代と統監府による保護統治の時代があってやや複雑になるし、資源開発という点では台湾のような利益を生み出さなかった。しかし、近代港湾、鉄道、市区改正を三本柱とする建設事業の基本はおおむね同じであった。

ここで付言しておけば、左のように概観される植民地台湾の建設事業に、さらに市場、監獄、病院、教育施設なども加えることができよう。これらを通して、植民都市住民に求められる規律・規範が注入されていったと考えられる。この点にかかわる研究もまだまとまった成果を生んでいないが、近代都市史研究としては不可欠の問題群がここにもある。

本書は、こうした諸種の都市施設の一覧表のなかに、神社を組み込もうとする試みであるといってもよい。言い換えれば、神社を都市施設のひとつとしてとりあげるのである。I—二で述べるように、第二次世界大戦終結の時点で、公式の神社数は台湾六八、朝鮮八二であり、これで行政都市・港湾都市・工業都市などの市レベルの都市と、各郡の中心都市のすべてがおおむね神社を有するに至った見当である。さらに、法的な「神社」の定義を満たさず、その予備群として制度化されていた台湾の「社」と、朝鮮の「神祠」の数が、それぞれ一三二、八六二であった。これで人口規模のより小さな地方の市街や村落にも、かなりの程度まで神社設置が進んだとみなせる。神社建設のはじまる時期については、朝鮮では明治十年代以降の居留地時代と早く、いわゆる「日韓併合」以前にすでに後の主要都市の鎮守は出そろっていた。台湾でも総督府始政の二年後に最初の神社が設置され、以後、市区改正が行われるような地方中核都市から順に神社の創建がおこっている。そこには一般に、道路・下水道や官庁・官舎などの建設事業が一段落ついてから、機をみて神社を建設するといった段階的な序列はない。神社建設はむしろ他の都市施設の整備と同時的に行われ、都市建設の不可欠の一部分を構成していたといってよい。軍・官・産による強力なインフラ建設に特徴づけられる植民地の建設事業と、一種の宗教施設である神社の建設とは、従来おそらく同じ水準、同じ枠組みでは位置づけにくいという先入観があったのではないか。しかしながら、むしろ植民都市建設の大きな構造のなかに、神社建設が確固たる位置を占めていたことが、本書を通じて示されることになろう。

これまでに都市史的観点から神社を位置づけた研究は、管見では五島寧の論考をのぞけばほぼ皆無である。(9) 日本内地に目を転じても、近代都市の施設としての神社を明確に位置づけた議論はほとんどないのだが、ただ本書も負うところの大きい先行研究として、羽賀祥二による地方都市の社会編成と神道の形成に関する研究、中嶋節子による京都の近代山林景観に関する研究を特筆しておきたい。(10) 本書では、こうした先行研究を踏まえつつ、神社境内という環境の形成そのものを正面から見据えて、朝鮮半島と台湾の事例において具体的に跡づけ、これを都市史的な観点から論じている。では、都市施設としての神社の特質は、どのような点に見出されるだろうか。

4 神社境内と自然環境

本書が最も強調したい点は、都市施設としての神社が、他の多くの施設とは異なって、自身の存立のためにほぼ例外なく自然的環境を必要としたことである。境内林、神苑、林苑など様々に呼ばれる森を、神社は必ず伴う。もちろん、それは純然たる自然ではありえない。神社境内は、人工的につくられた一種の構築環境 built environment でありながら、同時に、自然環境 natural environment であることを擬するという独特の性質がある。神社境内という、日本植民地の重要な都市施設の一項目は、このような両義性をもっている。ここから、さまざまな議論が派生する。

なぜ、日本人は植民地においても神社境内を自然的環境として整備することを、当然のように推し進めたのか。これを伝統的な日本文化とか、あるいは超歴史的な神社の特質といったものに帰すことはできない。しかし、神社の建設にかかわった政府官僚や市民、技術者や有識者たちは、その境内環境に（彼らが当然のものと考える）神社本来の特性を表出せしめるべきことを信じて疑わなかっただろう。その背後には、むろん「皇民ナショナリズム」などと呼ばれるものがあった。神社創立にかかわる趣意書などの多くは、神社を異郷の地における日本人の、そして時に被支配者となる人々を含めて「民心帰一」の象徴とし、神社の存立によって確認される「敬神崇祖の念」が「国民道徳」「国民精神」「国民文化」の源であると述べる。もちろん、こうした常套句に表現されるイデオロギーと、神社境内の環境形成上の特質とが直結するわけではないし、そのあいだの飛躍を客観的に埋めることなどできない。ただ、道路や官庁建築などがヨーロッパを範型として設計されたのと対照的に、神社は彼らが意識的・無意識的に信じる日本的特性をほぼ無条件に担保せねばならない施設であったように見える。

たしかに、日本植民地の文化的環境にはこうした二重性が様々に見出される。一例をあげれば、植民都市に建てられた日本人住居は、表通りに面しては洋風の外観をみせるのに対して、内部に入ると畳敷きの生活を担保していた。しかし、畳敷きの部屋が個人の生活の内側に属し、都市的レベルではいわば集合的な内面性をかたちづくるのに対して、いつでも誰にでも開かれた神社境内は人々の外面的な社会的行動が直接に集合する文字通りの「公共空間」であった。神社境内では、市民が参拝、散策、休息のひとときを過ごし、あるいは観光客たちが参拝を済ませて眼下のパノラマを楽しみ、また時に何千人という規模の人間が神の前に厳かに整然と列をなし、あるいは祭典の騒然たる熱気に沸き立つこともあった。

石造・煉瓦造のヨーロッパ的な建築景観によって、近代文明を手にした植民地政府の権威を表象する業務中心地区。鬱蒼たる森林景観と木造建築によって精神的結合や宗教的権威の表象を担う神社境内。これらが、植民都市住民に対して求められる「規範」を両面から提供したであろうことは想像に難くない。ここに例示してきたような神社境内の公共性の特質を一言で表現することは難しいが、本書は物的・空間的環境の様相を復原していくことで、この問題を問うにあたって足がかりとなる具体的なイメージ群を提供することになろう。

ところで、神社はその類型によって社会的な支持集団が異なり、制度的条件も異なり、具体的な建設に投入される技術者の立場や思想も異なってくる。そうした複合的な諸条件によって神社の環境は形成され、それが都市社会に組み込まれ、また都市景観をかたちづくったのである。この関係は歴史的にも大きく変化していくから、その点にも留意しながら神社境内をめぐる可能なかぎり詳細な景観復原を試み、その背後の諸関係を描き出していく作業が、本書II―一~三章で展開されている。

なお、これまでのところ、建築史の分野における近代神社の研究はまったく蓄積の不十分な領域として残されている。日本国内については、「近代和風建築」という概念の下で明治以降の和風建築が都道府県単位で悉皆調査されており、このなかに神社が含まれてはいる。しかし歴史研究としての展開となると、これとはいちおう別に行われてきた丸山茂、藤原恵洋、藤岡洋保らによる個別の成果こそあるもの の(11)、どのような視角からするにせよ包括的な近代神社建築史の議論構築にはほど遠い状況にある。そうしたなかで、台湾の神社建築をめぐって現存資料を丹念に集め包括的に位置づけた黄士娟の仕事は特筆されてよい(12)。

神社の場合、その下位機能ごとに独立した名前を持つ社殿が必要とされることに建築構成上の特質がある。つまり本殿、拝殿、祝詞殿、神饌所などのことだが、これらを一体的な建築の内部におさめてしまうことはまずなく、互いに独立の棟として分節するのを前提として、それらを再構成するから、その構成のパタンと変遷を見極めるのが要点のひとつである。しかし一方で、神社は決して建築物だけでは完成せず、境内林という自然的環境や、市街地と連絡する参道、神橋などを含めた包括的な環境の形成を必ず必要とすることにも特徴があり、しかも境内全体の設計と社殿建築の設計とは密接に連関しながら変遷した。当該の神社にその社会的支持者たちが要求する機能、植民地政府による制度的規制・誘導、設計技術者たちのバックグラウンドや思想・技術なども、こうした枠組みにおいて検討しなければ片手落ちになる可能性がある。本書ではこのような観点から、神社の物的・空間的環境を扱っており、これまでの近代神社建築研究の欠落を埋めるだけでなく、方法論上の提案をも意図している。

5　世俗的／宗教的権力の空間的配分

朝鮮総督府技師・笹慶一は、一九三六年（昭和十一）に行った講演のなかで、内地の神社には平地の立地も多いのに、外地（植民地）ではことごとく山の中腹であると言っている。(13) 植民都市では、神社はただ森をともなうだけでなく、「山」への立地を好んだのである。日本都市もそうだが、台湾や朝鮮の都市も、ほぼ例外なく市街地の中心部から遠からぬところに山がある。神社が多く山の中腹に立地するという場合、それは市街周縁部に立ち上がる山のことを指している。たしかに、植民地において神社が市街地の中心部に立地する例は稀である。

とすれば、欧米列国の植民都市のように、世俗的権力の装置（政府行政機関）と宗教的権力の装置（教会）とを市街中心部に集約する一元的な空間編成を、一般に日本の植民都市は採らないということを意味する。これは少なくとも都市空間の編成という点で、ヨーロッパとは異なる、日本的な植民都市計画の特徴として定式化しうる可能性があり、重要である。

このことについて議論を進めるうえで、まず次の点を確認しておきたい。市街周縁の山に、自然的環境を伴って建設される神社が都市の重要な施設のひとつであるのだとすれば、日本の植民都市は、人工的構築物に被われた区域（built-up area）としての市街地だけでなく、それが途切れるところに立ち上がる「山」の自然的環境をも含めて捉えるべきだということである。もっとも、このことはたとえば京都のような都市ならばほとんど自明のことと言ってよい。たとえば東山は、仏教寺院や公家、武家の拠点が進出していく熱い前線であり、これら拠点群を無視して京都の都市史は語れないだろうからである。実際、遷都直後の平安京は、朱雀大路を中心に置き、左京・右京がまったく左右対称に展開する平面図によって語られるが、これに対して平安後期以降の京都は、賀茂川を中央に置き、洛中（市街）と洛外（山）を左右に置いた（やはりある意味で対称的な）平面図によって論じられることはよく知られるとおりである。都市史研究において踏まえるべき肝要な点がここに示唆されている。つまり、都市の拡がりは市街地（built-up area）の拡がりに一致するわけではなく、そのうえ地域や時代によって大きく変化しうるということである。とすれば、都市権力の計画的意志とともに、都市住民の日常生活での行動範囲や、景観としての都市認識、あるいは祭典における非日常的な空間の拡がりのとらえ方などといった問題を具体的にみていく必要があろう。

その意味で、道路・下水道、官庁・官舎といった純然たる構築環境だけを対象としてきたこれまでの日本植民都市研究は、その視野を訂正せねばならない。私たちは神社境内が立地する「山」をはじめとする自然的環境をも含めて、日本の植民都市を見なければならないのである。しかも、こうした日本植民都市の特徴は、当時の「都市計画」の概念の内には決して明示されていない。言い換えれば、「都市計画史研究」の従来の領域を超えている。

次に、神社が市街地周縁部の「山」の中腹に設置されるのであれば、それと市街地中心部とはどのように結びつけられたのかを問う必要がある。言い換えれば、狭義の「都市計画」への神社境内の接続である。植民地においておおむね一九三〇年代半まで用いられた都市計画は、制度的・技術的には単純なもので、基本的には道路と下水道という基盤施設の建設を主眼としているが、それによって既存都市を時としてドラスティックに改造していった。「市区改正」がそれである。この場合、都市の青写真を「市区計画」といったが、これと神社境内の立地との関係をみるのである。一方、内地の都市計画法（一九一九）において確立された「近代都市計画」と呼ばれる法的・技術的体系は、植民地では一九三〇年代半ば以降になって導入される。この段階になると、体系的な土地利用計画によって都市は全体にわたり精緻に計画・コントロールされるようになるのだが、そこにおいては、たとえば神社境内は包括的な緑地計画や公園系統といった新しい概念の下に位置づけ直されていく。

こうしたことから、逆に神社を創建する場合には、目標とされる都市の空間編成を効果的に行いうるように、神社の立地（鎮座地）そのものが慎重に検討されたことも予想されよう。神社の鎮座地選定をめぐる議論は、既存都市の解読・評価と、構想される将来の都市像への投企を含む、一種の「都市論」でもあったのである。本書は、まず朝鮮の京城（ソウル）における官幣大社朝鮮神宮の鎮座地選定問題にⅠ―一を割き、植民都市の空間編成における神社の意義を事例的に明らかにした。そのうえでⅠ―二であらためてより一般的な神社創建の都市史的類型化も試みている。

6 神社と都市社会

都市施設として神社あるいは神社境内をみていくことは、日本植民地の都市社会のありようをそこに直接・間接に読みとる作業でもある。既述のように、近代の神社にはいくつかに類型化されうる系列的展開が認められ、それぞれの類型ないし系列によって、神社の創建・維持を担う社会集団や組織が異なり、それを政策的に取り扱う制度も異なり、またその物的・空間的環境の形成に投入される技術のバックグラウンドも異なってくるからである。

国家神道体制下では、内外地を問わず、神社は地方統治の装置としての役割を担った。一般に、神社は氏子あるいは崇敬者として定義される社会集団に結びつけられるが、崇敬者の範囲（崇敬区域）は、市の鎮守であればその市域、州の鎮守であれば州域、植民地全体の鎮守（植民地総鎮守）であれば植民地全域といったように、地方行政の階層構成に沿って当該の行政区域に同定される。神社を国家の宗旨として公的事業に位置づけ、それを地方統治の構造に対応づけて管理・指導すると同時に、社会統合の装置として機能せしめるというのが、国家神道体制の基本であると筆者は考える。だからこそ、繰り返し述べてきたような世俗的／宗教的権力装置（地方行政機関／地方鎮守＝神社）の都市内への空間的配置という問題が、大きな意義を持ちうるのである。

したがって、植民都市の神社を支持するのは、少なくとも建前ないし目標としては都市社会全体でなければならない。そこでまず、一般に日本植民地の住民構成にどのような特徴があったかを、橋谷弘の朝鮮を主対象とする研究を参考にしながら見ておく(14)。

①首位都市 primate city への人口集中は、欧米諸国の植民地に比べるとかなり緩く、地方都市もそれなりに発達して、都市の階層的構成を生み出していた。地方都市や農村にもそれなりに多くの本国人が居住したことも特徴。

②植民地産業は、本国の工業化を支えるモノカルチャーではなく、本国と併行した工業化が進んだ。とはいえ農民の都市流入については、工業化によるプル要因よりも、植民地地主制の形成によるプッシュ要因が強く、過剰都市化 over urbanization の傾向があり、雇用からあぶれた人々が都市非公式部門 urban informal sector を形成する。

③植民地人口に占める支配民族人口の割合は、欧米諸国の植民地に比べてはるかに高い。とくに都市部ではこの割合は高く、一九四二年の都市部平均で台湾で一九%、朝鮮で一六%が日本人であった。首府などの行政都市や新興都市ではこの割合はもっと高くなる。

④軍人・官僚を中心とする少数エリートが植民地に居住する欧米諸国の場合に比べ、日本植民地では軍人の割合はきわめて小さく、商工業者や家族の比重が高い。男女比も欧米の場合は極端に男性が多いのに対し、日本の場合は本国の都市部と同程度。すなわち、日本人住民における職業・階層(底辺を含む)の多様性、ならびに本国との文化・社会構造の同質性がかなり強いことは大きな特徴。日本人の芸妓や売春婦がどんな都市にでも存在したことは象徴的である。

⑤支配民族/被支配民族の都市内の棲み分け(居住地分化)は一般に指摘されうるが、欧米諸国の植民地にみられた政策的セグリゲーションによるものではない。居住地分化が顕著な場合、都市内に各々多様な職種・階層を

抱える二つの社会が併存するかたちになる。

⑥日本人と現地住民だけで植民地産業の労働者が確保されるので、第三の民族（華僑や、海外から導入される労働者）の存在が皆無に近く、多民族複合社会にはならない。また解放後は、元来の住民だけが残されるので、植民地の影響は社会構造的にはあまり強くは残らない。

このように、日本の植民地、とりわけ植民都市においては、欧米諸国の植民地にくらべて首位都市への人口集中の度合いが小さく、地方でもそれなりの都市化がみられ、日本人社会も形成された。それら都市社会では、欧米植民地の場合よりも日本人人口が比較的大きく、職業・階層が多様な本国に近い都市社会を形成しつつ、現地住民の社会と並立した。むろん、個別の都市により様相はずいぶん違ったが、いちおうこうしたイメージを持っておくと、都市社会における神社の位置について考えるうえでもいくらか手がかりが持てる。

欧米植民地では、少数の本国人エリートが、キリスト教に改宗させられた圧倒的多数の現地住民を統治する構図になるが、日本植民都市の神社については、まずもって本国に近い日本人社会が形成されていくプロセスを背景として理解せねばならない。具体的には、神社創建の経緯のなかにその答えが見出されるだろう。そして次に、日本人社会に並立する被支配民族としての現地住民社会が、神社と氏子（＝市民）との一対一の対応関係のなかにどのように統合されていくのかが問われる。地方統治の装置としての神社をみるという場合も、こうした都市社会と神社の関係を詳しく見る必要がある。具体的な社殿や境内のあり方も、これに関連づけて捉えるべき面があろう。

一方、神社と都市社会の関係は、神社境内を人々の社会的行動の舞台とみる視点からも検討されうる。具体的には、日常の参拝、結婚などの人生儀礼、例大祭をはじめとする祭典、軍人や戦難者の慰霊祭などがまず思い浮かぶが、神社境内は他にも、氏子の集会、日常的な散策、レクリエーション、観光、皇族の参拝・宿泊といった様々な社会的行動が展開する場であった。また植民都市において神社祭典は一種の都市祭典として発達していった。これも都市社会の実像をうかがううえで興味深い素材を提供してくれる。

さらに、日本植民都市の形成は、在来信仰の再編をも伴うものであった。たとえば、官設の神社が建設されるのなら、少なくとも在来の国家祭祀は並立を許されない。これは宗教政策の観点から理解されうるが、一方、台湾のように在来都市の民間信仰の施設（寺廟）が市街地の内に多数分布していた場合には、市区改正という世俗的な事業がむしろそれらを直接に破壊し、移転させ、また統廃合を余儀なくさせたことも見逃せない。こうしたことは、当然ながら在来の都市社会の諸関係にも大きな影響を与えたことが想定される。筆者は、台湾都市の在来民間信仰の施設に着目しつつ、既存都市の変容過程を微視的な水準で復原していく作業を現在進めている。本書II―四ではその見通しを簡単に示すにとどまっているが、その成果はいずれ機会をあらためて公にするつもりでいる。

7　国家神道体制と植民地神社

国家神道とは何かという大問題に正面から答える用意は、専門家でもない筆者にはない。ただ、国家神道体制下の神社に着目し、その物的・空間的環境を歴史的に問うことから日本植民都市の特質を明らかにしようとしている以上、本書は国家神道を捉える視角をも同時に設定することにならざるをえない。

慶応から明治四年にかけて、主に国学系の復古神道家たちを主導者として、明治国家を祭政一致の神祇国家として編成しようとする運動が展開された。しかし、信教の自由を含む近代国家として日本を整備し、不平等条約の改正を期すためにも、対仏教破壊活動（廃仏毀釈）やキリスト教の統制・弾圧をともなう排他的で誇大的な「神道国教化」

構想は挫折せざるをえなかった。その後、日本は世俗的近代国家（世俗主義は国家政治と宗教との分離を指す概念である）としての体制確立へとシフトし、そのうえで、天皇崇拝と結合させつつ神社とその祭祀体系を自らの内へと組み込んでいくのである。そのイデオロギー的完成が日本帝国憲法（明治二十二）であるが、神社神道は、世俗合理主義的な国内統治の体制の限界のなかで、他の宗教一般とは位相の異なる公的な祭祀（＝非宗教）として扱われることになる。個別の神社も、民間の法人には違いないが、むろん宗教法人であってはならず、神社祭祀という公的企業をおこなうための公的営造物（社殿・境内）を所有する法人といったかたちで解釈される。

こうした経緯ゆえに、神社は世俗的地方統治の様々な仕組み、すなわち住民行政、土地行政、森林行政、都市行政などといったものと関連づけられる一方、その各行政分野の技術的な扱いにおいて、他の宗教法人や私人とは異なる位置を与えられた。たとえば近世までに形成されてきた神社の所属地は、明治四年以降の「社寺領上知」と呼ばれる土地政策により大部分を没収されてしまうが、確定された境内地は半ば公的な財産として位置づけられ、租税を免除されるかわりに、土地の異動（売買）は許されず、森林の維持その他に関する指導や管理を受けることになる。この関係が植民地にも持ち出された。また、神社の氏子組織と、行政区域の住民とは、戦中期における町内会・部落会の制度化を待たずに実質的に対応づけられていたし、植民都市でも、神社を維持するための拠金体制としての氏子組織が、同時に地方行政の末端機構でもあるケースを実際に指摘することができる。神社神道が、世俗的近代国家の体制に組み入れられたというのは、具体的にはこのようなことを意味する。もちろん、この世俗的国家は神社神道の宗教性をまとうことになったし、のちには戦争という世俗的目的が拡大し、国家による世俗合理主義的な国土と人民の支配が強化・精緻化されるなかで、その宗教性を肥大化させていくことになる。以上のような経緯は、そのまま神社境内をめぐる環境の形成・変容過程にも、そっくり反映されてきたと筆者はみている。

「国家神道体制」とは、もちろん近代日本国家の下に保護され、指導された神社神道だけを指すのではなく、近代天皇制イデオロギーと結びついた多様な神祇的祭祀の体系的布置であり、また他の宗教がこれと区別されてあるような体制の総体である。しかも、右に述べたように、神社はいかなる側面においても、世俗的国家機構から超越していたわけではなく、むしろ末端にまで固く結びついて存立していた。逆にいえば、国家神道体制の特質を、それにまつわる物的・空間的環境の形成という局面に即して捉えていくこともできるはずであり、本書はそれを試みている。

こうした関係は、植民地の神社（一般に「海外神社」という語で語られることが多い）についても同様に観察することができるが、そうした視点からの研究はいまのところ皆無である。

植民地神社に関する研究は、一九六〇〜七〇年代に主に日本ファシズム批判、天皇制批判の文脈からの一方的糾弾にはじまり、八〇年代以降かなり包括的な研究も行われるようになる。蔡錦堂による台湾の植民地宗教政策史の研究はとくに画期的なものである。[15] 一方、近年では宗教政策史、独立運動史の枠組みを相対化する研究も現れはじめているが、まとまった成果を生むには至っていない。[16] 朝鮮半島については蔡に匹敵する宗教政策史の研究がないのが現状であり、本書がはじめて言及した問題も少なくない。

8　現存しないものの歴史

ところで、現在の台湾や朝鮮半島に、神社境内が社殿も含めてそっくり保存されている例は、わずかな例外（台湾の桃園神社）を除いて皆無である。欧米諸国の植民都市では、解放後も教会建築が都市社会の資産として保存され、生き続けているのとは、あまりに対照的である。神社は、たしかに植民都市社会に必要な装置だったかもしれないが、日本人社会が消えると同時に消えてしまうしかないものだったのである。このこと自体、日本の植民都市とは何だったのか、国家神道とは何だったのか、という問いを投げかけずにはいない。

現在私たちが神社境内跡を訪れて確認しうるのは、鳥居や燈籠、狛犬や神馬などの断片的なモノか、もしくは人工的に形成された樹林の名残や、ひな壇状に造成された地形、あるいは市街地と境内をつなぐ参道や石段である。本書ではほとんどふれていないが、筆者は実際にはそうした「遺産」を手がかりにしながら、様々な資料を用いて神社境内をめぐる詳細な景観復原の作業を行っている。ある意味では、失われてしまった環境を再現し、見えにくくなってしまっている日本植民都市の特質をつかみ取ることを、私たちはこれから試みることになる。

一方、神社境内が植民地解放後に何に転用されているかを見ることも、興味深い作業であるが、本書では不本意ながら戦後の状況にはほとんどふれていないので、ここでいくつかの例を簡単に紹介しておきたい。

たとえば台湾では、神社境内跡が忠烈祠と呼ばれる国家的な慰霊施設に利用されてきた例がかなりの数にのぼる。人々の信仰という回路ではなく、国家による民衆統合という回路を通して祭祀空間が継承される構図を、そこに見ることも不可能ではない(17)。

韓国、ソウルの南山に建設された三つの神社のうち、旧官幣大社朝鮮神宮の境内は、戦後その地形の回復がはかられており、それ自体私たちに歴史的な問いを放っているが、一方で同じ朝鮮神宮の参道として建設された道路はいまも南山のドライブウェイとして存続し、東と南に隣接していた京城神社や護国神社の跡地には、土地造成の跡や、石段がそのまま残されている。

また、韓国・台湾を問わず、かつての神社境内は市街地に接する公共空間であり、緑地としてよく整備されてきたこともあり、多くの場合は都市公園として今も市民生活に開かれている。台北の公園緑地系統は、とくに戦中期に台湾神社境内に対する風致上の配慮をもって計画された性質の強いものだが、現在の台北市民にとっては過密をきわめる首都において貴重な緑と公共空間を提供している。

とにかく、本書を通じて甦っていく日本植民都市の知られざる景観に想像力を膨らませながら、同時に私たちは、神社が被支配者の社会に何かを植え付けることにほとんど無力であったことに、問いを発し続ける必要があろう。それは私たちの都市の問題でもある。

註

（1）本書では「植民都市」とか「日本植民都市」という語を用いている。時代背景や宗主国を問わなければ、一般には colonial city に対応する語として「植民都市」と「植民地都市」という二つの言葉がとくに優劣なく用いられているように見受けられる。これらを区別する必要は必ずしもないのだが、あえて付言すれば、「植民地都市」という語には、前提としての植民地支配あるいは植民地という場がまずあり、その上に都市があるというとらえ方が暗に示されるように思われる。もしそうなら、この語は近代港湾と鉄道を前提にした19世紀後半以降の領土支配的な植民地主義を念頭において用いるのにふさわしいかもしれない。そこでは、ある法的支配の及ぶ地理的領域が「植民地」として明確に想定されるし、その拠点をなす集積として都市が考えられるからである。ただ、そうだとしても都市なくしては植民地支配は成立しないだろう。その意味で、植民地支配を前提としているような印象を与える「植民地都市」の語は、筆者はいちおう避けることにしている。

（2）ここでは次の論考をあげておく。原田敬一「都市問題論から近代社会論へ——都市史研究の成果と課題」（『歴史評論』四七一号、一九八九年）、横井敏郎「日本近代都市史研究の展開」（『ヒストリア』一三〇号、一九九一）、成田龍一「近代日本都市史研究の現在」（『比較都市史研究』第四巻第一号、一九八五）、成田龍一「近代日本都市史研究のセカンド・ステージ」（『歴史評論』第500号、一九九九、成田『近代都市空間の文化経験』岩波書店、二〇〇三年に再録）

（3）藤森照信『明治の東京計画』（岩波書店、一九八二年）、石田頼房『日本近代都市計画史研究』（柏書房、一九八七年）、同『日本近代都市計画の百年』（自治体研究社、一九八七年）、越沢明『東京の都市計画』（岩波新書、一九九一年）など。

（4）初田亨『都市の明治——路上からの建築史』（筑摩書房、一九八一、『東京——都市の明治』ちくまライブラリー版、一九九四年もあり)、橋爪紳也『明治の迷宮都市——東京・大阪の遊楽空間』平凡社、一九九〇)など。

(5) 越沢明は『植民地満州の都市計画』(アジア経済研究所、一九七八年)以降、満洲國を中心とした都市計画史研究を精力的に進めてこの分野の基礎をつくった。朝鮮については『日帝強占期 都市計画研究』(韓国・一志社、一九九〇)など孫禎睦による一連の研究が目立つ。台湾については黄世孟らが先鞭をつけているが、黄武達グループの研究がまとまった成果を生んでいる。『日治時代台湾近代都市計画之研究』台湾都市史研究室、一九九六年)など。植民地を対象とした都市計画史研究は、これら以外にも多数にのぼる。試みに台湾・韓国・日本の修士論文・博士論文を検索してみれば、この分野の研究の膨大さとともに、方法的な均質さがよく分かるだろう。

(6) 橋谷弘は、これまでの日本植民都市研究を『帝国日本と植民地都市』(歴史文化ライブラリー、吉川弘文館、二〇〇四年)にまとめている。地理学の方面では、葉倩瑋「植民地主義と都市空間——台北における権力と都市形成——」(『都市・空間・権力』大明堂、二〇〇一年)をあげておく。葉の論考は、台北における植民地権力の表象は、政治・経済の中心としての旧城内と、宗教的空間としての円山(台湾神社と周辺)にあり、両者が、その間に横たわる台北の都市空間を効果的に「支配」したことを指摘している。筆者の博士学位論文以後の論考だが、本書の論点と共通する部分があるので参照されたい。

なお、『岩波講座 近代日本と植民地』(一九九二〜九三年)の第三巻「植民地化と産業化」に都市計画史を扱った章が二つ収められているが、そこでは台湾・満洲・中華民国を越沢明が、朝鮮を橋谷弘が執筆している。

(7) 「都市計画史研究」としての構えを崩さずに、在来都市の文化的特質とそれに対する植民都市計画のインパクトについて意識的な研究を進めている一人に、五島寧がいる。『日本統治下「京城」の都市計画に関する歴史的研究』(東京工業大学博士学位論文、一九九六)。また、韓三建「日本植民統治期における韓国蔚山旧邑城地区の土地所有の変化に関する研究」(日本建築学会計画系論文集第五二〇号、一九九九年六月)は土地所有の変化に着目して都市変容を跡づける精緻な研究である。黄蘭翔『台湾都市の文化的多重性とその歴史的形成過程に関する研究』(京都大学博士学位論文、一九九三年)は台湾都市を「文化的多重性」の相で捉えることを前面に打ち出し、新竹を中心的な事例として通時的な都市変遷の復原を試みている。また、都市住居研究会『異文化の葛藤と同化——韓国における「日式住宅」』(建築資料研究社、一九九六)をはじめとする、いわゆる「日式住宅」をめぐる研究群には、都市史研究へ展開しうる可能性がある。

(8) 陳正哲『植民地都市景観の形成と日本生活文化の定着——日本植民地時代の台湾土地建物株式会社の住宅生産と都市経営』(東

京大学博士学位論文・私家版、二〇〇三）

（9）五島寧「植民地都市「京城」における総督府庁舎と朝鮮神宮の設置に関する研究」（一九九四年度第二九回日本都市計画学会学術研究論文集）。この論文で五島は、総督府庁舎建設、朝鮮神宮の鎮座地選定、市区改正事業のそれぞれについて、いずれも漢城という在来都市の持つ空間秩序や文化的意味は意図的に破壊すべき対象との認識にすら達していなかったと考えられるほど軽視されたことを指摘している。

（10）中嶋節子『近代京都の森林景観とその保全に関する都市史的研究』（京都大学博士学位論文、一九九六年）

（11）丸山茂「伊東忠太と神社建築——明治以降の神社建築に見る国民様式の興亡」（『日本建築学会大会学術講演梗概集』日本建築学会、一九七九年）、藤原恵洋『日本近代建築における和風意匠の歴史的研究』（東京大学博士学位論文、一九八七年）、藤岡洋保「内務省神社局・神祇院時代の神社建築」（『近代の神社景観』中央公論美術出版社、一九九八年）など。

（12）黄士娟『日治時期台湾宗教政策下之神社建築』（台湾中原大学建築研究所修士論文、一九九八年）植民地神社の社殿建築をめぐる研究としては、いまのところ最も網羅的なもので、とくに民間の創立にかかる地方諸社の情報を豊富に集めているのは注目される。ただ、神社建築をどのような視角から論じ、どのような文脈に位置づけるのか、明確な枠組みの提示がなされていないのが惜しまれる。

（13）笹慶一「神社の敷地・様式その他の考察」（『朝鮮と建築』一五ノ七、一九三六年七月）

（14）註（6）橋谷弘『帝国日本と植民地都市』

（15）蔡錦堂『日本帝国主義下台湾の宗教政策』（同成社、一九九四年）

（16）九〇年代以降の主だった植民地神社研究の成果をあげておく。
中島三千男は、台湾でのフィールドワークに基づきながら、最も社格が低く民衆的な神社信仰の局面に対して報告を行っている。中島「台湾・旧花蓮港庁下における神社の創建について——とくに「社」の評価をめぐって——」（『天皇制国家の統合と支配』文理閣、一九九二所収）、同「台湾の神社跡を訪ねて——旧花蓮港庁を中心に——」（『歴史と民俗』神奈川大学日本常民文化研究所論集一〇、一九九三年八月）。栗田英二も、朝鮮を事例に、やはり官製イデオロギーの浸透しにくい局面に焦点をあてている。栗田「植民地下朝鮮における神明神祠と「ただの神祠」」（崔吉城編『日本植民地と文化変容——韓国・巨文島——』御茶の水書房、一九九四）。また嵯峨井建『満州の神社興亡史』（芙蓉書房、一九九八）は、満州の諸社について関係者からの徹底した情報収集をもとにその多様なあり方を丹念に描き出している。青野正明「朝鮮総督府の神社政策――一九三〇年代を中心に――」(『朝鮮学報』第一六〇号、一九九六年七月)は、実証の段階には至らないものの、韓国の在来祭祀が神社祭祀に置き換えられていくプロセスを仮設的に提示しており興味深い。この他、祭神論に焦点を絞って植民地神社の包括的な議論を展開している菅浩二がひとつの地平を築いている。菅浩二『日本統治下の海外神社――朝鮮神宮・台湾神社と祭神』(弘文堂、二〇〇四年)この他、新田光子『大連神社史――ある海外神社の社会史――』(おうふう、一九九七)、本康宏史「台湾神社の創建と統治政策――祭神をめぐる問題を中心に――」(台湾史研究部会編『台湾の近代と日本』中京大学社会科学研究所)などがある。

(17) たとえば台湾護国神社は台湾省の忠烈祠として使用されたが、植民地解放後しばらくは木造社殿も保存・転用されていた。また植民地神社の唯一のほぼ完全な遺構である桃園神社は、桃園縣忠烈祠として使用され、文化財として調査のうえ保存修理の措置も講じられて現在に至っている。他にも忠烈祠に転用された神社境内の例は多い。蔡錦堂「台湾の忠烈祠と日本の護国神社・靖国神社との比較」(台湾史研究部会編『台湾の近代と日本』中京大学社会科学研究所)も参照のこと。

I　神社創建の都市論

一　鎮座地選定問題
——漢城（ソウル）の再編と朝鮮神宮——

1　南　山

ソウルの南山《ナムサン》は、近代日本との関係において際だって重要な意味を持つ山である（図1）。

韓国の首都・ソウルは、現在、面積約六〇〇平方キロメートル、人口約一〇〇〇万人を擁する。他の地方都市と比べてはるかに頭抜けた規模を持つこうした都市を、首位都市《プライメイト・シティ》という。ただ、この際限なく広がるとも思える巨大都市も、かつては輪郭がはっきりしていて、身体的にとらえうる規模だった。李朝の王都「漢城」である。日本植民地時代には「京城」、戦後＝光復後は「ソウル」と呼ばれることになる都市は、この漢城を核として成長したものである。

漢城は、山並みに四囲を限られた盆地を選んで建設された。その山並みの稜線上に羅城が築かれ、いびつな円を描いて都市を囲んでいた。漢城の選地には、いうまでもなく風水が適用されている。四方を山並みに囲まれる盆地は、山脈すなわち龍脈を流れてくる気をたくわえる王都建設の適地である。こうした地形を風水で見立てるとき、北の山を主山、南の山を案山という。漢城の場合、北岳を主山として、せりあがるその南斜面を背景に正宮「景福宮」が営まれた。一方の案山は、木覓（モクペキ）と呼ばれる山であった。都市の南を押さえることから、この木覓山がやがて南山とも呼ばれるようになったのである。

都市をつつみ、都市をまもる山並みを、李朝は官有地として保護管理した。もっとも、時代が降ると官有林の管理も緩み、また虫害や乱伐により禿げ山が増えたが、ひとり南山は鬱蒼たる松林を残して李朝の五百年を生き延びた。

この南山の西側斜面が、日本植民地時代には官幣大社・朝鮮神宮の広大な境内地となったことは、今日南山を訪れても予備知識なしに想像するのは難しい。しかし、この神社は過去に日本人が神祇を祀るために営んできた施設として、おそらく最も巨大なものの部類に入るだろう。その神域として、南山が選ばれたのである。竣工と鎮座は一九二五（大正十四）年であった。

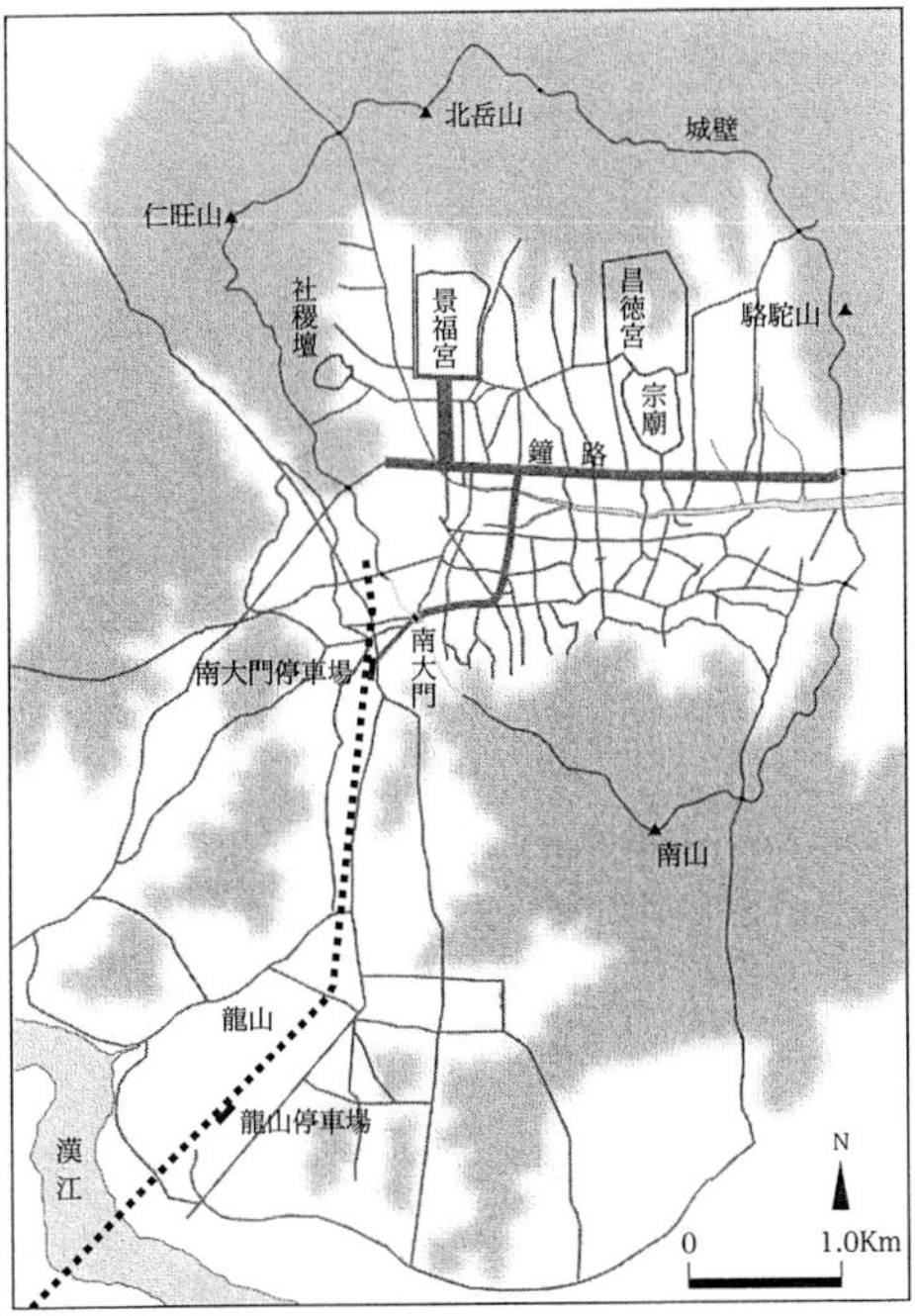

図1　市区改修着手以前の漢城（京城）市街
1910（明治43）年度測図，警務総幹部印刷の京城市街図（1:5,000）を下に簡略化した。韓国政府による治道工事がすでに1906（明治39）年度より着手されているが，まだ太平通，黄金町通の改修はなされていないなど，目立った都市改造はない。

南山は、漢城＝京城における日本人居住史という側面からも少なからぬ意味をもった山である。漢城の城内での日本人居住は明治十年代という早い時期に「倭城台」と呼ばれる地区ではじまっているが、これは南山の北麓にあたる。背後の山腹を居留民たちは公園として整備し、そのなかに伊勢神宮の神符を祀って「南山太神宮」と呼んだ。これが後に京城府民の氏神「京城神社」として成長していく。そもそも、倭城台という地名には慶長・文禄の役での日本軍の砦跡というい われがあって、南山と日本人の関係には因縁めいたものすら感じられる。

壮大な規模を誇る朝鮮神宮と、日本人居留民の氏神に出発した南山太神宮＝京城神社。同じ南山に並んで鎮座することとなった両社の境内は、様々な時機を得ては整備・拡張を繰り返し、南山の環境を変えていく。さらに日中戦争開戦の後には、龍山と呼ばれる城外の地区にあった軍用地に寄せて、京城護国神社の造営が進められる。その境内は南山の南西麓にあたる。

李朝の漢城にあっては風水地理説上の案山であり、禁足地として保護された南山は、植民地朝鮮の首府・京城にあってはは国家神道体制下の複数の神社の境内コンプレクスとして改編されていくのである。こうした南山そのものの環境変容のプロセスについては、II―三で詳しくたどることになる。

しかし、なぜ南山が選ばれたのか。

ここでは、とくに朝鮮神宮の鎮座地選定に注目して、南山が日本植民地期のソウル（京城）において独特の位置を占めていく経緯を検討していきたい。

都市は多くの物的な施設（道路・建物など）の配列によって成り立ち、一定の形態的なパタンを持つ。逆にいえば、その配列パタンを成立させるのに有意味な諸施設のセットといったものが考えられる。都市形態学（モルフォロジー）の基礎にある考え方はこのようなものだ。李朝の王都には、中国都城の伝統と朝鮮の地域的特性の複合といえるような一定のモルフォロジカルなパタンがみられた(1)。一八八〇年代から日本人や中国人の居留地建設がはじまると、そこに別種の施設が加えられていくが、さらに植民地支配が実現される過程において、新しくどのような施設が必要とされ、また諸施設の空間的関係はどのように組み替えられたのか。本章ではそのことを考えてみたい。一見バラバラにみえる動向が、決して偶発的なものでなく、特徴的な施設配列のパタンを形成する整合的な手続きの束となっていくプロセスを、追跡したい。別の言い方をすれば、日本植民都市としての「京城」が編成されるに際して有意味なものと捉えられた諸施設のセットと、その配列のパタンを、ここではひとつの限られた角度からではあるが浮き彫りにしていくことになろう。そして、この諸施設のセットに神社が含まれるということが、本章の検討で明らかにされるはずである。

あらかじめ付け加えておけば、ここで朝鮮神宮について明らかにされる「神社創建の都市論」のモデルは、京城（ソウル）に限定されず、むしろ他の植民地の首府や地方都市にも広く見いだされるものである。このことはⅠ―二で示す。その意味で、「なぜ南山が選ばれたのか」という問いも、日本植民都市の無数の山々へと拡がっていくのである。

2 朝鮮神宮

朝鮮神宮の創建

朝鮮神宮は、植民地朝鮮の「総鎮守」である。すでに、台湾総鎮守・台湾神社（台北、一九〇一）、樺太総鎮守・樺太神社（豊原、一九一一）が創建されてきた先例があった。植民地総鎮守とは、当該植民地の全土を守護し、その全住民を氏子とする神社であるといえるが、これは最小限の規定である。植民地総鎮守が実態として持っていた性格は、他の神社類型の性格とともに、本書を通じて明確にされていくはずである。

まず創建の経緯を概観しておこう。確認できる最初の動きは、一九一二（明治四十五）年度の朝鮮総督府予算に「朝鮮神社及総督府庁舎新営調査費　三〇、〇〇〇円」が計上されたことである。(2) ここでは神社の社号は「朝鮮神社」とされているが、これは台湾神社、樺太神社の先例を踏まえた総鎮守の命名案であったと思われる。

この調査費の名目に含まれるもう一方の「総督府庁舎」については若干の説明が必要だろう。朝鮮総督府とは、いうまでもなく一九一〇（明治四十三）年のいわゆる「日韓併合」とともに、従前の統監府を解消して新たに発足した植民地朝鮮統治の中央機関である。統監府庁舎は日本人居留地が設定された南山麓の倭城台町にあり、総督府はこれを引き継いで使っていたが、まったく手狭で増改築に追われるあり様だった。

ここで、〈総鎮守〉と〈総督府〉の「新営」という二つの事業が、一対でひとつの検討事項とされていることは重要である。総督府庁舎が朝鮮の植民地統治にとって必要な施設であることは論をまたず、それが首府の都市的編成に欠かせないことも多言を要しないだろうが、一見したところそれとは縁も薄く、性質もまるで異なるように思える神社の造営が、これと一対の事業として調査されなければならなかったことには十分注意する必要があろう。この点は、実は本章の結論にも関係してくる。

さて、この「調査費」は一九一三（大正二）年度以後も一九一五（大正四）年度まで継続して計上されたが、この間、総督府は内地主要官国幣社の視察、材木の単価や運搬費あるいは大工職人の雇用についての調査、そして鎮座地の選定、社殿および境内・参道配置の略設計を行っている。(3) 造営の基本的準備がこの段階としては一応完了したことになる。

それから約四年後の一九一九（大正八）年七月、朝鮮総鎮守の創立をうたう内閣名の告示が出る。

一　朝鮮神社　朝鮮京畿道京城府南山
　　祭神　天照大神　一座

右神社ヲ創立シ社格ヲ官幣大社ニ列セラルル旨　仰出サル[4]
明治天皇　一座

この時点でも社号は「朝鮮神社」であるが、のち一九二五（大正十四）年六月の告示によって「神宮」号への改称があり[5]、同年十月の鎮座祭を間近に控えた同月初に、「朝鮮神宮」は竣工している[6]。ちなみに神宮号への改称については、在朝鮮内地人に「無上の喜を与ふるとともに益崇敬の念を喚起し新領土に於ける開発に関し勇往邁進せしむる」ことに万全を期し、同時に「古来典礼格式を尊ぶ」「朝鮮人に與ふる感想」への「深甚の注意」を払った結果であると述べられている。また「日韓併合」は、古代においては当然のものだった「内鮮」の一体性を、明治天皇があらためて回復したものであるとの立場が明記されている。創立告示の頃とは異なる「今日の朝鮮の実情」からしても、「政教の大本を抜き民衆を率いる要切なるもの有之」などとも説明されており、一九一九年（大正八）以降の独立運動とその弾圧の経験、そして一九二〇年代の文化政治への転回といった経緯が、朝鮮神宮創建には大きく影を落としていることが読み取れる。

完成した朝鮮神宮の境内は、一の鳥居から本殿背後まで、約五〇〇メートルにおよぶまっすぐな軸線に貫かれており、これに沿って石段・参進路・広場・鳥居・玉垣・拝殿・中門・本殿が並べられた。社殿は互いに独立し、形式は伊勢神宮に範をとった切妻造・平入（一般に「神明造」とされる）であった。しかし、いかにも尋常でないのは、長大な軸線をもつ厳格な構成を、自然の山の稜線上に強引につくり出す地盤の造成工事である。朝鮮神宮の造営とは、すでにある地形に社殿を建てることではなく、むしろ人工的な地形をつくり出す土木的な事業であったと考えた方がよいと思われるほどである。

二度の鎮座地選定

ところで、右の創立告示は鎮座地を「京城府南山」としている。後に詳しく述べるように、一九一五（大正四）年度までの初期の調査で選定されたのも、やはり南山である。しかし、同じ南山でも、両者はその位置を少しく異にしていた。すなわち初期調査での結論は倭城台公園、最終的な決定は漢陽公園であって、前者は南山の北麓、後者は西麓にあたる。

この間、一九一八（大正七）年に大きな転機があったらしい。同年、内地では内務省神社局の官僚や有識者によって朝鮮総鎮守の社格・祭神について詮議が行われているが、これと平行するように、総督府は造営について東京帝国大学教授・伊東忠太を「顧問」とし、彼を京城へ呼び寄せて鎮座地の検討と境内の略設計をさせているのである。総督府官僚を中心に進められたと思われる一九一五年度までの調査に対して、一九一八年には内地政府の官僚や専門家を含めた調査へと水準が引き上げられ、しかもたんに総督府側の調査を追認するのではなく、新たな検討が求められたのではないかとみられる。これらを第一次調査、第二次調査と呼んで区別することにしよう。

こうした慎重な検討の結果、鎮座地は変更された。倭城台公園（南山北麓）と漢陽公園（南山西麓）は、互いに隣接するにもかかわらず、植民地総鎮守の鎮座地としてみた場合、その場所の特質には大きな開きがあったのではないか。本章はこの差異の大きさを計測していく。

さらに視点を明確化しておこう。ある特定の施設の立地を選定することは、その施設に求められる条件に照らして、所与の都市空間を評価・解釈することである。つまり、第一次、第二次調査の差異は都市空間の評価のあり方に大きくかかわっている。しかも、新たな施設が実現したとき、都市空間は確実に変化するのであるから、これはたんに過去と現状を評価することではなく、新たな都市空間への時間的な投企を含んでいる。植民地朝鮮の総鎮守・朝鮮神宮の建設は、漢城の都市空間をどのように組み変えるものとして構想されたのだろうか。

3　第一次調査――居留地の環境のなかで

景福宮（北岳南麓）と倭城台（南山北麓）

一九一五（大正四）年度までの第一次調査については、朝鮮総督府会計局営繕課技師・岩井長三郎が、のちに『朝鮮と建築』誌上で詳しく説明している。(7) 第一次調査にかかわった官僚を明らかにする資料は見いだせていないが、岩井がその一人であったことはおそらく間違いないだろう。なお、彼は朝鮮神宮造営工事中は土木部建築課長、ついで内務局建築課長となっている。この時期、植民地朝鮮の営繕機構の技術者としては頂点にいた人物といってよい。

岩井はこの文章で、鎮座地選定の経緯および評価基準と、選定された土地に対応した境内や参道の計画方針を説明している。まず、「明治聖代」よりの交渉関係と統監府設置以来の「政治の中心」として、朝鮮全土より京城が選ばれている。(8) 台湾、樺太の前例からいっても、総鎮守を首府に建設するのは自明であったろう。ついで、京城において、「背面山を負ひ土地幽邃地域広闊にして、眺望の佳絶なるべきこと」を基準に鎮座地を調査した結果、数カ所の候補地があげられたが、「南山麓倭城台の十萬坪」および「景福宮の奥地、北岳山麓の十萬坪」の二カ所が選定されたという。これ以外の候補地がいくつあったか、またそれはどこであったかなどはわからないが、「地域狭小にして雄大を欠き、或は土地卑濕にして高潔ならず、又は京城市街の中心と連絡に不便なる等の不備」により斥けられたという。

評価基準は、「背面山を負」うという地形上の特質、一定以上の面積、境内からの眺望、市街中心部との連絡の便、といった物理的・視覚的なものに概ね占められていることがわかる。

しかし、李朝の正宮・景福宮の北側が有力候補となっていることは、既存都市の歴史的文脈との関連という点で問題を含むだろう。景福宮はすでに一九一二（明治四十五）年には総督府へ移管済みとなっており、実は総督府新庁舎の新築移転先も同年度中には景福宮内に決定されていた。(9) したがって、もし景福宮背後の北岳山麓が鎮座地となれば、神社境内と市街地、神社境内と総督府庁舎との連絡を整理しようとする以上、景福宮内のかなりの改造が避けられなかったであろう。実際、この候補地は、社殿南面が可能であることが利点とされたのだが、参道建設の困難が最大の欠点と判断され斥けられている。にもかかわらず倭城台と並んで最後まで候補に残されたのには何か理由があったのだろうか。これについては不明とせざるをえない。

逆に、南山北側山麓の倭城台については、岩井は上記の評価に加えて「幾多の記念すべき史実を有して、回顧追慕の禁じ難きものある」としているが、これは、明治十年代よりこの地に城内で最初の日本人居住地が形成されたこと

倭城台，南大門通周辺の主要建築物

施設名称	旧用途	竣工年
▼倭城台周辺		
総督官邸	総監官←公使館*1	1885
東本願寺	—	不明*2
京城神社	南山太神宮	1898
陸軍兵舎	—	1904
総督府	統監府	1907
日出小学校	—	1907
高等女学校*3	—	1908
警務総幹部	—	1910
▼南大門通周辺		
京城府庁	京城理事庁←領事館	1893
商業会議所	—	1897
中央郵便局	—	1900
南部警察署	—	1902
南大門小学校	—	1906
朝鮮銀行	—	1912
朝鮮ホテル	—	1914

*1　西大門外より1885年移転。
*2　明治1890年に布教所設置。
*3　同地にあった大日本公立尋常小学校（1895～）は取壊、新たに日出小学校を創立。

左図凡例
A：旧領事館所在地（1885～1896)。旧領事館構内には仁川郵便局出張所（中央郵便局の前身)、警察署（南部警察署の前身）があった。
B：旧総代役場・商業会議所（1890～97）所在地。

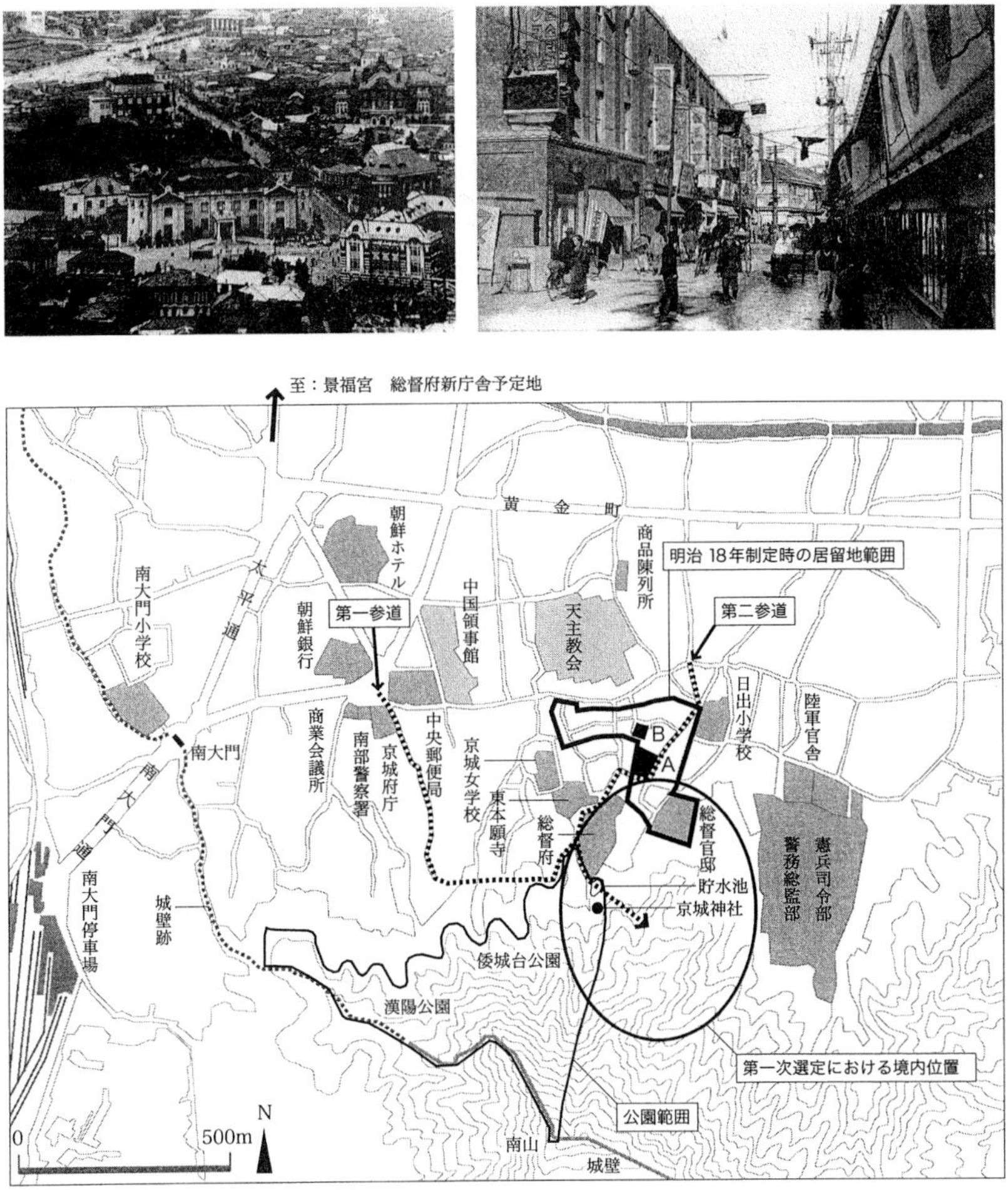

図2　第一次鎮座地選定における境内の設定と参道計画

1913（大正 2）～15（大正 4）年度になされた第一次鎮座地選定において決定された境内位置と参道計画（第一・第二参道）を示す。図は 1915（大正 4）年当時の倭城台，本町，南大門通の周辺を示すもので，1915 年測図 1917 年製版地形図（陸地測量部），および『京城府史』第二巻（京城府，1940）に基づき作成した。右の表も主に『京城府史』第二巻の記述に拠る。

写真は左：朝鮮銀行周辺，右：本町通り。いずれも出典：『近代韓国』(1996)

を指すと同時に、文禄の役における築城跡であるとの説を指すものとみられる。(10) なお、この立地条件では社殿が完全に北面することになるが、これは内地の由緒ある神社にも南面しない実例が多いことから必ずしも南面が絶対条件でないとして譲歩している。

旧日本人居留地の様相

ついで参道の計画をみよう。図2は一九一五年当時の市街地および南山の状況を示し、その上に岩井の説明に基づき境内位置と参道計画を描き重ねたものである。「第一参道」は朝鮮銀行前から旭町二丁目を南へ進み、ここから山麓に沿って東へ折れ、京城神社（後述）の鳥居付近へ出て、同社下の貯水池に神橋を架けて境内に至る、という経路である。「第二参道」は、日の出学校前より当時の総督府庁舎前を通る道路を改修して先述の神橋に出る計画であった。境内の正確な範囲は特定できないが、総督官邸の「裏手」の「高處に当たる傾斜の緩なる處に定め」、「附近一帯を神域に入れ」ることとした、またその範囲は「憲兵隊の境に至」るというから、大略、図2に示したような範囲であったと推測される。

この鎮座地選定および参道計画の意味を、ここでは倭城台周辺の市街形成過程に照らして把握してみたい。

漢城の城内での日本人居住地は、泥峴《チンコゲ》と呼ばれる水はけの悪い場末の地に設定され、図中のA（旧領事館所在地）の近辺に一八八三（明治十六）年の開市前後より市街が形成されはじめる。一八八五（明治十八）年に諸種取締の便宜上制定された日本居留地範囲は、『京城府史』の記述に基づき推定すれば図2に示すとおりである。(11) なお、漢城には釜山、元山、仁川のごとく両国間の条約に基づく狭義の居留地が設定されたのではないが、『京城府史』は「居留地」の語を用いているので、一般に通用した言葉として本書でも便宜的に用いることとする。

主だった施設の建築状況をみてみると、明治十年代末に公使館、領事館（のち構内に郵便局、警察）、そして明治二十年代から三十年前後までの時期に総代役場、商業会議所、小学校、東本願寺、あるいは憲兵司令部などが竣工している。この地区を、ここでは「倭城台周辺」と呼ぶことにするが、居留地形成以前の同地区は、もちろん「鮮人家屋」が立ち並んでおり、右にあげた主要施設の他、日本人商人の店舗も、当初はそれらの借用か仮建築であったという。

倭城台の南山中腹にあった京城神社は、居留地時代は「南山太神宮」と称した。『京城神社御由緒記』その他によれば、一八九二（明治二十五）年頃より「京城居留民ガ我ガ帝国臣民特有ノ表徴トシテ皇祖天照皇大神奉斎ノ議ヲ提唱シ一時遥拝所ヲ設ケ之ヲ奉斎シ」ていたが、一八九八（明治三十一）年に至って伊勢神宮（神宮支庁）へ居留民会の「代表者ヲ出頭セシメ特別大麻並ニ御神宝ノ授与ヲ受ケテ帰鮮シ一時領事館内ニ奉安シ同時ニ伊勢神宮御用材ノ払下ヲ願ヒ同神宮棟梁ヲシテ神宮正殿ノ百分ノ十二ニ型レル正式神殿ヲ造営シ」たという。(12)これが太神宮のはじまりである。鎮座は一八九八（明治三十一）年一一月三日であり、一九〇二（明治三十五）年には境内東方に天満宮の小祠が置かれた。一九〇三（明治三十六）年八月には居留地に簡易な水道を敷設するにあたって境内下方に貯水池を設けたとあるが、これが先述の「神橋」を架す池に他ならない。(13)南山太神宮は、一九一三（大正二）年に「京城神社」と改称したのち、一九一六（大正五）年五月、神社寺院規則（一九一五年総督府令）に基づいて認可され、その後も京城市民の氏神として鎮祭されていく。(14)

ところで、日本人の流入は一八九五（明治二十八）年頃から急増している。(15)図2で、本町が南大門通に出会う位置の三角形の広場（交差点）に面して、主要な官庁・公共建築物が集中しているのが分かるが、これらは明治三十年代から四十年代にかけて倭城台周辺より移転・新築されていったものである。たとえば、領事館は一八九六（明治二十九）年にここへ移転し、その庁舎が一九〇五（明治三十八）年の第二次日韓協約（保護条約）によって京城理事庁、ついで一九一〇（明治四十三）年の日韓併合条約ののち京城府庁に充てられる。また一九〇六（明治三十九）年には、倭城台周辺にあった日出小学校に加えて、南大門の西に南大門小学校が開校しており、さらに政府中央銀行である朝鮮銀行の建築は、辰野金吾の設計で一九一二（明治四十五）年に竣工し、一九一三（大正二）年度に本町沿いから移転してきたものである。こうして、日本人町は倭城台から西方へと大きく伸張し、しかも朝鮮銀行などの本格的な洋風建築によって新しい景観を現出させつつあった。この一帯をここでは「南大門通周辺」と呼ぶ。

一方この間、倭城台周辺の側では、一九〇七（明治四十）年竣工の統監府庁舎を引き継いだ総督府庁舎が、増改築を繰り返して業務拡張への対応に追われ、旧公使館は総督官邸として利用される他、学校などの建築物が煉瓦造等の本建築へと建て替わりつつあった。

次に南山の山地についてもみておこう。居留民会は一八九七（明治三十）年三月に李朝政府との永代借地の契約締結により公園（「倭城台公園」、当初は一町四方程度）を設置し、一九一〇（明治四十三）年には韓国政府よりその西方の土地の永久貸下を得て、居留民団側で諸種の整備を施し「漢陽公園」とした。一九〇七年から一九〇八年にかけて、南大門の南北両脇の城壁が撤去されていることも付言しておく。(16)

道路改修については、先述の市街地の移動、拡張に対応するように、居留民側で本町および周辺の応急的な改修（本町および周辺細街路の拡幅、排水溝整備）が行われてきていた。(17)韓国政府（統監府下）および総督府による道路改修（市区改正）については後にふれる。

近過去の顕彰

総鎮守造営の第一次調査がなされた大正初（一九一二〜一五年）当時の京城南部の様相は、こうした居留地時代からの市街地・山地の改編過程の所産である。

いま先述の参道計画を振り返れば、まず第一参道は明治三十年前後から一変していった新しい日本人街の中心であった南大門通周辺の京城府庁・朝鮮銀行前に発して境内にいたる計画である。これに対して第二参道は、居留地成立当初のいわば旧市街である倭城台周辺を抜けて境内にいたる道であり、また総督官邸および当時の総督府庁舎に積極的に関連を持たせようとしたものだったと見られる。この総督府庁舎の前で二つの参道が合流し、ついで神橋をわたって境内にいたるわけである。岩井の説明で興味深いのは、総督官邸や総督府庁舎の扱いである。同庁舎は、先述のとおり景福宮前への移転がすでに一九一二（明治四十五）年度中に決定していたが、その移転後の跡地は朝鮮神社（神宮）の「神苑に編入」することになっていた。また総督官邸（旧公使館）は、「日鮮関係上最も重要なるものにして永久に紀念すべきものなるが故、之が保存を講じて紀念建物とし対朝鮮関係の図書参考品等を陳列して公開せんと計画」したという。[18] このほか、居留地の水道敷設を目的に設けられた貯水池に神橋を架す点、あるいは居留民の氏神としての京城神社（旧太神宮）に朝鮮神宮境内を隣接させる点なども考え合わせれば、第一次調査を支配していた基本的な考え方がみえてくるだろう。すなわち、明治十年代から日韓併合までの三〇年間にわたる時期に形成されてきた日本人居住地の、まさにその空間のなかに朝鮮神宮を組み込んでいくことが検討されたのである。

新たに創建される総鎮守は、少なくとも建前としては、植民地朝鮮の全土を守護し、全住民の崇拝を受ける神社である。しかし、その具体的な計画をつらぬく思想は、そこから来ているわけではない。つまり、「植民地総鎮守」という抽象的な性格を持つ神社に、一都市の小さな日本人社会にまつわる過去の顕彰という、きわめて具体的な役割がほとんど自明のこととして担わされようとしたところに、この第一次調査の特質がある。倭城台は、たしかに京城在住の日本人やその関係者にとって「幾多の記念すべき史実を有して、回顧追慕の禁じ難き」場所であるかもしれない。

しかし、このことと「植民地総鎮守」の意義とを、理屈で摺り合わせる必要性が意識された節はない。

大正初の京城在住日本人は約五万人である。むろん政治的・軍事的権力を背景にしていたとはいえ、約二〇万人の朝鮮人が住む都市・漢城＝京城の南辺に、三〇年かけて日本人社会が発達してきていた。この時期、ほとんどすべての日本人にとって、住み処も、役所も学校も、会社も銀行も、あるいは買い物をして歩く繁華街も、余暇を過ごす公園も、お寺もお宮も、一切が南山北麓にあった。このコンパクトな地域社会には、濃密な共同意識が浸透していたに違いない。城内北部を中心に拡がる朝鮮人居住地と、城内南部に集中する日本人居住地。この居住地分化の構造が植民地期を通じて解消されなかったことはよく知られるとおりである。

総督府官僚たちの思考もまた、おそらくこうした日本人居住地の環境の内にあって、そこから抜け出られなかったのではないかと考えられる。彼らにとって、植民地総鎮守といえどもそうした日本人の社会生活の構造のなかに組み込まれるのが当然であり、もしそうなら、この社会の基礎となる過去（時間的に意味づけられる場所）と境内や参道をひとつひとつ結び合わせていく真面目なコンテクスチュアリズムも頷ける。そのかぎりで、この第一次調査はまた、漢城＝京城という都市を、非常に限定的な視野からしか評価できなかったともいわねばならないだろう。

4　第二次調査——視覚の優位

伊東忠太資料から

こうして「略設計」を含む造営準備の大略は完了した。にもかかわらず、総督府は朝鮮神宮造営費初年度にあたる一九一八（大正七）年度に、再び鎮座地の調査を行う。以下ではこれを詳細に検討したい。

伊東忠太（一八六七〜一九五四）が朝鮮神宮の設計者であることはよく知られるとおりである。彼は、一九一八年四月四日付で「朝鮮神社設計ニ関スル事務ヲ嘱託」され[19]、顧問として設計・監督に携わっている。当時東京帝国大学教授であった彼は、同時期に明治神宮（一九二〇年竣工）の造営をも主導しており、当時としては神社建築について、その歴史研究と設計のいずれにおいても権威的存在とみなされていた。また後述するように、台湾神社（一九〇一）、樺太神社（一九一一）という二つの植民地総鎮守の先例に設計者として関与した実績が伊東にはあった。

このときの鎮座地調査にあたって、候補地はいくつあっただろうか。『朝鮮神宮造営誌』は、

漢陽公園、倭城台、奨忠壇、孝昌園、社稷壇、三清洞、北岳山麓、神武門外等[20]

と記している。地名があげられているのは八カ所だが、他にも候補地があったようである。このほか、『朝鮮神宮紀』によれば「七箇所位」であり、また雑誌『朝鮮と建築』の時報欄「最近朝鮮建築界」には「十ケ所」とある。このように候補地の数は資料によりまちまちであるが、いずれも伊東忠太が研究の末に「漢陽公園」の地を選定したと記している。ただ、選定のプロセスや根拠については、こうした公刊資料からでは明らかにならない。

しかし、幸いにも日本建築学会建築博物館所蔵の伊東忠太資料中に、この点を解明する手がかりとなる資料が断片的ながら残されている[21]。同資料に含まれる朝鮮神宮関係の資料には次のようなものがある。

① 鎮座候補地の比較検討表
② 「朝鮮神社」と題した文章のメモ
③ 大正七年春の朝鮮出張の旅程表
④ 社殿および境内配置計画のエスキス　六点
⑤ 京城地形図（大正四年測図同六年製版、陸地測量部、縮尺一／一〇、〇〇〇）

このうち①〜④は「大正六年頃より」、「大正六、七、八年」と題された二冊の自筆ノート中に必ずしもまとまりを持たずに記され、鉛筆書きだが、エスキスには黒インクと水彩が施されている。

まず、③の朝鮮出張の旅程表だが、これには四月二十二日〜五月四日のものと、五月十三日〜二十一日のものの二種類あり、史料の前後関係などから前者が当初予定、後者が変更後の日程と推定される。(22) いずれにせよ、四月四日付で辞令を受けた後、さっそく実際に京城に赴くことが要請されたのではないかと考えられる。

a 祭神ト何等カ関係アル地ナルコト、少クトモ不祥不潔ノ由緒ナキコト
b 広闊ニシテ群衆ヲ納ムルニ足ルコト
c 鬱蒼タル樹林ヲ有スルコト、トクニ背景ニコレアルコト
d 小高キ地ニアルコト
e 可成ハ南面スルコト
f 可成ハ清流ヲ有スルコト
g 市街地雑踏ノ巷ト隔離サレ居ルコト
h 市街ト都合ヨキ連絡アルコト、特ニ広闊ナル参道ヲ有スルコト
i 周囲ノ状態ニ何等申分ナキコト、眼ザワリナキコト
j 市街ニ対シ火災ノ慮アル風ノ方向ニアラザルコト
k 「プロスペクト」ヨキコト（外観）＊
l 「アスペクト」ヨキコト（境内ヨリ四顧ノ眺望ヨキコト）

候補地	a	b	c	d	e	f	g	h	i	j	k	l	決	順	甲	乙	丙
1 三清洞	丙	丙	甲	甲	甲	乙	甲	丙	丙	甲	乙	乙	乙中	4	5	3	4
2 景福宮	丙	甲	乙	乙	甲	丙	甲	乙	甲	甲	丙	丙	乙下	6	5	3	4
3 社稷壇	丙	乙	乙	甲	乙	丙	乙	乙	乙	乙	丙	丙	乙下	6	1	7	4
4 奨忠壇	乙	乙	甲	甲	丙	乙	甲	甲	乙	甲	丙	乙	乙中下	5	5	5	2
5 倭城臺	甲	乙	甲	甲	丙	丙	甲	乙	甲	甲	甲	乙	甲下	2	7	3	2
6 漢陽公園	乙	乙	甲	甲	乙	丙	甲	乙	乙	甲	甲	甲	甲上	1	6	5	1
7 孝昌園	丙	乙	丙	甲	甲	乙	甲	丙	甲	甲	乙	丙	乙上	3	5	3	4
8				甲			丙	丙									
	土地ニ関シテ						外界トノ関係				外界						

図3　伊東忠太による朝鮮神宮鎮座地の検討表

1　番号は伊東資料⑤にあわせて整理した。候補地「8（Ⅷ）」は不明。

2　表の上に記した評価基準a〜lは，原資料では「1〜12」である。推敲を重ねた形跡があるが，このノート上での草稿の最終的な結果と思われる文面を再現し，縦書きに改めた。また，表下の「土地ニ関シテ」，「外界トノ関係」，「外界」といった評価基準の区分は，伊東がはじめに任意に列挙した基準を整理するに際して設けたものと思われる。

3　「要点」のk（*）には次のような但し書きがある．

「遠クヨリ望ミミテ感動ヲ与フル程ノ外観ヲ有スルコト」

4　欄外右に示した評価結果の順位および甲乙丙の数は筆者による。

①は八箇所の候補地を比較評価した表で、⑤の地形図には七箇所の候補地が示されている。①ではローマ数字で「I～VIII」の番号がつき、⑤では漢数字で「一～七」の番号を記した紙片が候補地の位置に糊づけされている。「VIII」には地名が記されておらず該当する場所は不明だが、これをのぞけば、①と⑤とでは地名は過不足なく一致する。ただし地名と番号との対応が異なり混乱を招くので、ここでは⑤にしたがい、またアラビア数字になおして「(1)～(7)(8)」と整理した(図3・4)。

①の傍らには「神社敷地の要点」と題した評価基準一二カ条が記されており、〈甲〉(適当)、〈乙〉(やや適当)、〈丙〉(不適)の評価が各々記されている。この検討表を整理したのが図3である。鎮座地候補とその数については複数の異なる記録があるが、伊東関与の時点では候補地が七(ないし八)カ所であったことが分かる。

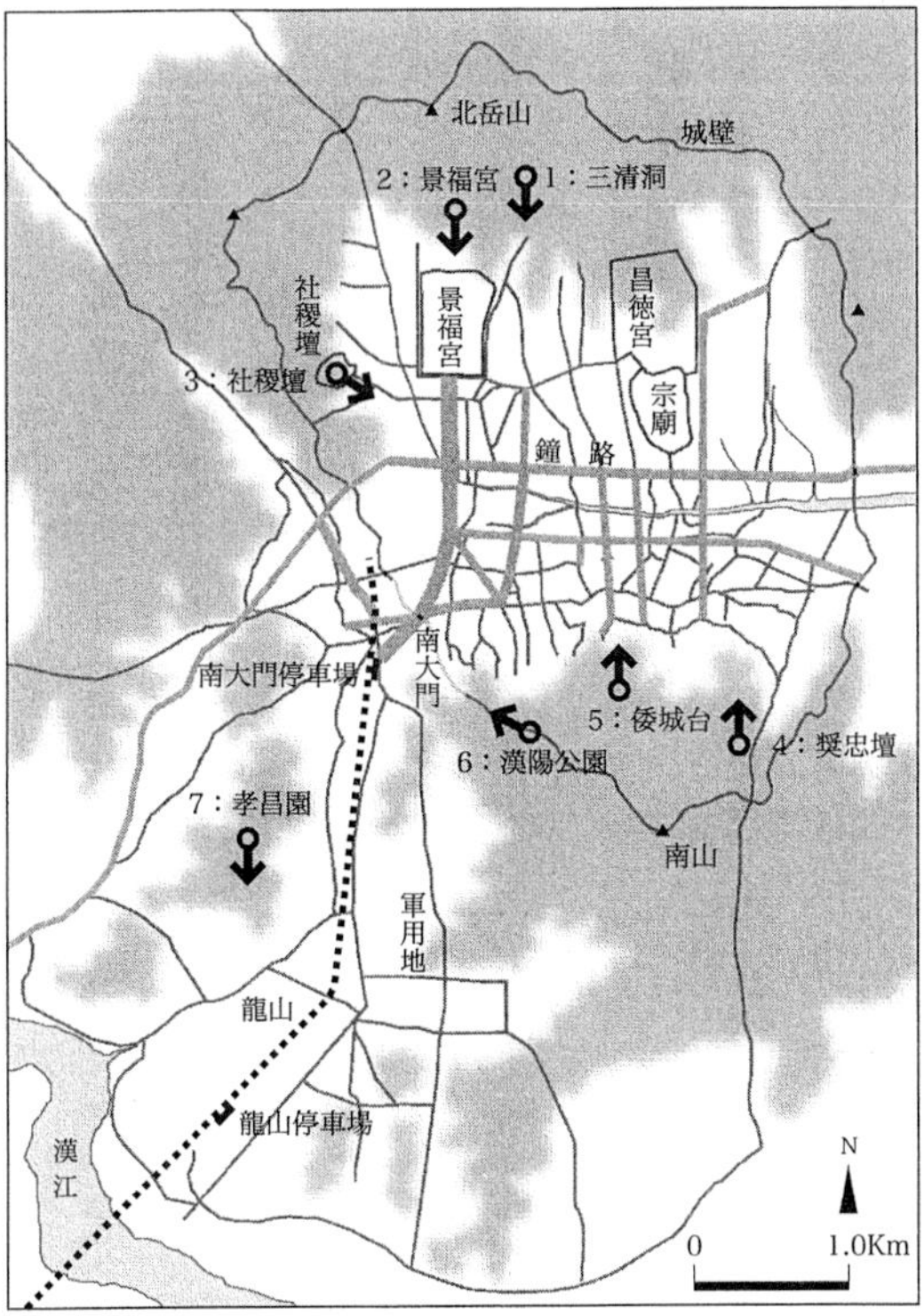

図4　第二次鎮座地選定における候補地
1918（大正7）年度になされた第二次鎮座地選定における七カ所の候補地の位置を，伊東資料⑤に基づいて示す。「○」印に付した矢印は，当該敷地の場合に想定される本殿方向を示す。

②は、次のような文章である。

敷地候補地七カ所に就て之を比較批判するに当り、先づ神社建築の理想的敷地たるべき十三カ條の要項を列挙し、之

に対して若干の要項を充たし居るやを考究すへし

文中、「十三カ條」とあるのは「十二カ條」の誤りであろう。

伊東は検討結果を総督府に報告したはずであるから、おそらく、①と②はそのための資料として作成した文書の草稿にあたり、⑤の地形図もこれにあわせて提示した資料の下図か控えであったものと推測される。

もちろん、この検討表が伊東が最終的に総督府へ報告したであろう調査結果と同じものかどうか、またその報告がどのような場を通してどの程度まで総督府に影響を与えたかなど、不明の点は残る。しかし、ともかくこれらの資料を細かく読みとる作業を通して、伊東の考え方の特質をつかんでいきたい。

候補地の評価

まず候補地について若干の説明を加える。(1)三清洞とは北岳山麓で、景福宮の東北方向にあたる。(3)社稷壇は、景福宮の西に太祖三（一三九四）年に設置された、土地と穀を祀る李朝の国家的祭祀施設の境域内である。大正七年当時は総督府の所管（国有）であり祭祀は廃されていた。(23) (4)奨忠壇は、明治二十八年の閔妃殺害事件（乙未の変）の忠死者を祀るため、明治三三年に設けられた祭祀施設の境域内を指し、同様に国有化されていた。(24) (7)孝昌園は一八世紀末の造営にかかる李朝第二二代正祖の一男・文孝世子の墓園の境域内である。そして、(2)景福宮とあるのは、⑤の地形図から、宮城内ではなくその北側の北岳山麓であることが分かり、第一次選定時の「北岳山麓」とおそらく同一である。同様に、(5)倭城台は第一次選定時の「南山麓倭城台」と一致する。おそらく、伊東自らが短い調査期間中にこれら七つの候補地を抽出することからはじめたと考えるよりも、第一次選定と同様の候補地を総督府側から提示され、その比較評価を委ねられたと考えるのが適当であろう。なお、候補地に李朝の宮殿や祭祀施設の内部ないし隣接地が多いことを指摘しておく。

次に、図3の検討表を評価基準の側から読みとり、鎮座地検討の内実を明らかにしていこう。

まず、〈d〉「小高キ地ニアルコト」はほとんどすべての候補地に〈甲〉評価がついており（六カ所）、ついで〈g〉「市街地雑踏ノ巷ヨリ隔離サレ居ルコト」（五カ所）、〈j〉「市街ニ対シ火災ノ慮アル風ノ方向ニアラザルコト」（五カ所）、さらに〈c〉「鬱蒼タル森林ヲ有スルコト、トクニ背景ニコレアルコト」（四カ所）とつづく。おそらく、〈d〉をはじめとするこれらの基準は、候補地を比較検討する評価軸である以前に、候補地を抽出する際の与条件であったと考えられる。またその意味では、候補地に李朝の宮殿や祭祀施設の内部ないし隣接地が多いことは、それらが持つ歴史的文脈を第一義に念頭に置いたというよりは、こうした地形上の特性を中心とする候補地抽出の与条件から導かれた結果であったと考える方が近いだろう。また、これらの土地は総督府が季朝より引き継いでおり、土地取得上の手間と出費が省けるという判断もあったのではないかと思われる。

次に、〈e〉および〈f〉は、それぞれ社殿南面の可否、清流の有無に関するもので、いずれも「可成ハ」との譲歩付きだから絶対条件でなかったことが分かる。〈e〉については、南面しうるものが〈甲〉、北面せざるをえないものが〈丙〉、〈乙〉はいずれでもないものと考えられる。図4には各敷地で想定される本殿の向きを、こうした評価および実際の地形から推定して示した。

〈a〉は祭神との縁故の有無、および「不祥不潔ノ由緒」の有無に関する条件で、〈甲〉は(5)倭城台の一カ所のみである。これは先述と同様、文禄の役の築城跡、居留地設定当初の地ゆえであろう。(1)三清洞、(2)景福宮、(3)社稷壇、(7)孝昌園はいずれも〈丙〉であり、李朝正宮や祭祀施設の歴史的文脈、あるいは朝鮮人居住地域との隣接を伊東としては否定的に評価したらしいことがわかる。ただし、〈i〉「周囲ノ状況ニ何等申分ナキコト、目ザワリナキコト」に対しては、(2)景福宮が〈甲〉であり、「周囲ノ状況」がどの程度の範囲を指すかは不明としても、想定される敷地の前面に拡がる景福宮は、少なくとも視覚的には否定的な評価要因にはなっていないようである。〈b〉「群衆ヲ納ムルニ足ル」敷地の広さも、〈甲〉は(2)景福宮のみで、これは景福宮の北側の北岳山麓が他に比べてやや勾配の緩い、扇状の拡がりを持つためであろう。また〈h〉「市街ト都合ヨキ連絡アルコト、特ニ広闊ナル参道ヲ有スルコト」は、与条件と見られると述べた〈g〉と相対立するようにも思われ、実際〈甲〉は(4)奨忠壇のみである。これら〈b〉、〈h〉については、敷地造成、道路改修などの人為的手段によって改善しうるとの判断もあったと思われる。

残る〈k〉と〈l〉は「外観」、「眺望」の対になっているが、それぞれにあてられた英語「プロスペクト」、「アスペクト」は明らかに逆である。これらは、遠望したときに社殿の偉容がのぞめるか、そして逆に境内からの眺望が開けているか、という基準であり、境内と市街の広い範囲との視覚的な呼応関係を問題にしている。このうち、「外観」については、「遠クヨリ望ミミテ感動ヲ与フル程ノ外観ヲ有スルコト」との付記もあり、伊東が朝鮮神宮に何を求めたかがよくわかる。

都市空間との視覚的呼応

以上から伊東忠太の検討において朝鮮神宮鎮座地（境内）に求められた特性や条件がいかなるものであったか、その大略が了解されよう。ここで、総合評価、すなわち伊東の表の「決」の欄をみると、第一位は(6)漢陽公園、第二位は(5)倭城台となっている。反対に下位では、(2)景福宮と(3)社稷壇を最下位としている。これらの最終判断は、しかし、どうやら〈甲・乙・丙〉の単純な集計から決められているわけではなさそうである。したがって、個々の項目別の評価をこえた何らかの判断が行われた可能性があり、そこに伊東が何に拘泥したかを読みとることができるだろう。

まず上位からみていこう。図3中、(5)倭城台より(6)漢陽公園の方が高い評価であるのは〈e〉と〈l〉、つまり本殿南面および境内からの眺望に関する評価である。まず、必ずしも絶対条件ではなかった社殿南面についてだが、岩井長三郎は第二次調査での鎮座地選定について、倭城台のような北面に比べれば、(6)漢陽公園の方が「勝る所多し」と述べており、やはり北面を嫌ったことは否定できない。そして「勝る所」には、とくに「京城龍山の中間に景勝の地を占め、全市を下瞰して一眸に納め」うることをあげている(25)。一方、伊東自身の次のような談話記事が、朝鮮神宮鎮座祭の翌日の『京城日報』に掲載されている。

……前有吉政務総監等は異論もあつたが、私は京城と龍山は将来一つの大都市になるとの予想の下に、然して一面には神宮が何処にあるか判らぬやうな始末では神威にも関係するから彼処［漢陽公園・引用者］を選定した訳である……(26)

龍山とは城外西南から漢江にかけて拡がる地区で、城内の居留地に遅れて日本人市街も発達し、また一方では広大な軍用地を抱えていた。伊東は京城と龍山を一体的な都市として捉えるべきことを主張したというのであるが、この点は他の資料にも記されるところである。

……大正七年、朝鮮神宮奉建決定と同時に、之が設計の委任を受け爾来毎年一回づつ渡鮮し、神宮の位置に関して府内候補地を巡視研究した結果、京城竜山《ママ》の中心たる南山中腹の幽邃地を選定せられたる東京帝国大学教授工学博士伊東忠太氏は、……（『朝鮮神宮紀』(27)）

……半島一千七百万民の守護神たる官幣大社朝鮮神宮は実に山縣政務総監時代伊東忠太博士が十カ所の候補地から研究に研究を重ね、其結果京龍［京城と龍山……引用者注］の中心地として而も景勝幽邃の地たる南山中腹を神域と選び……（「最近朝鮮建築界」）[28]

一方「神宮が何処にあるか判らぬやうな始末では神威にも関係する」という点は、伊東の言からすれば〈K〉の「外観」に密接に関連している。神社が「何処にあるか」がよく判るような地形上・立地上の特性を、「神威」に関わる問題として伊東がとりわけ重視したらしいことが分かる。

他方、図3の下位についてだが、〈甲・乙・丙〉の数からは、(3)社稷壇が最下位、ついで(1)三清洞、(2)景福宮、(7)孝昌園の三カ所が同位である。しかし伊東はとくに(2)景福宮を落として(3)社稷壇とともに最下位としている。そこで(2)景福宮が他に劣る点を探せば、やはり〈k〉と〈l〉、つまり「外観」と「眺望」であることが分かる。逆に、(6)漢陽公園の欠点としては、伊東は敷地の幅が狭く奥行きが長くなり過ぎる懸念があることをあげているが、いずれも、人工的に補いうる欠点ゆえ「外観」、「眺望」をとるという意味のことを述べている。このように、伊東は評価にあたって十二の視点を用意して逐一検討し、最後に〈k〉と〈l〉の対に相対的に高い比重をかけたのだと考えられる。

以上から、大正七年の時点で伊東がとった判断は、まず将来的発展を視野に入れ、都市全体の拡がりに「眺望」および「外観」を介して呼応するような、視覚的な関係性あるいはそれに由来する記念性（モニュメンタリティ）を重視したものと考えられる。その視点からは、第一次選定で選出されていた倭城台は、明治初期以来の旧居留地、あるいは日本人社会にのみ緊密な対応関係をつくろうとする、視野の狭い判断に思われたのではないだろうか。

このようにみてくると、表2の内容は、鎮座地決定後の伊東の発言と矛盾せず、むしろ以上のような説明を許容するから、最終的に総督府に提示された評価結果と大きな隔たりのないものであったと考えられる。もちろん、それが政府の最終決定に対して、どのような点で、どの程度まで影響力を持ったかは明らかにしえず、あるいは政府側の意向を専門家として裏づける役割を期待された可能性も想定できなくはない。しかし、少なくとも政府側が結果的には一九一五（大正四）年度までの第一次調査とは異なる方針を採択したことは事実であり、また伊東自身、先の引用にあるように当局首脳（総督府政務長官）からの異論があったことを漏らしている。やはり政府は、伊東に台湾、樺太での実績に基づく判断を期待したのであろうし、伊東もそうした立場から、あえて京城の都市空間を読み直す作業を試みたのではないだろうか。

5　都市再編と神社

市区改正の方向性

ついで、第二次鎮座地選定に関する上述のような見通しを念頭に置いて、大正七年当時までの京城の市区改正事業の進捗状況や主要官庁建築の配置を概括的に把握し、それらとの関連で第二次鎮座地選定と参道計画の評価を試みたい。(29)

冒頭に簡単に述べたように、漢城は李朝の王都として建設された。風水地理説に基づき、主山＝北岳、案山＝木覓（南山）などを見立て、山並みに四囲を取り巻かれた盆地が選ばれている。正宮（景福宮）の左右には宗廟と社稷壇が置かれるなど、古代からの中国都城の制がここでも採用されている。しかし、羅城は山の稜線を結んだいびつなかたちであり、また景福宮から南へ下りる現・世宗路や、東西に走る鐘路をのぞけば直線的な街路は他にひとつとしてないなど、中国都城の左右相称や方格状街路パタンとは性格を異にする部分も多い。都市の正門である南大門から景福宮へ進む場合ですら、一度大きく東へ迂回して鐘路を西へ折れ、さらに現・世宗路を北上しなければならなかった。さらに、これらの主要街路以外の細街路ともなれば幾何学的秩序とは程遠く、曲がりくねって袋小路も多く、毛細血管のようなネットワークを張り巡らせており、これが朝鮮人の居住区であった。市区改正事業着手以前の漢城（京城）を示したのが、図1である。

一方の図5は、大正七年当時における市区改正事業の進捗状況を図示したものである。両者を比較して最も重大な都市構造の改編は、第一に景福宮前から南大門停車場までを一本の幹線道路として南北に貫いたことである（市区改

■凡例
○：朝鮮神宮鎮座候補地
（　）内数字：路線告示番号

A，a：総督府新・旧庁舎
B：京畿道庁舎
C，c：京城府新・旧庁舎
D：京城駅舎

■市区改正路線の種類および竣工年度
I.　旧韓国政府治道工事費支弁
1911　(2)，(8)
II.　総監府道路修築費支弁
1911　(8)
1912　(3)
III.　総監府京城市区改正費支弁
第一期（1913（大正 2）～18（大正 7）年度）
1914　(1)，(14)，(21)
1915　(15)，(29)
1916　(5)，(11)
1917　(8)，(27)
1918　(7)，(9)，(20)，(30)，(38)

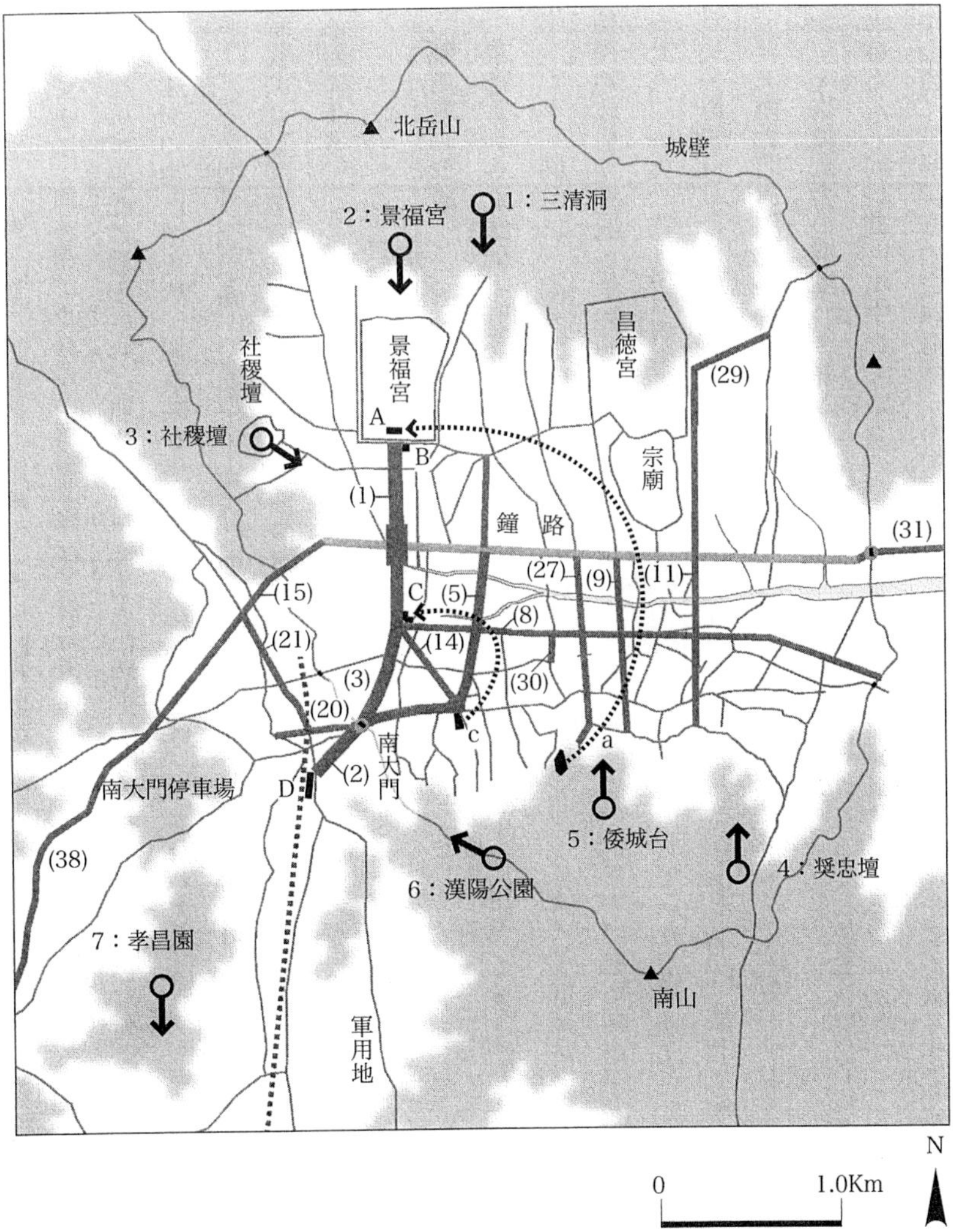

図5　第二次鎮座地選定における候補地の分布および大正7年度までの京城市区改正の進捗状況

1918（大正7）年頃の市街地の状態を示す。1918（大正7）年度中の竣工を含め，京城市区改正費第一期支弁分の改修路線を路線告示番号を添えて明示した。これについては『京城市区改正事業　回顧20年』（朝鮮総督府内務局京城土木出張所，1930）に拠った。矢印は大正末における朝鮮総督府庁舎，京城府庁舎の移転を示す。右の写真は，南山から望む京城市街。北岳山を背景に，朝鮮総督府新庁舎がみえ，その前面から光化門通・太平通が南下する。写真中央は京城府庁舎。

正道路一・二・三番）。第二に重要な改編は、李朝時代の幹線である鐘路に平行する黄金町を東西の幹線として改修したことである（同八番）。これらの道路改修は、併合後の市区改正告示に先立つ、韓国政府治道工事費、総督府道路修築費によって真先に着手され、明治四五年度までに竣工していたから、第一次選定時には完成していた。これ以後大正七年までの市区改正第一期事業を単純化して総括すれば、おおむね光化門通（＝現・世宗路、市区改正道路一番、幅員三〇間）―太平町通（同三番、一五間）―南大門通（同二番、一九間）からなる南北の幹線を強い軸とし、その東方では、李朝時代には半ば迷路状であった街路を標準的な幅員（一二間）を持つ碁盤目状の道路体系に再編していく過程であったと言えよう。

都市軸の形成

景福宮から京城駅（旧南大門停車場）に至るこの南北の都市軸は、むろん交通確保のため機能的に要請されるものであったが、同時に、京城駅から順に京城府庁、京畿道庁を並べ、最後に朝鮮総督府庁舎がビスタを完結するという、植民地政府の権威が集約的に表象される軸線でもあった。この意味での都市軸が完成するのは大正末年頃である。すなわち、一九一〇（明治四三）年に光化門通の突当り東側に竣工していた京畿道庁舎は例外であるが、

- 倭城台から景福宮正面への総督府新庁舎の移転＝一九二五（大正十四）年十二月竣工
- 南大門通沿（朝鮮銀行前）から太平町通徳寿宮前への京城府庁舎の移転＝一九二六（大正十五）年十月竣工
- 京城駅舎の改築＝一九二五（大正十四）年十月竣工

とほとんど同時期に集中している。いずれも総督府直営事業である。

一方、朝鮮神宮の表参道は、南大門に発し、すでに撤去されていた城壁跡の道路がこれにあてられた（図6）。「朝

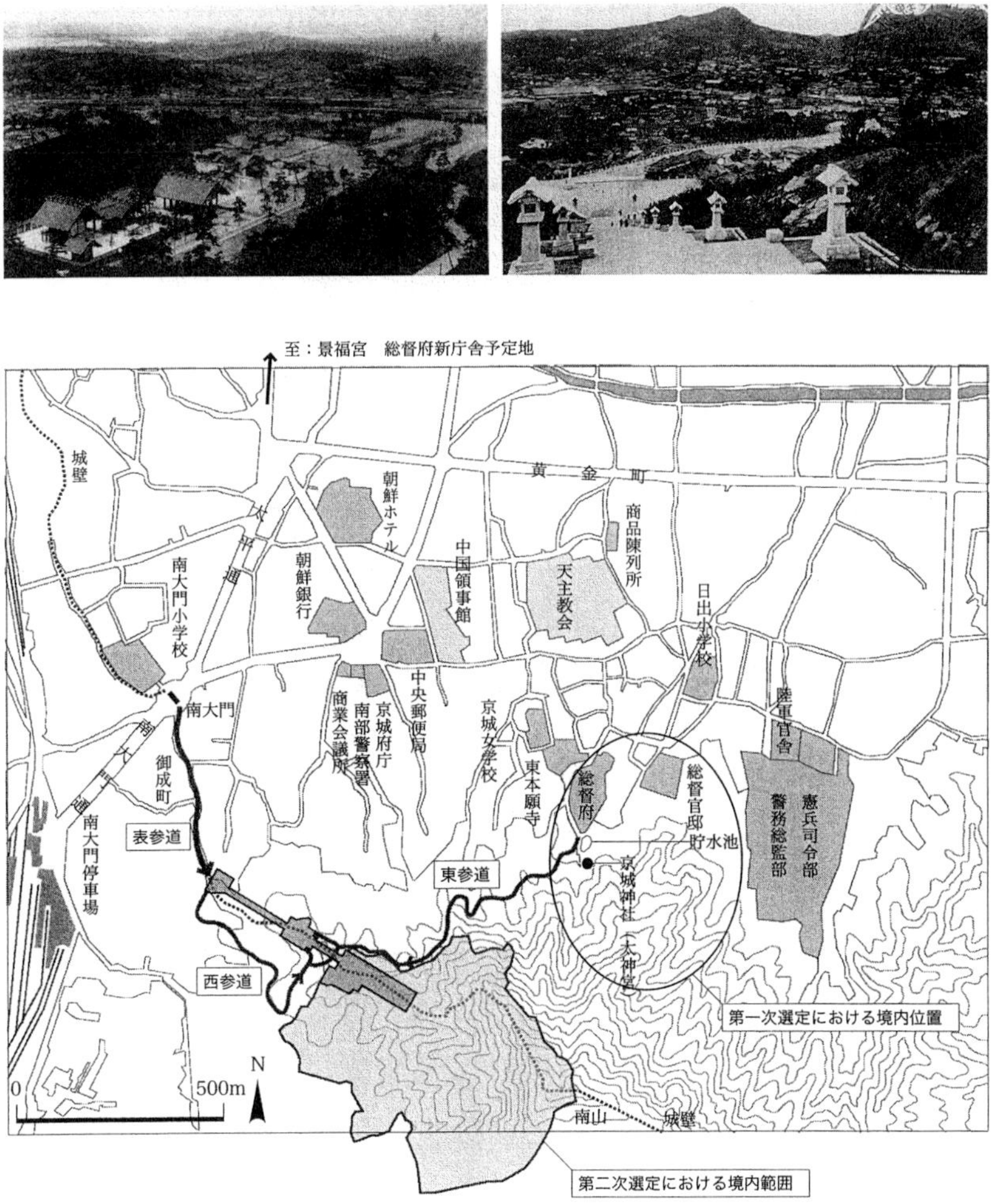

図６　朝鮮神宮境内

第二次鎮座地選定のなされた一九一八（大正七）年当時の京城（城内南部）の状況に，造営成った朝鮮神宮の境内範囲を描き重ねた。境内平面図は，『朝鮮神宮造営誌』（朝鮮総督府，一九二五）所収の「朝鮮神宮宮域平面図」に拠る。なお，比較のため第一次選定の境内位置も示す。

写真は，上：朝鮮神宮境内全景（本殿側上空より）　下：同表参道（石段上から市街を望む。この先の南大門を過ぎると，太平通・光化門通が続き，景福宮＝総督府新庁舎前へ至る）。いずれも嵯峨井建氏提供の絵葉書より。

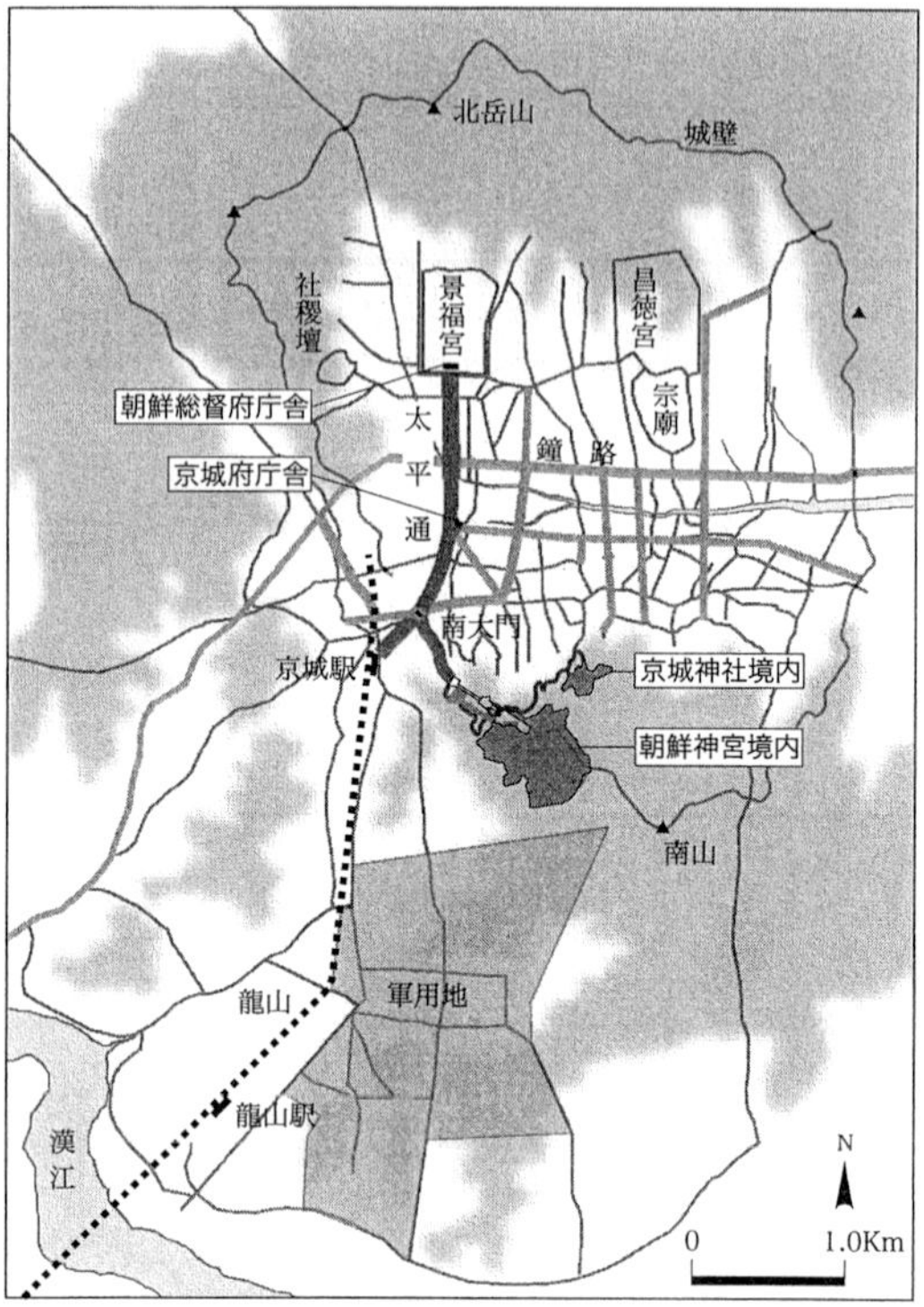

図7　1920年代末の京城

鮮神社（神宮）参宮道路」として、総督府土木部京城出張所の設計・監督により一九二三（大正十二）～二五（大正十四年）度に国庫費四七万二、〇〇〇円余をもって拡幅・改修されている。その断面形状、石段、欄干、街灯などは市区改正道路の一部でありながら、朝鮮神宮参道ゆえの特別の配慮をもって丁寧に設計された(30)。

　ここで重要なことは、朝鮮神宮境内が、この表参道を介して、上述の南北の都市軸の一方の端点に位置づけられることである（図7）。第一次選定における境内位置・参道計画との最大の差異はこの点に他ならない。朝鮮神宮は大正十四年十月に竣工し、同月十五日に鎮座祭に至っているから、先述の主要官庁や京城駅舎の移転あるいは改築と時期的に符合しており、しかも新築成った京城駅舎の駅開きは朝鮮神宮鎮座祭にあわせて同日に盛大に挙行された(31)。こうした事実からすれば、総督府が、植民地朝鮮の首府・京城におけるこれら重要施設と朝鮮神宮とを密接に関連づけていたと考えざるをえない。もとより、朝鮮神宮の主要祭典における奉幣使としての総督の役割を重視すれば、総督府庁舎と朝鮮神宮とは物理的にも緊密な関係になければならない。たとえば例大祭では、朝鮮総督や李王が両者を結ぶ道路を南下して、南山の境内へ参向したのである。この道路が象徴的、記念的なものになる必然性の一端はここにあるともいえる。

なお、参道はこの他に「西参道」、「東参道」がつくられている（図6）。前者は表参道側から朝鮮神宮境内の広場への自動車交通を確保し、他方、後者は同じ広場と京城神社を結ぶ。京城神社との関係について付言すれば、第一次選定では京城神社と朝鮮神宮とは都市内の立地についてほとんど同一の位置づけとなるが、第二次選定では、京城全体を貫き総督府庁舎にいたる都市軸に朝鮮神宮が対応づけられることによって、都市内の位置づけの上で両神社の性格は明確に差別化されたと言えよう。

もともと、京城という都市は、朝鮮の数ある都市のひとつであり、地方行政の対象となるが、同時に、植民地朝鮮の中央統治機関が置かれるために首府としての性格が重ねられていた。朝鮮神宮の創建はこのことに対応している。居留民の神社であった南山太神宮・京城神社は、日韓併合の後に正式に京城という一地方都市の鎮守とされるのだが、これに加えて、朝鮮総鎮守としての朝鮮神宮が同じ都市に加えられたのである。そして、朝鮮神宮が京城府の鎮守ではなく朝鮮全土の鎮守であるということが、第二次調査ではより厳密に追求されたと考えてよいであろう。

ところで、この間の経緯をもう一度ふりかえってみれば、実は第一次調査が行われる時点で、すでに市区改正の方向性もほぼ見えており、総督府庁舎の移転はもちろん、その移転先も決定していた。朝鮮神宮の鎮座地選定からみれば、これら外的な条件はほとんど変化しなかったわけだ。とすれば、朝鮮神宮鎮座候補地が倭城台から漢陽公園へと変更されたことは、朝鮮神宮そのものに求められる意義が変わったことを意味する。いま、倭城台に着目すれば、この地は漢城開市以来の日本の朝鮮関与の中心地としての意味を早晩失うことが、早い段階で見えていた。そこへ朝鮮神宮の境内を設定しようとする第一次調査の結論は、いわばいよいよ後退していくその意味に、なお拘泥しようとするものであったとみなせよう。そして、第二次調査は、それが消極的な発想として批判され、むしろ新たに都市全体へと展開されていく諸施設（市区改正道路と官庁などの主要建築物）のひとつとして、あらためて朝鮮神宮を位置づけ直そうとするものであった。この時点ではじめて、朝鮮神宮は新しく実現されるはずの都市施設セットの一項目に、揺るぎない位置を与えられたわけである。

祭政秩序の再編

最後にもうひとつ考察しておきたいのは、朝鮮神宮の創建が、漢城の国家的な祭祀秩序の再編という問題に関わらざるをえないという点である(32)。

李朝の国家祭祀の中枢にあったのは、宗廟と社稷壇である。これらは、中国都城の制にならい、それぞれ宮城の東と西に置かれていた。宗廟は李朝の歴代の王を祀り、社稷壇は土地（国土）と穀物を祀る。朝鮮総督府は、李王家を存続させ、同家のプライベートな祭祀として宗廟祭祀の存続を許したが、社稷壇祭祀は朝鮮神宮をはじめとする神社の祭祀との併存を許さず、これを廃止した。これにより北岳山の麓に集中していた李朝の祭祀空間は、公的な意義を失うか、もしくは凍結され、かわって南山を地形的な焦点とする、都市南部の新たな祭祀空間、つまり神社神域が公的なものとして出現した。漢城の城内、すなわち四囲の山に囲まれた盆地のなかで、公定の祭祀空間は北から南へ大きく移動したのである。

これに対して、世俗権力の中心については、景福宮の正面に総督府庁舎を建設し、元来の政治空間を占拠し、奪い取るかたちがとられた。これは日本植民地の多くの都市で行われたことである。

もう一度、確認してみよう。李朝の漢城において、祭・政の装置は都市内の限られた場所に集約されていた。これに対して植民地政府は、漢城の政治空間を占拠・継承しつつ、祭祀空間を新たに別の場所に創出することによって、京城という植民都市をつくり出した。この際、祭・政の装置が空間的に引き離されるが、これらをあらためてブールバールで結んで都市軸を形成し、ここから近代都市としての計画的展開を意図したのである。こうした都市構造のダイナミックな再編手法を、私たちとしては見逃すわけにはいかないだろう。

京城モデル

以上のように、朝鮮神宮の鎮座地選定問題を検討することから、東アジア的な王都・漢城を、日本の植民都市・京城へと組み替える大きなプロセスの特質が浮かびあがってくる。また逆に、京城の都市空間を現出させるうえで、朝鮮神宮が不可欠の都市施設のひとつであったことは、もはや繰り返すまでもないだろう。

ここで、これまでの検討を整理して、こうした都市構造の再編パタンを、ひとつの範型として提示しておくことにしたい。

① 植民地政府の官庁地区は、旧来の宮城や官衙を占拠・再編するが、神社境内は、旧来の祭祀施設とは別に新たに場所を求めてつくられた。

② 神社境内は、市街の中心部ではなく、市街に面した山の稜線上を選んでつくられた。神威を表現するには高所でなければならず、また市街を見下ろし、また市街から見上げられる視覚的な呼応関係が重視された。

③ 官庁地区と神社境内とは、市区改正によって拡幅もしくは新設された都市の目抜き通りによって結ばれ、これが都市全体の計画の基準となる都市軸をなした。この道路はまた、神社祭典において植民地長官（総督）らが神社へ参向するため、儀礼上も重要な意味を持っていた。

④ 鎮座地選定にあたっては、旧来の都市の歴史的・文化的な文脈、あるいは日本人居住の記憶なども考慮され

たが、最終的にはそれらは第一義的な根拠とはならなかった。むしろ、②、③のような条件こそが重要であった。

こうしたパタンを仮に「京城モデル」と呼んで、本章を結ぶこととしたい。

註

（1）漢城の都市空間については、吉田光男「漢城の都市空間・近世ソウル論序説」（『朝鮮史研究会論文集』第三〇号、一九九二年十月所収）、五島寧「漢城の街路構成に関する研究」（『日本都市計画学会学術研究論文集』第二六回、一九九一年所収）などを参照。

（2）『明治四十五年度帝国議会予算案』（大蔵省部、二〇七頁）。なお、岩井長三郎「朝鮮神社造営に就て」（『朝鮮と建築』第二輯第三号、八〜一二頁、一九二三年四月）、および同「新庁舎の計画に就て」（同左第五輯第五号、二〜六頁、一九二六年五月）も両事業の調査事務が対として着手されたことにふれている。

（3）同右岩井「朝鮮神社造営に就て」（八〜一〇頁）。

（4）一九一九（大正八）年七月十八日内閣告示第一二号（『官報』一九一九年七月十八日／『朝鮮総督府官報』一九一九年七月二十三日）。

（5）一九二五（大正十四）年六月二十七日内閣告示第六号（『官報』一九二五年六月二十七日／『朝鮮総督府官報』一九二五年七月一日）。

（6）朝鮮神宮造営については、『朝鮮神宮造営誌』（朝鮮総督府、一九二七年）が最もまとまった資料といえる。創建経緯などについては他に、横田康『朝鮮神宮紀』（国際情報社、一九二六年）、『恩頼』（朝鮮神宮奉賛会、一九三七年）、手塚道男「朝鮮神宮御鎮座前後の記」（小笠原省三編著『海外神社史上巻』、海外神社史編纂会、一九五三年）などがある。

（7）註（2）岩井「朝鮮神社造営に就て」（一〇〜一一頁）。

（8）日本植民地（広義）の総鎮守は例外なくその首府に鎮祭された。年代順に記せば、台湾神社（一九〇一年鎮座、台湾・台北）、樺太神社（一九一一年、樺太・豊原）、南洋神社（一九四〇年、南洋・コロール島）、関東神宮（一九四四年、関東州・旅順）である。この他、札幌神社（一八七一年、北海道・札幌）、建国神廟（一九四〇年、満州国・新京）も定義によって植民地総鎮守とみなしうる。『神社本庁十年史』（神社本庁、一九五六年）などを参照。

ただし、朝鮮神宮禰宜として奉職した手塚道男の記録によれば、京城府内の他、扶余も候補地であったと言う。「朝鮮神宮御鎮座前後の記」（小笠原省三編著『海外神社史上巻』海外神社史編纂会、一九五三年所収）。その根拠は明示されていないが、古代史における百済と日本との関係を日韓同祖論的な文脈から顕彰するといった議論があったと考えるならば、百済の旧都が候補のひとつとなったとしてもおかしくはない。一九三九年には実際に扶余の地に官幣大社扶余神宮が創立され建設が進められたが、それは同様の論理から戦時総動員体制のイデオロギーとしての「内鮮一体」を象徴するための神社であった。

（9）註（2）岩井「新庁舎の計画に就て」（三頁）。なお、『京城府史』第一巻（四七四～四七六頁、京城府、一九三四年）によれば、一八九六年の高宗の脱出により事実上放棄されたかたちになっていた景福宮は、総督府設置後、明治四十三年度より主要な楼殿を残して他の大部分の建築物を撤去・払下する「整理」を行ったという。その後も、始政五年記念物産共進会の開催（一九一五年）、総督府新庁舎の建設（一九二六年竣工）、始政二十年記念朝鮮博覧会の開催（一九三四年）などにより宮内は建築物の撤去、地盤面の平坦化といった変容を経験している。

（10）日本人による地誌・地方史類の記述をみると、「倭城台」という地名は文禄・慶長の役における増田長盛の築城跡であることに由来する、あるいはその可能性があると述べるものが多い。『新版京城案内』（二八頁、矢野干城・森山清人共編、京城都市文化研究所、一九三六年）、『京城の沿革と史蹟』（岡田貢編、四五頁、一九四一年、京城府）、註（9）『京城府史』第一巻（二七八頁）、同第二巻（五六六～五六七頁）など。

（11）註（9）『京城府史』第二巻（五七七頁）。

（12）京城神社の沿革については、『京城神社御造営趣意書』（京城神社御造営司、一九二六年）、および朝鮮総督府文書『国幣社関係綴』（昭和十六年、韓国政府記録保存所蔵）所収の「京城神社御由緒記」などによる。

（13）註（9）『京城府史』第二巻（三二七頁および七〇八頁）

（14）一九一五（大正四）年八月十六日朝鮮総督府令第八二号「神社寺院規則」。これに基づく京城神社の創立許可は、『朝鮮総督府官報』第一一四一号（一九一六年五月二十五日）。なお、京城神社と同様に、併合以前の日本人居住地における大神宮や遥拝所設置を起源とする神社は朝鮮には多数あり、昭和期の神社制度改革の動きの中で国幣小社に列格されたものもある。小山文雄『神社と朝鮮』（一二〇～一二六頁、朝鮮仏教社）、『大陸神社大観』（四三～四六頁、一九四一年、大陸神道連盟）など。

（15）註（9）『京城府史』第二巻（六三三～六三五頁）。

(16) 同右（六六五頁および八一九〜八二一頁）。
(17) 同右（六三四〜六三五頁）。
(18) 註（2）岩井「朝鮮神社造営に就て」（一〇頁）。
(19) 東京大学所蔵の辞令による。
(20) 註（6）『朝鮮神宮造営誌』（三頁）。
(21) 伊東忠太資料は、日本建築学会建築博物館（二〇〇三年一月開館）の第一号所蔵資料である。
(22) 前後関係より、後者は伊東の父祐順の入院によって延期された後の日程であると推定される。
(23) 註（9）『京城府史　第一巻』（四三〜四四頁）によると、一九〇八（明治四十一）年七月、勅令第五〇号「享祀ニ関スル件」により「政府の所管」となり、一九二二（大正十一）年十月には「京城府は政府より同壇及び隣接地を合し六萬六千六百坪の移管を受け」公園として整備した。ただし、ここにいう「政府」は前者が韓国政府（統監府保護下）、後者が総督府である。
(24) 註（9）『京城府史　第一巻』（六三一〜六三三頁）。社稷壇の場合とほぼ同様。一九一九（大正八）年にやはり京城府が移管を受けて公園化した。
(25) 岩井長三郎「朝鮮神社の奉建に就て」（『朝鮮と建築』第三輯第四号、一五〜一七頁、一九二四年）
(26) 『京城日報』一九二五年十月二十六日（一面）。
(27) 註（6）横田康『朝鮮神宮紀』（一九二六、一〜二頁）。
(28) 「最近朝鮮建築界」（『朝鮮と建築』第四輯第一一号、四七頁、一九二五年十一月）。
(29) ここでは主に『京城市区改正事業　回顧二〇年』（朝鮮総督府内務局京城土木出張所、一九三〇年）および『朝鮮総督府施政年報』（朝鮮総督府、各年度版）を参照した。
(30) 南大門より城壁撤去跡を改修した朝鮮神宮表参道については、朝鮮総督府文書『大正十三年度　朝鮮神宮参宮道路工事』（韓国政府記録保存所蔵）、『大正十四年度　朝鮮神宮参宮道路工事』（同左）があり、平面図、断面図およびその他の詳細図が含まれている
(31) 『京城日報』一九二五年十月十六日（第二面）。
(32) 菅浩二「併合以前の『韓国の神社』創建論―御祭神論を中心に―」（『神道宗教』第一六七号、一九九七年九月）に、すでにこうした視点が示されている。

二　都市鎮守の諸類型

日本人は新しい土地において都市を営むとき何を必要としたのか。

本書は、近代の植民地支配という条件下に営まれた都市を対象として、このことを考えている。ただし、台湾・朝鮮の多くの都市は、十九世紀までに形成されてきた厚い文化的蓄積を有する在来都市を、植民都市へと再編成したものであった。したがって、日本人あるいは日本の植民地政府が在来都市をどのように読み取り、そこに何を足し、そこから何を削り、何をどうつくり変えたのか、そして結果として何が生み出されたのか、というように、この問いはなかなか複雑なものになる。実際の日本植民都市の空間組織（urban fabric）とその形成過程を丁寧に再現し、解析する作業のなかに、答えは自ずと見えてくるのかもしれない。しかし、都市というものの取り留めもない複雑性・重層性のなかに道を見失ってしまわないためには、何か有効な導きの手が必要であるように筆者には思える。本書にとってそれが神社であることは、もはや言うまでもなかろう。

もとより、一般に都市史研究において、都市の宗教的秩序にかかわる装置への着目は避けがたいものである。日本植民都市の研究のように、この点が長く手つかずになってきた例は珍しいだろう。欧米諸国の植民都市を議論する際、教会の立地やその建設過程を検討するのは当然である。たとえばスペイン植民都市ではほぼ必ず都市中央の広場に政府と教会とが置かれ、それを無視しては都市の空間形態も、都市をめぐる政治・経済も、社会統合のあり方も市民生活も、すべて説明できなくなってしまう(1)。これはスペインの場合に限った話ではないし、また植民都市だけに限った話でもない。この意味で、神社に着目して日本の植民都市を検討することは、それを広い時空のなかに位置づけ、比較都市史的な議論へと展開するための最低限の足がかりをつくることにもつながる。

さて、実際に神社の創建過程に着目することで日本植民都市の空間編成の特質が見えやすくなることは、I—一で示したとおりである。では、そこで抽出した「京城モデル」は、数ある日本植民都市のなかで特殊な事例にすぎないのだろうか。あるいは、かなり一般的なものだったのだろうか。以下では、I—一での検討と同様に、日本植民都市に神社が創建されるとき、都市のどのような場所が境内の立地環境として選び出されたのかを、広い視野でいくらか系統的に整理することを試みる。詳細には個別研究の蓄積が必要であるが、ここではあえて試論を示すこととしたい。

しかしながら、これを具体的に見ていくのに先立って、いくらか前提となる条件を整理しておく必要がある。日本植民都市において神社とはどのような施設であったのか。私たちはすでに朝鮮神宮についてそれなりのイメージを持つことができたはずだが、ここでは、それを念頭に起きつつも、視点をはるか上方へ飛ばして、戦前日本の支配が及んだ東アジア・東南アジア地域を鳥瞰する、いささか大がかりな制度史的概観を試みたい。すでに筆者は、台湾・朝鮮を中心に、植民地の神社造営をみていくのに必要と思われる事項と視点を包括的に整理する作業を行ったことがある。[2]紙幅の都合上、ここではその肝要な点だけを引き出しながら、大きな構図を示すことに努めたい。

1　〈神社〉の析出

日清戦後の一九〇〇（明治三三）年四月、内務省は社寺局を「神社局」と「宗教局」とに分割し、（少なくとも形式上は）神社局を省内の最高位に置いた。知られるように、神社主管官庁は明治初年以来めまぐるしく変遷したが、ここにきて神社行政の独立が確かめられ、いちおう官制としては戦中期（一九四〇年）まで存続する長い安定期に入るのである。

これ以前、すなわち明治初年からの三〇年間の神社政策は、全国の神社の境内環境を激変にさらすものであった。実態解明こそあまり進んでいないが、(3)全国各地方の地域・都市環境という水準でみても、大きな動揺を与えるものであったと思われる。

この間の施策で筆頭にあげられるべきは、地租改正に連関して一八七一（明治四）年に着手された「社寺領上知」であろう。これにより全国の社寺は従来の封建的な土地支配が許されなくなり、境内地の大部分を官有地に没収されてしまう。さらに、これに先立つ一八六八（明治元）年からの神仏分離も絡んで、社寺境内は従来の空間的なまとまりや社会的・経済的基盤を失うのである。こうした荒廃に瀕した境内をめぐっては、公園の設置や神苑の創出など、旧来の境内を受け継ぐ方向での自然的環境の保全・創出の運動も全国的におこっている。その一端は、本書II―一でもふれることになる。

一方、一八六九（明治二）年、古代律令制のリバイバルのかたちで社格制度が定められ、全国の神社が天皇からの距離に応じて階層化された。神社はいちおう実態として各々独立した法人ととらえられるが、待遇や管理などの政策ツールによって差別化される。官幣社、国幣社、別格官幣社は、国家がとりわけ重要視し、創建や維持に関与する神社で、これらは実数としては約二〇〇社を数えた。これを総称して「官社」（官国幣社）と呼ぶのに対し、自余の神社は「諸社」とされ、神職と氏子が経営にあたり、国からみれば行政的管理の対象となった。これも府県社、郷村社などの社格を有する神社と無格社とに階層化され、社殿・境内の扱いも差別化される。たとえば一八七二（明治五）年前後より政府は、主に財政支出の管理を目的とした境内・社殿設計の規格化と、社格に応じた規模の段階的制限を導入している。「制限図」と呼ばれるこの標準設計は、実際、とくに明治一〇年代に集中した別格官幣社の創建を中心に少なからぬ採用例がある。(4)

一九〇〇（明治三三）年に独立した神社局は、これらのうえに、いまひとつの重大な施策を重ねていく。諸社の統廃合、いわゆる「神社整理」である。(5)一九〇六（明治三七）年から一九一〇年代初までと期間は短いが、多元的な成り立ちをもつ群小の社祠の統廃合が行われ、数にして約一九万から約一一万にまで絞られる。村社・無格社クラスを中心にしたこの統廃合は、「国家の宗祀」たる神社としてふさわしい内容・体裁や奉祀体制・維持基盤を持たない小社祠を合祀させるもので、不用となった境内地を合併後の神社に譲与して資産化するなどの誘導と、地方当局の強行とによって推進された。

統廃合にあたっては、原則として、この間内務省が進めてきていた地方制度の改革に沿うかたちで、一行政村に村社一社というように、行政区と社格とを対応させていくのが目標とされた（無格社は旧村に一～数社残された）。行政村はその村社の崇敬区域でもあり、その住民が崇敬者＝氏子とされる。さらに氏子の組織的な構成も、地域により事情は異なるが、近世以来の慣習を引き継ぎながら、衛生組合、町内会、町会などと称される地縁的な住民組織とすりあわせながら整備されていく。内務省有力者はこの頃、神社と地域社会との結合を固め、神社を通して国民強化を進めるかたちで地方行政を強化する「神社中心主義」を唱えている。(6)他の宗教一般が文部省所管となるのに対して、戦前日本の巨大官庁・内務省が神社をも管下におさめなければならない必然性をここにみることができよう。

以上のような経緯をふまえ、一九一三（大正二）年四月、それまで機に応じて出されてきた指令や通達の類をいちおう整理するかたちで内務省令「官国幣社以下神社ノ祭神、神社名、社格、明細帳、境内、創立、移転、廃合、参拝、拝観、寄付金、講社、神札等ニ関スル件」が出される。(7)明治初年より、神社類似の施設を無願で奉斎することは禁じられていたが、神社整理によって存立しうる神社が確定され、以後は民間で新規に神社を創立することは原則的には認められないこととなった。こうして把握されたすべての神社、とりわけ民間の諸社は、この神社規則によって均一に管理される。神職および氏子の組織・責務、府県の事務範囲なども明確になり、各神社の社殿の造営、境内の整理など、あらゆる異動を地方庁もしくは内務省の認可制とし、それら情報を明細帳（台帳）によって把握する体制が整うのである。すでに明治四十年代には神社祭式の統一も行われており、こうして全国にわたって均質化された神社が、地方制度に沿うかたちで階層的に掌握される仕組みがつくり出された。

以上のような大がかりな改革が断行されることで、近世までとはかなり異質な〈神社〉が析出されていった。これは、ほとんど植民地政府が被支配民族の在来信仰を再編成し掌握していくかのような手つきであったとも思える。(8) 神社をめぐる私たちの通念は、この経緯から自由ではない。

さて、こうした神社の地方行政との結合は、基本的な原理として植民地にも持ち出される。一九一三年の内務省令に準じた神社規則も各植民地で施行され、氏子組織と地方行政の平行的整備や祭式の統一なども行われた。ただし、日本内地で完全に確立されたものが植民地に移植される、という単純なプロセスではおそらくない。右にみたように神社局の独立は一九〇〇（明治三十三）年、神社規則の公布は一九一三（大正二）年であったが、この間、一八九五（明治二十八）年には台湾の植民統治がはじまっているし、朝鮮との関係では、居留地の設定（一八七六年の釜山開港以降）から保護国化（一九〇五）をへていわゆる「日韓併合」（一九一〇）にいたる長い侵食のプロセスがあった。また台湾・朝鮮における最初の本格的神社規則の制定は、各々一九二三年（大正十二）、一九一五年（大正四）である。内地の神社行政が、こうした外地の動向を反映していくような契機があったかどうか、今のところ筆者には指摘すべきことが見あたらないが、少なくとも植民地の神社行政は内地におけるそれの整備状況を横目で見ながら進められたのである。

2　海外諸地域における神社経営

海外神社

「海外神社」という語がある。学術的な用法には馴染みにくい言葉だが、今日にいたるまで、歴史研究でも慣用されている。そもそも、この語を最も多量に用い、一般に普及させるのに功績があったのは、神道家・小笠原省三（一八九二〜一九七〇）である。彼は昭和戦前期から戦後期にかけて精力的に海外での神社奉斎運動を展開するとともに、「日本人のあるところ必ず神社あり、神社のあるところ亦日本人があった」といった言説を繰り返しながら、海外の日本人居住地における神社奉斎のあり方について多くの論説や著作を残した。(9)「海外神社」の語は、少なくとも近世以前からある語とは思われず、また明治・大正期も一般に通用した形跡はないが、小笠原はほとんど所与の普通名詞であるかのように使っている。

海外神社の「海外」とは、日本国の外側すべてを指すが、「日本人のあるところ」という意味では、台湾・朝鮮などの植民地をはじめとする日本の政治的・軍事的な勢力圏のほか、ブラジルやハワイなど日本人移民の多い地域を主として想定すればよい。一方、北海道や沖縄での神社奉斎についても小笠原は「海外神社」の枠内で考え、行動したと言える。これら地域も、彼にとっては神社を植え付けていくべき地、すなわち日本人の開拓地・植民地とみなされていたと考えられる。小笠原の意識はともかくとしても、台湾以降の植民地における神社経営の歴史が、少なくとも明治政府の北海道開拓に遡って考えるべきものであることは、かねてより指摘されている。

本書は「海外神社」そのものの研究ではなく、あくまでも日本植民都市の空間編成あるいは環境形成の特質を見いだすことに関心があるから、必ずしもこの語を前提とする必要はない。ただ、戦前・戦中期までの日本の神祇奉斎の拡がりを俯瞰する場合には、内地の神社との区別ないし対照のために便宜的に用いることがある。

植民地という〈国家〉

表1に第二次世界大戦終結までに日本が支配した地域とその社格別の神社数を一覧にした。また、地域別の神社数を地図上に示したのが図8である。この神社数は、現在のところ地域的にも時代的にも最も網羅的で精緻な海外神社一覧であるといってよい佐藤弘毅作成の資料に基づき[10]、若干の補正を加えたものである。序章でも述べたが、本書でとくに断りなく（「狭義の」といった限定を付さずに）「植民地」の語を用いる場合は、表1に示す地域すべてを括って指す場合が多いので注意されたい。

日本内地では明治初年から一九一三（大正二）年の神社規則にいたるまで曲折を経てつくり出されていった神社行政の仕組みは、かなり簡略的なかたちではあったが、各植民地にも整えられていった。諸社の管理は、内地では内務省・地方庁による認可制度を基本としたが、植民地でも、当該地域の管轄官庁の認可制が一般的であった。内地同様に無願の社祠は禁じられ、創立（存立）には認可を必要とし、認可されれば明細帳ないし台帳に記載される。ここに掲げる図表中の数字は、すべてこの意味での公認神社のみを対象としたものである。実態としては無願社祠の類も少なからずあったはずであるが、網羅的には記録に残らない性質のもので、いまは視野から外すほかない。

なお、神社制度は一植民地内でも時期により改正されていくし、植民地を超えて通用する「帝国の神社法」があったわけではない。たとえば朝鮮で神社たるに必要な施設および規模・維持体制として定められた基準に満たないものでも、制度の異なる満州ならば神社として公認されるといったことがありうる。つまり、観念的な水準はともかくも、

をのぞき，他は必ずしも同列には比較しえないことに注意されたい。表中，網をかけ

そのような場合も格付けを持たない神社を無格社として扱った。護国神社は無格社であ
目を立てた。
づく数字を示すものであるからいちおう除外した。
〜1998）にもとづいたが，台湾に関しては戦中期の県社・郷社列格が漏れているので補正した。

国幣中社	国幣小社	府県社	郷　社	村　社	無格社	護国神社
函館八幡宮	—	17	69	286	139	北海道護国神社 札幌護国神社 函館護国神社
—	新竹神社 台中神社 嘉義神社	10	20	—	32	台湾護国神社
—	—	7	—	—	119	樺太護国神社
—	京城神社 龍頭山神社 大邱神社 平壌神社 光州神社 江原神社 全州神社 咸興神社	7 （道供進）	7 （府供進）	17 （邑供進）	42	京城護国神社 羅南護国神社
—	—	9 （供進指定）			2	—
—	—	—			26	—
		36 （供進指定）			144	—
				—	51	—

現実的な水準では神社の定義自体が同一ではないのである。したがってここに示す神社数は厳密には同一平面上に並列してよい性質のものではなく、その限界を念頭に置いて眺める必要がある。

このことに関連するが、日本の植民地は、厳密には日本国の領土ではない。各植民地は時代が下るにつれ統合が進められたとはいえ、いちおう日本内地とは異なる政府を持ち、異なる法が通用する、別の〈国家 state〉だからである。もちろん、この〈国家〉は国民国家ではないし、独立国家でもない。この〈国家〉は植民地政府（総

表1　植民地における社格別神社数一覧

・神社制度は植民地により異なり，超地域的にほぼ共通にみることができる官幣社
た部分は，おおむね内地と同様の社格制度とみられる範囲。

・県社以下の社格制度がない場合，「無格社」との呼称もやや不自然だが，ここでは
るが，内地では県社待遇，植民地では実質的に官社待遇であったから，独立の項

・満州国の建国神廟および建国忠霊廟は実質的には神社であるが，本表は制度に基

資料：佐藤弘毅「戦前の海外神社一覧」I～II（神社本庁教学研究所紀要2～3号，1997

	統計年	総数	官幣大社	官幣中社	官幣小社	別格官幣社	国幣大社
北海道（参考）	1941.12	518	札幌神社	—	—	—	—
台　湾	1945	68	台湾神社	台南神社	—	—	—
樺　太	1945	128	樺太神社	—	—	—	—
朝　鮮	1945	82	朝鮮神宮 扶余神宮	—	—	—	—
関東州	1941.1	12	関東神宮	—	—	—	—
南　洋	1941.6	27	南洋神社	—	—	—	—
満州国	1941.8	180	—				
中華民国	1942.6	51	—				

督府など）によって運営され、その長官（総督など）によって統括されるが、この長官に対して、日本という〈国家〉の特定の機関（省庁や大臣）が監督権を有するのである。そして各植民地は、日本本国のどの機関が監督権を有するか、また長官の権限の範囲がどの程度であるかなど、相対的な独立度の差異があり、その意味で植民地の〈国家〉間には相応の序列があった。

植民地の神社行政についても、主管官庁は内務省神社局ではなく、植民地政府の担当部局であったが、各地の神社奉斎状況は折にふれて内務省が集約していたようであり、また内務省は植

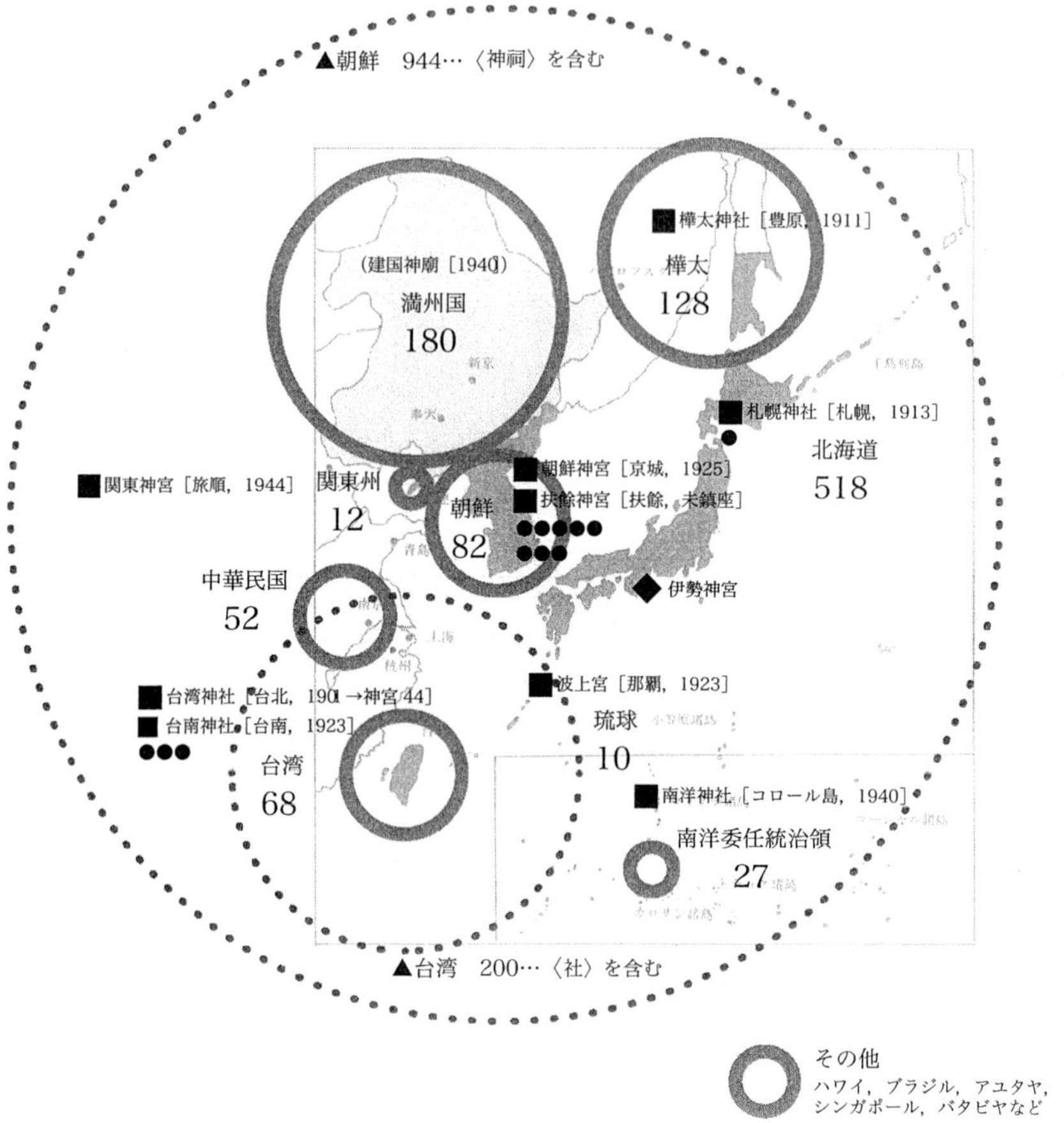

図8　終戦時における内・外地の神社分布

・円の大きさは神社数を相対的に示すものである。
・各植民地の総鎮守についてのみ社号，鎮座地，鎮座年を示した。満州国については建国神廟を総鎮守とみた。
・台湾には〈社〉，朝鮮には〈神祠〉と称する神社予備郡が制度化されていた。これの鎮座数と神社のそれとの合計を点線の円で示した。
・北海道および琉球は内国植民地と見ることができるので，神社数その他を表示したが，煩雑さを避けるため円による図示は省略した。なお，これらを含めて，終戦時の内地神社数は110,478（うち官幣社114，国幣社44）であった。植民地の神社数は内地に比べて圧倒的に少ないが，官社だけをとれば，とくに朝鮮・台湾での相対的な充実が指摘できよう。

民地政府の担当部局に対して指導を与えていた。神社制度は、大雑把にいえば内地のそれを基本として選択的に各植民地に導入し、修正（主として簡略化）を加えたものであった。すでに述べたように、諸社については認可制で、創立・廃止・移転・改築などの異動は、逐一氏子崇敬者が植民地政府に願い出なければならず、政府はこれを審査し、許可を与え、もしくは修正を求めた。こうした諸社管理のことを定めた法規は「県社以下神社の創立、移転、廃止、合併等に関する規則」、もしくは「〇〇神社規則」などと呼ばれた。台湾・朝鮮の場合、大正十二年六月台湾総督府令第五六号「縣社以下神社ノ創立、移転、廃止、合併等ニ関スル件」、大正四年八月朝鮮総督府令第八二号「神社寺院規則」がこうした規則に相当する。以下で便宜上「神社規則」と呼ぶのはこれらを総称する語である。[(11)]

ところが、官社（官国幣社）の場合は諸社とは大きく事情が異なる。簡単に言えば、官社の場合に各社の存立を左右しうるのは内地政府であり、一方、創立後の各社の管理事務は植民地政府に委ねられるという、二重構造を想定する必要があるからである。やや具体的に言えば、各植民地の総鎮守たる官幣大社をはじめ官社が創立される場合、一般には帝国議会での建議案の検討をうけ、祭神や社格は内務省・官内省で詮議し、創立は内閣（内務省、拓務省などの場合も）の告示という形式をとる。官幣社であれば鎮座祭には勅使、すなわち天皇の使者が宮内省調製の霊代（神鏡）を奉持して参向し、以後、一年に一度の例祭（大祭）では当該植民地長官が奉幣使として神社へ参向するのが通例だったようであるがこれも内地の制度と同じである。また官幣社予算は、各神社の社入金もあるが、国庫からの神饌幣帛料、供進金などが高い割合を占めていた。

社　格

ここで、あらためて社格という制度について確認しておこう。

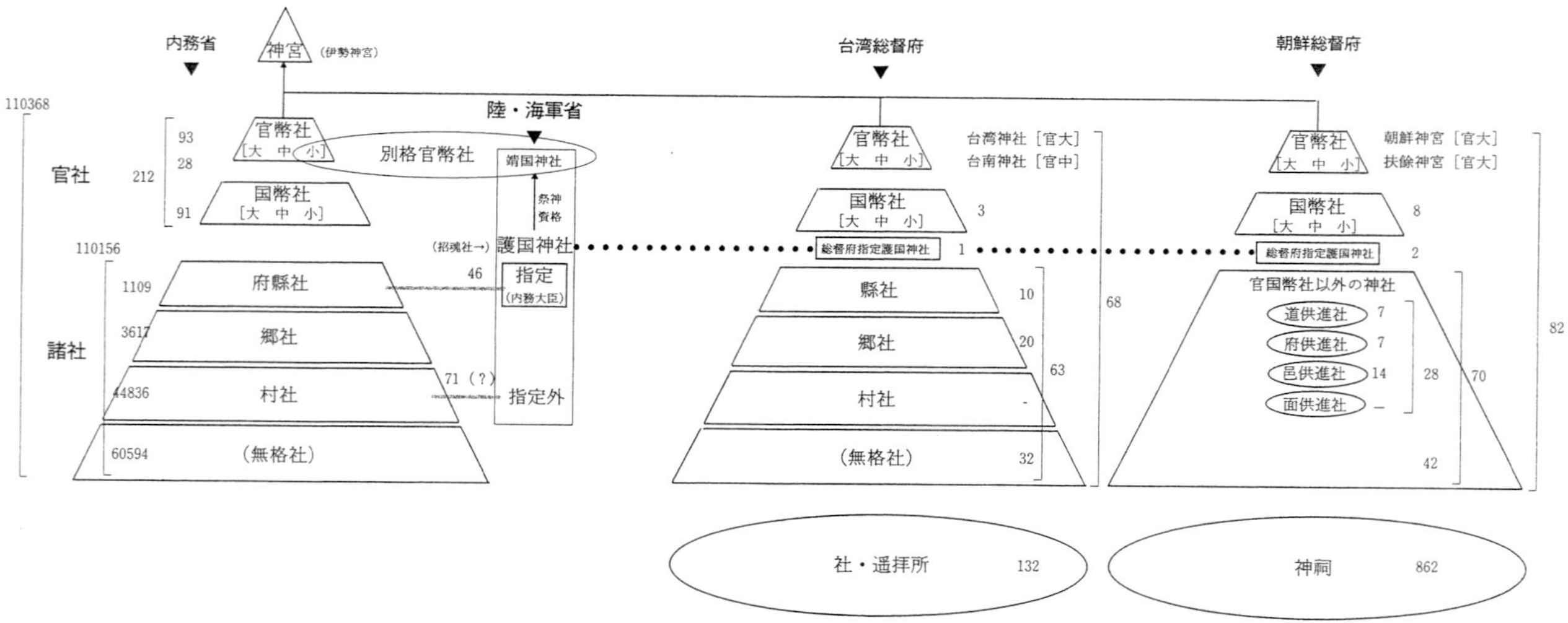

図９　内地・台湾・朝鮮における神社行政と神社階層制度

内地・台湾・朝鮮の神社階層（ヒエラルキー）制度を比較しうるよう整理した。ここでは狭義の「社格」制度とは異なる朝鮮における神饌幣帛料供進制度から見た神社階層についても図示し，また靖国神社・護国神社については政府待遇の面で同等とされた社格との対応関係を示した。なお，「無格社」は正確には社格名ではないのでカッコ書きとした。

なお，内地の神社数は，官国幣社は昭和19年現在（神祇院編『神社本義』による），県社以下は昭和16年現在（政府統計による）を示す。したがって終戦時の正確な神社数とは異なるので注意されたい。

（凡例）　▼：主管官庁　ピラミッドの横の数字：神社数。

すでに述べたように、内地の社格制度は、すべての神社を官社と諸社とに分けるもので、このうち官社は主に祭神の性格や由緒により官幣大・中・小社、国幣大・中・小社および別格官幣社に、そして諸社は府県以下地方制度の階層的構成に対応した府県社、郷社、村社および無格社に区別された。これは天皇からの距離による神社の序列化であり、なおかつ国家の中央から地方にいたる集権的な秩序、すなわち地方制度に対応した神社の序列化であった。これを図示したのが図9である。

まず最初に二つの点に注意されたい。第一に、ピラミッドの最上部に位置する伊勢神宮は社格を持たず、このヒエラルキーから超脱している。第二に、末端の「無格社」は社格ではなく、社格を持たないことを指す便宜的な語である。

さて、社格制度は、建前としては古代律令制のリヴァイヴァルである。大雑把にいえば、官幣社は、天皇を祭神とする神社、あるいは歴代天皇の崇敬の厚い神社であり、国幣社は国土経営に功績のあった神格を祀る神社、国（地方）の一宮などである。これに対し、別格官幣社は一八七二（明治五）年鎮座の湊川神社の創立に際して新たに創設された近代の社格である。歴史上、天皇家の臣下として功績のあった者や、地方領主などが祀られることが多い。要するに官幣社にも国幣社にも適合しないが、明治政府の意図する国家統合に積極的な役割を果たすと判断された神社と考えれば大過なかろう。国家の待遇としては官幣小社と同等とされた。

また、この別格官幣社に列格された靖国神社は、全国各地の招魂社の頂点に位置づけられ、靖国神社の祭神（つまり国家的殉死者＝英霊）のうち、当該地方に縁故ある者がその地方の招魂社の祭神となるという、祭神の包摂関係がつくられた。詳しくは後述するが、一般神社と性質の異なる招魂社は一九三九（昭和一四）年に護国神社と改称され、はじめて法的な意味での「神社」となる。

一方、諸社のうち郷社・村社は、先に述べた神社整理の結果、各地の町や集落に存置された神社として、歴史的に捉えておく必要があろう。

台湾・朝鮮における神社の階層制度

では台湾・朝鮮はどうか。植民地の神社を捉えていくのに不可欠のフレームが、内地の社格制度に類似した神社の階層制度なのだが、実は、従来の研究ではこの点の正確な把握が意外に不十分であった。

すでに述べたように、官社については内・外地を通じてその創立・列格などは日本内地政府の意志に基づき内閣（あるいは内務省、拓務省など）が告示するのであって、その管理・運営は各植民地政府に委ねられる。それゆえ、各植民地が官社の社格制度を持っているか否かという問いは基本的には意味をなさない。日本国の法に基づく官社が植民地に創立され、植民地政府ではこれをうけて官社経営のための諸種の規則を整備するという関係にすぎないからである。[12]当該植民地の全人口を氏子崇敬者として包摂する「総鎮守」が、こうした官社の最たるものであった。なお官社は、一八七一（明治四）年太政官布告「官社以下定額」に列格の都度書き加えられていったが、そこに外地の官国幣社も並記された。なお、台湾・朝鮮を含め、外地では別格官幣社列格の事例は一件もみられない。

内地と植民地との差異が問われるのは、当該植民地政府の管轄下に置かれる諸社である。図9では神宮以下内地と同型のピラミッドが植民地にも描かれているが、厳密には横方向で等置できるのは官社までで、県社以下については、仮に内地と同じ名称が用いられていても、またそれが内地の制度を範としたものであるのは当然であるとしても、やはり各植民地＝〈国家〉の制度と考えるべきである。

そうしたなかで、内地に最も近い体裁をとったのが台湾である。名称も、台湾の地方制度が県・郡・街・庄、のちには州・市郡・街・庄といったように、内地とは異なるにもかかわらず、内地と同じ「府県社」、「郷社」（村社列格の事例はない）が一貫して用いられた。ところが、台湾の社格制度については、必ずしも明確な法的根拠を見いだせない。たとえば、一八九八（明治三一）年に台湾で最初に鎮座をみた開山神社は、台湾に何ら神社制度の存在していない時期であったにもかかわらず、創立時から県社に列されている。諸社の創立を左右する権限は総督府にあるにもかかわらず、この時もその後も、総督府の神社関連法規に社格に関する規定はないようである。

他方、朝鮮の場合には諸社の列格は行われず、総鎮守である官幣大社朝鮮神宮を頂点として、以下の諸社はすべて格付けなしに水平に扱われた。ただし、神社の崇敬者や地方庁では社格制度は当然採用されるべきものと考えられていたようで、たとえば江戸期に遡る龍頭山神社（釜山）などでは再三にわたり官幣社列格を請願しているし、(13)他にも、創立時に将来「道社」に列格する旨の地方庁の内約を得たにもかかわらず実現しなかったという神社の例がある。(14)しかし朝鮮でも、一九三六（昭和十一）年にようやく神社の階層的待遇が制度化されている。総督が指定した神社に対し、地方団体（道・府・邑・面）が地方費より供進金を出すというものであった。(15)台湾でも、一九三四（昭和九）年に地方団体の供進金制度が確立されている。

以上のように、植民地の神社階層制で特徴的なのは、官社と諸社の二元性である。官社は内地の法域に直結しており、それゆえ内地の官社も他の植民地の官社も横断的に眺めることができるのに対して、諸社は各植民地の法域内にあり、いちおう官社に対する諸社という概念で括ることができても、法制度的には植民地ごとに別物とみなければならない。この点で興味深いのが台湾・朝鮮の国幣社である。これらはいずれも戦中期になってはじめて登場するが、新たな創建ではなく、既存の諸社のうち枢要なものを選抜しての列格であった。(16)それは、地方統治上の要となる地方中核都市の神社の待遇を引き上げ、人口規模と祭典の活発化にみあうように施設を拡充するとともに、植民地内の神

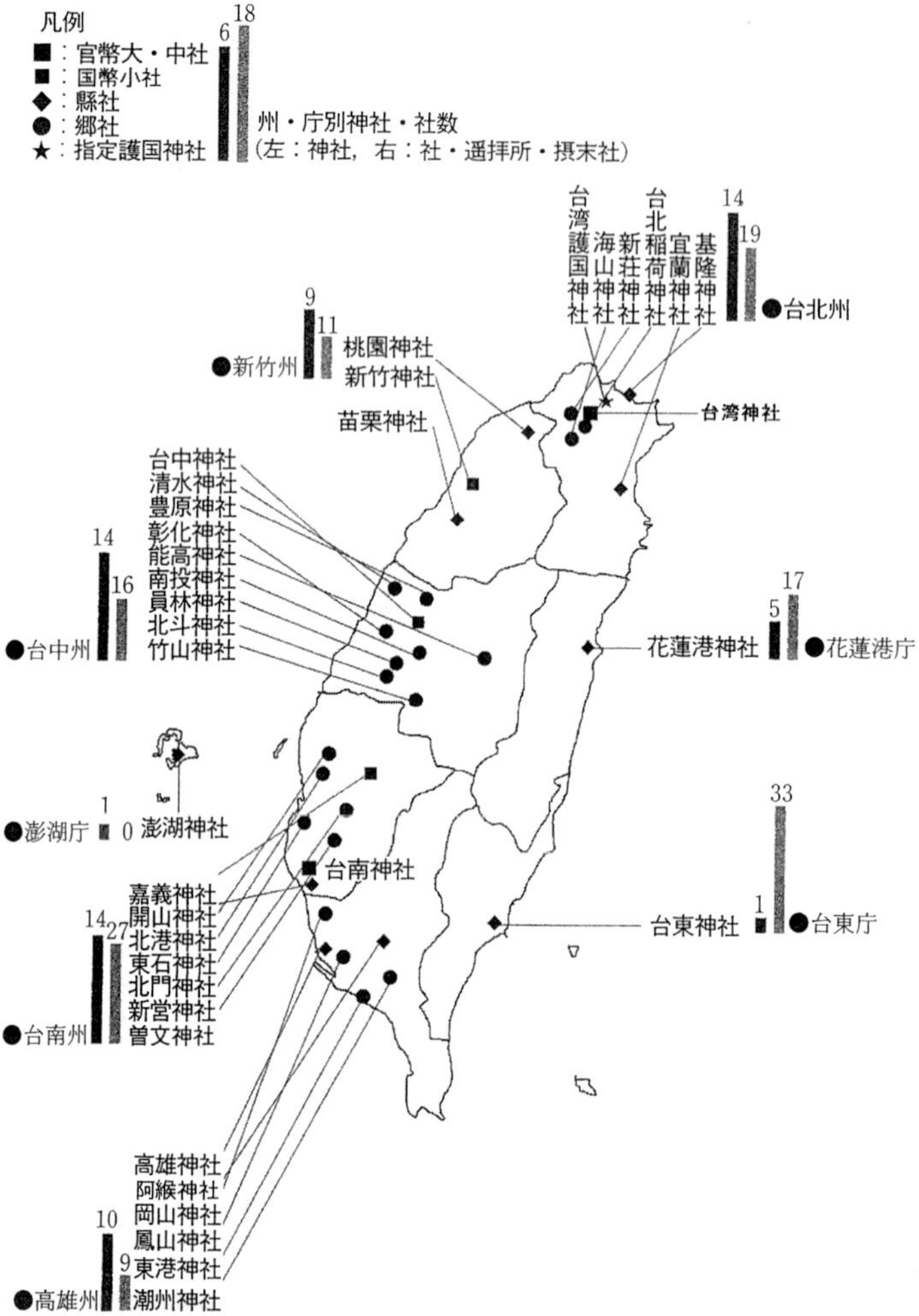
凡例
■：官幣大・中社
■：国幣小社
◆：縣社
●：郷社
★：指定護国神社
州・庁別神社・社数
（左：神社，右：社・遥拝所・摂末社）
6
18
台湾護国神社
海山神社
新荘神社
台北稲荷神社
宜蘭神社
基隆神社
14
19
●台北州
台湾神社
●新竹州
9
11
桃園神社
新竹神社
苗栗神社
台中神社
清水神社
豊原神社
彰化神社
能高神社
南投神社
員林神社
北斗神社
竹山神社
14
16
●台中州
花蓮港神社
5
17
●花蓮港庁
●澎湖庁
1
0
澎湖神社
台南神社
嘉義神社
開山神社
北港神社
東石神社
北門神社
新営神社
曽文神社
14
27
●台南州
33
1
台東神社
●台東庁
高雄神社
阿緱神社
岡山神社
鳳山神社
東港神社
潮州神社
10
9
●高雄州

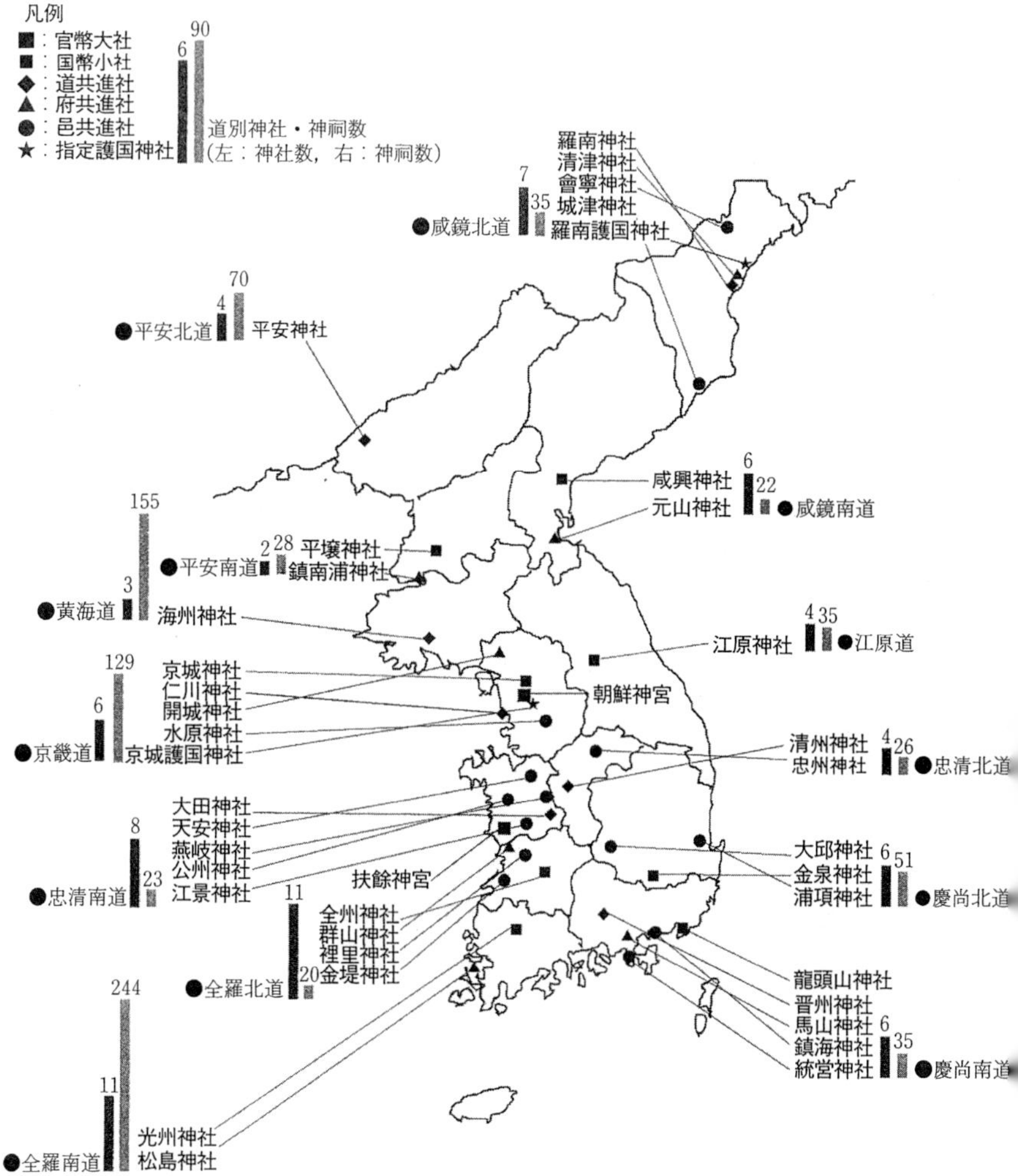

図 10　台湾（右）・朝鮮（左）における神社分布図
1945 年 8 月現在の主要神社分布を示す。官国幣社ならびに地方総社としての指定のある神社（台湾の県郷社，朝鮮の府邑供進社）に限って地図上に示し，各州（または道）別に神社・社（または神祠）の各総数を相対的に表した。

社の階層秩序をよりピラミダルに再構築する施策であった。それは法的には支配地ごとに個別の制度下にあった諸社が、内外地に共通する官社の地位へと、法域を越境することを意味した。

同一の名称でも内外地の事情が異なるものとしては、他に護国神社がある。内地では、各地に多数あった明治以来の招魂社を統合し、おおむね府県に対応する陸軍師団区に各一社ずつの護国神社として整備・拡充した。一九三九年の護国神社制度により、これを「指定護国神社」（内務大臣指定）とし、県社と同等に待遇した。なお、護国神社の祭神は、靖国神社の祭神にして崇敬区域内の居住者、部隊所属者などとされ、つまり崇敬区域も府県（正確には師団区）とされたのである。しかし、植民地には招魂社奉斎の蓄積がほとんどないため、(17)総督府が直接に手を下して各植民地に一〜二社を全く新たに創建した。また、陸軍師団は朝鮮に二カ所あるのみで、したがって朝鮮には各師団の中心である京城と羅南に一社ずつ創建されたが、師団のない台湾や樺太でも一社創建されている。これらも「指定護国神社」とされるが、指定するのは総督であり、待遇も国幣小社と同等、つまり事実上の官社待遇とされた。その崇敬区域も、当然ながら複数の道あるいは各植民地全土にわたる大きな単位で設定されている。

神社の増設と拡充

すでに述べたように、日本内地では、明治政府の下で再編された地方行政区分にあわせ、各地方に一社を対応させる原則で大量の社祠の類が整理廃合された。しかしながら、同じ原則を植民地で実現しようと思えば、神社はむしろ精力的に建設しなければならない。そのためには、たとえば国家的な創建神社としての総鎮守をモデルとして与えるだけでなく、地方での活発な神社奉斎を誘導していかなければならなかった。階層や管理の制度があっても、実際に地方の数だけ神社が存在しなければ、そもそも神社を通した「国風移植」も「社会教化」も意味をなさないからである。しかし現実に、植民地では神社はつねに「不足」していたのである。

一九三四（昭和九）年、台湾では総督府文教局長から地方庁官（各州知事・庁長）に宛てた通牒「神社建設要項ニ関スル件」において、社会教化の地方センターとしての神社の増設を急務とし、地方での精力的な指導・誘導を要請している。[18]明治中期の内務官僚たちの「神社中心主義」がここへ来ていよいよ植民地の具体的な政策目標に据えられたのである。

具体的な実行目標は「各街庄ニ神社ヲ創立」するというものであり、これにあわせて、地方団体の神社への補助（神饌幣帛料供進・神社費供進）を制度的に確立している。台湾の街庄（内地の町村に相当）数は約二五〇であったが、この時点で台湾の神社数は二五社前後にすぎなかった。結局目標は達成されないのだが、それでもこの通牒以降のわずか七〜八年で約四〇社が創立される。実態としては、複数の街庄を抱える郡の郡役所所在地を優先させた神社増設運動が展開された成果であった。加えて、とくに枢要な神社を国幣小社に列格させるとともに、すべての神社の施設水準を引き上げて、立体的な神社拡充政策が推し進められてもいる。ちなみに一九四五年の日本敗戦時で台湾に鎮祭された神社の総計は六八社、これに対して地方の数は五市・三八街・二一七庄であったから、少なくとも主要な都市はほぼ総てが自らの鎮守を持つに至ったとみなして大過なかろう（図10）。

朝鮮の場合、いわゆる日韓併合以前の居留地時代および統監府時代に、すでに約三〇社の居留民奉斎神社があり、これが併合後も各都市の鎮守となった経緯があり、その後もおおむね一定の勾配で創立が進み、日本敗戦時には八二社となっていた。台湾のような戦中期の急増はない。しかし朝鮮では先述のように一九三六年に地方団体供進金制度を確立し、各道・府・邑に対応した階層化をはかるとともに、各道一社を目標に、枢要神社を国幣小社へ列格する施策をあわせ、ピラミダルな階層秩序の実体化を推し進めた。一九四五年時点では一六府であったが、参考までに朝鮮市街地計画令（一九三四年）の適用・準用による市街地計画（都市計画）が策定された都市が四三箇所であった[19]。

そして、一地方・一神社を目標とした神社増設運動を考えるうえで注意しておきたいのは、設備や維持基盤などの点で「神社」たるに必要な水準に達しない社祠の類を禁じ、取り締まるのではなく、むしろこれに制度的な器を与えて把握・管理する体制が台湾でも朝鮮でも整えられていたことである。台湾の「社・遥拝所」、朝鮮の「神祠」がそれである[20]。小祠に対する制度的な追認が必要だったのは、各地方に一社というかたちで地方行政と神社とを結合する体制を目標とした場合、内地では明治後期に神社の統廃合（いわゆる神社整理）がなされたのに対して、植民地では精力的な神社増設が要請されるという内外地のベクトルの相違を背景としている。つまり、奉斎の欲求がありながら十分な財政力を持たない多くの地方の社祠はこれを禁止するよりも認可して後の整備に期待するのが得策とみなされたと言えるだろう。朝鮮では戦中期の地方における積極的な神祠増設運動（一面一神祠をスローガンとする増設運動）もあって、実に八六二の神祠が設置され、神社数の一〇倍を超えた。

以上から、台湾・朝鮮における神社の階層制度の特質は次のようにまとめられよう。

（1）官社／諸社で大きく区別され、官社は内地および多の外地とも共通の法的基盤を有するが、諸社では各植民地ごとの法域内にあった。戦中期の諸社からの国幣社列格は、この二つの法域を越境することであった。

（2）「指定護国神社」（総督指定・国幣小社待遇）は、内地のそれ（内務省指定・県社待遇）よりも崇敬区域が広く、待遇も高位に置かれた。

（3）「神社」より下位の階層についても、「神社」予備群として認可する制度が設けられ、実数で神社を上まわった。

（4）神社は一地方・一神社を目標に創建を誘導する必要があった。とくに戦中期になると、神社の増設と拡充が植民地政府の政策課題となり、神社数も増加するとともに、財政補助の制度が確立されて、階層制度が実体を獲得しつつあった。

こうした施策によって、地方統治のピラミッドに対応させた、一地方・一神社の奉斎が目指されたわけである。そして、少なくとも人口一〜二万人以上の市街には例外なく神社があるという状態には、おおむねたどりついたのである。

3 札幌から朝鮮へ——総鎮守の系列

植民地の神社を俯瞰するにあたっては、さしあたり以上のような階層制についての正確な把握が前提となるし、またつねに念頭に置く必要がある。以下、これを踏まえて都市とその鎮守を広く見渡していくが、まずは各植民地の頂点に位置づけられる植民地総鎮守（以下、たんに「総鎮守」という場合は、各植民地の総鎮守を指すものとする）に着目してみたい。総鎮守では、創建にあたり各植民地政府（総督府）が造営事業の主体となり、それ以前の創建準備や神社の基本的内容の決定には内地政府が主導権を持っていた。その点で、国家の意志が最も明瞭にあらわれる一連の神社が、これら植民地総鎮守であるといえるだろう。

I—一で検討した朝鮮神宮はこの総鎮守の一例であったが、次に台北をみてみよう。

台湾神社と台北城

台湾は一八九五（明治二十八）年に日本植民地となり、台北が首府とされた。神社創立のことは、早くも総督府設置の翌年、一八九六（明治二十九）年の一月と三月に帝国議会両院で各々建議案が通過しており、翌年には総督府内に調

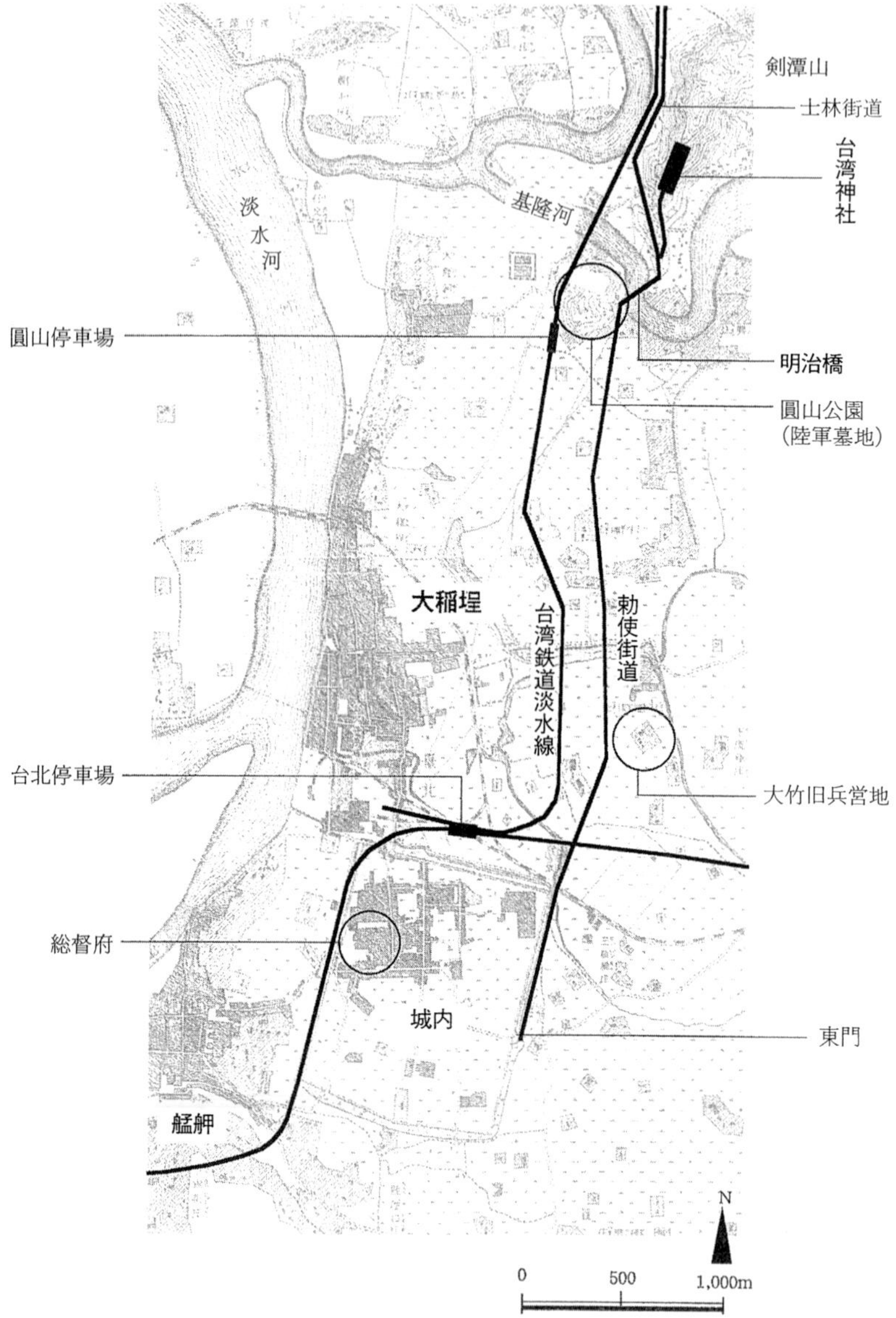

図11 勅使街道

1895(明治28)年測図(陸地測量部・臨時測図部)の地図に,1901(明治34)年10月までに完成した勅使街道,鉄道(改良・新設)を重ねて示す。

査委員会が組織されている。一九〇〇（明治三十三）年九月の創立告示をへて、一九〇一（明治三十四）年十月二十七日に鎮座祭が挙行された。『台湾神社誌』などに用いられる「全島鎮守の大神」、「全島を守護し給ふ唯一の宗祠」といった表現が、この神社の台湾総鎮守としての位置づけを物語っている。[21] 鎮座地は台北市街の北方、剣潭山の稜線上であった（図11）。

この鎮座地選定にも、実は曲折があった。[22] まず、鎮座すべき都市についても、台北の他に、日本から台湾への玄関口にあたる基隆や、祭神の一柱である北白川宮能久親王（台湾割譲後の植民地戦争を率いて殉死）の没地とされた台南が候補にあがっていた。そこから首府としての台北が選び出されている。

台北には清朝によって一八八二（光緒八）〜八四（光緒十）年に建設された台北城（台湾省城）があり、このなかにあった布政司使衙門が暫定的に総督府庁舎に転用されていた。台北盆地内で候補地を選び出す過程では、まず台北城内という選択肢がすぐさま排除され、「城外」という条件のなかで圓山という丘に絞り込まれている。選定基準は、①「広闊」な神域を営みうること、②「山を負い河に望み緑樹」のある「風致」を有すること、③「公衆の参拝に便」なること、であった。台北城内が退けられたのは、①と②によるのであろう。

これで一度は決定をみたのだが、さらに一八九八（明治三十一）年に新総督・児玉源太郎が赴任すると、新民政長官・後藤新平をともなって自ら現地を視察し、圓山は植民地総鎮守の境内たるに不足として、剣潭山に変更される。この背景には、圓山にあった日本陸軍墓地の移転が困難であったこともあげられるが、敷地規模の不足、そして敷地の高さの不足が指摘されたことは注目に値する。つまり、境内から市街を見下ろし、市街から境内をみあげるような視覚的な呼応関係なしには、神社の威厳は保てないとする判断が下されたのである。

このように、台湾神社鎮座地の選定経緯では、まず（1）祭神の縁故よりも「首府」（植民地統治の中心地）であるこ

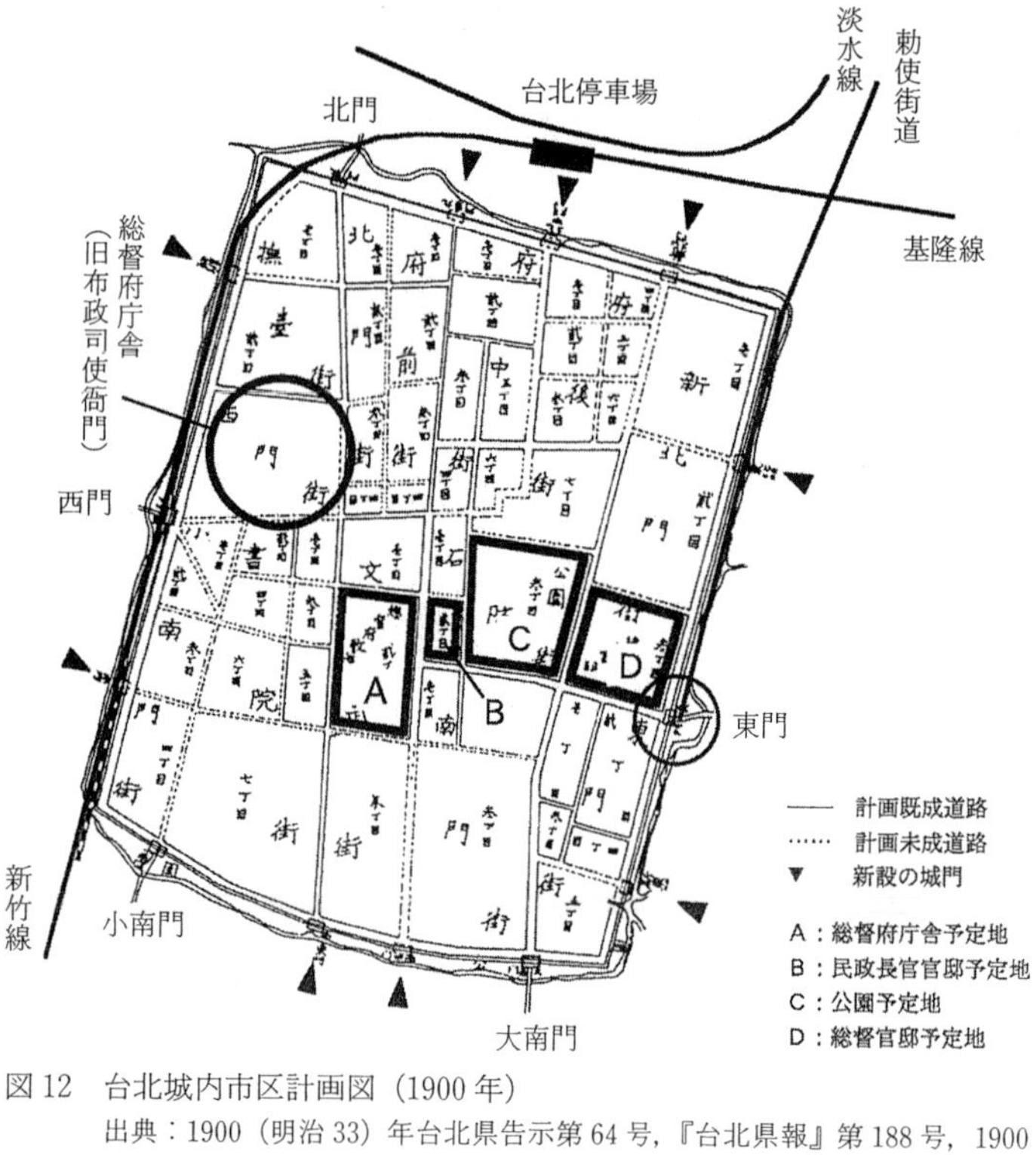

図 12　台北城内市区計画図（1900 年）
出典：1900（明治 33）年台北県告示第 64 号，『台北県報』第 188 号，1900（明治 33）年 8 月 23 日図 5
写真中央に総督官邸，その左には台北公園が見える。右寄りのロータリー内に東門があり，南北（上下）に延びる三線構成の道路が勅使街道，東門から総督官邸や公園の前面を走るのが東門通で，その先（写真にはない）に総督府新庁舎がヴィスタをつくる。出典：『台湾紹介最新写真集』（1931）

とが優先され、ついで（2）台北盆地の中心にある既成市街地ではなく周縁部の山稜上へと絞り込まれていくプロセスが読みとれる。当該植民地全土をカヴァーする宗教的権力の装置をその首府に置くという点では、たとえば欧米諸国の植民都市における大聖堂（カテドラル）と共通するが、それを都市の中心から大きく外す点は根本的に異質であるといえよう。

ところで、台北城内は真っ先に市区改正事業の対象とされ、大幅な改造が施される。[23] 台北には、他に大稲埕および艋舺（のち萬華）と呼ばれる二つの既成市街地があり、これが漢族系台湾人の商住混合地区として発達していたのだが、最初の市区改正事業は旧城内に限定されたのである。旧城内はこれ以後、台湾総督府、台北県（のち州）庁、のちには台北市役所などの行政機関はもちろん、警察署や裁判所、あるいは台湾銀行、専売局、病院などが立地する日本の植民地支配の中心として整備され、また官舎・兵舎とともに多くの日本人商店も建ち並ぶ日本人街として発達した。総督府庁舎は、建築こそ一九一九年竣工と遅れるものの、予定地は一九〇〇年の時点ですでに決定されていた。その正面に立って東にのびるブールバール（大路）を望めば、左手（北）に総督官邸、民政長官官邸、台北公園が、また右手（南）には度量衡所や官社群が見え、行く手には保存された東門があった。このブールバールが再編なった旧城内の最も公式な空間であることは疑いなく、その意味では東門は旧城内への「正門」として読み替えられたのだともいえよう（図12）。

同時に注目されるのは、市区改正がまだ城内地区に行われていたにすぎないこの時期に、東門から城外の北方へと道路（現在の中山北路）が建設されていることだ。ちょうどこの道路が基隆河を越えた地点に、剣潭山はその稜線を北東から下ろしている。台湾神社が建設されたのは、他ならぬこの稜線上である。この道路は、植民地期を通じて「勅使街道」と呼ばれることになるが、その意味するところは、すでに朝鮮神宮の場合の検討から推して知れるように、

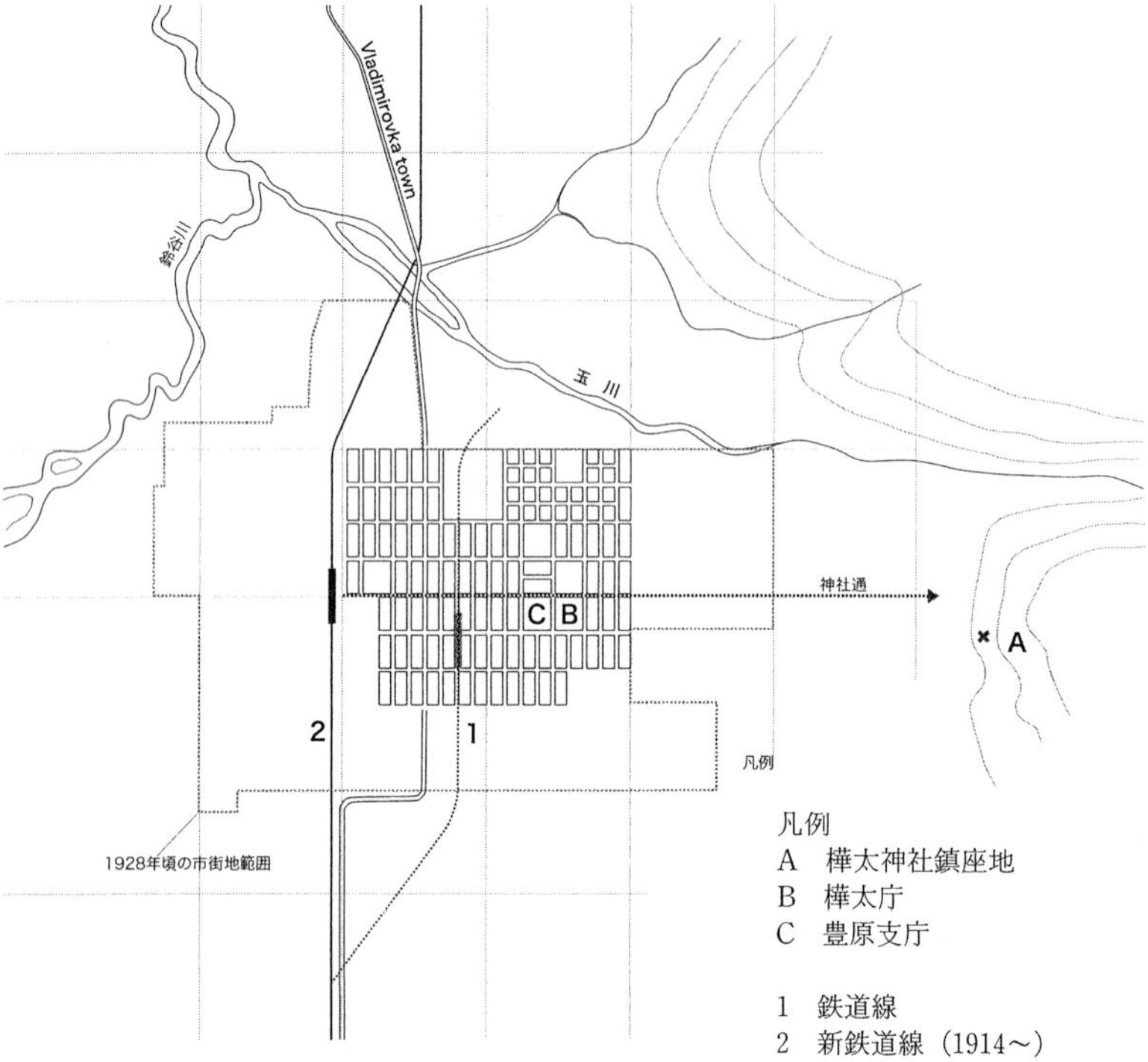

図13　1910年代の豊原
Masafumi Miki（三木理史），“Reclamation Work in Karafuto as Japanese Settlement Colony and the Constrcution of its Capital City, Toyohara”（『被植民都市與建築』中央研究院台湾史研究所籌備，2000）を参考にした。

この道が台湾神社祭典に際して勅使の通った道路だということである。鎮座祭の時点では、総督府はまだ清朝の布政司使衙門を使っていたが、その一郭が斎館とされ、ここを出発した勅使は、丁寧にも新総督府庁舎予定地の前面へいったん出て、ここから先述のブールバールを通り、東門を出て勅使街道を北上し、基隆河に架けられた明治橋を渡って境内に到っている。将来、総督や民政長官を奉幣使として行われることになる毎年の例祭を先取りするかたちでの勅使の参向であった。近い将来に現出するはずの植民都市の空間のなかに、台湾神社も、同社への参向経路も組み入れられていたのである。

また、以上の説明のなかに出てきた総督・民政長官の両官邸、さらに台北停車場、明治橋は、台湾神社と同じ一九〇一（明治三十四）年十月に竣工している。総督府庁舎そのものは一九一九（大正八）年と遅れるので、京城の場合とは事情が異なるが、しかし、植民都市空間を編成するいくつかの公共施設の建設事業を、総鎮守の造営と平行して進め、その鎮座祭にあわせて竣工させていることは、やはり京城と似ている。

植民地総鎮守という類型

樺太の豊原（旧ウラジミロフカ、現ユジノサハリンスク）に創建された樺太神社（一九一一年八月鎮座）については、筆者は十分な調査をなしえていないが、やはりよく似た都市空間編成のパターンを取り出すことができる（図13）。社地は豊原市街の東方、旭ケ岡と呼ばれる丘陵の中腹であり、「西に豊原市街を一眸に収めて遥に中央山脈に対し」といった雄大な立地であった。[24] 市街地は機械的な碁盤目状の街路パターンをなしていたが、豊原駅前から旭ケ岡の境内につながる東西の目抜き通りは「神社通り」と呼ばれ（現コムニスチーチェスキー・アヴェニュー）、そしてこの大通りに面して樺太庁庁舎が立地していた。

台湾神社（一九〇一）・樺太神社（一九一一）・朝鮮神宮（一九二五）と、おおむね一〇年刻みで並ぶ各植民地の総鎮守の創建をめぐって、これほどの共通性が確認できるのは、偶然ではありえない。

あらためて確認すれば、まず第一に各植民地の総鎮守はその植民地の首府（首都）に祀られた。国家神道体制下の神社が、地方統治のピラミッドに対応すべきものであったとすれば、植民地統治の中央機関が置かれる首府に、総鎮守が建設されることは当然である。以後、南洋神社（南洋）、関東神宮（関東州）、建国神廟（満州国）においても、この原理は不変であった。

第二に確認したいのは、この中央統治機関を中心とする官庁地区と、総鎮守の境内とをどのように結ぶかということに、最大限の注意が払われたことである。両社を結ぶ道路は、都市の目抜き通りであり、都市のなかで最も幅員が大きく、官庁地区に対しては、バロック的な演出が施され、神社境内に対しては、日常的な市民の参拝はもちろん、祭典の際に勅使を含む奉幣使や団体参拝などが参向する参宮道路とされた。この道路はまた、最初期の市区改正事業で建設され、以後の市区改正がそこから展開していく根拠となるような、都市の中心軸線でもあったのである。

第三に、台北でもソウルでも、官庁地区は元来の政府のそれを占拠・踏襲しつつ改変しているの対して、神社境内は市街中心部の在来祭祀施設の場所を占めるのではなく、市街に面した周縁部の山に新たに求められている。ここから、神社境内の造成によって、既存の自然環境を独特の性質をもった一種の公共空間へと改変し、都市景観に組み込んでいくという日本植民都市に特有の契機が生じてくる（第二部以降はこの点を掘り下げていく）。

第四に、台湾神社でも朝鮮神宮でも、その鎮座地選定の経緯は、市街から仰ぎ見る、市街を見下す、という視覚的呼応関係への強い依存を示している。したがって、一口に山といっても、境内を包み込む谷間や懐ではなく、際だつ稜線上を選ぶことが肝要とされた。市街からみてくっきりと突出する峰のラインを雛壇状に造成することで、総鎮守の境内は、都市に対してその「神威」を表したのである。ただし、この原理は昭和期になると否定される。この点はII—二で述べる。

さて、以上のような共通の特性について考えるとき指摘しておかなければならないのは、これら三社の建築設計が同一の人物によって行われたことである。近代日本の建築史学の開拓者であり、内務省技師などもつとめて神社建築の権威であった伊東忠太（一八六七—一九五四）である。ただし、台湾神社設計の時点では、彼はまだ東京帝国大学の大学院生で、台湾神社を設計したといっても、近世の代表的大工棟梁の家筋に連なる大工にして帝大講師でもあった木子清敬の指導の下、後輩の武田五一と共同で設計にあたったというのが実情であったらしい。そして筆者のみると

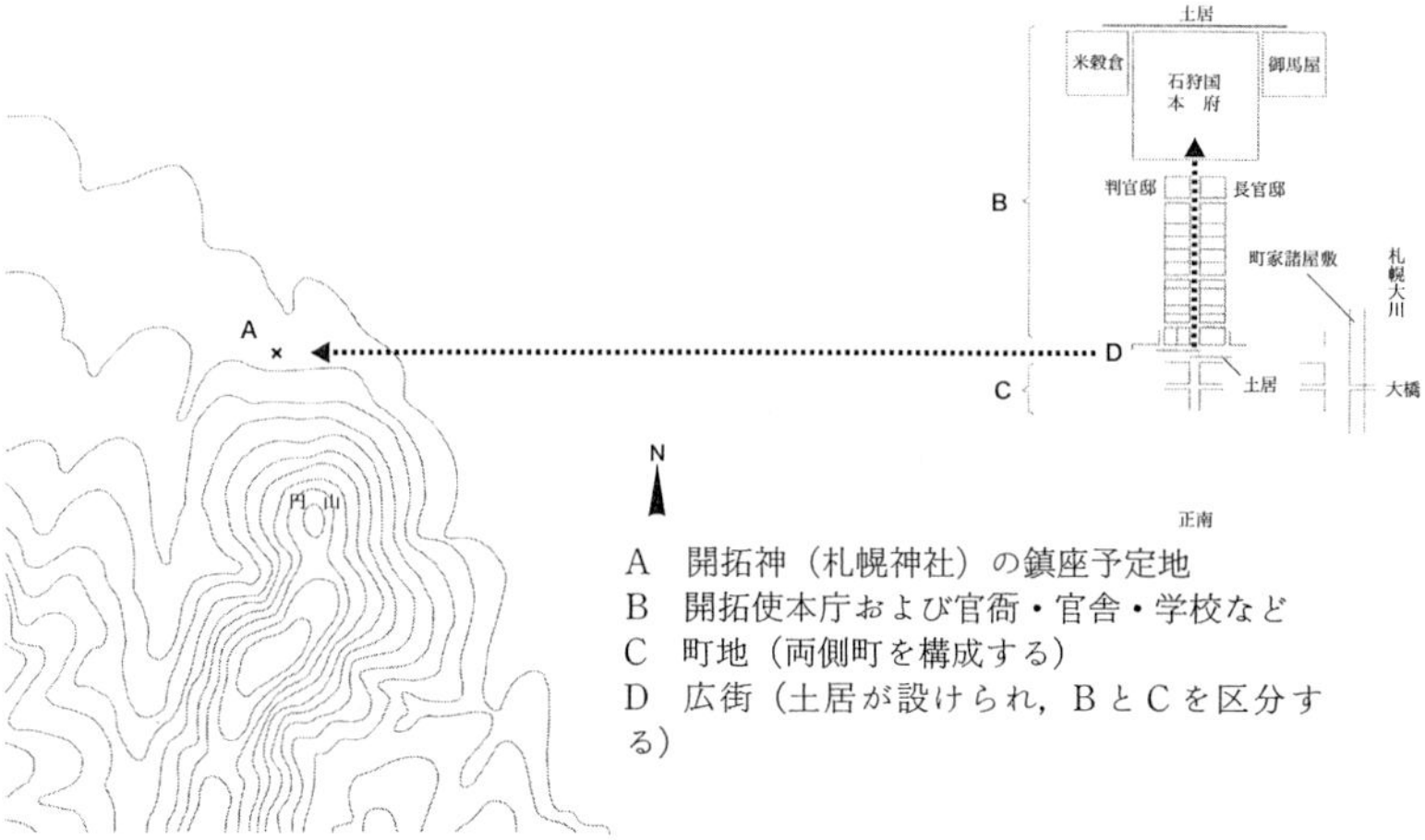

図 14　開拓使判官・島義勇による札幌計画（概念図）

市街地は島判官によるものと伝える「石狩國本府指図」に基づき作図。A〜D 以外の文字はすべてこの「指図」に示されるもの。「指図」によれば，「本府」（開拓使本庁）敷地は 300 間（約 545m）四方，道路幅員は基本的に 12 間（約 22m）である。上図 D の部分は「指図」では幅員 42 間（約 76m）とあるだけで名称は記さないが，ここでは仮に「広街」とした。一方，島が開拓神（札幌神社）の鎮座地を円山としたことは分かっているが，正確な場所は同定できない。ここでは明治 4 年に社殿が建設された際に島の選地が追認されたものと仮定している。

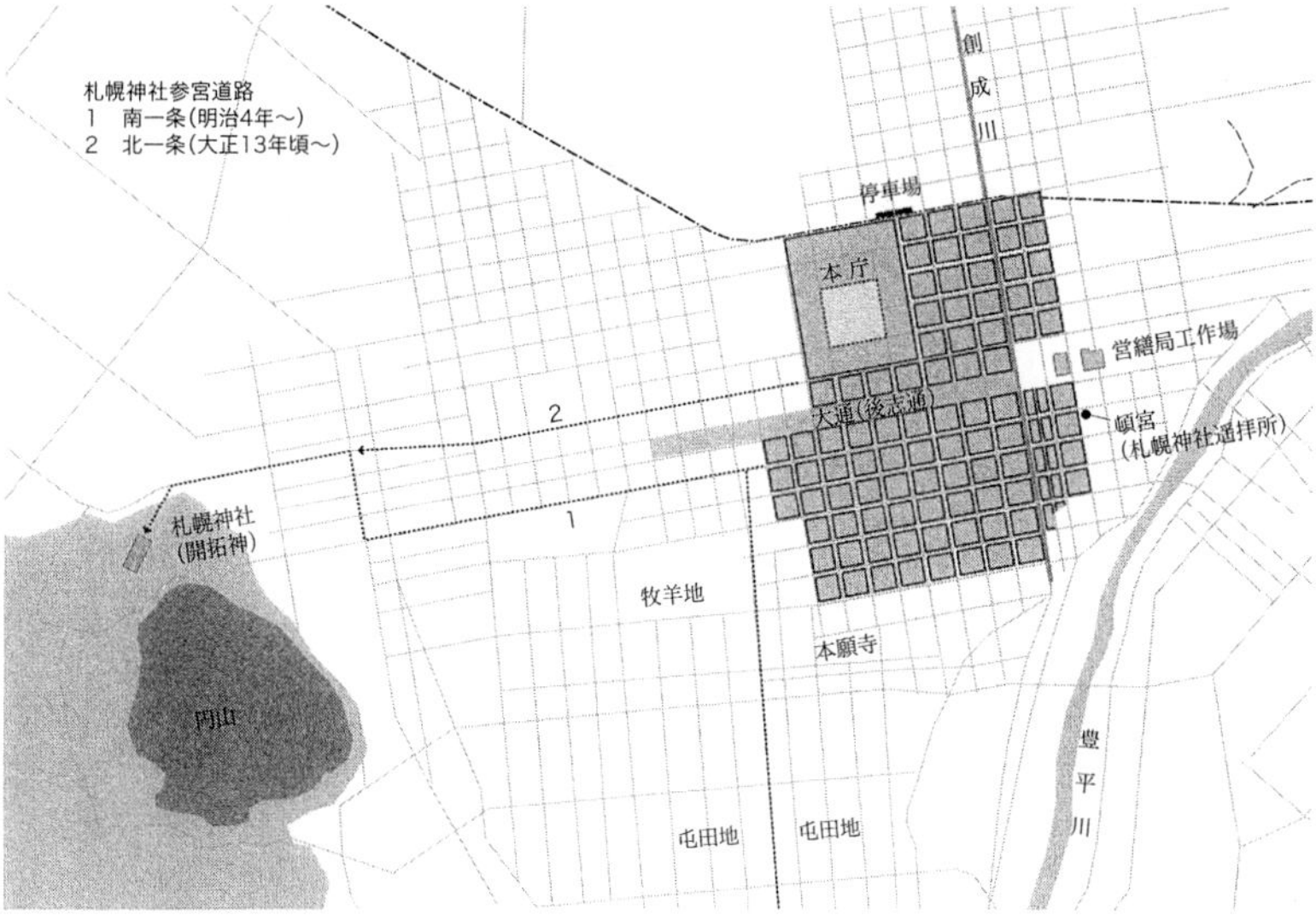

図 15　明治 6 年の札幌

網掛け部分が明治 6 年時点での市街地範囲。周辺の街路網や鉄道などはおおむね昭和戦中期の状態を示す。

ころ、彼は現地を訪れることなく、総督府から送られてきた圓山の地形図だけを頼りに基本設計を作成しており、しかも彼らの解任に前後して鎮座地が変更されている。敷地変更後の設計は、伊東らの図面をもとに、規模を拡大したものであったらしい。こうした経緯から推測するに、鎮座地の選定には伊東忠太はおそらく発言の機会すら与えられなかったと考えるのが妥当であろう。

むしろ、伊東忠太に帰せられるべきは、突出した山稜上に、神明造の社殿を並べていく境内の景観であろう。詳しくはII―一で述べるが、台湾・樺太・朝鮮の三つの総鎮守の境内計画と社殿設計は、ほとんど同じ内容と言ってよい。しかも、ただ規模だけは、この順に大型化していっており、逆に社殿様式やその配置など設計内容による差異化の契機がまるで見いだせないことは注目される。このことからも、植民地総鎮守は、古代以来の日本の神社史のなかでも、際だった特質をもつひとつの類型とみなせるのではないだろうか。

これに対し、鎮座地選定をめぐる伊東の影響力については、たしかに朝鮮神宮の場合には大きな役割を期待されたと言えるものの、その他では否定的にならざるをえない。むしろ、ここで私たちは札幌神社（現在の北海道大神宮）を思い起こす必要があるように思われる。札幌神社が鎮座した頃、伊東はまだ幼少であった。

札　幌

札幌神社は、一八六九（明治二）年にはじまる北海道開拓の首府・札幌に、開拓の神社として創建された[25]。従来は函館八幡宮が全島総鎮守とされていたが、これを改め、札幌神社を北海道総鎮守としたのである。鎮座は一八七一（明治四）年であり、社格は国幣小社（以後漸次昇格して一八九九年に官幣大社列格）、祭神はいわゆる開拓三神（大国魂命・大己貴命・少彦名命）であった。この祭神設定は、北海道の多くの神社で反復的に採用されただけでなく、実は台湾神社、樺太神社にも踏襲され、さらに台湾、樺太の地方諸社にも広く模倣されていった。高木博志がかねてより指摘しているように、内国植民地としての北海道は、植民地における神社創建の論理という点からみても、重要な起点なのである。札幌神社は近代のはじめての植民地総鎮守だったとみなせる。

この点で注目に値するのは、一八六九（明治二）年末に札幌の土を踏み、その都市建設の礎をつくった開拓判官・島義勇の計画である。彼は神祇官での鎮座祭を経て運ばれてきた開拓三神の霊代を函館で受け取り、まだ密林と原野に被われていた札幌に到着するとすぐさま円山の丘にのぼり、ここを開拓神を奉斎する神社の境内地と定めている。そして円山の頂から創成川に向かって真東へ線を引き、これより北を開拓使庁舎をはじめとする官庁街、南を一般市街（町地）とした。官庁街と一般市街を分かつこの線を、島は幅四二間（約七二m）の広街としており、この都市軸を西へまっすぐ延長したところに開拓神が鎮座する計画だったことになる（図14）。島が間もなく退任となったこともあり、札幌建設はこの計画のとおりには進まなかったが、大きな骨格は生かされ、よく知られる広大な開拓使庁舎敷地、官庁街と一般市街を南北に分かつゾーニング、その境界線となる大通公園（後志通とも呼ばれた）、そして市街西方の円山への開拓神（札幌神社）奉斎など、札幌の都市空間の特徴となる要素の多くが、この島判官の計画にすでに現れていたのである（図15）。このように、市街を離れた山稜上に神社境内を置き、これと市街中心部の官庁地区を結ぶ道路を都市軸として都市建設を進めるパタンは、すでに札幌にモデルがあったとみなせる。ただし、台湾以降の総鎮守創建に関する資料のなかには、鎮座地選定をめぐって札幌が先例であることを示唆する記述はまったく見いだせない。言説化を介さず共有化されるような種類の規範を、私たちは丁寧に見定める必要があるのだろう。

ところで、ここで留保を付すべきことがひとつある。朝鮮神宮では、札幌にはじまる祭神設定が踏襲されず、天照大神と明治天皇を並べて主神とされたことである。古代以来の開拓の三神を並べ祀るのも札幌での発明ではあったが、天照大神（＝皇祖神）と明治天皇（＝日韓併合を実現した天皇）という、気の遠くなるような皇統の時間の全体を挟み込む設定は、帝国主義化した日本による大がかりな歴史観の創出であり、開拓という個別の土地への関与ではなく、はじめから超越的な歴史の論理を押し出す性質のものであった。もちろん、祭神論は本書の主題ではないから深入りはしない。ただ、祭神論の文脈では、やはり多くの研究が指摘するように、朝鮮神宮は海外神社の転換点に位置している。(26)しかしながら、都市と鎮守をめぐるモルフォロジーの文脈では、朝鮮神宮は札幌神社以来のモデルが完成された、記念的な作品であったとみてよい。

朝鮮神宮の鎮座は一九二五年、すなわち大正末であったが、昭和に入ると、組織としての規模と実力を備え、伊東忠太ようなプロフェッサー・アーキテクトを相対化するにいたった内務省神社局の技術官僚たちの指導の下で主要な神社は設計されるようになり、境内の立地条件についても伊東が朝鮮神宮までに持った以上の影響力を発揮するようになる。もっとも、都市内の立地を大局的にみるかぎり、札幌から京城にいたるモデルは大きな修正を施されたわけではない。しかし、彼らによれば神社は本来的に環境から突出すべきものでなく、札幌から朝鮮まで貫かれた山稜上のモニュメンタルな立地にみられる、露骨な視覚優位は批判され、改められるべきものであった。この意味で、朝鮮神宮は札幌以来のモデルが国家的な神社創建において実現した最後の事例であったと言えるのではないかと筆者はみている。

実際の鎮座地をみると、これ以降の総鎮守をはじめとする官社でも、官庁地区を置く市街中心部と境内とを目抜き通りで接続するといった関係には大きな変化はないし、神社が山への立地を好むことも変わりなかった。ただ、台湾神社の昭和改築で、同じ剣潭山の突出した稜線から、これに隣接する、麓に近い比較的ゆったりとした谷間の懐へと境内そのものが移されたように、山の環境への態度に変化がみられたのである。この転換は、むしろ境内や社殿の具体的な計画内容に、もっと鋭く現れることになるが、これはII―二で述べる。

4 都市鎮守の諸類型

すでに述べたように、植民地下の朝鮮・台湾では各々数十の都市に神社が奉斎された。こうした地方の都市についても、神社の鎮座地の特性を検討することができるだろう。結論的にいえば、それは大きく三つの類型に分けて捉えることができそうである。

（1）地方鎮守型
（2）祭神顕彰型
（3）居留民奉斎型

詳しくは後述するが、（1）は右にみてきた札幌から京城にいたる各植民地の首府・総鎮守モデルの、地方的ヴァージョンというべきものである。

類型（2）は、神社に奉斎される祭神を顕彰することが重視される場合である。祭神の具体的な縁故地が都市内に存在し、これを鎮座地に選ぶのである。後述するように、これはむしろ日本内地の創建神社では最も一般的な態度であった。これに対して、類型（1）はいかにも植民地らしい鎮座地選定論ということができる。

類型（3）は、植民地支配の確立以前に設けられた居留地の神社の場合である。居留地は、そもそも都市の一部分にすぎず、神社の鎮座地もそのなかで選び出さざるをえないから、台湾神社や朝鮮神宮のような都市全域のなかからの候補地の絞り込みという議論自体が成立しないのである。

ところで、朝鮮のように類型（3）に該当する神社が多い植民地と、台湾のように類型（1）が主体となる植民地とを次のように区別することも可能である。

① 総鎮守先行型

② 居留民奉斎神社先行型

①の総鎮守先行型は、台湾と樺太が該当する。これら両植民地では、植民地支配の成立以前には神社奉斎の経験がない。植民地支配の確立後、比較的早期に植民地総鎮守（官幣大社台湾神社、同樺太神社）が創建され、これが後続の地方諸社にとっての規範として機能する。北海道の多くの神社にもこの関係が見出される。

一方、朝鮮はまったく事情が異なり、植民地支配の確立以前に、すでに居留民による神社奉斎が広範に行われていた(②)。もちろん、居留地それ自体が帝国主義的な圧力の下で、不平等条約に基づいて設定されるものであるから、居留民による神社奉斎を、単純に民間の信仰心の発露と捉えることはできないし、逆に、植民地総鎮守のような官立の神社であっても、市民の信仰心と無関係ではない。ここで確認しておきたいのは、この種の素朴な官・民の構図ではなく、すでに居留民奉斎神社がある都市では、植民地支配確立後も、それを地方鎮守として読みかえていくので、新規に地方鎮守を創建するのとは事情が異なる、ということだけである。

さて、類型（3）についてはII―1で詳しく述べることとし、本章では（1）と（2）を比べながら見ていくことにしたい。

地方都市の鎮守

そこでまず、（1）の地方鎮守型であるが、これは札幌・台北・豊原・京城のモデルの地方的なヴァージョンを想

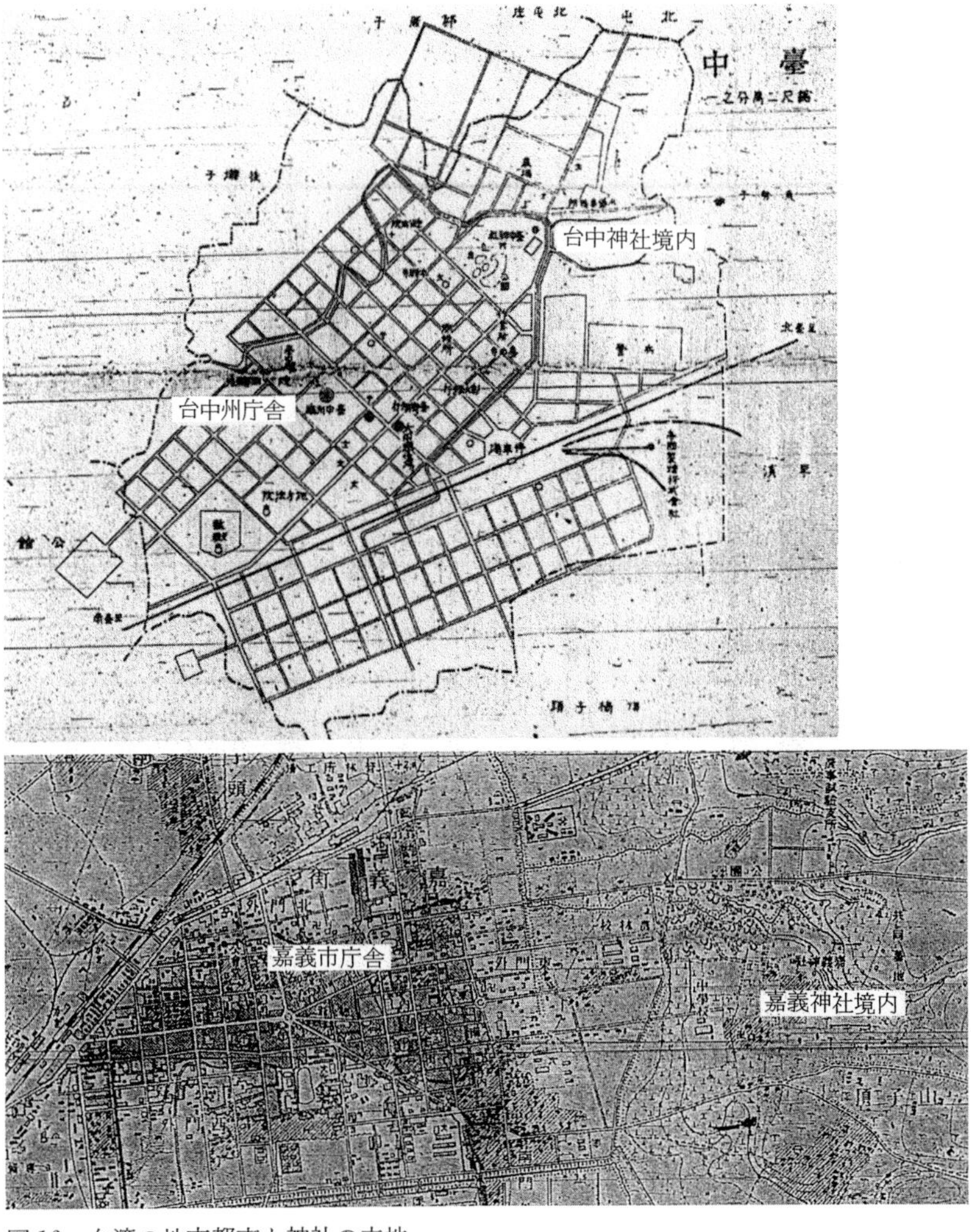

図 16　台湾の地方都市と神社の立地
上：台中市（台中神社）　下：嘉義市（嘉義神社）。いずれも州庁所在地。

定すればよい。つまり、総督府の官庁地区のかわりに当該地方庁を核とする業務中心地区を、また植民地総鎮守のかわりに当該地方の鎮守となる神社を、それぞれ代入するのである。ここで、「地方」の語が、台湾の街、朝鮮の邑のような末端の小さな区域から、台湾全土、朝鮮全土までを指すものと考えれば、より一般的な定式化が可能であろう。日本帝国の全域にわたる地方統治のピラミッドを想定し、その各階層に相応の「地方」の領域があり、その住民があって、その領域と住民の行政を受け持つ官僚機構があり、また祭祀や教化を受け持つ鎮守がある。こうした対応関係のなかで、地方都市においても首府と同型の空間編成が行われようとしたと考えることは自然であろう。

さて、この類型の立地特性にあてはまる事例は、先にみた事情から言って、台湾の地方都市に求めるのがふさわしい。嘉義（県社嘉義神社、のち国幣小社列格）、台中（県社台中神社、のち国幣小社列格）、花蓮港（県社花蓮港神社）などがそうである（図16）。地方都市では神社の鎮座地選定について詳細な記録など残らないので、結果としての都市形態を地形図・市街図などから読みとるしか方法はないのだが。

総鎮守・官幣大社台湾神社が、後続の神社創建にモデルを提供したことは、次のような記述からも察せられるところである。

> 近年神社創設の儀、各市郡に作《ママ》る。其の既に設立したる宜蘭、台中、嘉義、新竹、阿緱、台東、基隆竝花蓮港地方の如き、其の祭神は総て我が台湾神社同一の神を合祀するを例とせり、思ふに将来興るべき神社、また此に準拠するなるべし、何となれば台湾神社は全島の総鎮守なるを持って、之を有力なる地方に分祭し以て本支の関係を保ち、以て民心の帰向を統一せしむるは、最も我が新領土の神社たるに適すればなり(27)……

日本内地の法により創立される官社と、植民地政府によって認可される諸社とは法的な意味で区別が必要だと先に述べたが、いずれも植民地という〈国家〉の内部では地方統治のピラミッドに対応していたし、「民心の帰向を統一せしむる」意味でもそうでなければならなかった。この引用にみられるように、総鎮守と地方鎮守とは、一般に「本支の関係」として捉えられていたのである。

この関係も、北海道に類例を見いだせる。北海道庁では、一九〇一年（明治三十四）に一町村一社の原則を示し、新開地で次々に誕生していた無願の社祠については条件を付して公認化を進めることを神社政策の重要項目のひとつとした。総鎮守・札幌神社はこの時点ではすでに官幣大社に列されているが、官社の「分霊」を無願社祠に対して認めることは制度上不可能だったため、逆に熱心に分霊を求める新開地住民の要望が、公認神社増設の原動力となったのである。こうして北海道では、戦前までに公認「分霊社」が四十三社に達している。

5　終焉地の顕彰

北白川宮能久親王の「御遺跡」

類型（2）の祭神顕彰型の例としては、台湾における北白川宮能久親王の奉斎をとりあげておこう。官幣大社台湾神社の祭神には、札幌の前例である開拓三神の他に、北白川宮能久親王が含まれている。これは、能久が「台湾征討」と呼ばれた植民地戦争の指揮官として殉死した人間で、しかも天皇家に近い皇族だったことを背景として説明できるものであろう。

実は、台湾にはこの能久との関係を創建の契機として第一義的に考えなければならない神社がいくつかある。すなわち、彼の行軍にゆかりある場所を神社化したとみなせる場合である。

このうち、能久の台南における舎営所は彼の没地とされたため(28)、「霊地」として特別に篤く保存され、一九〇一年

図17　北白川宮能久親王台南御遺所
出典：『見証台湾総督府』下巻（立虹出版社，1996）

図18　官幣中社台南神社
出典左：『見証台湾総督府』下巻（立虹出版社，1996）右：『台湾紹介最新写真集』（勝山写真館，1931）

には他に先がけて「御遺跡所」と称された。この御遺跡所は、興味深いことに台湾神社の管轄下におかれ、一種の「別社」の位置づけとされたから、独立でないとはいえ事実上は神社として扱われたと考えてよいだろう。

その境内は、能久の舎営所（宿泊所）に充てられた台湾人有力者の邸宅を塀で取り囲んで門を開き、その正面に舞殿状の三×二間の拝殿を置いただけのものであった（図17）。これが後に「台南神社」となる（一九二三）。台南神社の境内が、植民地の神社としては珍しく市街地の中央に位置しているのは、こうした経緯からである。

ところで、一九四五年までに台湾に創建された全六八社のうち、能久を祭神とする神社の数は五九社（約八六％）にものぼるが、多くは祭神設定上おそらく総鎮守・台湾神社にならったものであり、北海道のケースに照らせば、事実上「分霊」と表現しても差し支えないだろう。鎮座地の設定において能久の「御遺跡」を根拠にしたものはそれほど多くはないが、左のような事例が認められる。台南神社も含めて列記しておこう（以上、カッコ内の所在地は終戦時）。

(1) 台南神社（台南州台南市、一九二三年鎮座、一九二五年官幣中社列格）
(2) 新竹神社（新竹州新竹市、一九一八年鎮座、一九二〇年県社、一九四二年国幣小社列格）
(3) 苗栗神社（新竹州苗栗郡、一九三八年鎮座、一九四五年県社列格）
(4) 汐止神社（台北州七星郡、一九三七年鎮座）
(5) 彰化神社（台中州彰化市、一九二七年鎮座、一九四四年郷社列格）

付言しておけば、能久の上陸地・舎営所・司令所・駐営地といった場所は、一般に「北白川宮能久親王御遺跡」と総称され、一九三〇年に「史蹟名勝天然記念物保存法」が施行されると、台湾において保存顕彰されるべき文化財の筆頭にあげられ、同法に基づく最初の調査報告書も能久の「御遺跡」に関するものであった。[29]「御遺跡」は、植民地台湾では説明不要の、最も分かりやすい文化財的価値の源泉でもあったのである。

いずれにせよ、こうした神社の創建は、台湾総督府側の論理から、既存の場所に宗教的な価値を付与し、神社へと読み換える行為に他ならなかった。また、この場合、能久という人物＝祭神の由緒地、とりわけ没地に特別な価値が見いだされていることに注意しよう。これもやはり明治初年以来の日本内地における神社創建の論理を受け継ぐものであったとみられる。

内地の創建神社と鎮座地

明治以降、主として国家的な意志を反映して新たに創建された神社を「創建神社」と呼ぶことが多い。社格でいえの分類（1〜16段階）に従い，主要な創建神社の事例を整理した。
凡例
立もしくは既存祠堂の神社への改編，あるいは列格などの年をとっているが，神社により事情

れか)，神明造，その他特徴ある社殿形式をとるものについて示す。

所在府県	鎮座地および選定事由	社殿	設計者
兵庫	湊川…楠氏の墓地		
神奈川	鎌倉二階堂…終焉地	制限図に類似の形式	
熊本	菊地城址	制限図	
静岡	井伊谷，龍潭寺…終焉地	制限図	
福井	西藤島村灯明寺畷…終焉地，「新田塚」。社殿造営の後，土地陰湿のため足羽山に移転	制限図（M 34改築時）	安藤時蔵 M 34 改築
奈良	吉野山蔵王堂址…天皇行在所（吉永院）に近い浄地	制限図	
熊本	八代城址…居城・終焉地		
鳥取	名和村…名和氏の倉址。名和氏の部址ついできた社祠が起源。	制限図	
大阪	住江町…伝・顕家陣没地。当初は墓地近辺に造営の計画だったが湿地で民間墓地に近いため変更。	制限図	
三重	津・幡町…病役地。文政期より墳墓・神社あり。	制限図	
千葉	小御門村…師賢居館址	制限図（本殿神明造）	
福島	霊山（北畠氏本城址）の西方山麓		
大阪	四条畷…古戦場・没地		制限図
福井	敦賀金崎城…尊良親王終焉地	制限図（本殿神明造）	安藤時蔵 M 38
三重	多気村…北畠氏居館址，庭園あり		
京都	讃岐白峯御陵より御霊を京都へ還遷しようとした桓武天皇の遺志を明治天皇が継ぐ。	制限図に類似の形式	
大阪	水無瀬…鳥羽上皇御影堂を神仏分離で水無瀬神社と称した。土御門・順徳両天皇を同社へ還遷。		
山口	阿弥陀寺町…安徳天皇御影堂を神社に改めた		
京都	東山（河東練兵場？）		
東京	九段坂上	神明造	木子清敬 M 5

表2　創建神社とその主要事例

岡田米夫「神宮・神社創建史」(『明治維新神道百年史』第二巻，神道文化会，1966）による創建神社

凡例

顕彰年月：公式に国家的顕彰にあずかったことを示す最初の年をとる。具体的には当該神社の創が異なり，必ずしも同一基準にはならない。

社殿　　：最初に国家的顕彰にかかわる造営において，制限図式（社殿・配置もしくはそのいず

設計者　：特記なき場合は上記造営の設計者

★　　　：まったく新たな創建ではなく，維新より以前の神社ないし祠堂に起源を持つもの。

分類（段階）		祭神	社号	社格	顕彰年月
1　建武中興関係	中世	楠正成	湊川神社	別官	M 1. 4
		護良親王	鎌倉宮	官中	M 1. 7
		菊池武時	菊池神社	別官	M 1. 7
		宗良親王	井伊谷宮	官中	M 2. 2
		新田義貞	藤島神社	別官	M 3. 12
		後醍醐天皇	吉野神宮	官大	M 4. 5
		懐良親王	八代宮	官中	M 6. 8
		名和長年	名和神社★	別官	M 11. 1
		北畠親房・顕家	阿倍野神社	別官	M 11. 9
		結城宗広	結城神社★	別官	M 15. 3
		藤原師賢	小御門神社	別官	M 15. 6
		北畠親房・顕家・顕信・守親	霊山神社	別官	M 18. 4
		楠正行	四条畷神社	別官	M 22. 12
		尊良・恒親王	金崎宮	官中	M 23. 9
		北畠顕能	北畠神社	別官	S 3. 11
2　他国に奉還の皇霊追祭	中世	崇徳天皇	白峯宮	官中	M 1. 9
		御鳥羽・土御門・順徳天皇	水無瀬宮★	官中	M 6. 8
		安徳天皇	赤間宮★	官中	M 8. 8
3　維新の志士（招聘社）	近代	戊午以来の殉難者	京都霊山招魂社	—	M 1. 5
		維新期以後の戦没者	東京招魂社（靖国神社）	別官	M 2. 6

宮崎	日向…神武天御発幸の地（皇東征以前の宮居）	一種の神明造	伊東忠太・佐々木岩次郎 M40
奈良	畝傍町…橿原宮の旧址（神武創業の地）	賢所・神嘉殿	
京都	？…葛野郡高雄山神護寺境内の護王善神堂が起源で，のちこれを市内に遷座する。	制限図	
栃木	唐沢山…秀郷の子孫の居城地		
京都	平安遷都 1100 年記念祭会場	大極殿 5／8	木子清敬・伊東忠太・佐々木岩次郎 M27
福島	開成山…安積野開拓地（帰農開拓地）の中心地の丘陵		
神奈川	横浜港伊勢山…旧祠あり，横浜開港場		
東京	有楽町…神宮司庁東京出張所構内		
京都	豊国廟旧地（復興）		
京都	船岡山	制限図	
山口	野田…毛利氏根拠地		
山形	米沢城址中央	制限図	
冨山	金沢…前田氏邸址		
山梨	甲府…武田氏居城		大江新太郎 T8
茨城	常盤町…二公を祠る祠堂のあった偕楽園の東		
三重	当初は孫の信郷等が墓地の傍らに社殿造営（14 年造営，下賜金あり）。明治 22 年松坂市内に移転。大正四年に松坂城内に移転。		
鹿児島	文久年間より南泉院内にあった社祠が起源	制限図	佐々木岩次郎 M33
群馬	高山…生地，邸址		
佐賀	鍋島家累代先祖を祠る松原神社（明治 6 年）境内の西方隣接地		小林福太郎 S 4
山口	野田…豊栄神社境内の別殿を起源とし，明治 19 年に近くへ移転	豊栄神社と同型	
京都	実萬の旧邸隣地	制限図	
高知	高知・鷹匠町		二本松孝蔵
福井	大手		
山口	徳山…生地，邸址		
神奈川	江ノ島…児玉が名勝として愛した地		
山口	下関長府…出生地		
東京	新坂…旧邸，自刃の地		
栃木	那須郡狩野村…乃木が日清戦争に閑居した地		
宮城	青葉城址		
福岡	小島…吉祥院址。明治 42 年，福岡城址に遷座。		小林福太郎
兵庫	赤穂…大石良雄旧邸址		

4	神武天皇	古代	神武天皇	宮崎神宮★	官大	M 6. 8
				橿原神宮	官大	M 2. 2
5	皇統・王朝護持者	古代	和気清麿・広島	護王神社★	別官	M 7. 12
			藤原秀郷	唐沢山神社	別官	M 1. 4
			桓武天皇	平安神宮	官大	M 27. 6
6	天照皇大神	-	天照皇大神	開成大神宮	県	M 9.
			天照皇大神	皇大神宮	県	M 3.
			天照皇大神	東京大神宮	県	M 8. 9
7	織豊以下諸将	近世	豊臣秀吉	豊国神社★	別官	M 6.
			織田信長	建勲神社	別官	M 13.
			毛利元就	豊栄神社★	別官	M 16. 3
			上杉謙信	上杉神社	別官	M 35. 4
			前田利家	尾山神社	別官	M 35.
			武田信玄	武田神社	県	M 8.
8	国学・国史の顕彰殊勲者	近世	徳川光圀・斉昭	常盤神社★	別官	M 15. 2
			本居宣長	本居神社	県	M 14.
9	幕末勤王家	近世	島津斉彬	照国神社★	別官	M 15. 12
			高山彦九郎正之	高山神社	県	M 13.
10	維新の大業翼賛の元勲	近代	鍋島直正	佐嘉神社	別官	S 8.9
			毛利敬親・元徳	野田神社★	別官	T4.
			三条実萬・実美	梨木神社	別官	M 18.
			山内豊信・豊範	山内神社	別官	S 9.
			松平慶永	福井神社	別官	S 18.
11	明治武勲の功臣	近代	児玉源太郎	児玉神社	県	S 8.
				児玉神社	県	S 15.
			乃木希典	乃木神社	県	T3.
				乃木神社	県	T13.
				乃木神社	府	T14.
12	内治貢献の藩祖・藩主	近世	伊達政宗	青葉神社	県	M 7.
			黒田孝高・長政	光雲神社	県	M 8.
13	節義・公共福祉貢献者	近世	大石良雄以下四十七士	大石神社	県	M 24.

神奈川	小田原城址…尊徳は小田原侯の知遇を得て農村復興に尽力した。		
北海道	札幌丸山	神明造（T2改築時）	安藤時蔵 T2 改築
北海道	室蘭鳳栖山麓		
台湾	台北・剣潭山	神明造	伊東忠太・武田五一 M34
樺太	豊原・旭ケ丘	神明造	伊東忠太M 44
朝鮮	京城・南山	神明造	伊東忠太 T14
台湾	台南市内	神明造	
朝鮮	扶余	朝鮮建設意匠を加味（伽藍）	角南隆未完
関東州	旅順・新市街町	流造（伽藍）	角南隆 S19
南洋	コロール島アルミス高地	神明造の変形	小林福太郎 S15
満州国	奉天府	権現造風	角南隆（谷重雄）S15
東京	代々木	流造（伽藍）	伊東忠太・安藤時蔵・大江新太郎 T9

民地満州の総鎮守とみられる。

ば、それは実質的にはほぼ新規創建の官社を指すと言っても過言ではない。

岡田米夫の研究に沿って[30]、創建神社に祀られる祭神をおおまかに整理すると、最初期には明治維新を建武中興の再現とみる立場からその関係者がまず祭神として重視され（楠正成＝湊川神社ほか）、次に皇統の初源に遡って天皇・皇族奉斎があいつぐ（神武天皇＝宮崎神宮・橿原神宮ほか）。一方、近世の地方領主や国学者、尊皇派（前田利家＝尾山神社ほか）から、明治維新から日清・日露戦争の貢献者（島津斉彬＝照国神社ほか）へと降り、最後に明治維新の象徴である明治天皇の奉斎（明治神宮、一九二〇）をもって以上のプロセスの完成ということになる。

この動向の大きな特徴として、天皇・皇族や神話上の神だけでなく、天皇の臣下としての人間が神社に積極的に祀られていったことがあげられるが、靖国神社（東京招魂社）は、無名の戦没者たちを祀るという意味でやはり共通の部分がある。これら天皇の「臣下」を奉斎する際の受け皿となったのが「別格官幣社」という新たに発明された社格で

			二宮尊徳	報徳二宮神社	県	M 39.
14	開拓地	-	開拓三神	札幌神社	官大＊1	M 4.
			誉田別命	八幡神社	県	T13.
15	海外神社	-	北白川宮能久親王・開拓	台湾神社	官大	M 33. 9
			開拓三神	樺太神社	官大	M 43. 7
			天照大神・明治天皇	朝鮮神宮	官大	T8. 7
			北白川宮能久親王	台南神社	官中	T 14. 10
			応仁・斉明・天智天皇・神功皇后	扶余神宮	官大	S 14. 6
			天照大神・明治天皇	関東神宮	官大	S 13. 6
			天照大神	南洋神社	官大	S 15. 11
			天照大神	建国神廟＊2	—	S 15.
16	明治神宮	近代	明治天皇・昭憲天皇	明治神宮	官大	T 4. 5

＊1　札幌神社は創建時には国幣小社。以後昇格を重ね，明治32年官幣大社列格。
＊2　建国神廟は満州国の宗廟であり，公式は神社ではないが，天照大神を祭神としており，実質的には植

あった。

これら創建神社の鎮座地選定には、かなり共通した特徴が認められる。表2に示したように要するに「祭神由緒の地に鎮座地を求め」ているのである。具体的には、おおむね祭神の生地、居住地（居城、居館址）、没地のいずれかで、もちろんこれらが重なることも多いが、鎮座地の説明において圧倒的に多く用いられる根拠は、祭神の「終焉の地」（戦没地、病没地）である。興味深いことに、できうるかぎりその場所そのものを鎮座地にしようとする強固な意志がかなり広範に認められるようであり、不可能な場合もなるべく近接する土地が選ばれている。触穢や湿気、火気、敷地面積などの実際的な条件は二義的な問題であったとみられ、実際に不都合が生じたのちに清浄地、高燥地、広闊地を求め、二〜三度にわたって遷座を繰り返すことも少なくなかったようだ。(31)

楠社（湊川神社）創建においてもすでに選地については京都と兵庫（湊川）の動きがあり、他府県でも楠公の奉斎運動がみられたように、ひとつの祭神に対していくつかの

地方が同時期に神社創建運動を戦わせることも少なくなかった。楠氏の墓地があった湊川が鎮座地に選ばれたように、そうした場合には祭神の没地という根拠が、その場所の正当性を最も有効に説明しえたようである。それは、天皇・皇室を価値観の頂点に据える忠臣の死の顕彰を通して、地方の社会的秩序（それは宗教的・歴史的秩序として編成された）の核を国家が認定していく過程であり、それは明治前期の地方における、戦死者の鎮魂を目的とする招魂社や招魂碑などの整備と平行していたと考えられる。それは中央と地方との関係に序列と整合性を与えていく側面を持っていた。すなわち、地方は他の府藩県の動向に刺激されながら、祭神、社格、鎮座地の関係を合理的に説明するレトリックをつくり出し、中央政府はそれを吟味し、許可を与え、もしくは修正を要求するなどの手続きを通して、祭神設定のピラミッドを組み立てていったものと考えられる。

別の視点からみれば、神社創建というイベントを通して、祭神となりうる者の墓地・居城址といった場所が、近代における地方社会の秩序編成に伴って、急激にその意味を増幅あるいは変換し、強い求心力を発生させたのだと言える。そして結果的に、こうした場所は、神社創建・境内整備を通して従来とは異なる環境として再編されていく。これが明治以降の地方における環境変容の一契機であった。

台湾における神社創建のはじまり

北白川宮能久親王を祀る神社（の一部）は、祭神の死の顕彰という創建神社の展開が植民地にも持ち出されていったものと捉えられる。また、台湾神社の鎮座地選定で、台南が候補地のひとつにあがっていたことも、この文脈で理解されうるだろう。実際、台湾神社は、台北での鎮祭が決まった後にも創建準備中は「北白川宮神社」、「北白川宮殿下神殿」などと呼ばれることもあり、遡れば、帝国議会衆議院に提出された建議案は、能久を別格官幣社に奉斎することを要望していた。[32] つまり、十九世紀末（明治三〇年代）の時点では、植民地の総鎮守の位置づけにはまだ曖昧な部分が残されており、開拓地・札幌のフォルマリズムとともに、創建神社ではより一般的な祭神顕彰というシンボリズムもいくらか流れ込む余地があったわけである。獲得したばかりの植民地における「内地人」の精神的統合という点でも、北白川宮の死のシンボリズムに訴えることは素直な選択だったのかもしれない。にもかかわらず、鎮座地は能久との縁故が最も深いとみなされる台南ではなく、首府＝中央の形式性をとるかたちで決定された。祭神や社格をめぐる議論以上に、地方行政との対応や都市計画への組み込みといった実務的とも思える部分にこそ、植民地総鎮守の最も際だつ特質を読みとることができるように思われる。

ちなみに、台湾で最初の神社は、鄭成功を祀る台南の寺廟「延平郡王祠（開山王廟）」を神社へと改編するというかたちで創建されている。[33] 一八九六（明治二十九）年、すなわち台湾領有の翌年、台南県知事は総督に対し、同廟を「開台神社」とあらため国幣社へ列格されたい旨の建議を示している。結果としては一八九八（明治三十一）年に「県社開山神社」として鎮座をみた。

よく知られるように、鄭成功は中国明末の遺臣だが、日本植民地としての台湾で最初の神社の祭神となるにふさわしいいくつかの性格を持ち合わせていた。すなわち、第一に清の打倒と明の復興を期して戦った漢人の英雄であること、第二に彼が漢族系台湾人のあいだで台湾の「開拓始祖」として崇敬されていること、そして第三に彼の母が肥前平戸の田川氏の娘、すなわち日本人であったこと、の三つである。日本人と漢人の混血である鄭成功が台湾の開祖で、しかも清に敵対していたことは、対清戦争の結果として獲得された台湾に、宗教的・歴史的秩序の焦点のひとつを設定するうえで非常に都合がよかったのだと考えられる。台湾の植民統治のはじまりは日本語では「開台」「台湾の維新」などと表現されたが、これを混血の義臣・鄭成功の偉業を反復する事業と印象づける意図があったのであろう。

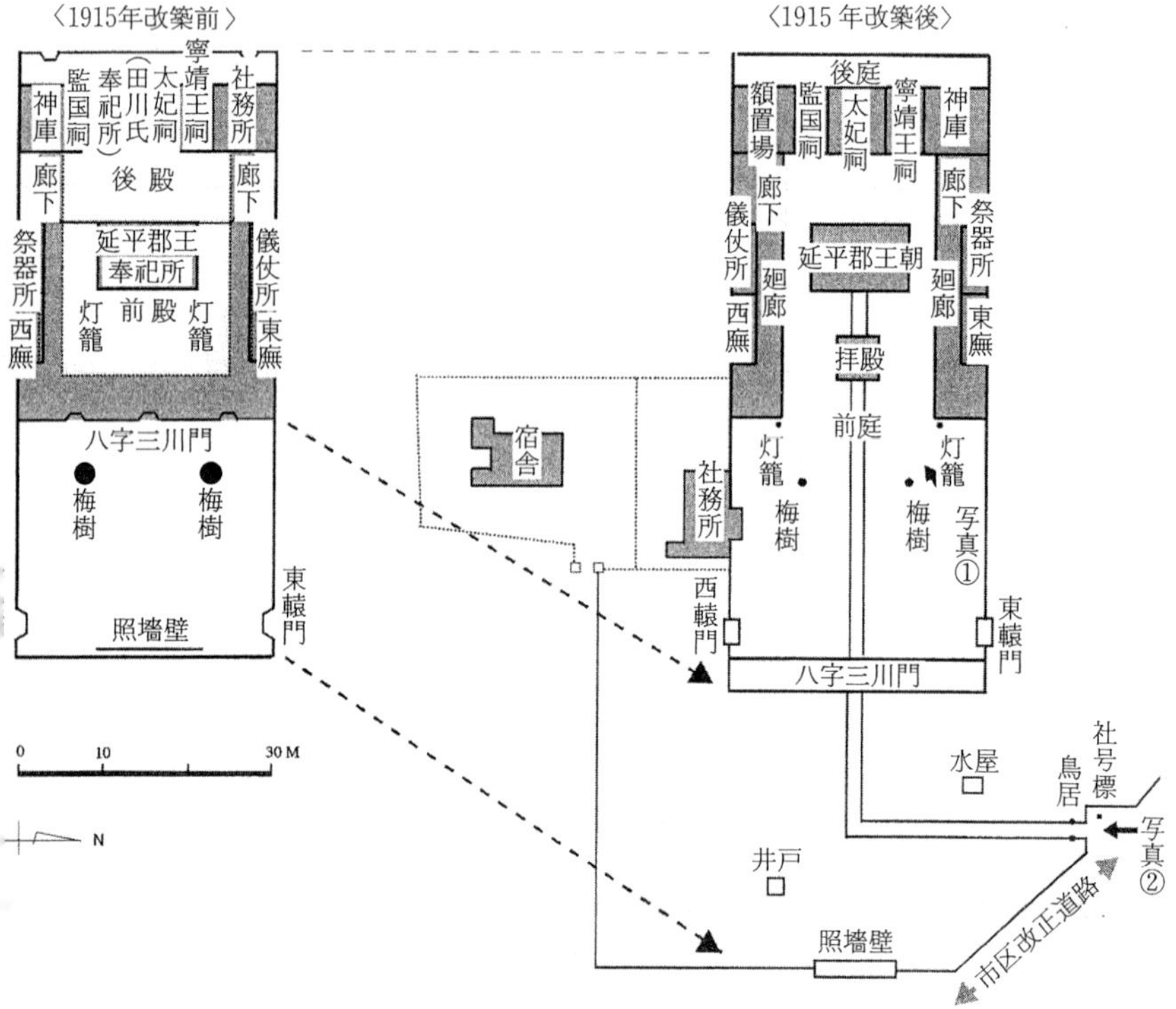

図 19　開山神社 1915 年改築と 1941 年改築

配置略図は『県社開山神社沿革志』(同社務所, 1915) 所収の平面図に基づき筆者作成。

写真出典　上：『台湾回想』(創意力文化事業有限公司, 台北, 1994)　　下：『最近の台湾』(台湾総督府, 1925 頃)

台湾というローカルな場所の開発に貢献した英雄・鄭成功を、明治政府が神社の祭神として公定したと捉えれば、これは内地の創建神社、とくに地方領主を祀る別格官幣社の創建と基本的に同型の手続きであるといえよう。実際の境内は、閩南式の寺廟建築の三門前に鳥居を立てただけのもので、多数の神像も祭祀形態も温存されたが、一九一五(大正四)年の改築では寺廟建築に手が入り、拝殿が挿入される(図19)。さらに一九四一(昭和十六)年竣工の大改築では、寺廟建築を保存しつつ、純日本式の木造社殿がその横に並列されるというたいへん興味深い変転をたどっている。[34]

地方鎮守型への収れん

台南の「御遺跡所」は、その後一九二〇(大正九)年に総督府の許可を得て、実質的には総督府のバックアップの下で台南庁(県に相当)が社殿を建て、神社境内とした(図18)。これが台南神社で、一九二三(大正十二)年鎮座、二年後の二五(大正十四)年には官幣中社に列された。海外で唯一の官幣中社である。神社社殿とその配置は台湾の神社の多くがそうであったように、官幣大社台湾神社に範をとったものと言える(詳しくはII—一で述べる)。むろん「御遺跡所」は保存されたが、それは境内に造成された「神苑」のなかの一施設へと後退してしまった。[35]

また、新竹神社の場合、能久の「御遺跡」を根拠に市街西南方の牛埔山が鎮座地とされたものの、この参道は市街地を貫く目抜き通りであり、それが突き当たるところに新竹州庁や新竹市役所を中心とする行政地区が置かれた。こうした都市編成をみるかぎり、ほとんど類型(1)の地方鎮守型と変わるところがない。彰化の場合も、能久の「御遺跡」であることから市街に面した八卦山に神社境内が営まれた。その参道につながる東西の街路は、当初は彰化郡の郡役所が置かれていた都市の中心へと至る都市軸である(新たに建設された行政地区には直接にはつながらないが)。

このように、たとえ祭神顕彰型の立地であっても、地方鎮守型へと何らかのかたちで収れんしていったとみなせる事例も少なくない。先に用いた区別を踏まえていえば、祭神顕彰のシンボリズムが、地方行政と都市計画のフォルマリズムに覆い消されていくようなプロセスである。本書の範囲を超えるが、この点は内地の創建神社と都市の関係についても検討すべき課題であると考える。

なお、時代が降って戦中期になると、朝鮮で日韓同祖論を根拠とした「内鮮一体」の論理から、神社の鎮座地が求められることがあった。朝鮮で二つ目の官幣大社となる扶余神宮である。しかし、この場合は百済の古都として扶余が選ばれるというところにとどまっており、都市内の神社立地の問題ではなかった。

註

（1）　青井「スペイン植民都市論序説」（『植民都市の起源・変容・転成・保全に関する調査研究――オランダ植民都市研究』文部科学省科学研究費助成報告書（基盤研究（A）（2）、二〇〇二年三月）。またスペイン植民都市の形態学的分析の包括的で平明な図説である次を参照されたい。Ministerio de Fomento ed., La Ciudad Hispanoamericana : El Sueno de un Orden (1997) CEHOPU (Centro de Estudios Historicos de Obras Publicos y Urbanismo) + CEDEX (Centro de Estudios y Experimentacion de Obras Publicas), Madrid

（2）　青井『神社造営よりみた日本植民地の環境変容に関する研究・台湾・朝鮮を事例として』（京都大学博士学位論文、二〇〇〇年三月）。同論文の第一章を、植民地の神社造営を歴史的に捉えていくために必要な事項と視点を包括的にまとめる総説にあてている（一九～一四二頁）。なお、植民地下台湾の宗教政策については、蔡錦堂『日本帝国主義下台湾の宗教政策』（同成社、一九九四年）があり、筆者もこれに依るところが大きかったが、朝鮮についてはこれに比べうる研究がまったくなく、筆者みずからが制度史の概略を整理する必要があった。

（3）　この課題に正面から取り組んだものとしては中嶋節子の研究がほぼ唯一である。中嶋は京都盆地を対象に、社寺境内の近代的変容を主に山林景観の保全という視点から検討している『京都の森林景観とその保全に関する都市史的研究』（京都大学博士学位論文・私家版、一九九六年）。

（4）制限図についての最も詳細な研究は、藤原恵洋「明治期制限図の制定経緯と意匠規制に関する考察・制限図様式と創建神社の意匠に関する研究(1)」（『デザイン研究』九一号、日本デザイン学会、一九九二年）。なお、制限図の史的位置づけは容易でなく、今後の研究に待たれる部分が多い。設計・制定にかかわった主体が明らかでない点、近世あるいは幕末から明治初期の創建・改築事例との関連も予想される点、実際の神社への適用過程の実態が不明な点などである。後者に関連するが、実際の事例において適用の有無を判断する基準（社殿がどのような性格を有した場合「適用」とみなすか）、適用の範囲（配置のみ、社殿の一部のみなど）なども丁寧に扱う必要がある。

（5）米地実『村落祭祀と国家統制』（御茶の水書房、一九七七年）、森田清美『近代の集落神社と国家統制』（吉川公文館、一九八七年）など。後者の第一章における神社整理研究史を参照。

（6）村上重良『国家神道』（岩波新書七七〇、一九七〇年）、

（7）日本内地の神社法規は、内務省神社局編纂『神社法令輯覧』（帝国地方行政学会、一九二五年）による。

（8）都市の空間および土地所有関係について見ても明治維新期の都市再編は、植民地支配に似た手つきであるように思われる。

（9）小笠原省三は、海外神社奉斎をめぐって、主に実際の奉斎運動と文筆活動を展開した神道家である。主著『海外神社史　上巻』（海外神社史編纂会、一九五三年、下巻は未刊）は、戦後小笠原が呼びかけて海外の神社に関与した神職や学者、官僚などから記録・情報あるいは論説を収集・編纂したもので、法制度、境内・建築に関する情報はほとんどないが、神社人の実感を伴う記録や述懐が高密度に収録されている。戦後の歴史研究はみなこの『海外神社史』を参照しており、「海外神社」の語はなかば慣習的に定着している。

（10）佐藤弘毅「戦前の海外神社一覧」Ⅰ・Ⅱ（『神社本庁教学研究所紀要』第二・三号、一九九七・九八年）。これが現在最も網羅性の高い海外神社一覧であるが、戦後早い時期のものとしては、『神社本庁十年史』（神社本庁、一九五六年）があげられる。

（11）台湾・朝鮮の神社法規は次を参照。台湾総督府文教局編纂『現行台湾社寺法令類纂』（帝国地方行政学会、一九三六年）、朝鮮神職会編纂『朝鮮神社法令輯覧』（帝国地方行政学会朝鮮本部、一九三七年、二二九〜二三九頁）。

（12）官社経営のための諸種の規則とは、神社の祭式、神職などの職制、財政、営繕、境内利用規制などに関するものである。

（13）『龍頭山神社史料』（龍頭山神社社務所、一九三六年）

(14)　全羅南道全州府の全州神社の例。『全州府史』（全州府、一九四三年、四四四頁）

(15)　神職会編『朝鮮神社法令輯覧』（帝国地方行政学会朝鮮本部、一九三七年、二二四頁）

(16)　一九四五年時点で、国幣小社列格は台湾で三社（新竹・台中・嘉義）、朝鮮で八社（京城、龍頭山、大邱、平壌、光州、江原、全州、咸興）が実現している。

(17)　朝鮮の各居留民団では殉難者の招魂祭を行う場合があり、それは何らかのかたちで植民地時代にも継続したようである。また台湾には建功神社（台北、一九二八年創立）と呼ばれる一種の官祭招魂社が建設されている。一八九五年の台湾割譲以後の殉死者を祀るもので、民族や階級を問わないことが定められ、実態としては内地人の割合が圧倒的に高かったが、漢族系台湾人二〇％、原住民二％が含まれたところに特徴がある。社殿・境内も和・漢・洋の様式を折衷した独特のものであった。

(18)　このあたりの事情は、前掲・蔡錦堂『日本帝国主義下台湾の宗教政策』の第四章第二節に詳しく検討されている。

(19)　孫禎睦『日帝強占期都市計画研究』（韓国・一志社、一九九〇年）。

(20)　台湾については前掲・蔡錦堂『日本帝国主義下台湾の宗教政策』を参照。

(21)　『台湾神社誌』（同社務所編、一九三五年）。

(22)　台湾神社の鎮座地選定については、青井「台湾神社の造営と日本統治初期における台北の都市改編」（『日本建築学会計画系論文集』第五一八号、一九九九年四月）で詳しく論じた。

(23)　台北の市区改正については、黄武達『日治時代台北市近代都市計画』（台湾都市史研究室、私家版、一九九八年）が詳しい。

(24)　『官幣大社樺太神社志要』（同社務所、一九三六年、一四頁）

(25)　札幌神社については『北海道神宮史』上・下巻、一九九一年）。また札幌から台湾、樺太まで受け継がれる祭神設定（開拓三神奉斎）をめぐる議論として、高木博志「官幣大社札幌神社と「拓殖」の神学」（『地方史研究』第四三巻五号、一九九三年十月一三〜一七頁）がある。

(26)　『近代神社神道史』（神社新報社、一九七五年、同増補改訂版、一九八六年）、前掲・高木「官幣大社札幌神社と「拓殖」の神学」、菅浩二『朝鮮・台湾総督府下神社祭神の研究』（国学院大学博士学位論文、二〇〇三年九月）。

(27)　前掲『台湾神社誌』

(28)　能久は基隆から上陸し、台湾を北から南へと平定していく植民地戦争を率い、最後に台南で病没したというのが日本側の公式見解であったが、台湾中部の彰化ですでに斬首されていたなど、諸説がある。
(29) 台湾総督府内務局編『北白川宮能久親王御遺跡』(一九三五年)。
(30) 岡田米夫「神宮・神社創建史」(『明治維新神道百年史』第二巻、神道文化会、一九六六年)。
(31) たとえば、別格官幣社藤島神社(祭神・新田義貞)は明治九年十一月に藤島村灯明畦の戦死の場所に社殿を造営し奉斎した。しかしこの戦死由緒の地は卑湿で水害が多いために同十四年にいたって同村内の別の場所へ移転、灯明畦の塚は神社の付属地として保護されることとなる。ところがこの移転後の社地も水害が避けられないため、明治三十四年に福井市内に新社殿を造営、遷座された。こうした例は少なくなく、創建当初に祭神由緒の地それ自体の価値がいかに重視されたかを逆に物語るといえよう。
(32) 「北白川宮神社」など呼称は、「台湾神社造営誌」(『台湾日日新報』一九〇一年十月二十八日)。衆議院建議案は、前掲『台湾神社誌』(五一〜五二頁)。
(33) 『県社開山神社沿革志』(開山神社社務所、一九一五年)。また、菅浩二「台湾最初の神社御祭神とナショナリティ・台南・旧開山神社(鄭成功廟)について」(前掲・菅『朝鮮・台湾総督府下神社祭神の研究』)も参照されたい。
(34) 一九一五年の改築は、閩南式の寺廟建築の形式に巧妙な修正を加えて拝殿を組み込んだもので、在来の寺廟と日本の神社とが、互いの特性を主張しあいながら組み合わさり、注目すべき緊張感をみせている。一方、戦中期の一九四一年の改築では、神社の純化が強く要請されたためであろう、寺廟と神社とをあらためて引きはがし、左右に両者の境内を並列させるという解決がはかられた。青井「大称軸の形成と移動——日本植民地の神社とその環境形成史から」(『アジア建築研究』ＩＮＡＸ出版、一九九九年)
(35) 『台南神社誌』(台南神社社務所、一九二八年)。

II　境内の生成と変容

一　神苑と公園

神社境内とは、ある拡がりをもった環境であり、人が神祇を祀るためにつくり出す人為的な環境でありながら、しかしまったく構築的であることは嫌われ、自然的な環境であることが要請される。逆の方からいえば、境内とは森であり、山であるが、それはありのままの自然ではなく、人の観念や技術と自然との相互交渉のなかで、歴史的に形成され、変転してきた。

また、境内とは一定の境界をもった土地そのものでもあるから、それを取得し維持する営みは土地経営という側面も有することになる。

では、かつて神社を有したことのない植民地の自然環境あるいはそれを含む都市環境のなかに姿を現していった神社は、どのようにして境内の環境を獲得していったのだろうか。森が体裁を整えるのは一朝一夕ではいかない。しかし、それは自然の成り行きに任せることではなく、むしろ、一定の制度下で一定の社会集団や組織が一定の技術を投入することによる、森や山の改造であった。そして、もし森が必要とされたのであれば、そのこと自体が（植民地に持ち出された近代の）神社の特質を物語るし、また日本の植民都市の特質を物語るだろう。

まず手始めに、I—一・二で詳しく検討した各植民地の総鎮守のなかから、官幣大社台湾神社の場合を例にとってみていくことにしたい。

1　植民地総鎮守の境内と神苑の形成

植民地総鎮守の境内

すでにI―二でみたように、台湾神社の鎮座地選定では、祭神の「威徳」を表すため「高所」をよしとする判断が働き、背後に山を控えて市街を見下ろし、また市街から仰ぎ見られるような立地が求められた。造営なった台湾神社境内の様相を具体的に示す平面図としては、台湾神社鎮座祭翌日の『新報』に掲載された「台湾神社造営誌」(以下「造営誌」)の挿図と、『官国幣社宮域平面図集』に所載のものとがある(1)(図20)。また竣工直後の境内の全貌をとらえた写真が、『台湾総督府民政事務成績提要』一九〇一(明治三四)年度版に掲載れている(2)(図21)。これらから、造営成った境内の特徴を見てみよう。

まず社殿敷地は剣潭山の稜線部分にあたり、ここに土木工事を起こし三段の造成とする。長大な中心軸の両側に、手水舎、社務所、神饌所、祭器庫を振り分け、その奥の中心軸上・中段に拝殿、最上段に祝詞殿・本殿を置く。本殿・祝詞殿・拝殿は切妻造平入(いわゆる神明造)で、全社殿が各々独立しており、全体として垣、塀で三重に取り囲む。なお神職宿舎は、社殿敷地下の士林街道へ至る道路を挟んで南側に配置された(3)。図20は、未だ植樹が全くなされていない裸の境内であり、以上のような構成の特徴をよく伝えている。とりわけ、神社境内の造営が大々的な土木事業に他ならなかったことを、端的に物語ってくれる。

このような境内の計画も、この後伊東忠太が設計を担当する樺太・朝鮮の総鎮守、すなわち官幣大社樺太神社および同朝鮮神宮に引き継がれていく。説明が反復になるだけであるから、樺太神社、朝鮮神宮の境内の特徴については

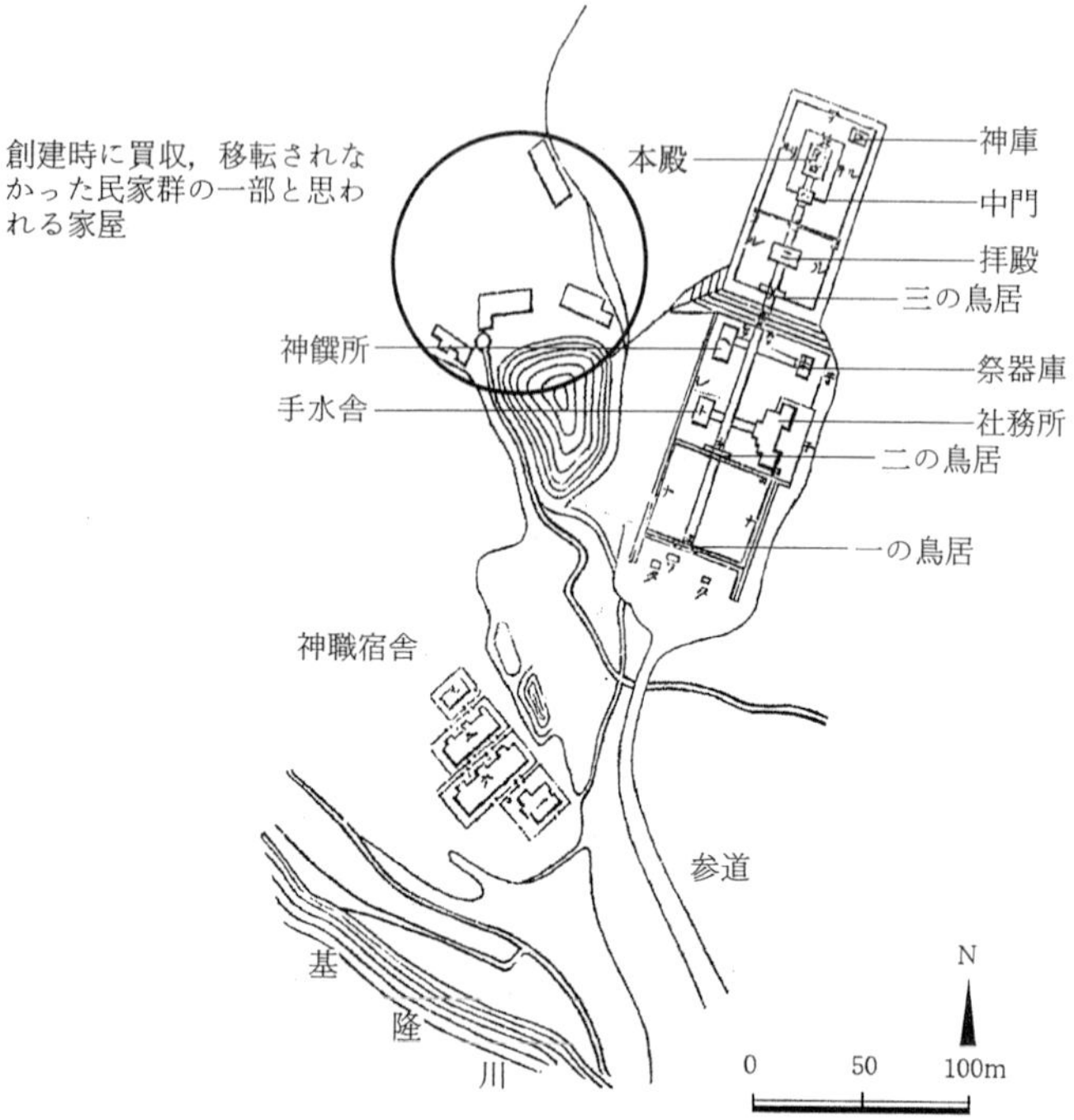

図 20　台湾神社配置図
出典：「台湾神社造営誌」(『台湾日日新報』1901 年 10 月 28 日)

図 21　竣工直後の台湾神社境内
出典：『台湾総督府民政事務成績提要　明治 34 年度』(台湾総督府文書課，1904 年)。

省略する。ただ、すでにI―二でも指摘したように、これら三社は、形式においてほぼ同一でありながら、規模だけが順に肥大していった（朝鮮神宮はその極大値を示す）ことがその特質を物語っている。規模の違いは、植民地の規模（人口）やその重要度の差異、さらには日本帝国主義の肥大といった背景を推測できるのではないかと思うが、重要なのは、形式上の差異化が図られる契機を持たなかったということの方である。

近代建築史の研究では従来より指摘されているように、明治以来、創建神社は「国民様式」創出のチャンスと捉えられた(4)。台湾神社・樺太神社・朝鮮神宮の設計者である伊東忠太は、「建築進化論」を提唱して、気候風土が同じでも、国民の政治・社会や文化・生活様式、あるいは建築の材料・技術が変化してきたのであってみれば、古代以来の神社建築の様式からの選択的採用ではもの足りず、かといって全くの新様式を生み出すことは困難かつ不合理であるから、過去様式からの「進化」というかたちで明治あるいは大正の国民様式を創出していくべきだと説いた(5)。この種の議論は、神社にかぎらず建築一般の問題であったが、国家神道体制下にあって神社は国民に共有される歴史・文化や意識・態度を表象するべきものであると捉えられたことは間違いない。またそれだけに、明治という一時代をつくったカリスマを奉斎すべく、大正期を代表する国家的造営事業となった明治神宮の創建は、建築界にとっても伊東にとっても大きなチャンスであり、試練であった。伊東は、鉄筋コンクリート造による新様式創出を主張して結局は挫折するのだが、ここに至るまでの伊東の代表作、平安神宮、宮崎神宮、弥彦神社を含めて、日本内地における伊東の作品は、各社殿のデザインから境内配置にいたるまで互いに大きく異なっていた。個々の作品には、それぞれにデザイン決定の固有の文脈があり、宮崎神宮のように神明造を基礎としながら伊東自らが創作を加えたものもある。これに対して、植民地の神社では、伊東は伊勢神宮を規範とした神明造の独立社殿を並べる同じ形式を、台湾・樺太・朝鮮でたんに反復したとしか言いようがない。右にあげた内外地の六社はいずれも官幣大社であり、国家的な神社創建のプロジェクトである。設計や事業の時期という点でも互いに重なりながら併行しており、ただ日本内地と植民地という一点をのぞけば区別する理由は見あたらない。しかし、忠太はこれらを互いに無縁な二つの系列としてしか扱えなかったのである。

考えてみればそこには難問があった。伊東忠太を中心とする明治建築界の論客たちは、過去様式の再生や進化こそが、次なる建築様式の創出であると考えていた。平安神宮、宮崎神宮、明治神宮における伊東のチャレンジもこの点にあった。しかし植民地という場所では、どのような伝統が「進化」させられなければならないのか。その先に見えるのは「国民様式」なのか。この点については伊東も記録を残していない(6)。

初期の境内地の様相

さて、台湾神社の創建において、境内の土地そのものはどのように取得されたであろうか。「台湾神社造営誌」によると、剣潭山の境内地相当部分は民有地で所々に墓地があったが、造営にあたり墓石は「取除料」を与えて他へ移転させ、土地は「凡そ八万坪」を、地主から「献納」されたという。地均工事が一八九九(明治三十二)年度初に着手されているから、用地取得は一八九八(明治三十一)年度中になされたと推定されるが、この「造営誌」に示された造営予算中には土地買収費が示されておらず、『提要』に記載された総督府の土木・営繕関係の支出を見ても買収の形跡はない(7)。一方、台湾での土地収用に関する法的整備は一九〇一(明治三十四)年度を待たねばならず、始政当初の市区改正などでは清代からの慣習を受けて地主への義捐要請は一般的であったとの指摘もある(8)。台湾神社造営での土地の「献納」も、その一例であったかもしれないが、現時点では不明な点が多い。

これに対して、朝鮮神宮の境内地の場合、南山の山地が李朝の官有地であったことから、併合後は基本的に朝鮮総督府所属の官有地となるので、義捐や補償といった問題は発生していないようである。なお、日韓併合以前には、居留民団などが李王家から公園地の地目で無償貸下されるかたちをとり、実質的に土地を取得しており、朝鮮神宮境内地もこれを受け継ぐ面があった。

さて、こうして造営なった台湾神社の境内も、いくつかの問題への対応に追われることになるのだが、その経緯は、台湾神社の「境内」として、どのような環境上の要件が求められたかを物語るものとなっている。

『公文類纂』中の文書によれば、鎮座から八年後の一九〇九（明治四十二）年に、台湾神社では最初の境内拡張を行っている。その契機となったのは台湾神社初代宮司・山口透が一九〇八（明治四十一）年三月二十日付で総督・佐久間佐馬太に宛てた書簡である。(9) 境内地に隣接する民有地の買収と民家の撤去を求めたもので、台北庁調査に基づく買収予定地の所有者および地価の資料を添付している。稟申の理由は、境内に隣接する民家は近いもので本殿の西わずか一〜二町（一〇〇〜二〇〇m程度）の範囲にも散在し、ために煙気の噴き上げ、家畜の境内侵入、隣接山地所有者による伐木、肥料づくりのための焚火などの問題が発生していることにあった。これを山口宮司は「不潔」、風致の「毀損」、「延焼」の危険と表現している。裏を返せば、清浄、風致の保全、火気の隔離が、神社境内に求められるべき最低の要件との主張であろう。宮司は、「官金御下付迄ノ間ハ当神社基本金ノ中ヨリ一時立替支弁致置度」、すなわち国庫支弁を待つ間、当面神社基本金から立替えるので買収を認可されたいと訴えており、件の隣地買収と民家撤去がいかに焦眉の課題であったかをうかがわせる。

ここで「神社基本金」とあるのは、一九〇一（明治三十四）年総督府訓令第一七六号「官幣大社台湾神社会計規程」の定める「基金」を指す。すなわち、社殿修繕その他の臨時支出に備えるため、台湾神社は、各年度神社会計に生じる剰余金を毎年基金として積み立てるよう定められていた。(10)『提要』によって実態を見ると、明治期は収入の約九〇

%前後を国庫交付金に依存する状態だったが、一九〇七（明治四十）年度の収支を見ると収入が約二万円、うち国庫交付金が一万八〇〇〇円、基金の積立は五〇〇〇円余、その累計はすでに四万六千円余になっている。(11)

この稟申を、総督府は同月二十六日さっそく認可する（指令第九五九号）。その後十二月に宮司から予算増額の旨の稟申があったが、これも間もなく認可され（指令第四七三三号）、一九〇九（明治四十二）年五月三十一日付で今度は宮司からの報告書が提出されている。これによると買収その他は国庫費を以て台北庁が実行し、神社は「同庁長ヨリ引継ヲ了シ」たとある。報告書に付された「台湾神社増用土地調書」によれば、買収された五〇筆の土地は、すべて台湾人の所有で、地目は山地、原野、田畑、建物敷地であった。総面積は八・五五甲（約二万五一〇〇坪）、買収費は四、八九九円で、他に立木買収費、墳

台湾神社境内の拡張過程および関連動向

境内の拡張（新規編入坪数）			関連動向		
I	1899〜1901	創建時造営 台湾神社造営・明治橋架橋 約 78,400 坪	[1]	1901	勅使街道の建設
II	1907	第一次境内拡張 周辺民有地の買収 約 25,100 坪	[2]	1902	台湾神社道路修繕，台湾神社災害復旧
			[3]	1904	台湾神社内に皇典講究分所設置
			[4]	1907	祭器庫，手水舎，鳥居の改築
III	1913〜1914	第二次境内拡張 参道改善と神苑造営 約 48,300 坪	[5]	1911	参道入口に石鳥居設置
			[6]	1915	新参道前に石鳥居設置
			[7]	1917	台湾神社一の鳥居前に休憩所新築
			[8]	1924	裏参道新設
			[9]	1925	台湾神社神楽殿新築
IV	1939〜1945	第三次境内拡張 台湾神社造替・神苑造営 約 423,000 坪 （竣工せず）	[10]	1933	新明治橋架橋
			[11]	1938	国民精神研修所新築
			[12]	1938	第 17 号公園の廃止
			[13]	1939	勅使街道拡幅整備
			[14]	1940 頃	剣潭寺の移転
			[15]	1942	台湾護国神社造営

第IV期については本書 II-2 を参照。

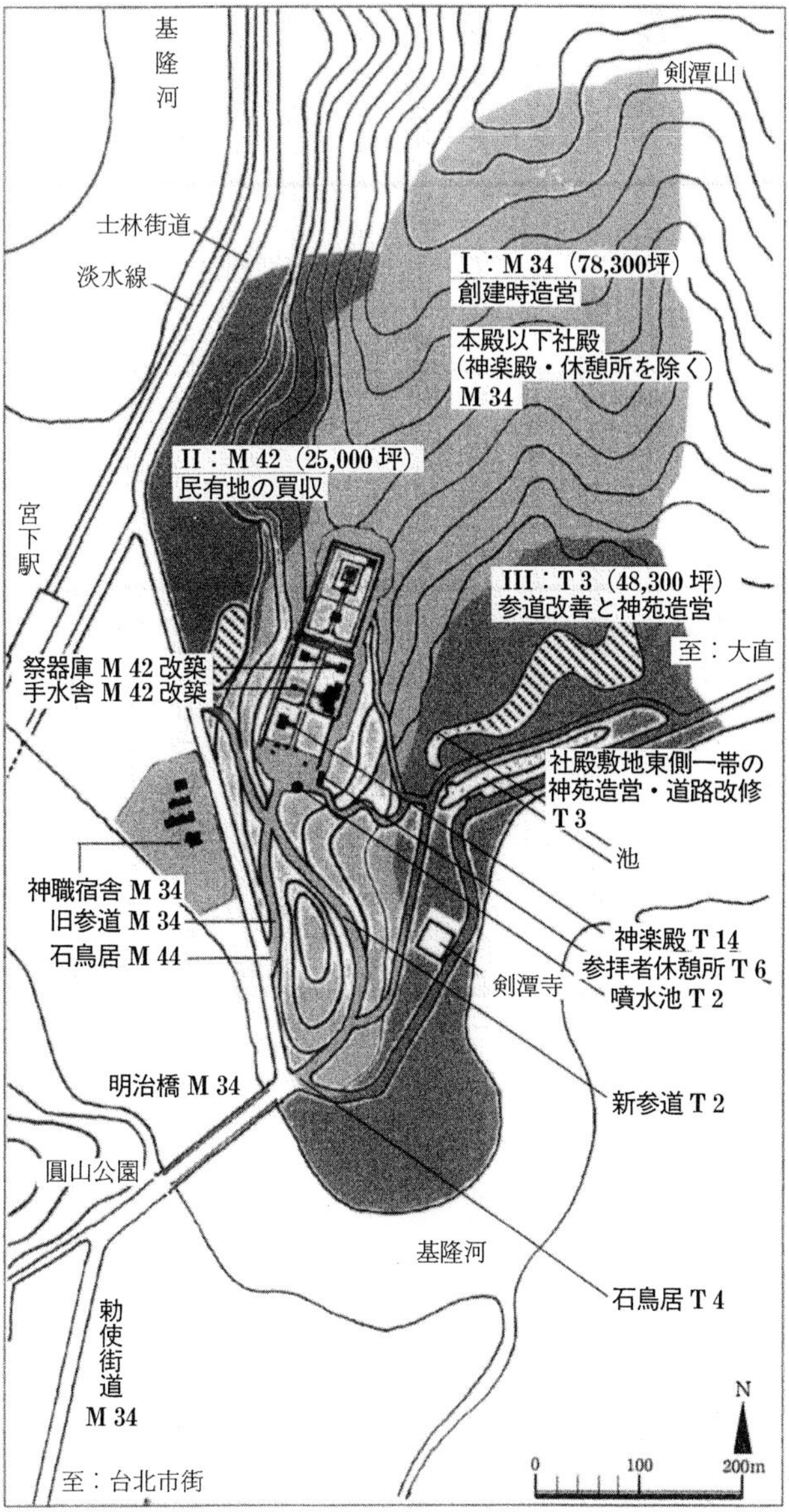

図 22　創建時造営以後大正末までの台湾神社境内拡張過程
筆者作成。大正末年当時の台湾神社境内および周辺の状況。I，II，III はそれぞれ創建時造営，第一次，第二次境内拡張を指すが，その範囲は大略を推定したものであり，なかば概念的な復元の域を出ない。また主要施設の竣工年をあわせて示した（M，T は明治，大正）。

墓移転費などを支出している。買収面積の六四％は山地だが、建物敷地を二〇含んでおり、家屋移転費約二、五〇〇円の支出も認められる。宮司が主張した神社基金からの立替支弁は、これらの数字と先述の基金累計額とを比較するかぎり、もし必要とあれば十分に可能であったことが分かる。

さて、買収地はどのような範囲であっただろうか。文書中には「別紙増用地図」との記述もあるが添付図は未発見である。ただ、山口宮司が最初の稟申書で問題にした本殿西側の民家群は、竣工時の写真（図21）で確認しうる。[12]すなわち、雛壇上の造成部分の西側法面の下に池が見え、それに面して漢族系台湾人のものと分かる家屋があり、さらにその奥に数棟から一〇棟程度が剣潭山に沿うように続いている。これらが買収・移転の対象であったことは間違いない。

この第一次境内拡張から、創建時の境内地取得について重要な知見が得られる。創建時に山地中の既存墓石を移転させたことにはすでにふれたが、他方では、総督府は民有家屋には触れないことを土地取得上の原則としたと思われるのである。そうでなければ本殿から一〇〇m程度の位置の民家群さえ移転させず、ごく基本的な問題を残してしまったことの説明がつかないだろう。逆に、台湾神社境内の最初の拡張は、神社境内としての最低限の条件を満たすことを目的として、創建時造営において暫定的に回避した民有宅地を境内地に回収しようとするもので、いわば創建時造営の補完と言うべき性格を持っていたのだと位置づけられよう。

このほか、一九〇二（明治三十五）年には、台北庁の事業で参道の「不陸掻均雑草刈取」が行われたり、同年八・九月の暴風雨被害に対する復旧工事が実施されている。また、一九〇九（明治四十二）年には、祭器庫、手水舎、鳥居の改築が行われているが、これらはいずれも蟻害が原因で基礎や柱を花崗石に変更するなどの改築であった。[13]なお、一九〇六（明治三十九）年には台湾神社修繕費の負担区分に関する規定（一九〇五年指令第四二一号）が施行されている。従来なかった国庫および神社の修繕費負担区分を明確化したもので、国庫支弁は明治橋の改築修繕、および神職宿舎の大破修繕のみと定められた。[14]

以上の動向はいずれも多かれ少なかれ草創期ゆえに生じていた諸種の不都合を修正し、恒久的な神社運営体制へとつなぐための過渡的な施策であったとみられる。境内環境をより積極的に創出していくプロセスは、これ以後に集中する。

第二次境内拡張＝神苑の造営

数年後、台湾神社はさらに新たな境内地を編入し、一九一四（大正三）年の大祭を期してここに「神苑」を造営している。これに関しては『公文類纂』中に該当する資料を見いだせないが、『台湾日日新報』に詳細な記事が何度か掲載されているのでそれらに従って述べることにしたい(15)。

新規買収土地の面積は四八、三〇〇坪で、地目は原野、田畑、山地の他、建物敷地を含み、土地買収費と家屋の移転補償費に二万一五〇〇円を要した。なお従来の境内地は一〇万三四〇〇坪であったと記しており、これに従えば、一九〇九（明治四十二）年の第一次拡張分である二万五一〇〇坪を差し引いた七万八三〇〇坪が創建当初の境内地面積であったことになる。さきにみた「造営誌」が土地所有者から「献納」されたと記す創建境内の「凡そ八万坪」がこれに相当すると考えてよかろう。また買収地の範囲は、既存の剣潭寺（台湾寺廟）を含む明治橋北岸以東の一帯であった。

これ以前には「台湾神社の御境域は明治橋の北岸から参道沿ひの高地と御本社背面一帯の山林のほか士林街道に沿ひたる職員宿舎の用地とに止まつて居た」とも『新報』は記しており、前章の検討とあわせれば、第一次拡張時の買収地はおおむね社殿敷地の西側一帯、そして創建時の約八万坪はその大半が本殿背後の山林に占められていたであろうことが推測されうる。なお剣潭寺については、『新報』の記述では、その所属地を買収したというが、「唯だ剣潭寺名刹のみは保存」したともあるから、土地は買収したが寺廟は存置したものと思われる。

図22は、以上から推測される創建当初より第二次拡張までの境内拡張過程の大略を復元的に図示し、明治・大正期

図 23　台湾神社境内
明治橋北岸東側一帯の神苑整備を経た昭和 3 年頃の状況。明治橋の延長上に新参道があり，その東側の一帯に小道や池を持つ神苑が形成されている。出典：『日本植民地史 3 台湾』（毎日新聞社，1978，p.70）。

における境内諸施設の竣工年を付記したものである。
では、大正初期におけるこの境内拡張の目的はどこにあったか。

先年来我が台湾総督府に於て本島総鎮守の台湾神社に神苑の設備なきを憾みとなし之を築造すべしとの議ありしが内田民政長官赴任の初め亦之を見て一欠点となし爾来熱心に計画する所あり…［後略］

この記事によれば、一九一〇（明治四十三）年八月の内田嘉吉の民政長官就任以前から「神苑」の造営が総督府にとって懸案であったことになり、一九〇九（明治四十二）年の第一次境内拡張の頃にはすでに「神苑」造営を求める議論があった可能性もある。とまれ、第一次拡張の目的が創建時造営の補完にあったのに対して、第二次境内拡張では「神苑」を新たに造営するという積極的な目的が掲げられた。ここで「神苑」の語で示されたものが具体的にどのような内実を伴うものであったか、実現された「神苑」の内容を具体的に見ておこう（図22）。

①　明治橋北岸から基隆河屈曲部を経て大直に至る道路の一部を改め、既存の湖を改造して「二大池塘」を設けた。明治橋北岸東側の一帯は、「竹藪や雑樹の大密林」を、老樹・必要木を残して伐採、全島各庁より献木を得て植樹。この中に広場を設置。また芝を植え、ベンチを置き、「多数の桃樹を植え付け一帯の地をして大桃源たらしめ」る計画をたて、これも部分的に完成した。

②　社殿敷地造成部分の南東端、一の鳥居前にあたる箇所に噴水池を設置、この排水を①の「池塘」へ落とした。

①の明治橋北岸東側の一帯は、もともと「竹藪や雑樹の大密林」が「鬱蒼として」いたが、伐採・開墾などにより「殆ど旧観を存して居ない」ほどに整理されたという。なお神苑の設計・監督は総督府営繕課嘱託伊澤半之助が担当している。

これより先、一九一三（大正二）年には付帯工事として新参道の建設が、台北庁直営工事としてすでに実施されていた。創建時の参道は士林街道へ至る道路の中途から枝分かれする体裁で、しかも幅員狭隘かつ勾配急峻であった。これに対して新参道は、明治橋から直進してやや迂回する緩斜路であり、幅員も旧参道の一・五倍の六間（約一一m）とし、車馬の通行にも対応した。

以上の事業は、すべて台湾神社の前面から東部にかけての一帯を対象としたものである。逆に言えば、この一帯は創建後一〇年以上の間は放置されていたわけであり、結果的にみれば、創建時にあっては神社前面や参道の整備よりも、まず背後の森林獲得が急がれたことになる。そして第二次拡張の目的は、上述の造営内容にみたとおり、一方では神社前面の大規模な景観の創出であり、また他方では参拝者の利用を明確に意識した一種の公園の整備にあったと言えよう。こうした目的のために、「竹藪や雑樹の大密林」であったこの剣潭山麓一帯の地形や植生、水系が改編されたのである（図23）。

この「神苑」造営としての第二次境内拡張をもう少し広い視野で位置づけるために、大正期における関連動向をあげてみよう。

一九一七（大正六）年　休憩所新築　一の鳥居の東側、先述の噴水池の前に、入母屋造瓦葺の休憩所を設置。設計は台湾工業講習所に委託し、工事は同所職員の監督の下、同所生徒によって行われた。神社費より一、四八七円を支出し、台湾神苑会より五〇〇円の寄贈を受けた事業であった。(16)

一九二四（大正十三）年　裏参道新設　一九二四（大正十三）年、拝殿の手前、三の鳥居前から東の「神苑」を経由して参道に戻る幅九尺の裏参道を新設した。目的は、参拝者の増加による境内混雑を軽減するため、参拝を済ませた者が再び来た道を戻るといった往復を避け、循環する経路をつくるところにあった。やはり神社費および台湾神苑会の寄付による。(17)

一九二五（大正十四）年　神楽殿新築　大正十三年起工、四五坪程の瓦葺きの建物で、一の鳥居を入って左側（西）に東向きに置かれた。設計は総督府技師・井手薫（営繕課長）と同技師・栗山俊一による。工事費は二万四二五〇円程で、全額を神社基金より支出したようである。(18)

ここに出てくる「台湾神苑会」と称する団体の実態は不明だが、一九一三（大正二）～一四（大正三）年の境内拡張＝「神苑」造営ののちに、その整備・拡充を支援する団体が組織されていたらしいことは、台湾神社境内形成史における大正期の意味を考えるうえで興味深い。

こうした事業の背景として指摘できるのは、参拝者の増加である。裏参道や休憩所の整備はもちろん、神楽殿設置にもそうした側面があり、従来社務所において行っていた正式参拝の応対や神前結婚に対して専用の建物が必要になってきたことが契機であった。もうひとつ見逃せないのは、神楽殿新築が一九二三（大正十二）年に「皇太子殿下御参拝ノ紀念事業トシテ」計画されていることである。[19] 一九二三（大正十二）年春の東宮の台湾行啓は、台湾全土で「御休憩所」、「御泊所」その他の奉迎施設の建設や観光地開発を誘発した。[20] 台湾神社では特別に奉迎用の施設は建設されていないが、おそらく、同年四月十七日の東宮の台湾神社参拝に際して、[21] 神社や総督府側では社務所における接待に不満を感じたのであろう。神楽殿新築は、参拝者の増加を背景とし、東宮参拝を直接の契機として計画されたのである。

境内を包む環境

神社境内は、しかし、以上にみた境内地の整備だけで成立するものではなかった。すでに創建時に、市街地からの参宮道路とされた勅使街道が、旧台北城内に整備されはじめた中心業務地区、とりわけ総督府庁舎予定地を中心とする官庁地区と関係づけられたことは、境内が都市全体との関連において成立すると考えられていたことを示す事実である。この勅使街道は、舗装こそなかったが、相思樹の並木が3㎞以上にわたって続き、境内に近づけば当初の鎮座地候補であった圓山の小高い緑の丘が左手に現れた。ここまで来ればもう神社は眼前の剣潭山の鬱蒼とした峰のラインから千木をのぞかせていたが、境内に到達する前に基隆河を超える必要があった。そこに架けられた明治橋は鉄骨で繊細にデザインされ、一九〇一（明治三十四）年十月、神社の鎮座祭にあわせて竣工していた（図23）。明治橋は、台北北郊へと続く幹線道路の一部でもあったが、台北という都市の内部では、境内に入る者が必ず渡る「神橋」として認識されていたと言ってよい。こうした都市的な環境形成の観点なしには、神社境内の特質は捉えられないだろう。

こうして、台湾神社は創建から二〇年余のあいだに、当初の「不潔」、風致の「毀損」、「延焼」の危険といった問題を解決し、さらに参道や休憩所、神楽殿など施設を整備して境内中心部を充実させるだけでなく、剣潭山の裾野に広大な「神苑」を造営した。この神苑の造成が、大樹・古樹を残しつつも、山林の植生を大々的に改変する仕事に他ならなかったことは、とくに強調しておきたい。また、こうした境内の環境を創出していくために、この間、境内地は当初の約七万八〇〇〇坪から、二倍近い、約一五万二〇〇〇坪にまで拡張されている。神社境内の特質は、建築物が建ち並ぶ、狭い意味での境内だけをみても分からない。むしろ神社境内とは、それを取り巻く広大な土地を取り込みながら、自然的環境を人工的につくり出しつつ、都市に位置づけ、都市をつくり出していくという、ダイナミックな営みを内包した概念であり、なおかつ、それを見えにくくするような特質を持っているのである。

多かれ少なかれ、日本が経営した植民都市には、これに類似した環境が出現していった。とくに「総鎮守先行型」（I―二参照）である台湾では、官幣大社台湾神社の祭神設定や境内設計が地方諸社でも模倣される傾向が顕著であり、台湾の地方諸社ではよく似た社殿や境内が数多く見られる。

しかし、それにしても「神苑」とは何だろうか。なぜ、神社には「神苑」が必要なのか。

2　境内と呼ばれる土地

神社境内というものが、一定の特質をもった環境を求める性質があるとすれば、それは歴史的にどのようにして形成されたものだろうか。さしあたり、私たちは植民地の神社境内を問題にしているが、この問いに答えるためには、明治維新とともに日本で行われた神社境内をめぐる一連の事業や運動のプロセスを知っておく必要がある。それは、現実の神社境内、とりわけその土地の問題に深く関わっており、同時に、観念としての神社境内にも一定の方向性を与えるものであった。それを踏まえたうえで、本来ならば近世の境内からの連続と不連続を見極める必要があるが、本書にはその課題のすべてを引き受ける力はない。もとより、明治以降の神社境内をめぐる動向すら、研究の蓄積はきわめて少ないのである。

社寺領上知

社寺領上知は、戦前の国家神道体制下における神社境内地の位置づけを規定する最初の重要な事業であった。ここでは、大蔵省管財局による『社寺境内地処分誌』などによって社寺領上知の経緯と意味を概観しておく(22)。

社寺領上知の契機となったのは、一八六九(明治二)年の版籍奉還である。藩領の奉還がなった以上、それと同様の性質を持つ朱印社寺領についてもその取扱いが問題となるのは当然であり、そのうえ奉還された藩領を整理するにあたって、藩領に連続・交錯する社寺領の存在はこの事業の進捗を妨げていた。こうした事情から政府は社寺領の上知に踏み切る。一八七一(明治四)年一月の太政官布告「社寺領現在ノ境内ヲ除ク外上地被仰出土地ハ府県藩ニ管轄セシムルノ件」、いわゆる「社寺領上知令」である。地租改正報告書によれば、上知によって官有地とされた社寺領は、神社の場合で総計八万七二〇〇余町歩(約八、七〇〇ha)にのぼる。

社寺領上知は社寺を核とした環境の近代的変容を考えるうえでおそらく最も重要な出来事のひとつであり、都市史・建築史の避けて通れない主題であると考えられるが、これまであまり研究は進んでいない。ただ、中島節子は京都四囲の山林景観の近代的変容を検討するなかで社寺領上知にふれ、『京都府寺志稿』、『京都の歴史』、あるいは京都府公文書などによりその実態をも概観している(23)。中島はさらに、明治期の「神苑」整備が神仏分離や社寺領上知による社寺の財政基盤の喪失や周辺環境の荒廃を歴史的背景とするものであったことも指摘している。物足りないのは個別の神社に即したインテンシブな実態究明であるが、これは今後の課題とし、本節では社寺領上知の経緯を押さえたうえで、一般的な神社境内地の帰趨や概念規定の変遷などをもう少し丁寧にたどっておきたい。

社寺領上知は、封建的な土地人民支配の一掃および近代的土地私有制度の確立、これに基づく土地税制の確立という大きな過程のなかでなされている。上知の目的は、端的にいえば、社寺の私有地を確定し他を官有とすること、これによって地租を確定することであった。ところで、右の上知令には「現在ノ境内ヲ除クノ外」とあるが、問題はこれが現実にはなかなか明確にしえないところにあったのであり、社寺特有の領域概念とその法的な定義の問題がまもなく問われることになる。

上知の対象は社寺領であり、当初は境内地や社寺有地は対象外であった。ところが政府は、地租改正の準備が進むにつれて、境内地も上知の対象とするにいたる。まず田畑、山林、不毛地は墓地を除き上知することなどが達せられ、ついで「本社及建物等現今ノ地形ニヨツテ相除其他総テ上地」すべきことが定められるとともに、遅延していた調査の進捗が督促された。これも曖昧な基準であったが、一八七五年（明治八）には地租改正事務局達「社寺境内外区画取調規則」によって、「祭典法要」に必需の場所を区画して「新境内」と定め、その他の土地を一切上知することと定めるにいたった。「現在ノ」との規定の仕方をやめ、局限された定義から境内範囲の再設定を求めたのであって、これは「引き裂き上地」と称された。しかし境内・外の区別は、そのまま土地の帰属を意味するものではなく、残された境内地が社寺有（民有）とされたわけではなかった。つまり祭典法要に必要な境内地でも封土的性質を持つもの、民有の確証がないものは、すべて官有地に編入された。これを「境内官民区別」と呼ぶ。

これよりさき、一八七三（明治六）年三月の「地所名称区別」、翌七四（明治七）年の「改正地所名称区別」（前年の布告を改正）により、あらゆる土地を官有・民有のいずれかに塗り分け、さらに内訳種別（地目）を定めることとなって

表3　地所名称区別および改正地所名称区別

資料：『社寺境内地処分誌』(大蔵省管財局編，1954)。布告文から一覧表の形式に整理した。

■　地所名称区別(明治六年三月二五日太政官布告第一一四号)

区分	内容・内訳(地目)	地券	地租	区入費
皇宮地	皇居及各所ノ離宮皇族ノ邸宅等	—		
神地	宗廟山廟及官国幣社府県社ノアル処	—		
官庁地	官庁使寮司府県ノ本庁及確定セル司庁裁判所海陸軍ノ本営等	○	—	○
官用地	官省寮司府庁一時ノ用ニ供スル	○	○	○
官有地	名所，公園地，山林，野沢，湖沼ノ類，旧来無税ノ地ニシテ官簿ヘ記載セル地	—		
公有地	野方，秣場ノ類郡村市場一般公有ノ税地又ハ無税地	○	○	○
私有地	人民所有ノ田畑，屋敷其他各種ノ土地	○	○	○
除租地	市街郡村ニ属スル埋葬地制札行刑場道路堤塘及郷社寺院ノ類(当分此分ニ入ル)			

■　改正地所名称区別(明治七年一一月七日太政官布告第一二〇号)

区分	種	地目	地券	地租	区入費
官有地	第一種	皇宮地(皇居離宮等)	—	—	—
		神地(伊勢神宮山陵官国幣社府県社及ヒ民有ニアラサル社地)			
	第二種	皇族賜邸	○	—	○
		官有地			
	第三種	山岳丘陵林藪原野河海湖沼池沢溝渠堤塘道路田畑屋敷等其他民有地ニアラサルモノ	—	—	—
		鉄道線路敷地			
		電信架線柱敷地			
		灯明台敷地			
		各所ノ旧跡名区及ヒ公園等民有地ニアラサルモノ			
		人民所有ノ権利ヲ失ヒシ土地			
		行刑地			
	第四種	寺院大中小学校説教場病院貧院等民有地ニアラサルモノ	—	—	○
民有地	第一種	人民各自所有ノ確証アル耕地宅地山林等	○	○	○
	第二種	人民数人或ハ一村或ハ数村所有ノ確証アル学校病院郷倉牧場秣場社寺等	○	○	○
		官有ニアラサル土地			
	第三種	官有ニアラサル墳墓地等	○	—	—

＊社寺にかかわる区分には網をかけ，その地目に下線を付した。

＊「区入費」とは地方税。

凡例

	○	—
地券	地券発行	不発行
地租	有租	免租
区入費	有税	免税

＊空欄は資料中に記載がないことを意味するが，いずれも地券不発行であるから地租・区入費ともむろん賦さない。

いた（表3）。「引き裂き上地」および「境内官民区別」はこの「地所名称区別」を受けたものである。こうして、従前のすべての神社用地は、

境内地　民有境内地　……（a）
　　　　官有境内地　……（b）
境外地　　　　　　　……（c）

の三種に区別された。社寺財産としては（a）の民有境内地（すなわち祭典法要に必需の領域でなおかつ民有の確証がある部分のみ）が残され、他は上知されたのである。

上地処分と公園布告

上知した土地（「上地」と呼ぶ）のその後の処分は様々な意図と方法でなされている。その主なものを左にあげよう。

（1）国有林となり、国の企業用財産とされた。
（2）旧神官僧侶、旧武士階級に救済策として譲与した（帰農の奨励）。
（3）民有（社寺有）が判明すれば社寺の申請により下戻した。
（4）公園地とされた。
（5）社寺の申請により社寺保管林とした。
（6）風致上必要な上地林は境内地に編入した。
（7）境内地処分に関する法律（一九三九）により当該寺院に譲渡されて寺有地となった（神社は対象外）。

つけ加えれば、一八六八（明治元）年のいわゆる神仏分離令も社寺領上知に当然反映されるものであった。神仏分

離は、神仏習合の状況から神社と寺院の区別を創出することであったが、(24)神社と寺院がそれぞれ法人格を有することになる以上、それは境内地の所属関係の区分をも要請し、無数の紛争・訴訟を発生させることになった。また廃仏毀釈の激しかった地方では数多くの廃寺が生まれたが、その境内地は民有の確証がなければやはり官没された。神仏分離も神社境内をめぐる近代的な環境形成の要因の一つと言えよう。

(4)に関しては、明治以降の神社境内のあり方の一類型を規定することになった、一八七三(明治六)年一月の太政官布告「社寺其ノ他名区勝跡ヲ公園ト定ムル件」、いわゆる「公園布告」をみておく必要がある。

正院達　第拾六号

三府ヲ始人民輻湊ノ地ニシテ古来ノ勝区名人ノ旧跡等是迄群衆遊覧ノ場所［東京ニ於テハ金龍山浅草寺東叡山寛永寺境内ノ類京都ニ於テハ八坂社清水ノ境内嵐山ノ類総テ社寺境内除地或ハ公有地ノ類］従前高外除地ニ属スル分ハ永ク万人偕楽ノ地トシ公園ト可被相定ニ付府県ニ於テ右地所ヲ択ヒ其景況巨細取調図面相添大蔵省ヘ可伺出事

都市政策、都市計画の視点が明治政府により示されていないこの時期に「公園」設置のことが打ち出されているのは唐突で奇異にもみえるが、明治政府の意図は、近世の土地所有関係に対する改革、すなわち地租改正、社寺領上知を念頭に置くことによって理解されている。

この布告で公園を設置すべき対象とされている土地のうち、「社寺境内除地或ハ公有地ノ類」とあるのは旧幕時代の官林や道路・堤・水面などの免租地、および上知令により官没された土地を指した。また「高外除地」とは検地帳外書に除地と記された特別免税地である。いずれの場合も私権行使が許されない土地で、明治政府はこれらを官有地たるべきものとみなしたのであり、したがって社寺領上知の対象でもあった。政府は、地方庁の稟申によってこの官

表４　太政官布告による公園設置状況

資料：内務大臣官房会計課調査「地盤国有ニ属スル公園ノ概況調」(1933)。ただしここでは高橋理喜男「太政官公園の成立とその実態」(『造園雑誌』38-4. 1975)および』日本公園百年史』(日本公園百年史刊行会，1978)によった。

開設時期別公園数

時期別	太政官公園	その他	合計
1873(明治６)	24	—	24
1874(明治７)～1877(明治10)	43	—	43
1878(明治11)～1882(明治15)	14	15	29
1883(明治16)～1887(明治20)	1	19	20
合計	82	34	116

太政官公園の規模・出自

規模(坪)	社寺境内	名勝地	城吐	その他	合計
10万以上	2	4	1	2	9
5万～10万未満	4	3	3	1	11
1万～5万未満	7	3	3	1	23
5千～1万未満	6	2	4	—	12
1千～5千未満	6	1	8	1	16
1千未満	1	—	1	1	3
不明	6	—	2	—	8
合計	32	13	30	7	82

社寺境内を出自とする主な太政官公園

●神社

住吉公園(大阪／1873)　春日公園(大分／1873)　東公園(福岡／1876)　奈良公園(奈良／1880)　霊丘公園(島原／1882)　愛宕公園(東京／1886)　厳島公園(宮島／1873)　臼城西公園(臼城／1873)　長崎公園(長崎／1874)　蓮池公園(佐賀／1877)　養老公園(岐阜／1880)　天神山公園(防府／1883)　円山公園(京都，1886)　深川公園(東京／1873)　白山公園(新潟／1873)　調公園(浦和／1874)　浪越公園(名古屋／1879)　麴町公園(東鼠／1881)　氷川公園(大宮／1884)

●寺院

浜寺公園(堺／1873)　与野公園(与野／1877)　上野公園(東京／1873)　浅草公園(東京／1873)　山手公園(横浜／1878)　芝公園(東京／1873)　千歳山公園(山形／1876)　長野公園(長野／1880)

有地内に区域を定めて官有施設たる公園とし、地方庁に管理させようとしたのである。そしてこの公園布告を根拠に、地所名称区別の官有地区分中に公園地の地目が位置づけられた。

神仏分離と廃仏毀釈運動の轍もおそらく念頭にあったであろう、社寺領上知を含む土地改革による混乱と荒廃は政府にとって危惧されるところであったらしく、上知令の後には名所・古蹟の破壊を戒め、伐木を制限するなどの布達が、境内外区別の督促とも平行して繰り返し出されている。丸山宏は、地租改正事業に伴う破壊・乱伐などの弊害を回避しようとするこうした一連の布達を踏まえ、これを一歩進め地目設定により事態収拾の方途を打ち出したのが一八七三（明治六）年の公園布告に他ならなかったと指摘する。(25) また改正地所名称区別では公園地の民間への貸与には借地料・地方税を課すことができるとあり、政府としてはこれにより地方からの公園設置上申を誘導し、荒廃を防ぎながら従前の勝地とそれに依拠する社寺および地方住民の経済活動を維持せしめ、なおかつそうした地価の高い繁華な土地を官有地として固定することができた。「公園」という概念そのものには文明開化思想や居留地における欧米人の公園設置要求などもかかわっているが、封建的土地支配体制の制度的清算という明治政府の課題を背景として、この概念は、近世以来の行楽地でもあった東京浅草寺や京都八坂社といった社寺境内と結びつくことになったのだとしてよいであろう。ここに、明治期の（もしくは大正期までつづく）日本の「公園」概念の興味深い特質がある。なお公園地は布告当初は大蔵省の所管であったが、まもなく同年中に設置をみた内務省に移管され、一八七七（明治十）年には同省に設置された社寺局が社寺に関する事務を管掌することになる。ここで、公園布告に基づく公園のうち社寺境内を核とするものを表4に示す。

さて、伐木制限を度々発した上地林であるが、境内を局限された社寺からは財政的理由から伐木や払下などの請願が頻発した。このため一八八四（明治十七）年には「社寺上地林官委託規則」などを定めて当該社寺に上地林を保管させ林産物の一部収得を認めた。これが「社寺保管林制度」で、（5）である。また一方では、上知当時に民有の確証があればこれを社寺の申請に基づいて下戻する処分をとったが、一八九九（明治三十二）年には「国有林野法」によって[26]、境内の尊厳保持に必要な「風致林野」については区域を画して境内地に編入できること（（6））、上地林は社寺に随意契約にて売却できることなどが定められ、右述の社寺保管林制度についても同法により社寺側の義務緩和・利権増大の方向に改正された。上知令により民有境内地を極限し厳しく官没を推進した政府は、そのうえで社寺への下げ戻しや払い下げ、あるいは官有境内林の設定などを行っていった。土地に関するかぎり、近代の神社境内とはこうした複合的な施策の産物なのである。

しかし一方で、社寺領上知を革新的、強権的な明治政府の断行とみるのではなく、近世幕末期の寺院境内の崩壊過程を追認、清算することであったととらえる見方も提示されている。光井渉は、城下の寺院境内の町場化現象を浅草寺を事例として検討し、「明治政府による寺院境内地の上地は、近世城下の寺院境内が内在していた崩壊へと至るプログラムの最終局面に過ぎなかった」と述べている[27]。

こうした指摘もあわせて、社寺領上知が、何かしら「あるべき」神社境内の環境の創出を目指したものではなく、第一義的には土地私有制度と近代的税制の確立（すなわち明治政府の財政基盤の確立）に向けた世俗的な施策の一局面であったということを強調しておかなければならない。一八七三（明治六）年にすでに見える上地林の伐木制限も、保安ないし資源保護を一義的な目的としたものであったし、同年の公園布告も社寺を区別したものではなく、また布告文にいう「人民輻湊ノ地ニシテ古来ノ勝区名人ノ旧跡等是迄群衆遊覧ノ場所」は、近世以来の行楽地、名勝といった性質のものであったとみなされている。もっとも明治三十年代には境内の「尊厳」維持といった文言も、諸種の施策にみられるようになり、「形像」（銅像など）の取締規則など細かな規制も定められるようになるが、これらも臨機的で断片的な取締である場合が多く、また少なくとも明治初期の土地政策の「後」に補われたものである。そして、この土地政策としての社寺領上知において、政府の側から「境内」の概念規定として明示されたのは、「祭典法要に必需」という、ほとんど極限的なものにすぎなかったのである。

神社境内の法的規定

戦前に出版された日本内地の神社行政関係の手引き書を読むと、「境内地ハ祭典ヲ行ヒ風致ヲ保チ公衆ノ参拝、社殿ノ建築ニ必要ナル公用ノ地域」などと解説されている。(28) このような概念規定を、漠然と神社固有の宗教あるいは祭祀の論理から出てきたものと捉えるのは、おそらく誤解である。むしろこれは、右にみてきた明治政府の土地政策が結果的に生み出したものとみるのが妥当であろう。

「境内地」は、すでに述べたように官有・民有に分けられるが、民有境内地とはつまり、この土地を神社が所有するのであるから、神社は民間の法人格と解釈される。(29) ただし、境内地の使用や改変については、官有・民有の区別なく事細かな規制が加えられ、内務省神社局と地方庁の担当部局に掌握される。さらに重要なことに、民有境内地であっても原則的に地租が免除された。(30) また神社は一般の宗教とは区別され、「国家の宗祀」とされたから、神社の祭祀は「公企業」とみなされていた。これらの事情から、神社の境内地は、社殿・宝物など他の財産とともに、民有であっても公的な性格を付与された「公物」と解釈された。右の引用にある「公用ノ地域」も同じことである。こうした法的規定が条文として存在したわけではないが、これが内務省をはじめとする政府の解釈であったし、神社の運営にあたる神職らにも普及されていたようである。

のちのことになるが、一九二一(大正十)年に定められた国有財産法で、国有財産の四種の区分のひとつに「公用財産」の語が現れる。[31] これは「国ニ於イテ神社ノ用又ハ国ノ事務、事業若ハ官吏其ノ他ノ職員ノ住居ノ用ニ供シ又ハ供スルモノト決定シタルモノ」を意味した。要するに、国家以外の主体が、国家の所有する財産を、国家的・公的な目的で占有する場合に、この土地を「公用財産」と規定したものと考えられる。神社境内に官有地が含まれ、なおかつ神社が民間の法人格である以上、このような折衷的な規定が必要となるのは当然である。しかも、境内地の管理や地租の扱いは、官有地・民有地を問わずほとんど同じであったのだから、実質的には、神社境内はすべて公的な財産とみなされなければならなかったのである。

逆に、この扱いこそが、国家神道を見えないところで支えていたとも考えられる。国家神道は、むろん国学者をはじめとするイデオローグたちが観念的に構想した側面も大きいし、そこにも興味深いものがある。しかし、体制としての確立においては、国家財政や地方統治の確立といった世俗合理主義との結びつきが顕著である。この点は、とくに都市史・環境形成史の研究においては必要な観点であり、過度に宗教的・文化的な視点を取りすぎると見誤る部分であろう。

この点で、明治初期に定められ、明治三十年代まで（一部では大正期まで）少なからぬ神社の創建に適用されていった「社殿建坪制限」にもふれておいてよいだろう。藤原恵洋によれば、[32] これは政府内部で遅くとも一八七二（明治五）年には検討がはじまっている。当時、大蔵省は府県庁舎とともに神社の営繕をも担当しており、厳しい予算のなかで財政支出を把握し、また制限する必要があった。石田潤一郎が詳しく跡づけている府県庁舎の標準設計図「制限図」と同じように、[33] 神社についても「制限図」がつくられた。藤原はこれを意匠への規制という側面で主に捉えているが、神社制限図は、社格に応じて数値的に規模が差別化されている点に特徴があり、それは境内地の坪数をも定めている。こうした境内地の坪数制限は、一九一三（大正二）年の神社規則にも受け継がれている。[34] 少なくとも境内は、土地財産とその運営・管理という視点から捉えられるべき側面を持っていたことは確認しておきたい。

3 明治の神苑

社寺領上知と神苑の創出

現在、全国の社寺を訪れると、池を掘り、色取り取りの樹木を植え、東屋や茶室を置いた立派な庭園を備えているものに頻繁に出会う。もちろん、中世・近世からの古い庭園もあるが、明治以降につくられたものが大変多い。神社の場合、これは「神苑」と呼ばれている。神苑には、それなりに共通した特徴があり、全国的に流行した一種のムーブメントであったとみられる側面がある。本章で最初にみた、官幣大社台湾神社の「神苑」も、おそらくここに歴史的な根がある。

明治期に、なぜ多くの神社境内に神苑がつくられなければならなかったのか。中嶋節子は、その背景を、やはり以上のような明治政府の土地政策にみている(35)。中嶋によれば、「神苑」という語それ自体は古くからあるものの、神社境内に「神苑」と称して庭園的整備を施す動きは明治中期以降に活発化している。その形態は、①池や石組みが配されたいわゆる日本的な庭園を「神苑」とするもの、②境内地の一部に桜や楓、梅などの風致木を植栽し、逍遥道を設けて「神苑」とするもの、の二種に大別され、いずれにせよ社殿が建ち並ぶ境内中枢部ではなく、それに隣接した一定の区域を整備するかたちをとる。

中嶋によれば、明治期の神苑整備において掲げられた目的はおおむね次の3点にまとめられるという。

① 境内の荒廃回復

②　神社としての尊厳の創造
③　参拝者のための施設の充実

中嶋は社寺領上知、神仏分離など、神社境内をめぐる明治初期の大改革＝大混乱について確認したうえで、社寺および地域の経済的・文化的再興を目指して、各地で有志による「○○保存会」「○○協会」といった社寺周辺の景観保全を目的とした地域的運動が組織されていく経緯をたどっているが、そうした広範な動きの一環に、神社境内における「神苑」創出を見ている。中嶋は京都市内の神社を概観して、松尾大社（明治二十六年）を皮切りに、とりわけ官社をはじめとする有力神社のほとんどで「神苑会」が組織され、神苑が造成されていく動きを確認している。これは一種の環境保全運動であるが、そこには国家神道体制を背景とする敬神思想の浸透、日清戦争・日露戦争と連動したナショナリズムの高揚、あるいは官国幣社への官費・公費補助の一般化、といった背景が重なっていた。

伊勢の神苑会と熱田・橿原神宮

神苑の創出について考えるうえでは、とくに全国の神社への影響力という点で重要なのが、伊勢神宮の事例である。これについては高木博志の研究がある。(36) 一八八六（明治十九）年、有栖川宮熾仁親王を初代総裁とし、政府高官や実業界の有力者、学者などからなる伊勢神宮の神苑会が設立される。その目的は「神宮宮域ノ規模ヲ恢弘シ苑囿ヲ開キ徴古館ヲ設ケ待客ノ館舎ヲ建営スル等、神都ヲ清潔美麗ニシテ、且参拝者ノ便宜ヲ謀ル」ところにあり、またその設立経緯については次のような記録がある。

神苑ノ設計ハ世ノ変遷ニ従ヒ民家漸次ニ宮域ニ接近シ不潔ヲ極ムルノミナラズ、往々火災ノ虞アルヲ以テ総テ是ヲ掃除シ清浄ナル園囿ヲ造ラントスルニアリ、明治十九年神苑会ヲ創立シ広ク寄付金ヲ募リ二十二年五月ヲ以テ

図24　伊勢神苑会による神苑計画図（外宮）
出典：『神苑会史料』（神苑会精算人事務所発行，1911）。1889（明治22）年の外宮神苑計画図。

工事ヲ起シ、同年九月功ヲ竣工、概ネ設計ノ目酌ヲ達ス、其面積内宮ニテ弐町五反壱畝三歩弐合八夕、外宮ニケ三町五反九畝二十歩八合三夕ナリ、二十七年五月ニ至リ、両苑地ヲ挙ケテ神宮司庁ノ直轄ヲ乞ヒ、其許可ヲ得テ是ヲ三重県庁ニ引継キタリ(37)

民家の接近による「不潔」、「火災ノ虞」に対し、これをまったく除去し、「清浄ナル園囿」を創出するのだと、神苑会による「神苑ノ設計」の目的が述べられている。高木によれば、一八八八（明治二十一）年一二月の「神苑計画案」では、これが、「猥雑塵囂ノ区」を「霊秀清潔」の境に変えると表現されているという。

園芸師小澤圭次郎は、「天然ノ風致ヲ存スルヲ以テ築ノ主眼」としたといい、実際には桜・楓・ツツジ・梅・椿・山吹・南天などの彩り鮮やかな木々や松などが区画されつつ整然と植樹された。神苑内にはいくつもの「名勝」がつくられ、神苑を通り過ぎると常緑の杉の森が参道を覆う（図24）。

高木は、伊勢神宮から、熱田神宮、橿原神宮へと連なる影響関係を見たうえで(38)、伊勢の「清浄な神苑」は近代の神社神苑のモデルとなったと指摘している。また中嶋節子によれば、伊勢内外宮の神苑の竣工（明治二十二年九月）は、国家神道の成立を象徴する事業とも捉えられ、全国の神苑整備運動を誘発した。「神苑会」事務所もすぐに東京へ移されて全国的な組織へと拡張される（明治四十四年、所期の目的を達して解散）。

また注目したいのは、高木博志の次のような指摘である。

明治期には重要な官幣大社においては、神苑づくりの試行錯誤がなされる。また円山公園・奈良公園といった社寺と関係の深い公園が名勝として形成されるのも明治期である。神苑と公園の形成には清浄な空間をつくりだす点において、共通した動きがある。

「神苑」と「公園」、一見したところ異なる二つのものの生成を共通の基盤において見るのは卓見であり、中嶋も、明言こそしていないが基本的には同じ文脈を提示しているものと見られる。植民地における神社境内をめぐる公的環境の整備を位置づけるうえでも、この視点は不可欠である。

ただし、高木が「清浄」という言葉に近代性を託して、近世とのコントラストを強調している点には[39]、二重の意味で疑問がある。

まず一方では、伊勢の神苑をつくった「園芸師」は近世以来の作庭の技術から切れているとは思えないし、また実際につくり出された神苑も、名所の「写し」をちりばめたパッチワークであった。一方、「社寺と関係の深い公園」の方も「人民輻湊ノ地ニシテ古来ノ勝区名人ノ旧跡等是迄群衆遊覧ノ場所」を追認したものである。そこに、近世との連続性を見ないわけにはいかないのである。

そして他方では、「清浄」という言葉が、もっと後の時代のモダニズムを特徴づけるピュリズムと混同されかねないという点である。中嶋は大正期に近代造園学が発達し、その教育を受けた技術者が神苑創出に関わるようになることを指摘しているし、高木も造園学者・林学者による境内設計の方法的獲得が神苑創出を後押ししたという意味のことを述べている。たしかに、神社境内の設計においてもモダニズムが獲得され、植民地を含めて徹底されていくことは間違いないのだが、その段階の神苑は、明治期の神苑とは異質なものと筆者は捉えている。明治から昭和戦中期までを、神苑創出運動の普及、ナショナリズムの高揚、技術的発達といった直線的な理解だけで捉えることは、非歴史的である。この点はII―二で詳しく述べることになろう。

さて、迂回路が長くなったが、近代の神社境内について考えるために、現時点で想定しうる歴史的な条件について書いてきた。今後の研究の深化に待たねばならない部分が多く残されているが、ともあれ神社境内の概念や観念は、こうした歴史的条件のなかで析出されてきたものである。植民地の神社境内も、こうした条件に加えて、さらに個々の都市（地域）で神社境内を営む社会や政府の要請をあわせて理解されるのであろう。

台湾神社が、境内を拡張し、池を掘り、樹種を変えて神苑をつくり出し、その独特の環境あるいは景観を、日本がはじめて海外の地に営んだ植民都市のなかに現出させていったのは大正初のことであり、その計画は明治四十年代には持ち上がっていた。そのとき、神社境内とは神苑を持つものだという観念があり、その神苑とは、池があり、常緑樹のなかに花樹を交えるようなものだという常識があっただろう。それを、「竹藪や雑樹の大密林」が「鬱蒼としていた剣潭山の裾野につくり出したのである。

さて、このような検討は、何も植民地総鎮守のような一部の特別に格の高い神社でしか行えないものではない。以下では、朝鮮半島各地で数千人の居留民コミュニティがつくり出していった神社の境内をみていこう。

4　居留民の丘

日本居留地の「大神宮」奉斎

宜ナル哉海外ノ地ト雖モ釜山、元山ノ両港ニ於テハ我同胞人已ニ神社ノ設アル事、然ルニ我仁川港ニ於テハ本邦人ノ数已ニ一千三百余人ノ多キニ至ルモ未ダ曾テ一ノ神社ノ設ケナシ。吾人太ダ之ヲ遺憾ナリトス。故ニ茲ニ一場ノ霊境ヲシ、神社ヲ創設シ我国神ナル天照大神ヲ奉斎シ奉リ、以テ帰依敬神ノ実ヲ表サントス。(40)

これは『仁川府史』所載の「仁川大神宮御創立ニ関スル主意書」の一部である。日付は一八八九（明治二十二）年三月で、第一銀行支店長江南哲夫ら発起人一四名の連署であった。この主意書により、仁川で一、二七四円、漢城から三一九円、そして日本―仁川間貿易の「船長達」から一一〇円の寄付が集められた。

翌一八九〇（明治二十三）年、霊代を伊勢神宮より拝受するため仁川領事林権助が外務省経由で三重県にその手続を依頼、仁川居留日本人から代表者一名が「御霊代迎接委員」に選出され、同年十月実際に伊勢に出向いた。伊勢から大阪までは三重県が護衛の警官をつける慎重さで、大阪からは敦賀丸で仁川港に着いた。総代は居留民一般に霊代着御の旨を告知、官民一同がこれを迎えた。これより先、大阪の大工棟梁を雇い神殿建築工事を進め、同月十七日に竣工していた。仁川港に到着した霊代は一時領事館に奉安したのち、神殿に奉斎、同月二十八日に鎮座祭を行って「仁川大神宮」と称した。

ところで、仁川の開港は、一八七六（明治九）年の釜山、一八八〇（明治十三）年の元山につづく一八八三（明治十六）年のことで、(41)翌年には漢城の城内に領事館・公使館が置かれて首府での日本人居住もはじまる。仁川には、釜山と同じく日本専管居留地、清国専管租界、各国共同租界が設定されたが、日本勢力が圧倒的優位にあった釜山と違い、仁川は清国はもとより欧米各国とも拮抗関係にあり、居留地面積も釜山（一一万坪）の比較にならないほど狭小であった（当初約七〇〇〇坪）。この国際的緊張関係ゆえに日本が一般に使っていた「居留地」ではなく「租界」の語を自らも公式に用いていた。右の主意書は一八八九（明治二十二）年であるから、神社奉斎は仁川開港の六年後に実行に移されたことになるが、この年の仁川の居留日本人人口は一、三六二人で、釜山は三、〇三三人、漢城はいまだ五二七人にすぎなかった。『仁川府史』が「当時にあつては仁川は本店格で京城は出張店格」であったと述べるように[42]、まだ日本勢力の不安定であった漢城は事実上政治・経済的に漢城の外港たる仁川と不離の依存状態にあり、右にみた神社創立に関する寄付金が漢城の日本人居留官民からも集められたのはこうした関係を物語ってもいる。

ここで、朝鮮半島において一九一五（大正四年）年十月の神社寺院規則施行までに鎮祭されていた神社について、地方史や神社誌・由緒記類および『大陸神社大観』一九四一（昭和十六）年[43]、『神社と朝鮮』一九三四（昭和九）年など[44]を資料として可能な限り網羅してみよう。ただし、ここではのちに神社寺院規則により総督府の認可を得ていわゆる公認神社となるものだけを対象とし、それ以外にもあったと思われる社祠は含んでいない[45]。また、伊勢神宮の遥拝所としてはじまり、のちに公認神社となった六件はここに含めた。神社寺院規則施行を時期区分とするのは、神社奉斎をめぐる制度環境を考えるうえで、「併合」直後は統監府施政期の延長とみられ、決定的な意味を持つのは一元的神社制度の成立の方であるといえるからである。具体的な事情は順を追って述べていくが、さしあたりこの時期を「居留民奉斎期」と呼ぶことにしたい。このような前提で居留民奉斎期の神社を拾い上げると、表5のように少なくとも三一社が数えられる。

表5を上からみていくと、一六七八（延宝六）年の草梁倭館設置に遡ることで知られる釜山の龍頭山神社は例外と

り作成。所在地の表記は各神社の創立許可時のものとした。祭神欄の記号は，A＝天照皇大神，より霊代を拝受したもの。「建築」欄には鎮座当初の社殿設備をあげ，「棟梁」欄には神殿造営にあ公園地内もしくは隣接する関係があることを示す。「終戦時の待遇」は社格もしくは地方団体供進し未調査により不明であることを意味する。

霊代	建築	棟梁	立地	許可年	月日	許可社号	終戦時の待遇
(対馬)	石造小祠	—	○ ●	1917	7. 10	龍頭山神社	国幣小社
◎	小祠	—	○ ●	1916	12. 26	元山神社	道供進社
◎	—	大阪	○ ●	1916	4. 24	仁川神社	府共進社
◎	神殿	神宮	○ ●	1916	5. 22	京城神社	国幣小社
—	神殿	神宮	○ —	1916	9. 19	鎮南浦神社	府共進社
—	—	—	○ ●	1916	12. 19	群山神社	府共進社
—	—	—	— —	1916	7. 18	龍川神社	
—	—		○ —	1917	5. 14	清津神社	府共進社
—	—	—	○ —	1917	6. 11	大田神社	道供進社
—	—	—	○ —	1921	4. 14	燕岐神社	邑共進社
—	仮神殿・遥拝所	—	○ ●	1917	6. 12	江景神社	邑共進社
—	—	—	○ —	1917	5. 14	城津神社	邑共進社
◎	—	—	○ ●	1919	6. 23	馬山神社	府共進社
—	—	—	○ —	1921	9. 27	羅南神社	道供進社
◎	神殿・拝殿・社務所	名古屋	○ ●	1916	5. 3	松島神社	府共進社
◎	神殿	—	○ —	1916	11. 6	公州神社	邑共進社
◎	—	—	○ ●	1922	6. 12	清州神社	
府男ら	—	—	— —	1917	5. 7	平安神社	道供進社
—	—	—	○ —	1917	6. 11	義州神社	
—	—	—	— —	1917	10. 29	大場神社	
◎		神宮	○ —	1916	5. 4	平壌神社	国幣小社
◎	神祠・拝殿・社務所	京都	○ —	1917	10. 29	裡里神社	邑共進社
—	小祠	—	○ —	1918	3. 11	春川神社*1	国幣小社
—	—	—	— —	1928	10. 12	天安神社	邑共進社
—	—	—	— —	1923	8. 16	兼二浦神社	

	建築	棟梁	立地	許可年	月日	許可社号	終戦時の待遇
	遥拝殿	—	○ ●	1916	4. 22	大邱神社	国幣小社
	—	—	— —	1917	6. 12	三浪津神社	
	遥拝殿	—	○ ●	1916	9. 29	全州神社	国幣小社
	—	—	○ —	1917	5. 18	東山神社	
	—	—	○ ●	1916	5. 3	光州神社	国幣小社
	—	—	— —	1916	9. 12	密陽神社	

表5　「神社寺院規則」以前に遡る神社および遙拝所

『大陸神社大観』(大陸神道連盟，1941)，『神社と朝鮮』(朝鮮仏教社，1934)，その他地方史類によ
K＝金刀比羅神，I＝稲荷神，M＝明治天皇（＋は配祀があることを示す)。「霊代」欄の◎は伊勢神宮
たった棟梁の出身地を記した。「立地」欄の○は境内が丘陵地，山腹などの高所であること，●は
指定であり，記載のない神社はこの種の待遇を受けなかったもの。「一」はいずれも資料不足ない

■神社

道	府・邑・面	鎮座年	月日	当初名称	当初祭神	創立の運動主体
慶尚南道	釜山府	1678　延宝 6	—	金比羅神社	K	対馬領主
咸鏡南道	元山府	1882　明治 15	5. 23	元山大神宮*1	A	—
京畿道	仁川府	1890　明治 23	10. 10	仁川大神宮	A	居留民有志
京畿道	京城府	1898　明治 31	11. 3	南山大神宮	A	居留民有志
平安南道	鎮南浦府	1900　明治 33	—	—	A	居留民有志
全羅北道	群山府	1902　明治 35	—	金比羅神社	K	居留民有志
平安北道	龍川郡龍岩浦面	1905　明治 38	10. —	—	A	居留民有志
咸鏡北道	清津府	1905　明治 38 以降	—	金刀比羅社?	K	—
忠清南道	大田府	1907　明治 40	—	大田大神宮	A	—
忠清南道	燕岐郡鳥致院面	1907　明治 40 頃	—	大神宮	A	居留民有志
忠清南道	論山郡江景面	1908　明治 41	5. —	江景神社	A	居留民有志
咸鏡北道	城津郡鶴城面	1909　明治 42	5. 26	城津神社	A＋	居留民有志
慶尚南道	馬山府	1909　明治 42	10. 15	馬山神社	A	居留民有志
咸鏡北道	鏡城郡羅南面	1909　明治 42 以降	—	金刀比羅社?	K	居留民有志
全羅南道	木浦府	1910　明治 43	4. 11	松島神社	A	居留民有志
忠清南道	公州郡公州邑	1910　明治 43	—	公州太神宮	A	—
忠清北道	清州郡清州面	1911　明治 44	—	大神宮	A	忠清北道長官
平安北道	新義州府	1911　明治 45	7. 1	平安神社	A＋	総督府営林庁官吏
平安北道	義州郡義州面	1912　大正 1	8. —	—	A	—
全羅北道	益山郡春浦面	1912　大正 1	12. 15	—	A＋	—
平安南道	平壌府	1913　大正 2	1. 1	平壌神宮	A	居留民団有志団体
全羅北道	益山郡益山面	1913　大正 2	10. 5	裡里神社?	A	内地人有志
江原道	春川郡春川面	1913　大正 2	—	大神宮	A	内地人有志
忠清南道	天安郡天安面	1915　大正 4	—	—	A	内地人有志
黄海道	黄州郡兼二浦邑	大正初	—	稲荷神祠?	I	—

■遙拝所

道	府郡	設置年	月日	当初名称	後の祭神	創立の運動主体
慶尚北道	大邱府	1906　明治 39	11. 3	皇祖遙拝所	A	居留民有志
慶尚南道	密陽郡下東面	1907　明治 40	11. 5	皇祖遙拝所	A	—
全羅北道	全州郡雨林面	1910　明治 43	—	遙拝所	A	内地人有志
全羅南道	長城郡長城面	1910　明治 43	—	遥拝所	M	居留民有志
全羅南道	光州郡光州面	1912　大正 1	8. —	神宮遥拝殿	A	内地人有志
慶尚南道	密陽郡府内面	1915　大正 4	6. —	遥拝所	A＋	—

＊1春川神社は1938年6月19日に社号を江原神社に改称。

しても、(46)神社奉斎はおおむね開市・開港の順を追っており、元山、仁川がはやく、漢城以下がこれにつづている。三一社中、統監府設置後のものが二三社で七割以上を占めるが、これは半島各地への日本人移住が日露戦争および保護政治体制の成立を機に急増したことを反映している。なお、第二次世界大戦終戦までに朝鮮半島に奉斎された官国幣社および公認諸社（総督府の創立認可を得た諸社）は全八二社を確認しうるから、(47)居留民奉斎期の三一社はその約四割に相当する。

さて、右に述べた仁川大神宮の創立経緯において指摘できる特徴は、

① 創立の計画・運動組織が日本巨大資本の支店長や実業家など居留民社会における経済的有力者で構成されていること
② 彼らの代表者が霊代を直接伊勢神宮より拝受しており、そのプロセスをことさら重視したように思われること
③ 領事、外務省、三重県といった政府機関がこれに協力していること
④ 神殿建築のため大工棟梁を「内地」に求めていること

である。表5にあげた三一社は必ずしも詳細が分かるものばかりではないが、以上の四つの特徴は朝鮮半島における居留民奉斎期の神社にかなり一般的に指摘しうる。

創立運動の主体については、「居留民有力者」、「在留官民」、「在住敬神家」、あるいはたんに「居留内地人」などとする記録が多く詳細不明だが、神社創立が居留官民の拠金（寄付金）による以上、創立運動の主導者には、高額の寄付を行いうる経済的有力者で、しかもいわゆる名望家の類を据えるのが自然であろう。仁川の場合では、さきの趣意書に名を連ねた発起人は第一銀行支店長、日本郵船会社支店長、仁川病院長、その他実業家がほとんどであった。こ

うした経済的有力者は居留地会、居留民団、商業会議所などの議員・役員である場合も少なくなく、仁川では発起人の一人が居留民総代であったほか、一八九二（明治二十五）年の居留地会議員に二名、商法会議所議員の名簿にも三名、それぞれ発起人の名前を見出すことができる。[48] 彼らが神社創立運動をおこす契機についても、「敬神崇祖」の観念を高揚することで居留民の「帰一」を求めたといった記録が多く詳細は不明だが、仁川の場合のように、先行する他の居留地の神社奉斎や、日本仏教各派の進出に刺激されるケースは少なくないようである。

つぎに祭神についてだが、遥拝所をのぞく二五社中、「天照皇大神」を祀るものが二〇社と圧倒的に多く、[49] 次に金刀比羅神が四例であるが、遥拝所も伊勢神宮の遥拝施設であるから、在朝日本人、少なくともその有力者の間で天照皇大神がいかに求心的な力を持っていたかが分かる。また実際に居留民代表を伊勢へ派遣して神宮から霊代を拝受している例は、記録のあるものだけで少なくとも九社を数える。具体的には神宮司庁と連絡をとり、神楽殿祭祀のうえ別大麻を奉受するのである。各居留地の領事館、陸軍占領地ならば軍政署、日本では外務省や三重県がその仲介に入っている。

また神社の呼称にも共通性がある。表5で、天照皇大神を祭神とした二〇社のうち、当初から「〇〇神社」としたらしいものが五社で、これよりも「〇〇大神宮」（「〇〇神宮」あるいはたんに「大神宮」とするものを含む）が少なくとも九社と多い。

さらに、神殿建築に「内地」の棟梁を用いた事例は、伊勢の神宮棟梁を招聘したという漢城、鎮南浦、平壌をはじめ六件みられる。漢城の南山大神宮では伊勢内宮・外宮棟梁に請け負わせて伊勢で組み立てた社殿を、いったん分解して漢城へ運び、敷地で組み立てたといい、その建築は内宮正殿を百分の十二に縮小したものであったという。居留民にとって「大神宮」はできるだけ正確な伊勢神宮の複製ないし代理物でなければならなかったようであり、ここには、抽象的な神格としての天照大神に対する崇敬というより、具体的な神社としての伊勢神宮への信仰を色濃く見て取るべきではないだろうか。

こうした霊代拝受や社号、神殿建築にみられる共通性を理解するためのより包括的な歴史的枠組みをどう設定するかは、筆者の能力を超える問題である。しかし、小笠原省三『海外神社史上巻』（一九五三）によれば、北海道、朝鮮、満州などの開拓者や居留民の社会では、各々の出身地の氏神・産土神を祭神として信仰の連続性を保とうとするのが自然だが、人々の出身地が異なる複合社会であれば、それらの人々に一般的に妥当する神格としての天照大神に帰結するのだという。(50)おそらく、近世末から明治期において（あるいはそれ以降も）、天照大神がいわば「最大公約数」としての価値を（少なくとも潜在的に）有していたという社会学的前提を明らかにしたうえで、移住地・開拓地といった複合社会の一般的成立という近代的な条件を問題にする必要があるのだろう。(51)包括的な議論はともかく、朝鮮の居留民社会における「大神宮」奉斎の意味については、境内の形成・経営について論じるなかであらためて触れることにしたい。

居留民奉斎神社の経営主体とその変遷

ふたたび仁川大神宮の創立経緯にもどる。神殿の落成は一八九〇（明治二十三）年十月十七日であったが、これよりさき、同年六月十四日付で、発起人連署にて総代役場に対し次のような申請がなされている。

当港濁渓地ニ設置シタル公園地並ニ該地内ニ建設スベキ神社ハ有志者寄付金ニテ成立致候モ今後之ヲ居留地共有物トシテ永世保存致度候付該地一切自今貴役場ニ御引継致候間御所轄有之度此段得貴意候也(52)

大神宮境内が公園内にあり、しかも大神宮創立と公園地造成が同時に進められた事業であったことが知れるが、本稿ではこれについて繰り返し言及するだろう。

この文書は公園地＝境内地および神社を総代役場の所属に引き継ぐことを発起人が申し出たものだが、一部有志者により創立された大神宮に、彼らが「永世保存」すべき「居留地共有物」としての公的性格を認めていることに注目しておきたい。

ところで居留民社会のこうした神社を位置づけるにあたっては、従来、国家的／民衆的といった素朴な二分法があてはめられることが多かった。すなわち植民地総鎮守をはじめとする国家的創建神社を植民地支配の道具とみなす一方で、居留民の神社を日本人コミュニティの自発的な信仰心の発露として対照的に位置づけるだけですまされてきたのである。この種の議論における具体性の欠如を克服し、居留民奉斎神社および総督府の神社政策の位置づけを再考する必要があるが、そのためには神社の経営主体およびその変遷を明らかにする作業が不可欠である。

最初の画期になるのは一九〇五（明治三十八）年三月八日法令第四一号「居留民団法」である。同法は、翌一九〇六（明治三十九）年の統監府による保護政治開始後、七月十四日統監府令「居留民団法施行規則」により施行され、八月二日に京城、仁川、釜山、鎮南浦、群山の五箇所に最初の居留民団が設置された（以下、「民団」と略すことがある）。民団の廃止は一九一四（大正三）年三月で、四月より総督府施政下で府制が敷かれることになるが、この時点での民団は右の五つに元山、大邱、馬山、木浦、平壌、新義州が加わり、全一一カ所であった（廃止以前に京城に吸収された龍山居留民団を加えれば延べ一二カ所である）。民団は、領事の監督の下で居留地一般の公共事業を執行し、日本人居留民の定着にかかる生活基盤の確立につとめる一種の自治組織であった。

民団設置以前に遡る神社は八社あるが、創立運動は有志者の組織により進められ、仁川神社の事例が示すように、創立が実現すれば総代役場　居留地会の所属となったようである。そして居留民団が成立した際にこれに引き継がれ

表6　仁川居留地規則（1887年3月12日改正）中の財政関係条項（『仁川府史』仁川府，1933，p. 590）による。

第三十五條　居留地入費ハ居留地内ノ地所建物人別営業ニ課シ徴収スルヲ得
第三十六條　前條ノ徴収費ヲ以テ支弁スルヲ得ル費目左ノ如シ

一、会議費	二、総代役場費
三、警察補助費	四、教育費
五、公立病院費	六、消防費
七、神社及公園費	八、墓地費
九、衛生費	十、共有井戸費
十一、共有街灯費	十二、共有物修繕保存費
十三、街路溝渠修補費	十四、掃除費
十五、予備費	十六、居留地積立金

但右ニ掲クル各費目ノ外必要ノ費途アルトキハ臨時之ヲ定ムル事。

る。なお居留民団設置後に奉斎計画が持ち上がった平壌などの場合では民団そのものが創立運動を主導した形跡がある[53]。

いずれにせよ、総代役場・居留地会居留民団はその公共業務のひとつとして神社の維持経営にあたったのであって、居留民奉斎神社は、官祭でも私祭でもない、いわば居留民社会の「公祭」にかかる地位を実質的に有していたといえる。仁川の場合では、まず民団以前についてみると、一八八七（明治二十）年三月十二日改正居留地規則中、公費徴収規則の第三六条に徴収した公費を用いて支弁することのできる費目があげられており、そのなかに「神社及公園費」の項目がみえる（表6）。また一八九九（明治三十二）年には、民団役所及吏員・教員宿宅新築などとともに、大神宮社務所の新築事業が居留地公費で実施されている[54]。民団以後では、たとえば一九一〇（明治四十三）年度居留民団予算中に、他の民団と同様に「神社費」が計上されている[55]（表7）。

第二の画期は、併合後、一九一四（大正三）年三月の民団廃止、同四月の府制施行である。府制実施にともない日本専管租界、清国専管租界、各国共同租界、および「朝鮮町」の並立状態が解消され、諸業務および財産等が府と学校組合の二者に引き継がれた。この際、神社は府に移属されており、仁川居留民団から仁川府への引継財産目録（表7）をみると、たしかに公園地（すなわち境内地）および大神宮の諸社殿が含まれている。なお、これによって仁川大神宮がすでに、さきにふれた社務所のほか、拝殿、絵馬殿、宝蔵およびその他付属建物を整備拡充していたこと

表7　仁川居留民団より仁川府への移管財産一覧

『仁川府史』(仁川府，1933，p. 635〜636)による。左の◎印は仁川大神宮関係の財産。

■土地の部

所在地	地目	坪数	摘要	現在所在地
仲町一丁目日本居留地第六十六号甲乙	宅地	101.640	公会堂敷地	中町一丁目八番地二号
山手町二丁目	同	981.895	仁川病院敷地	道立病院
寺町九番	同	472.000	避病院地	寺町九地旭ケ丘
◎宮町二十五番ノ内	公園	3,833.000	日本公園地ノ一部	東公園
栗木里二百四十四番	墓地	3,001.998	共同墓地	同所
栗木里百二十八番	宅地	196.000	火葬場	
内里一番	林野	902.000	民団吏員舎宅付属地	
内里二番地	宅地	1,145.300	民団吏員舎宅敷地	
山根町二十六番	林野	4,166.000	公設運動場及付近林野	
同三十五番	同	6,634.000	公設運動場西南一帯ノ林野	

■建物の部

所在	構造	棟数	建坪	摘要
寺町九番	木造瓦葺平家	12	153.22	避病院（現存）
山手町二丁目	同二階建	5	337.68	仁川病院（道立病院）
仲町二丁目	木造亜鉛葺三階建	2	90.90	公会堂（月尾島遊園会社ホテル）
仲町一丁目	木造瓦葺平家建	1	17.91	消防蒸気ポンプ置場（廃止）
観測所構内	木造亜鉛葺平家	1	3.00	午砲火薬庫（廃止）
宮町	木造瓦葺二階建	1	11.27	消防分遣所（現存）
◎同	木造瓦葺平家	1	2.00	大神宮神殿（改築）
◎同	同	1	11.20	大神宮拝殿（同）
◎同	同	1	17.82	同絵馬殿（現存）
◎同	同	1	29.74	同社務所（同）
◎同	木造檜皮葺平家	1	12.00	同付属建物（同）
◎同	木造瓦葺土蔵	1	6.00	同宝蔵（同）
◎同	木造瓦葺平家	1	8.00	同納屋（同）
柳町	木造藁葺平家	1	27.20	汚物運搬二要スル馬小屋（廃滅）
同	同	1	19.25	同番小屋（同）

■現金の部

仁川病院基本金	205円53銭			

が分かる。また、『仁川府史』によれば、仁川大神宮境内には有志により民団廃止を記念するため桜樹が植えられ、同社務所前には記念碑が立てられたという。

しかしながら、府が神社経営を引き継いだのは一時的、暫定的な対処にすぎなかった。民団から神社を移属されたいずれの府でも、まもなく氏子団体が組織され、これに引き継がれるのである。

以上のように、居留民奉斎期の神社の経営主体は、

① 在住日本人有志
② 総代役場・居留地会
③ 居留民団
④ 府
⑤ 氏子団体

の順に変遷した。神社はその創立時期によって、①〜⑤のいずれを経営主体として出発するかが異なるだけで、おおむねこの順にその社会的地位を変えていった。むろん、統監府の保護政治以後は、②・③が設置されなかった日本人居住地も半島各地に多数あった。こうした場合の神社の維持機構は資料的な制約がありはっきりしないが、全州の場合などでは神社としての発足と同時に官民有志で「全州神社講」を組織したという(56)。

①〜⑤の変遷のうち、④から⑤への移行が最も断絶的な変化である。神社財政の観点からいえば、②〜④では一般公費のなかから「神社費」として予算が割り当てられるかたちであるが、⑤では、神社はその維持組織たる氏子から直接に拠金を徴収する。つまりここに至って神社は、初めて行政組織から独立した事実上の法人格を獲得するのである。そしてこれを制度的に裏付け、そのうえで中央の一元的管理下に置いたのが翌一九一五(大正四)年八月に発令

される神社寺院規則であった。以上の流れを踏まえ、次に居留民奉斎期の神社境内地の特質について検討したい。

神社境内と公園

さきに述べたように、仁川大神宮の境内は公園地であった。のちに「東公園」と呼ばれることになるこの公園は、一八九〇(明治二十三)年の設置から居留地解消まで、日本専管居留地内ではなく、その外部の東方にあった。

居留民奉斎期の三一社はことごとく眺望のよい丘陵地の頂または山腹に立地しており、また龍頭山公園(釜山)、仲町公園(元山)、南山公園(倭城台公園、漢城)、馬山公園(馬山)、松島公園(木浦)、達城山公園(大邱)など、公園と神社が結びつく事例もきわめて多い(表5)。先にみた日本内地における社寺領上知以降の境内や公園をめぐる動向と共通する点があり興味深い。

公園経営と神社奉斎との関係が比較的詳細に追えるのは漢城である。漢城の南山大神宮創立計画は、すでに一八九二(明治二十五)年に持ち上がっていたが、条件が整わず頓挫する。これが実現するのは、一八九七(明治三十)年三月に在京城日本領事と朝鮮政府との間に永代借地契約締結のうえ「倭城台公園」の設置をみたその翌年のことであり、公園地獲得と神社奉斎の実現との関係は浅からぬように見える。一九〇八(明治四十一)年にはさらに西側一帯の土地を「日韓人共同」の公園との名目で韓国政府よりの無償貸下に成功、「漢陽公園」を設置している(これがのちに官幣大社朝鮮神宮の境内になる)。居留地会—居留民団は神社経営とともに公共業務のひとつとしていたこの南山の両公園整備を精力的に進め、道路や散策道の整備、地均、休憩所・噴水池・奏楽堂・演舞台などの設置、簡易水道の溜池設置、桜樹六〇〇本の植樹などを行っていく。[57] これらはそのまま南山大神宮、のちの京城神社の社頭景観となるのである。

高木博志がいうように、桜の植樹は日本固有、あるいは地方固有の景観創出という意味を担いつつ日清戦後の日本で広く流行するが[58]、漢城はじめ朝鮮の日本人居住地でも桜の植樹はおおむね日露戦後に一般化していくように思われる。漢城―京城では、倭城台は昌慶苑（昌慶宮内）、奨忠壇とともに桜の「名所」として著名であり、平壌では神社境内の桜は「平壌桜」として知られ、先述のように仁川大神宮では府制施行の記念樹として桜が植えられた。桜は朝鮮でもナショナルな（日本的な）景観を代表するのである[59]。

なお漢城では、甲申政変の殉難者の慰霊のため居留民主宰の招魂祭が行われていたが、一八九九（明治三十二）年にはこれが倭城台公園内に設置された日清戦勝記念碑（「甲午記念碑」）前の広場で行われるようになり、日清・日露の戦没者を加えて定着、さらに一九〇五（明治三十八）年よりは祭日を甲申政変記念日から靖国神社例祭日に変えている[60]。神社奉斎、招魂祭、戦勝記念碑の建立といった宗教的秩序の編成にかかわる諸要素が公園という公共の場に集約され、公共的な事業として地域社会に共有化されていくこうした過程は、すでに羽賀祥二が分析している一八八〇年代（明治二十年代）の日本内地の動向と注目すべき共通性をみせる[61]。羽賀の検証する米沢や金沢では、創建される神社の祭神は旧領主であり、またその地域の発展の歴史が顕彰されようとしたが、そうした歴史の素材（史実・説話）や歴史的再構成の核（旧領主）を有しない朝鮮の日本人居留民社会では、宗教的秩序の編成において、名もない殉死者の慰霊がとりわけ重要な意味を持ち、また伊勢神宮や靖国神社が一種の規範として動員されたことが想定される。ここにナショナリズムの契機をみるのはたやすい。

公園と境内とが一体的に開発される事例は、これ以外にも、大邱における神宮遥拝殿建立運動が「達城山公園期成会」による参道・境内整備によって実現されたこと、全州神社でも「全州神社並全州公園建設委員」といった組織で境内地造成が行われたことなどに見いだせる。大邱の達城山公園は、日清戦時に日本軍の陣地になるなど居留民にとって因縁ある土地で、朝鮮人民衆にとっては城隍壇として畏怖されていた丘陵地であったが、遥拝殿建立運動がおこると「居留民有志ハ当局ト謀リ日韓人共同ノ公園地ト為」す名目で韓国政府から無償使用の許可を得ている。(62) これは漢城のケースに似ている。

ここで先にあげた仁川大神宮創立の主意書（一八八九年）の続きをみよう。

蓋シ、神社ヲ設クルノ地ハ広大ニシテ高所ナラサルベカラズ。且又俗境ヲ離シ、幽邃ナラサルベカラズ。若シ能ク此ノ目的ヲ適スル所ノ地ヲトスルヲ得バ、又更ニ協同一致シテ其地ヲ開発シ、植ユルニ百種ノ樹木草花ヲ以テシ、設クルニ庭園ト休憩ノ処ヲ以テシ、境内ヲ公園トシナスヲ得ベシ。然ラバ第一ニ敬神ノ素願ヲ貫キ第二ニ吾人カ労働ノ余情ヲ慰メ心ヲ怡バシムルノ勝地ヲ造出スルヲ得ベシ(63)……

ここには、土地造成、植樹、庭園および休憩施設などの設置によって、境内すなわち公園であるような「勝地」の造成を期す、とされている。興味深いことに、「俗境ヲ離シ、幽邃」なることと、「庭園ト休憩ノ処」を持つ「公園」であることとは発起人らにとって矛盾せず、おそらく「吾人カ労働ノ余情ヲ慰メ心ヲ怡バシムルノ勝地」という点でむしろ互いに重なり合う属性だった。右にみた漢城の南山山麓の景観形成などをみても、少なくとも居留民奉斎期にあっては、かりに「俗境ヲ離シ」といった言葉が用いられていても、そこに「清浄さ」の観念を過剰に読みとるのは誤りである。むしろ居留民奉斎期の公園地は、諸種の機能と景観要素を混在させていたのであって、そこに彼ら居留民社会にとっての公共空間の意味をうかがうことができる。「勝地」の語をこうした文脈でとらえなおすとすれば、神社や遥拝所はこの意味での「勝地」のなかに置かれたのである。

さて、仁川については神社奉斎と公園設置の経緯に関して注目すべき記録がある。一九一五（大正四）年の神社寺院規則施行にともなう創立許可申請に際し京畿道—仁川府間で交わされた文書である。少し長くなるが重要な問題を含んでいるので関連文書をたどりたい。

仁川大神宮は先に述べたような経営主体の変遷を経て、一九一四（大正三）年四月より仁川府に移属されていた。仁川府文書『大正三年府制関係書類　甲』（韓国政府記録保存所蔵・日政文書）によれば、翌一九一五（大正四）年二月以降、氏子組織をつくり、これに大神宮の経営を移す手続きが行われ、三月末までに決着をみている。この際、表7に示した民団から府への引継財産のうち神社関係分が、府の所有権と運営監督権を留保したうえで、氏子組織への「貸下」の扱いとなっているのだが、二年後の同府文書『大正五年府政関係書類　甲』をみると、こんどは氏子組織に譲与する手続き（一九一六年三月〜）に変わっている。前年八月の神社寺院規則発布、十月の同規則施行を直接の背景として、神社創立申請中ながら「移属」（所有を移す）へと切り替えられたのである。

この直後、四月二十三日付で、仁川神社創立許可が総督府から下りている。つまり、土地建物などの所有移付の決着とは別に、すでに神社の法人格そのものは総督府の認可を得たことになる。

さて、神社関係財産の神社への「貸下」が「移属」に切り替えられたとき問題が生じた。法人として独立する神社の所属地と、府が経営すべき公園地とは区別され分離されてしかるべきで、ために当該土地（境内地　公園地）の履歴が明確化されねばならなくなったのである。居留民有志―居留地会―民団―府が、神社＝公園を一体的に経営している間は問われる必要のなかった「区別」が、ここではじめて問題にされるにいたった。

ここから総督府・京畿道・仁川府の間で具体的な土地処分方法に関する協議が進められていくのだが、そのなかで件の土地の履歴が明らかになっていく。まず、同文書中の府側の説明によれば、

殊ニ該公園地ノ大部分ハ最初ヨリ大神宮建設地トシテ大阪府人進藤鹿之助ヨリ寄付シタルモノニ有之候得共当時日韓条約上無税地トシテハ単ニ墓地ト公園地トアルノミ社地ヲ認メサルニ依リ不得止公園地ノ名義ヲ以テ表面ヲ装フタルニ過キス亦事実公園トシテ多少設備ヲ施シタルハ去ル明治四十四年度以降ナリシ……

とあり、公園地の大部分は、元来、大阪府出身の進藤鹿之助なる人物から大神宮社地とする意向で寄付されたものであった。進藤は大神宮創立発起人の一人であるが、このときすでに故人であった。また注目すべきことに、日韓の条約上、無税地となるのは「単ニ墓地ト公園地トアルノミ」であったため「不得止公園地ノ名義ヲ以テ表面ヲ装」ったという背景があるという。これは居留地における公園設置の意義を示唆する重要な記述である。

これに対して道側は、右の経緯を証明する書類の有無を府に問い合わせている。府側の回答をみよう（引用中、句読点は引用者による）。

認ムヘキ書類トテハ無之候。

元来我国ハ欧米各国ト同シク朝鮮国ニ対シ治外法権ヲ有シ居タルカ故、常ニ指導的若ハ圧迫的ナリキ。故ニ必斯国際状態ノ国ニ駐在スル領事ハ各自国ニ便利トスル事柄ニ関シテハ勉メテ後日ノ証拠トナルヘキ書類ヲ作成セス、機ニ臨ミ変ニ応シテ其ノ実力ヲ以テ権利ヲ拡張セムトスルヲ常例トス。本問題ノ土地ノ如キモ其ノ一ナリ。尚此外ニモ月尾島ニ於ケル我海軍石炭庫地、日本旧墓地、各国公園地ノ如キ一モ其ノ根拠ヲ認ムヘキ書類ナシ。是等ハ書類ノ紛失シタルニアラス全ク方針トシテ其ノ作成ヲ為ササルニ因ルモノナリ。殊ニ本問題ノ土地ハ居留地外ニアルヲ以テ朝鮮官吏ノ直属地域内ナレハ、本人及其共力者ト朝鮮官吏間ニ都合ヨリ決定シタル後ニ於テ、領事館カ表面之ヲ公園ト認メタル事情ニ有之候。……

つづけて、社地としての寄付の意向についても当時の事情を知る古老の記憶にとどまるのみであり、寄付手続きを経たものではないとも記している。

実際、既述のようにこの公園地は日本専管租界の外部にあり、一八九二（明治二十五）年十月調査の土地所有状況を示す図に、「日本居留地会所有公園」の文字がみえる（図24）。居留地外の土地所有を可能とする法的根拠は、一八八

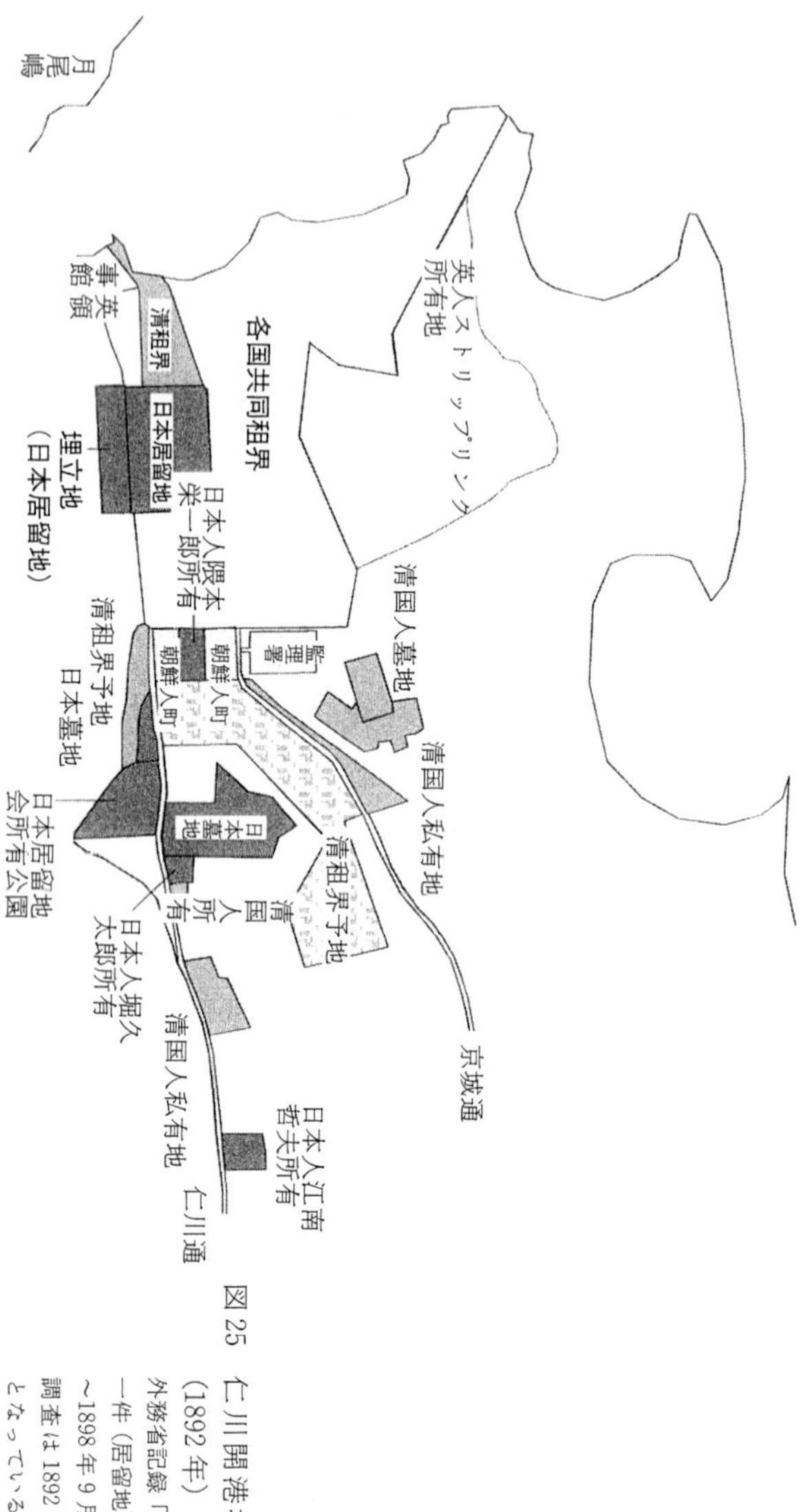

図25　仁川開港場の土地所有状況（1892年）
外務省記録「仁川日本居留地々先埋立一件（居留地取拡之件）」（1889年5月～1898年9月）に基づき筆者作成。調査は1892年（明治25）10月13付となっている。

三（明治十六）年十一月二十六日に漢城で調印された「朝英修好通商条約 Treaty of Friendship and Commerce between Great Britain and Corea」の第四款第四項であり、居留地外の四方一〇朝鮮里（約四㎞）以内での土地・住宅の賃貸または売買が認められたが、朝鮮の最恵国待遇対象国としての日本も同時に同じ権利を得たのである。(64) 実際、図24には日本・清国各々の専管租界の外部に、「日本人」、「清国人」の所有地がみえる。大神宮境内＝東公園の地所は、要するに、居留地外で「朝鮮官吏」との交渉により進藤鹿之助が取得したものに、無税地として扱われる「公園」の地目を領事が表面上与えたうえで手続きなしに居留地会―総代役所に寄付されたものだったのである。これは事実上、日本側の領土的利権拡張の一環として非公式になされた土地収奪の一形態に他ならなかったのであって、「月尾島ニ於ケル我海軍石炭庫地」（図25の左下端）や「日本旧墓地」（公園地の西隣）もこれと同様であったという。右に引用した府側の回答は、公園地　境内地の処分という問題に迫られ、そのことを率直に回顧したものであった。

この事例は、列強の競合状況、その結果としての日本専管居留地の狭小といった仁川特有の背景を念頭において理解すべきものであろうし、これを併合以前の朝鮮に形成された日本人居住地一般の問題へと単純に拡大することはできないだろう。たとえば先にみた漢城や大邱（先述）の場合は、朝鮮　大韓帝国の官有地の無償貸下を受けたものだから、仁川と同じではない。しかし漢城の事例では、漢陽公園地の獲得は、欧米諸国が同じ南山の獲得に動いていた情勢を見て日本側が先手をとったものであり、[65]多かれ少なかれ同様の国際的競合状況下での利権拡張の一例であった。

仁川の場合にみるかぎり、併合以前の制度環境において公園地は墓地と並んで無税地となる特殊な地目であり、漢城や大邱の事例では公園地が朝鮮―大韓帝国政府からの土地取得に有効な交渉手段であったことが分かる。そして、一般に神社境内は公園地の機能や景観と無理なく同居できる性質のものとして認識されていた。こうした構造において、併合以前の居留地における神社奉斎は、公園地としての土地収奪と抱き合わせになりえたのであって、少なくとも領土的利権拡張という居留地の至上命題と無縁でなかったことを指摘しておかなければならない。神社奉斎と公園経営とを結びつける構造は、一面において、併合以前の朝鮮をめぐる国際関係の枠組そのものであったとも言い換えられよう。

むすびに

以上で、明治初年の地租改正・社寺領上知から公園布告、神苑創出運動などにつながる展開が、居留地時代の朝鮮にも、また植民地下の台湾にも、異なる背景や環境とのすり合わせを含みながらも、大きな流れとして及んでいることがおよそ理解できたものと思う。あるいは、近代の神社境内の創出は、内外地をあわせた大きな歴史過程として見直していく必要があるのだろう。

しかしながら、すでに示唆したように、以上の展開の延長上に神社境内をめぐる環境が形成されていくのは、おおむね大正期までであることに、注意を促しておきたい。内地では、すでに大正中期頃には、神社境内をめぐる新たな観念と技術の体系ができあがりはじめていた。それは、池や噴水や花樹に彩られた、明治的な遊興の場としての公園と未分化であった境内を相対化し、退けながら登場してくるのであって、本章でたどってきた公園＝神苑モデルとはその意味で全く異なるものであった。この点については次章で述べることになる。確認しておきたいのは、神社境内は超歴史的に固有の特質を持つものではないということである。

註

（1）「台湾神社造営誌」（『新報』、一九〇一年十月二十八日）。

『官国幣社宮域平面図集』（筆者蔵）、和綴本、二七三×三九六㎜、ガリ版刷、二六頁。奥付などがないため編纂者、年とも不明。内容は、約一／六〇〇の縮尺に統一された官国幣社二六社の社殿配置図。社殿は輪郭を示す程度だが、比例は大略保たれているようである。傍に社格、社号、創立年、所在地、本殿様式、各社殿坪数、境内総坪数が記される。図集の編纂年は、所載神社、その配置形態・境内坪数などから、一九一四（大正三）～一七（大正六）年前後と推定される。

（2）台湾総督府文書課編纂『台湾総督府民政事務成績提要』。年度別の施政実績報告書。一八九八（明治三十一）～一九〇三（明治三十六）年度は民政長官名で総督に報告する旨が明記されるがその後は消える。
（3）神職宿舎は、死者を出すなどの触穢を嫌い、一般に境内に隣接する境外地に置かれる。台湾では民間での神社創建に対する行政指導の一項目にこれを加えていた。一九三五（昭和十）年十月文社第六五四号ノ一、文教局長通牒（各州知事庁長宛）「神社創建ニ関スル件」（台湾総督府文教局編纂『現行台湾社寺法令類纂』帝国地方行政学会、一九三六年、三七五～三七六頁）
（4）丸山茂「伊東忠太と神社建築――明治以降の神社建築に見る国民様式の興亡」（『日本建築学会大会学術講演梗概集』日本建築学会、一九七九年九月（丸山『日本の建築と思想――伊東忠太小論』同文書院、一九九六年にも）、藤岡洋保「内務省神社局・神祇院時代の神社建築」（『近代の神社景観』中央公論美術出版社、一九九八年所収）などを参照されたい。
（5）伊東忠太「建築進化の原則より見たる我邦建築の前途」（『建築雑誌』一九〇九年）
（6）たとえば、伊東忠太「神社建築に対する考察」（『朝鮮と建築』七ノ五、一九二六年一月）は、朝鮮神宮鎮座祭のために渡鮮した伊東が、朝鮮建築会の求めに応じて鎮座祭の前夜に行った講演会だが、朝鮮神宮の具体的な設計経緯などについてはほとんど述べていない。
（7）『提要』明治三十二年度（一九〇二年、七九～九〇頁）・同三三年度（一九〇三年、八五～九四頁）による。なお、総督府直営営繕事業費の支出状況をみれば、一八九九（明治三十二）、一九〇〇（明治三十三）年度は全体の約一〇～二〇％までもが台湾神社造営事業に割かれている。
（8）黄武達『日治時代之台北市近代都市計画』（中国文化大学台湾都市史研究室・私家版、一九九六、三九～四一頁）
（9）台湾総督府公文類纂明治四二年「境内取拡費予算変更認可ノ件」。台湾神社宮司の稟申書は、「社地ニ接続セル民有土地買収ニ付稟申」（一九〇八年三月二十日付）。
（10）一九〇一（明治三四）年訓令第一七六号「官幣大社台湾神社会計規程」、のち一九二三（大正十二）年訓令第二五号「官幣社会計規程」として改正。さらに一九三七（昭和十二）年第三〇号の改正により、基金積立額は「毎年度収入予算額ノ百分ノ三ヲ下ラサル金額」とされた。前掲『現行台湾社寺法令類纂』、『加除自在台湾法令輯覧　第八輯』を参照。
（11）『提要』明治四十年度（一九〇八年、一八三～一八四頁）。
（12）一八九五（明治二十八）年測図・製版台北地形図（一：二〇、〇〇〇、陸地測量部・臨時測図部）においてもこの民家と思われる建物群を確認することができる。
(13)『台湾神社写真帖』（台湾神社社務所、一九三一年）の解説による。
(14)『提要』明治三八年度（一九〇六年、一五四頁）。
(15)以下第二次境内拡張については『新報』一九一四年十月二十五日（第三面）、同月三十日（第三面）による。
(16)『台湾神社誌』（台湾神社社務所、九二頁）。
(17)同右（九二頁）。
(18)同右（九三頁）、『提要』大正十三年度（一九二七年、二七二頁）
(19)『提要』大正一四年度（一九二八年、二九六頁）。
(20)荒木傳編『東宮殿下行啓実記』（商工奨励会、一九二三年）や、行啓前後の『新報』による。また、若林正丈「一九二三年東宮台湾行啓と『内地延長主義』」（岩波講座『近代日本と植民地2帝国統治の構造』、岩波書店、一九九二年）を参照。
(21)註（16）『台湾神社誌』（一〇〇頁）、同右『東宮殿下行啓実記』（三〇頁）。
(22)大蔵省管財局編『社寺境内地処分誌』（大蔵財務協会、一九五四年）。このほか、社寺領上知については、内務省編『明治以降宗教制度百年史』などを参照した。
(23)中島節子『京都の森林景観とその保全に関する都市史的研究』（京都大学博士学位論文・私家版、一九九六年）、同「近代京都における『神苑』の創出――京都の都市環境と緑地に関する研究」（日本建築学会計画系論文集第四九三号、一九九七年三月）。
(24)『明治維新神仏分離史料』（東方書院、一九二六〜二九年）、圭室文雄『神仏分離』（教育社新書、一九七七年）、安丸良夫『神々の明治維新　神仏分離と廃仏毀釈』（岩波新書、一九七九年）、田中秀和『幕末維新期における宗教と地域社会』（清文堂、一九九七年）など。
(25)丸山宏『近代日本公園史の研究』（思文閣出版、一九九四年、三一一頁）。
(26)近代日本の林政については、北條宏『日本近代林政史の研究』（御茶の水書房、一九九四年）を参照。
(27)光井渉「近世中期以降における都市内寺院境内の変容」（都市史研究会編『年報都市史研究　4』、山川出版、一九九六年／『近世寺社境内とその建築に関する研究』、東京大学博士学位論文・私家版、一九九九年所収）
(28)柄谷為継編『神社法規要覧』（大阪國學院、昭和四年、四六頁）。あるいは、岡田包義『神祇制度大要』（政治教育協会、一九三六年、一五二頁)。

(29) 明治三十一年六月法律第一一号「民法施行法」第二八条には、「民法施行法中法人ニ関スル規定ハ当分ノ内神社、寺院、祠宇及ヒ仏堂ニハ之ヲ適用セス」とあるが、財産の所有に関する権利・義務などからみて明らかに神社は法人である。前掲・柄谷編『神社法規要覧』(三頁)を参照。

(30) 境内地の免租を定めた最初の法規は、おそらく、明治六年三月二十五日布告(地所名称区別)を改正した翌年十一月七日の布告であり、そこでは「伊勢神宮山陵官国幣社府県社及ヒ民有ニアラサル社地」に「官有地第一種」の「神地」と称する地目をあて、地券発行はせず、地租は免ずるとしている。

(31) 内務省神社局編纂『神社法令輯覧』(帝国地方行政学会、一九二五年)を参照。

(32) 藤原恵洋「明治期制限図の制定経緯と意匠規制に関する考察――制限図様式と創建神社の意匠に関する研究(1)」(『デザイン研究』九一号、日本デザイン学会、一九九二年)。

(33) 石田潤一郎『都道府県庁舎――その建築史的考察』(思文閣出版、一九九三年)

(34) 大正二年四月二十一日には内務省令「官国幣社以下神社ノ祭神、神社名、社格、明細帳、境内、創立、移転、廃合、参拝、拝観、寄付金、講社、神札等ニ関スル件」(ここでは内務省神社局編纂『神社法令輯覧』(帝国地方行政学会、一九二五年による)。この内務省令に、境内の新設および拡張に際しての境内坪数の上限を定めた規定がある。官国幣社は五、〇〇〇坪、府県社一、五〇〇坪、郷社一、〇〇〇坪などとしたもので、明治初年の建坪制限よりは緩和されているが、実効性のほどは今のところ不明である。

(35) 註(23)中島『京都の森林景観とその保全に関する都市史的研究』。

(36) 高木博志「近代神苑試論――伊勢神宮から橿原神宮へ――」(『歴史評論』一九九八年一月号・文化財問題特集)。

(37) 同右(一八~一九頁)による。なお神苑会の詳細な記録として『神苑会史料』(神苑会清算人事務所発行、一九一一年)がある。

(38) 註(36)「近代神苑試論」(二五頁)。

なお、伊勢の神苑整備が直接的に影響を与えた早い事例として、一八九三(明治二十六)年の熱田神宮と、さらに後の橿原神宮の二例があり、高木はこれを奈良県行政文書『神苑会関係書類』によって検討している。熱田の場合、熱田神宮が伊勢と並んで「両宮」と称されるようその地位向上に精力的な運動を展開したことで知られる宮司角田忠行が、その運動に挫折した後、一八九三年に伊勢の神苑および神苑会をモデルにした境内の「改造」に取り組んでいる。橿原では、これらの他に宮崎県の天孫降臨神話の御降誕祭、平安神宮で旗揚げされた大日本武徳会といった地域における皇室・国家の顕彰にかかわる動向に刺激され、また日清戦勝の記念事業として神苑会が組織される。「神武御陵及ヒ橿原神宮ノ規模ヲ恢ニスル目的ヲ以テ神苑ヲ開キ陵域ヲ荘厳清麗ナラシメ」云々との目的が掲げられたが、同時に、「醜陋ナル家屋ノ見下ス」という状況の改善を意図したものであった。洞部落（大字洞、被差別部落であった）を移転排除し、神域を拡張する計画が明治三十年につくられたが、実際には大正年間に第一次拡張として実現されることになる。

(39)　高木博志は、伊勢両宮の神苑に対して、福山敏男監修『神社古図集　続編』（一九九〇年）所収の「伊勢参詣曼荼羅」（近世中期以降）を対比させ、「概して前近代の神社の空間は、佛教や土俗的宗教が混在し、芸能者や賤民もつどう、もっとも活気があり「猥雑」なものであった」。一方、「樹種が厳選され、玉砂利がしかれ、水で清められ、神経症的に潔癖な神苑の空間は、近代の属性である」、とその差異を強調する。

(40)　『仁川府史』（仁川府、一九三三年、一三四七頁）。以下、仁川大神宮創立経緯については特記しないかぎり同書による。

(41)　朝鮮半島の開市・開港場、居留地については、高秉雲『近代朝鮮租界史の研究』（雄山閣、一九八七年）、橋谷弘「釜山・仁川の形成」（『近代日本と植民地3植民地化と産業化』岩波書店、一九九三）、孫禎睦『韓国開港期都市変化過程』などを参照した。

(42)　註（40）『仁川府史』（一三四九頁）。

(43)　岩下傳四郎編『大陸神社大観』（大陸神道連盟編、一九四一年）。

(44)　小山文雄『神社と朝鮮』（朝鮮仏教社、一九三四年）。

(45)　公認神社以外の社祠は、官庁・刑務所・学校などの構内社や私祭社も含めれば膨大な数にのぼったことが想定される。

(46)　龍頭山神社社務所編『龍頭山神社史料』（一九三六年）。

(47)　公認神社数は『朝鮮総督府官報』彙報欄の神社創立・廃止関係の記事を拾うことによって算出できる。佐藤弘毅「戦前の海外神社一覧II」（『神社本庁教学研究所紀要』三号、一九九八年）を参照。

(48)　ここでは木村健二『在朝日本人の社会史』（未来社、一九八九年、六九頁および八六頁）に記載の一覧表によった。原史料は青山好恵『仁川事情』（一八九二年）。また註（40）『仁川府史』（五七五頁）は併合後、「併合功績邦人」として仁川から選出され表彰を受けた者一九名の名をあげているが、うち四名は大神宮創立の発起人であった者である。「併合功績邦人」は、実質的には仁川発展の功労者であった。

(49) 終戦までの全公認神社数八二のうち、天照大神を祭神中に含むものは少なくとも六八を数える。

(50) 小笠原省三編著『海外神社史上巻』（海外神社史編纂会、一九五三年、四頁）。付言すれば、やはり同書が指摘してもいるように、台湾では開拓三神と北白川宮能久親王の四柱を祭神とした総鎮守・官幣大社台湾神社が台湾領有後早期に創建されたために、多くの地方諸社がこれを規範とし、「分霊」も行われ、結果として天照大神を奉斎する神社は他の外地に比べて極端に少なかった。北海道の諸社と札幌神社との関係もこれに似ている。このことは、新しく形成された日本人社会において奉斎すべき祭神を探す際、どこでも無条件に天照大神に収束したわけではないこと、高い格付けの先行神社があればそれを規範として認め、その祭神を受け入れる素地もあったことを物語っている。朝鮮の総鎮守・官幣大社朝鮮神宮の祭神は天照大神と明治天皇だが、鎮座は一九二五年（このとき公認神社数はすでに四四社）と遅いから、朝鮮では総鎮守が諸社の祭神決定に及ぼした影響は小さい。

(51) 日本内地にあっては天照大神を祀る諸社で「大神宮（太神宮）」と称するものは、とりわけ幕末・維新期に多数にのぼったようであるが、現段階では詳細は分からない。一方神道国教化の動向のなかで捉えるべき「大神宮」の例として東京大神宮（一八八〇〜）などの例（『東京大神宮沿革史』岡田米夫編、一九六〇年を参照）が、また開拓地の「大神宮」としては福島県郡山市開成の開成山大神宮（一八七六年）などの例があげられる。

(52) 註（40）『仁川府史』（一三五〇頁）。

(53) たとえば平壌では、居留民団が平壌神宮奏効会なる組織を結成して神社創立運動を行っている。『平壌発展史』（平壌民団役所編、民有社、一九一四年、一八六〜一八九頁）および『平壌全誌』（平壌商業会議所、一九二七年、一六五〜一七〇頁）。

(54) 註（40）『仁川府史』（五九五頁）。

(55) 『居留民団』。刊行年不明だが、統計には「明治四十三年四月一日調」とある。

(56) 『公文類聚』昭和十九年「全州神社竝咸興神社ヲ国幣小社ニ列格セラル」（国立公文書館蔵）に所収の神社明細帳写による。

(57) 京城居留民団役所『京城発達史』（一九一二年四四六〜四五一頁）および京城府『京城府史』第二巻（六六五・七七一・八一九〜八二一頁）、同『京城府史』第三巻（京城府、一九四一年、三〇〜三一頁）。

(58) 高木博志「桜とナショナリズム——日清戦争以後のソメイヨシノの植樹」（西川長夫・渡辺公三編『世紀転換期の国際秩序と国民文化の形成』柏書房、一九九九年）。

(59) 竹国友康『ある日韓歴史の旅——鎮海の桜——』（朝日新聞社、一九九九年）を参照。

(60)　註(57)『京城発達史』(四五三～四五八頁)。
(61)　羽賀祥二「神社と記念碑」(『明治維新と宗教』筑摩書房、一九九四年)。
(62)　『大邱府史』(大邱府、一九四三年、一一五～一一八頁)。
(63)　註(40)『仁川府史』(一三四八頁)。
(64)　註(41)・高秉雲『近代朝鮮租界史の研究』(一〇七頁)。
(65)　註(57)『京城府史』(八一九～八二〇頁)。同書によれば、英米人が南山獲得のため「秘密裡に韓国政府に交渉し」ていたことが分かり、居留民有志が韓国農商工部大臣に懇願し「日韓人共同の公園地」とすることで永久貸下を得たといい、さらにこの公園の開園式に、李王(高宗)は勅使を差遣し、「漢陽公園」との命名と自筆の碑銘を与えたという。この石碑は現在も林のなかに埋もれて現存する(一九九八年四月、筆者確認)。

二　境内の変貌

――戦争・モダニズム・環境――

大正初期をもっていちおうの完成にいたる台湾神社の境内整備は、明治中期以降、全国の神社で活発に行われた神苑創出の流れのなかで捉えうるものであった。またそれは、つくり出される環境の特質から言っても、またこの動向を生み出した史的条件（社寺境内をめぐる明治政府の土地改革）の点でも、近世以来の名所・遊興地としての性格を色濃く残した社寺公園の整備とも、その基盤を同じくしていたと考えられる。

しかし、神苑整備の終わった台湾神社境内の様相が、そのまま植民地支配の終焉まで維持されたのではない。一九三五年に決定される社殿・境内の全体に及ぶ抜本的な再構築プロジェクトは、それまでの境内の概念から大きく方向転換したものだったからである。そして同様の転換は、一九三〇年代後半以降に極度に活発化する神社造営事業に広く見いだされるものである。言い換えれば、この頃には神社の設計をめぐる概念や技術の総体に地殻変動がおこっていたのである。

1　台湾神社境内の変貌

台湾神社造替計画

台湾総督府は、一九三五（昭和十）年七月に台湾神社造替（新殿および境内の親営・遷座）を決定する。(1) 翌一九三六（昭和十一）年度には調査費三万円を計上して〈台湾神社御造営準備事務所〉を設置するとともに内地有識者を招聘した。さらに一九三七（昭和十二）年四月、〈台湾神社御造営事務局〉が総督府文教局の管轄下に設置され、以後台湾神社造替の一切をこの造営事務局が運営していく。

総督府は一九三七（昭和十二）〜四〇（昭和十五）年度の四カ年継続費として造営費約二〇〇万円を計上したが、一九三九（昭和十四）年度に至って総督府主導の〈台湾神社御造営奉賛会〉を組織して寄付金を募り、国庫と奉賛会の支弁により工事を進めた。工事中の事故や設計変更、戦中期ゆえの資材統制や物価高騰のため一九四四（昭和十九）年度の時点で予算額は二倍以上の四〇〇万円余に膨張する（表8）。

この事業の契機をみよう。一九三六（昭和十一）年度『台湾総督府民政事務成績提要』（以下『提要』）には、

御造営以来三十七年ヲ経過シ社殿ハ相当腐朽シ且ツ蟻害ヲ被レル部分尠カラズ、早晩改築ヲ要スル実状に到達セルヲ以テ先年来之ガ改築ノ議アリ偶々来ル昭和十五年ハ皇紀二千六百年ニ相当スルヲ以テ本府ニ於ケル記念事業ヲモ兼ネ台湾神社ノ社殿ヲ造替拡張スルト共ニ境内ヲモ拡張整備スルトコロアラントシ……(2)

とあり、また、先述の奉賛会の「趣意書」（一九三九〈昭和十四〉年）は、

［前略］……今や社殿漸く腐朽の期に入り、而かもその結構と境域の規模とは神威の赫耀、社格の至高なるに甚

表８　台湾神社造営事業予算(造替・神苑拡張)

大倉三郎「台湾神宮御造営」(『台湾時報』1944 年 9 月 29 日)に基づき筆者作成。
単位:円

区　分	総　額	国庫支弁	奉賛会支弁	備考
土地買収及補償費	450,000	450,000	—	
建築費	2,212,000	1,483,000	729,000	
内訳　第一・二期	1,483,000	1,483,000	—	＊主要社殿　S. 15〜
第三期	729,000	—	729,000	＊附属建築物　S. 18〜
土木費工	1,032,000	—	1,032,000	—
林苑費	288,000	204,500	83,500	
初度調弁費	38,000	38,500	—	
計	4,020,000	3,208,000	812,500	

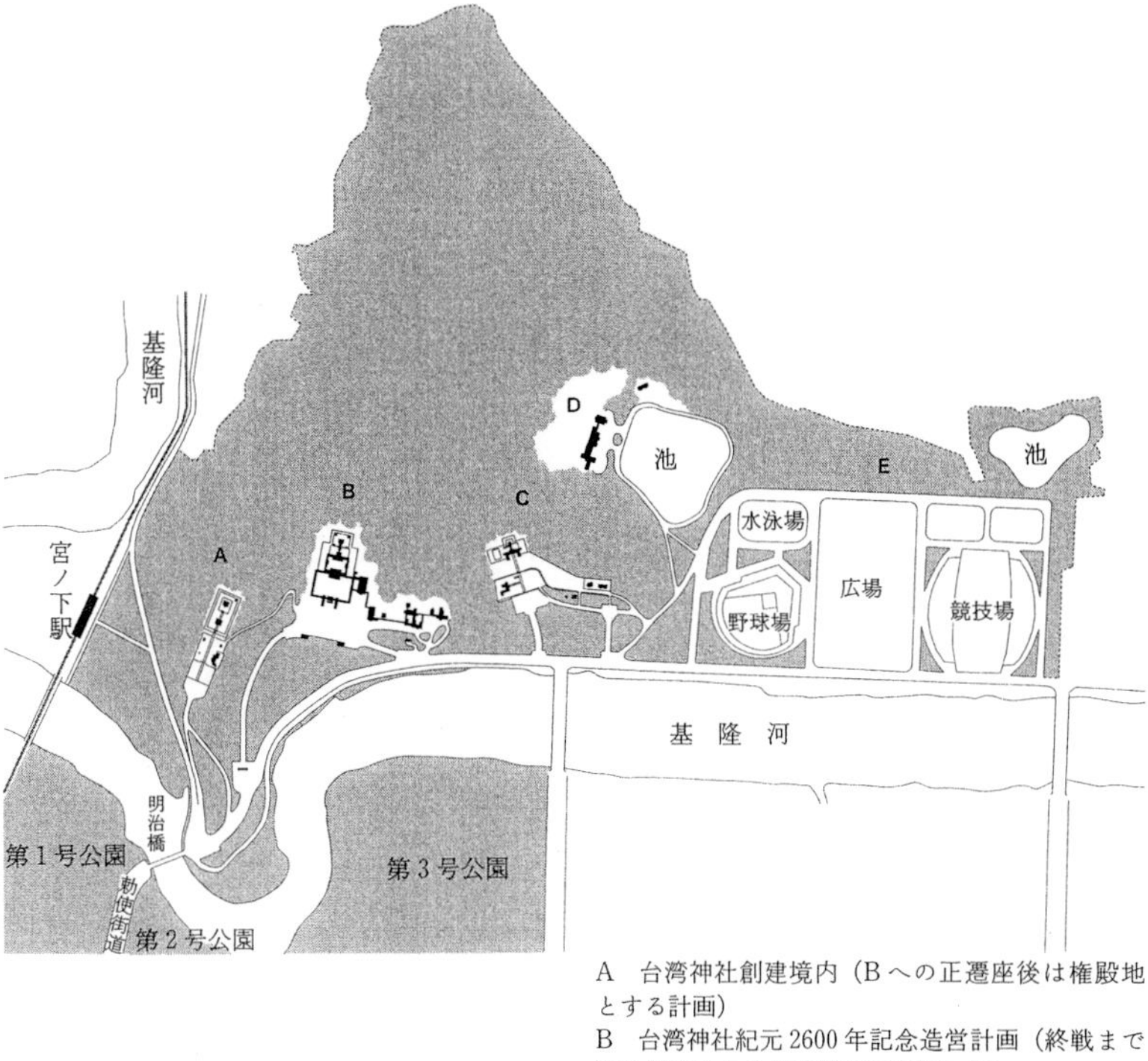

A　台湾神社創建境内（B への正遷座後は権殿地とする計画）
B　台湾神社紀元 2600 年記念造営計画（終戦までにほぼ完成するも正遷座には至らず）
C　台湾護国神社境内（1942 年竣工・鎮座祭）
D　国民精神研修所（1938 年竣工）
E　外苑諸施設

図 26　台湾神社を中心とする神域計画

『台湾神社御造営奉賛会趣意書』所載の図面を下に，台湾護国神社境内および国民精神研修所の配置図を加えて作成。

表 9　台湾神社造替時の土地買収および地上物件移転の実績

『台湾総督府民政事務成績提要』昭和 12～14 年度（台湾総督府文書課），大倉三郎「台湾神宮御造営」（『台湾時報』19 必年 9 月 29 日）に基づき筆者作成。

年度	土地買収		地上物件移転		
(昭和)	面積(坪)	買収費(円)	件数	補償費(円)	備考
12年度	145,874	167,472	—	—	昭和 13 年度で残地も「完了見込」
13年度	183,131	201,802	172	35,601	未了分は 64 件，71,395 円見込*1
14年度	ほぼ完了	不明	ほぼ完了	不明	所有者所在不明，相続不明分未了*2

*1　未了分面積は，買収総面積 330・000 坪が正確な数字でないとはいえ，ごくわずかであったことになる。

*2　上記未買収地に附属する物件若干も当然ながら未了。買収不能分については「土地収用規則ノ適用ヲ要スルモノ数件アリ」とある。

境内地面積（概数）

在来境内地	160,000 坪
今時買収拡張地	330,000 坪
国有地より編入	39,000 坪
附属用地	54.000 坪
計	585,000 坪

だ相応はしからざるのみならず時勢の進展に伴はざるものあり(3)

と訴えている。この時期、一九三七（昭和十二）年の日中開戦を契機に、戦争遂行のために民衆の精神的動員が要請される構造のなかで神社の地位が急激に押し上げられ、紀元二千六百年＝一九四〇（昭和十五）年を機と捉えた神社造営が内外地で極度に活発化していたことは、『紀元二千六百年祝典記録』に所載の記念事業一覧によって知れる(4)。台湾でも総督府以下地方庁、民間団体などが多数の神社造営・整備を実施している。上の引用にあるように、台湾神社造営事業（社殿造替・神苑拡張）も紀元二千六百年記念事業のひとつで、しかも台湾における記念事業の頂点に位置づけられるべきものであった。たしかに社殿老朽化は造替の端緒であったに違いないが、上掲の「趣意書」の言辞は、こうした社会・政治的背景をも含めて、神社の意味そのものの変質を想定しなければ理解しにくい。もともと台湾総鎮守、官幣大社として造営された創建時社殿・境内に対して、この時期になって「結構と境域の規模とは神威の赫燿、社格の至高なるに甚だ相応はしからざる」とまで評価を変えさせるに至った神社観の転回とは、どの

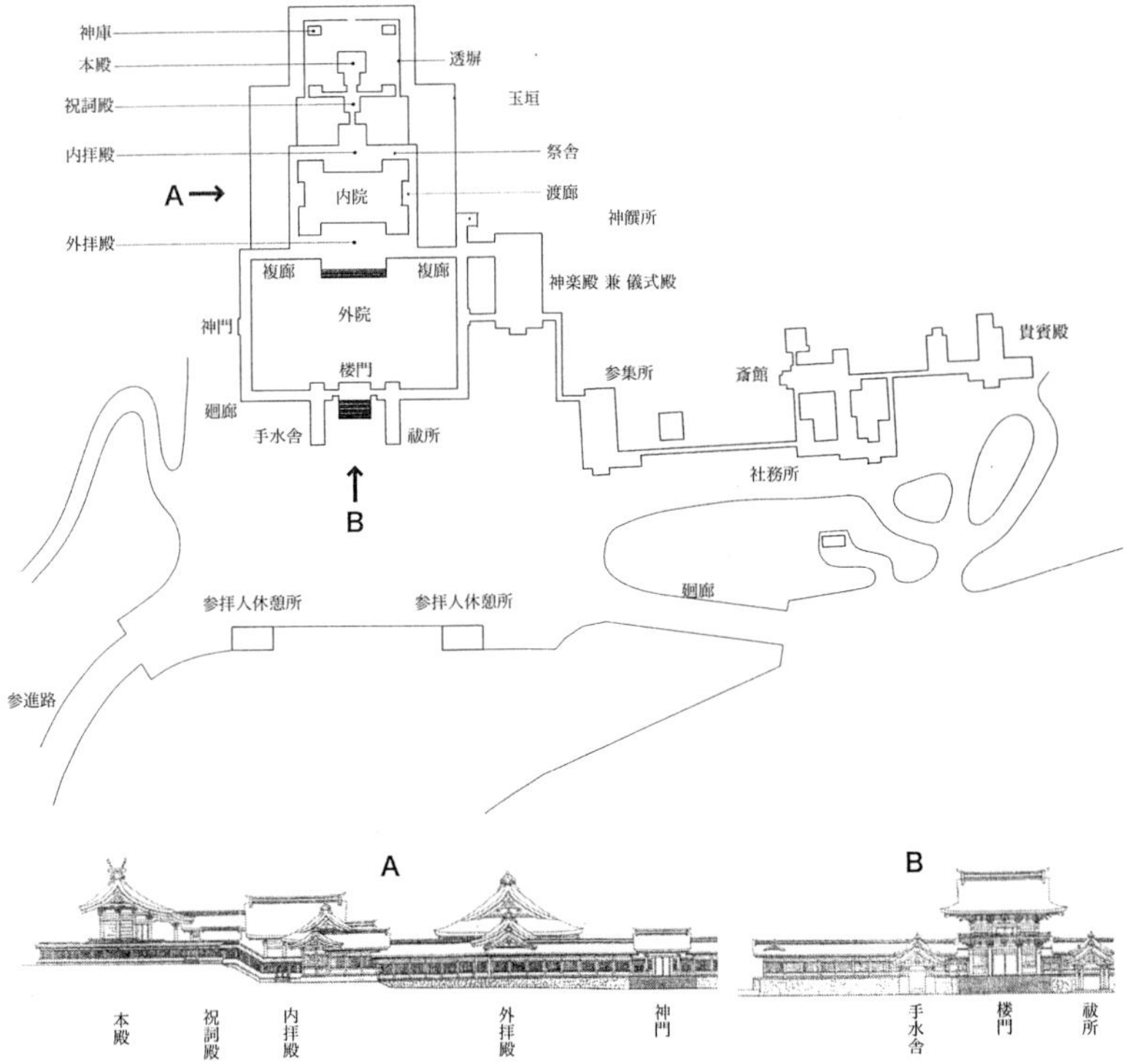

図27　台湾神社紀元二千六百年記念大造営計画　平面図・立面図
『台湾神社御造営奉賛会趣意書』による。

ようなものであったのか。

図26—28は、奉賛会趣意書に付された神苑計画図に基づく。図20と比較すれば明らかなように、この昭和大造営のひとつの特徴は、それまでの漸次的な拡張に比して、境内地の増大が飛躍的なことである。その面積を表9にまとめたが、既有境内地約一六万坪に対し、三三万坪の買収の他、国有地よりの編入約四万坪、土取場などの附属用地五万坪余を加えると、境内は従前の三倍を超えている。

土地買収および地上物件移転は国庫支弁とし台北州がこれを実施したが、一九三七（昭和十二）〜三八（昭和十三）年度で大半を終え、一九三九（昭和十四）年度でほぼ完了した。ただし、所有者や相続者の所在不明などのため若干の未了分を残しており、一九三九（昭和十四）年度『提要』によれ

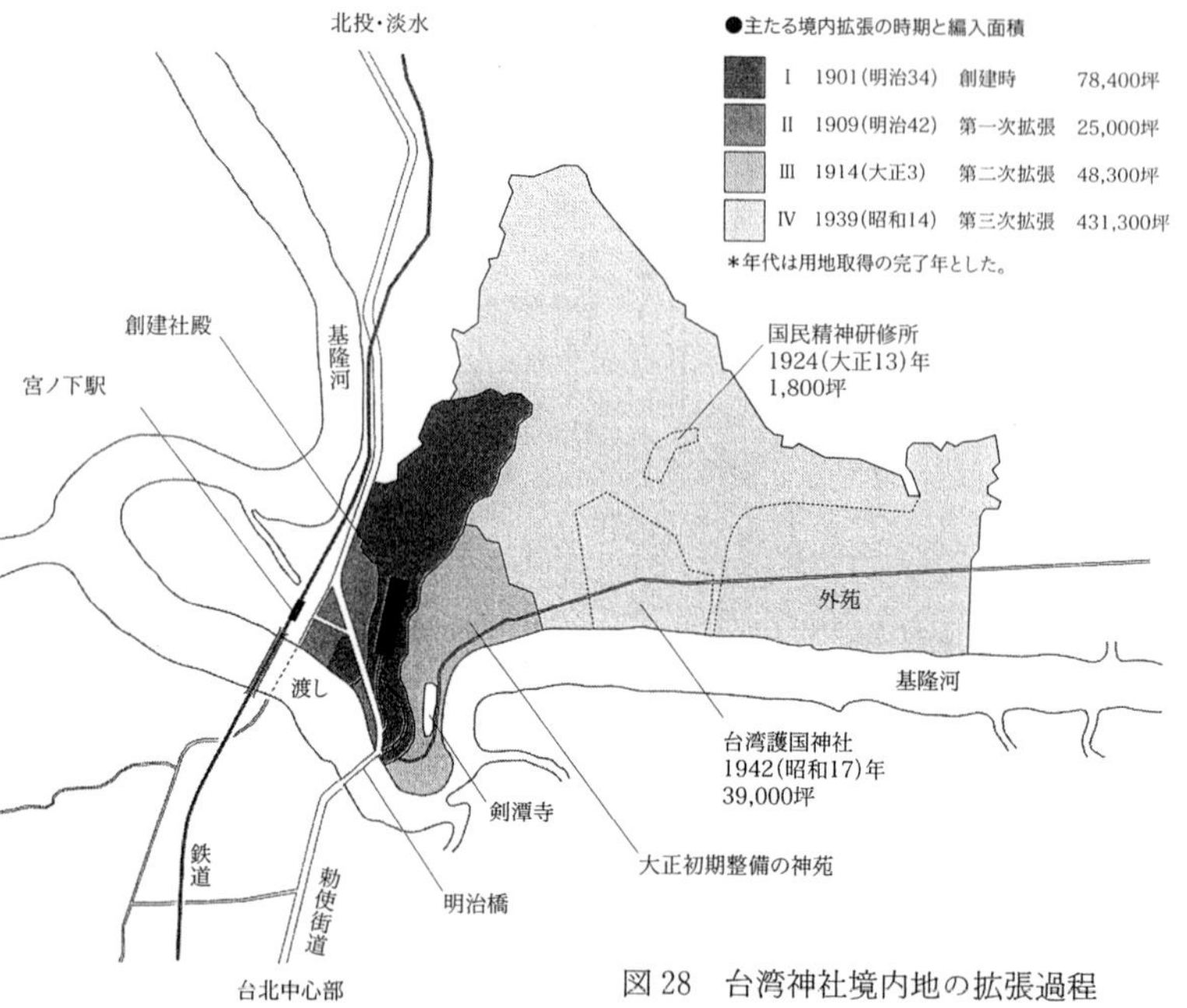

図28　台湾神社境内地の拡張過程

ば、これら買収不可能な土地については「土地収用規則ノ適用ヲ要」し、「之ガ実施ハ明年度ニ譲ル」とある。(5) 実施の有無は資料不足のため明らかにしえないが、総督府が土地収用にはかなり慎重であったらしいことがうかがえる。

造営事務局の組織と設計方針

ついで造営事務局の組織と設計方針をみていこう。社殿および神苑の計画にあたって一九三六（昭和十一）年度に内地から招聘されたのは、伊東忠太（東大名誉教授）、本郷高徳（内務省神社局嘱託）、角南隆（内務省神社局造営課長）、星野輝與（宮内省掌典）の四名で、翌年の台湾神社御造営事務局（以下、造営事務局）設置時には角南、本郷がそれぞれ「建築」、「林苑」の顧問として同事務局嘱託となる（この時点では伊東忠太の名前はない）。

彼らの指導の下で実際に設計・監督を行ったのは総督府各部局の技術者たちである（表10）。その総括にあたった工事部長は営繕担当部局（総督官房営繕課、四二年より財

表10　台湾神社臨時造営事務局の主要な技術者

資料：『台湾総督府職員録』各年度版，大倉三郎「台湾神宮御造営」（『台湾時報』1944年10月号）。

1943年度は職員録未見。△＝兼任（所属部局が本官），◎＝本官（所属部局が兼任），＋＝昇任

工事責任	官位	氏名	本官／兼任	所属先／兼務先	37	38	39	40	41	42	43	44
工事部長(1)	技師	井手　薫	△	総督官房営繕課長	←	—	→					
工事部長(2)	技師	大倉三郎	△	財務局営繕課長				←	—	—	*	→
副部長	技師	荒木安宅	△	農商局耕地課勤務	←	—	—	—	—	—	*	→
副部長	技師	倉田武比古	△	農商局山林課勤務	←	—	—	—	—	—	*	→
副部長・ 工事主任	技師	八板志賀助*1	△→◎	営繕課技師を兼務	←	—	—	—	—	—	*	→
	技師	武知幸文	◎	営繕課技師を兼務	←	—	—	→				
	技手→技師	竹中久雄	◎	営繕課技師を兼務		←	—	＋	—	—	*	→
	技師	濱田正彦	△	鉱工局土木課勤務			←	—	—	—	*	→
	技師	早川　透	△	鉱工局土木課勤務	←	—	—	—	—	—	*	→
	技師	大江二郎	△	鉱工局土木課勤務			←	—	—	—	*	→
	技師	小笠原美津雄	△	鉱工局鉱務課勤務			←	—	—	—	*	→
	技師	出口一重	△	鉱工局土木課勤務					←	—	*	→
	技師	大石　浩	△	営林所作業課長	←	—	—	—	→			
	技師	篠原國憲	△	交通局技師			←	—	—	→	*	
土木係長(1)	囑託	錦織虎音	◎		←	—	—	—	→			
土木係長(2)	技師	上出貞一	△	農商局耕地課勤務					←	—	*	→
土木係	技手	菅原喜作	◎		←	—	—	—	—	—	*	→
土木係	雇→技手	星子　功	△	営繕課技手	←	—	—	—	＋	—	*	→
土木係	技手	迫田　*2										
建築係長	技手→技師	小川永一	◎			←	—	—	—	—	*	→
建築係	技手	小林信次	◎				←	—	—	—	*	→
建築係	技手	大友賓蔵	◎				←	—	—	—	*	→
建築係	工手→技手	小澤真一	△	営繕課技手				←	—	—	*	→
建築係	工手→技手	澤山正二	◎				←	—	—	—	*	→
建築係	工手→技手	青木春治*3	◎						←	—	*	→
林苑係長	囑託	原賢次郎	◎	営繕課囑託を兼務	←	—	—	—	—	—	*	→
林苑係	技手	城　浩	◎	営繕課技手を兼務		←	—	—	—	—	*	→
林苑係	工手→技手	山本武七	◎			←	—	—	＋	—	*	→
林苑係	工手→技手	木村藤吉	△			←	—	—	—	—	*	→

*1 八板は41年より専任。*2 迫田は必年度までの職員録にない。必年度中の採用か。*3 青木は44年度中に技手に昇任。

務局営繕課）の課長が兼務することとなっており、当初は井手薫、一九四〇年からは大倉三郎であった。なお、一九四三（昭和十八）年よりこの造営に関わった台湾人技術者の李重耀氏（職員録の掲載はない）から筆者が聞き取ったところによれば、当時総督府の営繕課は五つのチームで編成されており、建築種別による三チームと構造・設備担当の二チームで仕事を分担したと言う。(6)そのうち、「第一工営」（李重耀氏による）は神社担当チームでその責任者は八板志賀助であった。八板は日本建築の構造に精通しており、とくに昭和期には台湾の縣社以上のクラスの神社造営に何らかのかたちで関与していたと李重耀氏は言う。この八板が造営事務局では「工事副部長兼工事主任」というポジションにあり、実質的な工事責任者であった。なお、この台湾神社昭和大造営は主要社殿がほとんど完成したにもかかわらず、一九四四年十月二十三日に旅客機の事故により、すべてではないにせよ焼失した。くしくも天照大神の増祀祭ならびに例大祭を十月二十八日に控えた数日前の事故だったが、これらの祭祀は権殿地とするはずだった創建境内で執り行われた。この後も事業は完成することなく終戦を迎えている。(7)

ところで、工事部長大倉三郎によれば、造営事務局では、設計に先だって内地から招聘された顧問らの意見を容れて「御造営大綱」四項を決定したという。その内容は以下のとおりである。(8)

① 「現社殿は狭隘なる稜線上にあるのみならず、地盤の高低甚だしく、近年参拝者の激増と社頭にをける集団的行事の必要は、現敷地では今後台湾の総社たる機能を発揮することができない」。よって現社殿の東の「山懐」に新社殿敷地を求める。「その北に聳ゆる脊山は常緑林に蔽はれ、傾斜も緩に山容神々しい風格をもち、神山として申分ない環境である」。一方、境内東端に「外苑」を設けて「各種の修練道場、式典場や運動場を設ける」こととする。現社殿は「建物を全部取除き、神域として保存し、必要により権殿地とする」。

② 「社殿の建築は様式を流造りとし」、「台湾産檜材を用い、素木造りとする」。「祭祀奉仕と島民強化道場とし

て、環境に調和する豪壮なる建築美を発揮せしめること」。

③ 勅使街道・明治橋のルートとは別に、基隆河に面して「裏参道」を設ける。内苑は「高水位以上に上げること」、ただし「土木工事のため神域の自然風致を損せざる様考慮すること」。

④ 「林苑は常緑にして樹齢永きものを選び台湾特有の自然林相を育成すること、造園は神域として荘重、深遠なる趣を添へ、神山との調和を全からしむること」。

創建時には切り立った稜線上に、奥行方向に細長い社殿敷地を造成したのに対して、ここでは平地から「山懐」、つまりむしろ谷間の緩斜面にかかる位置を社殿敷地に選定していることに注目しよう。そして、社殿については、従来のような神明造の独立社殿ではなく、曲線色の社殿を複雑に組み合わせた複合社殿が採用されており、そのことと、皇民化運動とが関連づけて説明されている。さらに地域の自然環境への調和が強調されている。また、外苑が設けられたことにも大きな特徴があるが、そのなかには次のような施設も含まれていた。

そのひとつは、「国民精神研修所」で、一九三八（昭和十三）年に竣工している。敬神崇祖精神を一般民衆に普及させるため教化指導者を育成する施設であり、神苑計画のほぼ中央、山峰に囲まれ池に面する立地が選ばれている。(8)

いまひとつは、「台湾護国神社」である。台湾神社の場合と同じ日付で造営奉賛会を組織して造営に着手、一九四二（昭和十七）年五月二十三日に鎮座祭を行っている。祭神は、靖国神社の祭神でありかつ台湾に縁故を有する者と定義される。台湾神社新社殿の東隣のもう一つの「山懐」に、両神社が並列するように配置された。(9)

こうして、台湾神社、台湾護国神社の二社および国民精神研修所や外苑諸施設といった複数の異なる施設が剣潭山の広大な裾野に展開することになったのである。

また、神苑については「内苑／外苑」の区別を立て、前者を「内域林／外域林」に分ける計画で、ここには新社殿と権殿地を神苑の最も神聖な区域とし、そこからの物理的、機能的な距離によって境内を区分し階層化するような計画的意図と手法がみられる。これらすべてが「境内」あるいは「神域」として計画されたのである。

以上のごとき境内計画は、一九〇一（明治三十四）年創建から大正期の神苑形成までのプロセスで実現していた境内のうち、神苑の区域を直接に改変するものであるだけでなく、追求された環境の特質という点でもたいへん大きな差異を示している。その背景を、以下ではひとつひとつ検討していきたい。

2　戦中期における神社造営の活発化と大衆動員

まず、創建時の切り立った稜線上への立地を否定し、「山懐」の緩斜面にかかる位置を社殿敷地に選定したことから考えていこう。これには環境からの突出ではなく調和を求める思想が背後にあることがすでに透けて見えるように思われるが、この点は後に述べることとし、まずは境内面積の確保という視点で捉えておく。右にあげた方針にも、「台湾の総社たる機能」を満たすだけの社殿敷地の面積とアプローチの容易さを確保しようとした、とある。問題はそれが求められる理由であるが、それについては、①で「参拝者の激増」、「社頭における集団的行事の必要」と述べられている。これは、明治から昭和初期までの参拝者の漸増とはその意味するところは異なり、皇民化政策の一環としての神社祭祀の活発化、あるいは集団参拝などの大衆動員に他ならなかった(10)。神社祭祀の変質に伴う神社境内機能の変質が、選地思想にも反映しているといえよう。

一九三〇年前後から、とりわけ三〇年代末に向けて、神社への国家的な期待が急激に高まり、その意義が整理・明確化されるとともに、社殿や境内のあり方についても思想的・手法的な整備が進んだ。その経緯を概観したい。

神社制度調査会

一九二九（昭和四）年十二月、内地では勅令により神社制度調査会官制が公布された。学識経験者、関係省庁の高級官僚、帝国議会議員、神職などを委員とする内務省の諮問機関である。調査会の設置が要請された背景としては、大正天皇崩御、昭和天皇即位、伊勢神宮第五八回遷宮といった動きに刺激された国民一般の敬神観念の高揚があり、他方では普通選挙法と抱き合わせでの治安維持法の制定、社会主義思想や新興宗教の進出、一九二六（大正十五）年五月設置の宗教制度調査会による「神社・宗教」分離問題の検討などの動向があった。要するに宗教・思想に関する社会的構図が変化・複雑化し、これに対する治安維持の確保と、宗教問題に対する制度的な対応の強化が必要となってきたのである。しかし阪本是丸によれば、神社制度調査会の目的はその当初から、神社に関する諸問題を、個別の法規の改善・整備のレベルで検討することにあった。(11) 国家と宗教、宗教と祭祀といった根本的問題を掘り下げたり、「神社法」の制定を目指したりしたのではなかったのである。

この神社制度調査会の当面の任務は、「神社ノ維持経営ヲ確立」することにあり、一九三四（昭和九）年にいたって府県社以下神社に対する公費（地方費）供進制度の確立を答申した。これを受けて内務省は府県制・市町村制を改正、地方費予算に神社に対する供進金の費目を立てることなどが定められ、諸社に対する神社費供進が制度化されるにいたった。

調査会はこののち氏子制度などの問題を検討したが、一九三七（昭和十二）年の日中開戦により戦死者の慰霊という社会的機能を担う招魂社・招魂碑・忠霊塔などに対する関心が急激に増大していた。従来、招魂社は官祭と私祭の区別があり、内務省所管ではあったが、「神社」としての扱いではなかった。これに相当の位置づけを与えることが、

一九三八（昭和十三）年十月の調査会に諮問された。その答申を受けて一九三九（昭和十四）年に実施された制度は、

①　招魂社はすべて護国神社と改称する

②　府県に一社を原則に社司を置く護国神社を指定する（内務大臣指定護国神社）

③　指定護国神社は府県社と同等、指定外は村社と同等の待遇とする（神饌幣帛料供進）

といった内容がその骨子である。指定護国神社は原則として府県（正確には陸軍師団区）を「崇敬区域」とし、祭神は、靖国神社の祭神であってなおかつ当該崇敬区域に縁故を有する者と定義される。(12) 祭式についても官国幣社以下神社祭祀令に護国神社に関する事項が加えられ、定期的に祭神を追加登録していく合祀祭が大祭とされた。慰霊への国民的欲求を吸い上げて戦争動員へ転化しようとする国家的要求に沿って、内務省および神社制度調査会が制度的基盤を与えたと考えればよいだろうか。こうして明治以来各地に奉斎されてきた無数の招魂社が靖国神社の下に「護国神社」として均質化され、内務省の制度下に収められたが、陸軍の管下に置かれた。護国神社境内では合祀祭・慰霊祭だけでなく、戦勝の祈願や報告にかかわる祭典も頻繁に行われ、また日常的には陸軍の教練にも用いられた。しかし注意しなければならないのは、護国神社だけがひとり際だった性格を持つ特異な神社だったのではなく、むしろ戦中期の神社一般の雛形を示すものだったともいえることである。ほとんどの官社、諸社が、この時期には戦争動員にかかわる集団行事の場と化していった。末端の地域支配体制（愛国班など）を利用した参拝励行や学校、官公庁などによる団体参拝がとくに急増する画期となったのは一九三七（昭和十二）年、すなわち日中開戦の年であった。

政府は、一九三九（昭和十四）年四月に宗教団体法を公布し（翌四〇年施行）、宗教統制の体制を整えると、以前から神道人の宿願でもあり時代の要請でもあった神祇に関する独立の中央官庁設置を実現させた。これが内務省の外局に昇格した「神祇院」で、設置は一九四〇（昭和十五）年、「皇紀二六〇〇年記念祝典」が行われた年の十一月であった。

総裁には内務大臣が就き、総裁官房と総務・教務の二局が置かれたが、総務局の下に造営課（課長角南隆）が、また教務局の下に考証課（課長宮地直一）が置かれた。植民地においても、官国幣社の創建や列格に際しては、主に祭神とその扱いを検討する宮地と、その祭神を鎮祭する物理的な施設（社殿・境内）の計画を指導する角南とが常に対となって登場した。終戦後の一九四六（昭和二十一）年に解体されるこの神祇院の時代が、世俗的な制度として展開してきた国家神道の絶頂期だったのである。

神社造営の活性化と内務省神社局の拡充

こうした動向は、神社の物理的な施設（境内・社殿）の建設事業そのものをも活発化させた。たとえば戦中期の新制度であった護国神社の場合、各府県で地域の小規模の招魂社を適宜合併して府県レベルの神社へと再編しなければならなかったが、それは物理的には新規の創建と同じであり、それが全国的に行われたのである。さらに護国神社は、台湾・樺太・朝鮮にも（内地とは崇敬区域の設定が異なるが）創建されていった。

一九三五年以降（昭和十年代）はまた、明治期の創建神社のうちとくに有力なものの整備・拡張が計画・実施された時期でもあり、さらには外地をも含めたいわゆる「大東亜共栄圏」の拡がりのなかで新しい神社が活発に創建された時期でもあった。前者の代表が橿原神宮（奈良）や吉野神宮（奈良）、あるいは台湾神社（台湾神宮、台湾）などの改築・境内拡張であり、後者の代表が近江神宮（滋賀）、関東神宮（関東州）、扶余神宮（朝鮮）などであった。また、官国幣社の華々しい大造営にさらに記念性を付与し、官民からの寄付金募集に都合のよい名目を与えたのが、一九四〇（昭和十五年）の「皇紀二六〇〇年記念祝典」である。この前後の神社造営の多くは、内・外地を問わず、また官国幣社から民間の小祠にいたるまで、「皇紀二千六百年記念事業」という題目を掲げた社殿新営・改築あるいは境内拡張・

整備などを行っている。内地の地方官民および外地の中央・地方官民が企画した諸事業は政府側の祝典事務局に登録され（そうでないものもある）、その膨大なリストは先にもふれた『紀元二千六百年祝典記録』に収録されている。この時期の神社造営は、物資統制や物価高騰を背景としながらも、官民有力者が造営奉賛会を組織して寄付金を募集し、官公費の補助を受け、民衆の勤労奉仕を大量動員して進められるといったもので、新聞がこれを美しく書き立てるなど、事業そのものがその総体において一種の祝祭として演出されていたとも言える。

こうした一九三五年以降（昭和十年代）における神社造営の著しい活発化に対応して目覚ましい活躍を見せたのが、組織的にも大きく拡張され、思想的・技術的にも成熟してきていた内務省神社局営繕課・神祇院造営課に所属した技術官僚たちである。藤岡洋保によれば、内務省神社局営繕課は、一九一九（大正八）年頃までは技師一名あるいは空席、技手二〜五名といった程度にすぎなかった。しかも技師は伊東忠太のように帝大教授が兼任することもあった。ところが、一九一九年七月に角南隆が技師となって以後、とくに一九三〇年代に組織の拡充が進み、技師数だけをみても、一九三五（昭和十）年度・一〇名、三六（昭和十二）年度・一五名、三八（昭和十三）年度・二〇名と急増している。彼らを頂点とし、これを技手、属、嘱託などが支える巨大な技術者集団が形成されていったのである。[13]なお、一九三四（昭和九）年の室戸台風後の復旧工事が予算獲得や組織拡大の大きな契機となり、その後の戦時下の造営活発化の基盤ともなり、また既成事実ともなった可能性を指摘しておく必要があろう。当時、角南の下で技師を勤めた谷重雄によれば、室戸台風後に彼だけでおよそ五〇社の復旧工事を同時に掛け持ちしなければならなかったというが、[14]そうした状況は、戦中期を通して続いたようである。

この内務省・神祇院の技師を頂点として、植民地を含む帝国日本レベルの神社造営の技術的体制が実質的に構築されつつあったのだが、これについては後述することとしたい。

植民地における神社制度の改革

次に台湾・朝鮮の神社制度改革の内容をみながら、それがいかに神社造営のあり方を規定したかを検討していく。朝鮮では、国幣社関係制度、地方団体供進制度、神祠の増設方針などほとんど大小の神社全般に及ぶ神社制度の改革を、一九三六(昭和十一)年度に集中させて実施している。台湾にもこれと共通する動きがあるが、よりドラスティックで多岐にわたるのは朝鮮であるから、以後は朝鮮の展開を軸に論じ、台湾の動向はこれに関係づけて述べることとする。

台湾では一九三四(大正九)年に県社以下の社格を持つ神社に対する地方団体の神饌幣帛料供進および神社費供進がようやく制度化された[15]。一方の朝鮮では、官幣大社朝鮮神宮を頂点として他の一切の神社は制度上まったく一律に取り扱われる体制が続いていたが(地方団体によっては地方費から神饌幣帛料を供進しているところがあったが全半島的な制度に基づくものではなかった)、一九三六(昭和十一)年における朝鮮総督府の神社制度改革の一環として、地方団体からの神饌幣帛料供進制度が勅令として定められることになった[16]。道・府・邑(面よりの供進は実際はなかった)より供進を受けるべき神社は総督がこれを指定し、たとえば道より神饌幣帛料の供進を受ける神社ならば「道供進社」といった呼び方をし、祭典に際しては道知事が供進使として参向する。これは神社の格付け(実質的な社格制度)を地方行政のヒエラルキーに沿ってより厳密に定めることに他ならず、たとえば道供進社は実質的には「道社」と呼んでもよいものであった。各道知事宛の総督府内務局長通牒におけるこの件の説明によれば、道供進社は原則として各道一社で道庁所在地の神社とし、社殿設備や維持体制に一定の基準(内規)を定めていた。こうして、朝鮮でも台湾でも、地方制度と神社とのすり合わせという「神社中心主義」は一九三〇年代に徹底されようとしたのである。

算からの補助類と，神社費総予算に占めるその割合を示した。

内訳					
道供進	府邑面供進	神饌幣帛料＋国庫・地方団体供進金		社入金其他	氏子醵出金
		70,160	(60.66%)	45,493	
0	0	70,160	(60.66%)	45,493	
3,000	4,000	8,120	(12.65%)	38,364	17,730
5,000	6,240	(37.70%)	8,310	2,000	
△ 1,300	2,600	(66.67%)			△ 1,300
	800	900	(11.33%)	3,211	3,830
	300	365	(8.69%)	1,616	2,220
4,000	10,100	15,625	(16.82%)	51,501	25,780
△ 1,300	△ 1,300	△ 2,600	(66.67%)		△ 1,300
2,400		2,490	(39.23%)	2,286	2,671
		0	(0.00%)		△ 8,900
		0	(0.00%)	1,341	1,574
		0	(0.00%)		△ 790
2,400		2,490	(26.70%)	3,627	4,245
		0	(0.00%)		△ 9,690
100		190	(2.23%)	3,747	4,580
	*1 1,055	1,120	(24.44%)	1,499	1,963
	435	500	(16.45%)	1,290	1,250
	500	565	(17.11%)	1,023	1,715
	320	385	(9.17%)	1,212	2,600
		0	(0.00%)		2,300
	360	360	(32.09%)	354	408
		0	(0.00%)		1,800
100	2,670	3,120	(12.60%)	9,125	12,515
		△ 0	(0.00%)		△ 4,100
		270	(3.08%)	3,696	4,800
	300	390	(4.03%)	4,987	4,300
		65	(1,39%)	807	3,810
		0	(0.00%)		△ 1,700
	*2 65	130	(4.27%)	1,552	1,365
		65	(1.94%)	1,690	1,600
		65	(2.44%)	1,072	1,530
	100	165	(9.52%)	808	760
		65	(9.34%)	246	385
		40	(11.27%)	315	0
		36	(3.02%)	707	450
0	465	1,291	(3.57%)	15,880	19,000
		△ 0	(0.00%)	0	△ 1,700
500		652	(6.89%)	4,315	4,500
	500	590	(6.36%)	4,791	3,900
	300	300	(11.60%)	393	1,880
		0	(0.00%)		2.349
	100	165	(7.82%)	387	1,557
		0	(0.00%)	498	187
	340	390	(10.92%)	149	3,034
	300	365	(8.00%)	360	3,835
500	1,540	2,462	(7.63%)	10,893	18,893

表 11　昭和 14 年度朝鮮各道神社予算調査一覧表
出典：『鳥居』（朝鮮神職会），昭和 14 年 10 月号，p. 4-5
原資料に基づくが，「神饌幣帛＋国庫・地方団体供進金」の欄を設け，国庫および地方団体予
△ 印は「臨時費」を示す（原資料のまま）

別管所	神社名	社格及供進別	鎮座年月日	総予算額△臨時費		
					神饌幣帛料	国庫供進
本府直轄	朝鮮神宮	官幣大社	大正 14. 10. 15	115,653	160	70,000
	計			115,653	160	70,000
京畿道	京城神社	国幣小社	明治 11. 11. 3	62,214	120	1,000
	仁川神社	道供進	明治 23. 10. -	16,550	240	1,000
				△ 3,900		
	開城神社	府供進	大正 5. 2. 2	7,941	100	
	水原神社	邑供進	大正 4. 12. 16	4,201	65	
	計			92,906	525	1,000
				△ 3,900		
忠清北道	清州神社	道供進	大正 7. 1. 17	6,347	90	
				△ 10,000		
	忠州神社		大正 12. 9. 17	2,980		
				△ 790		
	計			9,327	90	
				△ 10,790		
忠清南道	大田神社	道供進	明治 40. -. -	8,517	90	
	公州神社	邑供進	大正 15.11.6	4,582	65	
	燕岐神社	邑供進	大正 10. 4. 14	3,040	65	
	江景神社	邑供進	明治 12. 5. -	3,303	65	
	天安神社	邑供進	大正 4.-.-	4,197	65	
				△ 2,300		
	成歓神社		大正 10. -. -	1,112		
				△ 1,800		
	計			24,761	350	0
				△ 4,100		
全羅北道	全州神社	道供進	大正 3. 10.-	8,766	270	
	群山神社	府供進	大正 4. 12. -	9,677	90	
	裡里神社	府供進	大正 2. -. -	4,682	65	
				△ 1,700		
	金堤神社	邑供進	大正 15. 10. 15	3,047	65	
	井邑神社	邑供進	昭和 10. -. -	3,355	65	
	南原神社		大正 12. 8. -	2,667	65	
	大場神社		明治 15. 12. 5	1,733	65	
	泰仁神社		大正 11. 1. 10	696	65	
	瑞穂神社		明治 12. -. -	355	40	
	助村神社		昭和 3. 11. 8	1,193	36	
	計			36,171	826	0
				△ 1,700		
全羅南道	光州神社	道供進	大正 1. 8. -	9,467	152	
	松島神社	府供進	明治 13. -. -	9,281	90	
	栄山浦神社		昭和 4. -. -	2,587		
				△ 2,335		
	羅州神社		昭和 12. -. -	2,109	65	
	小鹿島神社		大正 6. 8. 29	685		
	東山神社		明治 45. -. -	3,573	50	
	順天神社		昭和 12. 2. 2	4,560	65	
	計			32,262	422	0

		△ 0	(0.00%)	0	△ 2,349
5,000	3,000	9,180	(43.03%)	9,653	2,500
2,000	510	2,600	(31.09%)	2,757	3,006
	500	565	(19.89%)	957	1,300
	164	179	(20.13%)	710	
7,000	4,174	△ 12,524	(37.47%)	14,095	6,806
1,000	5,000	7,120	(26.56%)	17,690	2,000
300	2,770	3,160	(57.88%)	2,000	300
100	300	490	(9.70%)	2,160	2,400
	150	215	(5.90%)	1,561	1,870
100	600	765	(26.31%)	1,343	800
	500	600	(25.00%)	1,200	600
	150	150	(40.54%)	220	
			(0.00%)		8,000
1,500	9,470	12,500	(26.80%)	26,174	7,970
		△ 0	(0.00%)		△ 8,000
	300	390	(4.20%)	3,601	5,288
		250	(7.01%)	1,124	2,190
0	300	640	(4.98%)	4,725	7,478
1,500	5,000	7,760	(21.73%)	15.553	12,400
	1,500	1,590	(20.068%)	4,575	1,525
		0	(0.00%)		650
1,500	6,500	9,350	(21.54%)	20,128	13,925
		△ 0	(0.00%)	0	△ 650
1,000	3,240	4,392	(32.81%)	4,710	4,284
	800	900	(32.15%)	106	1,546
500	1,793	2,358	(65.66%)	1,080	1,546
	400	430	(28.65%)	771	700
1,500	6,233	8,080	(37.98%)	6,667	6,530
2,000	400	2,590	(31.17%)	3,020	2,700
	500	500	(17.65%)	710	1,620
2,000	900	3,090	(27.74%)	3,730	4,320
100	400	690	(6.10%)	7,315	3,300
100	2,000	2,190	(17.42%)	6,476	7,200
200	2,400	2,880	(12.06%)	13,791	10,500
	35	125	(1.34%)	3,656	*3 5,570
	85	175	(2.09%)	3,617	4,570
	150	215	(3.09%)	1,750	5,000
		65	(1.81%)	926	2,600
	1	66	(3.14%)	545	2,480
0	271	646	(2.06%)	10,497	20,220
20,700	45,022	144,922	(27.09%)	236,326	154,883
△ 1,300	△ 1,300	△ 2,600	(8.26%)		△ 27,789

				△　2,335		
慶尚北道	大邱神社	国幣小社	明治 39. 11. 3	21,333	180	1,000
	金泉神社	道供進	昭和 3	8,363	90	
	浦項神社	邑供進	大正 12. 9. 30	2,840	65	
	鬱島神社		明治 42	889	15	
	計			33,425	350	1,000
慶尚南道	龍頭山神社	国幣小社	延宝 6	26,810	120	1,000
	晋州神社	道供進	大正 4. 11	5,460	90	
	馬山神社	府供進	明治 42. 11	5,050	90	
	鎮海神社	邑供進	大正 6. 6. 1	3,646	65	
	統営神社	邑供進	大正 6.6	2,908	65	
	密陽神社		大正 4. 6	2,400	100	
	三浪津神社		明治 40. 5	370		
				△　8,000		
	計			46,644	530	1,000
				△　8,000		
黄海道	海州神社	道供進	大正 6. 7. -	9,279	90	
	兼二浦神社		大正 12. -. -	3,564	250	
	計			12,843	340	0
平安南道	平壌神社	国幣小社	大正 1. -. -	35,713	260	1,000
	鎮南浦神社	府供進	明治 33. -. -	7,690	90	
				△　650		
	計			43,403	350	1,000
				△　650		
平安北道	平安神社	道供進	明治 44. 7. 15	13,386	152	
	義州神社		大正 1. 8. -	2,799	100	
	江界神社		昭和 3. -. -	3,591	65	
	龍川神社		大正 5. -. -	1,501	30	
	計			21,277	347	0
江原道	江原神社	道供進	大正 2. -. -	8,310	190	
	江陵神社		大正 10. -. -	2,830		
	計			11,140	190	0
咸鏡南道	咸興神社	道供進	大正 5. -. -	11,305	190	
	元山神社		明治 15. -. -	12,566	90	
	計			23,871	280	0
咸鏡北道	羅南神社	道供進	大正 10. -. -	9,351	90	
	清津神社	府供進	大正 4. 9. 30	8.362	90	
	城津神社	邑供進	明治 45. 5. 26	6,965	65	
	会寧神社	邑供進	大正 11. 10. 1	3,594	65	
	雄基神社		大正 7. 2	3,091	65	
	計			31,363	375	0
全鮮合計				535,046	5,200	74,000
				△　31,475		

原注　一，本表神饌幣帛料ノ不同アルハ公式ニ非ザルモノヲモ本項ニ計上セル神社アルニ因ル。

二，十二年度神饌幣帛料ノ記入ナキハ統計上区別セズ社入金中ニ包含セルニ因ル。

三，各神社臨時造営費ハ各社奉賛会等ヲ組織シ別途経済ナルヲ以テ本表ニ記載セズ。

作成者注　＊1　資料の表記は，535 と 520 を並記している。おそらく複数の地方団体からの供進金があることを示すものと思われるが，合計を記した。
＊2　資料ではこの数値は国庫供進金の欄に記されているが，邑供進社に国庫よりの供進はないので，府邑面供進金の欄に記した。
＊3　資料の表記は，1,000 と 4,570 を並記しているが，理由は不明。ここではたんに合計を記した。
その他，各数値の合計が総予算に一致しないなどの問題が各所に発見できるが，そのままとした。

朝鮮総督府の神社制度改革の重要な柱の一つに国幣社の整備があった。[17] まず、一九三六（昭和十一）年八月に京城神社（京城）、龍頭山神社（釜山）の二社が国幣小社に列格され、終戦までに大邱・平壌・光州・江原・全州・咸興の計八社がこの順に列格をみている。先述の通牒は、各道知事に対し、「社殿其ノ他ノ外形的設備完備シ且財政的基礎ノ堅固ナルモノヨリ漸次列格」されるはずであるから、「道庁所在地神社」ではその設備拡充に速やかに努力するよう要請している。京城、龍頭山の二社は、それぞれ、朝鮮の首府に鎮座していること、朝鮮の表玄関でなおかつ最も古い由緒を有することから、先行して列格されたものと推測されるが、他の道では事実上、道供進社は国幣小社列格の予備群として位置づけられたと考えてよい。このことは二つのことを意味する。ひとつは、諸社のヒエラルキーを確立することが、同時に、それまで朝鮮神宮しかなかった官社を拡充することにも接続する課題としてはっきりと捉えられていたこと、そしていまひとつは、植民地における国幣社列格は祭神の性格や由緒によって説明されるものではなく、総鎮守たる官幣大社の下に地方制度に対応した地方の総社を確立することに他ならなかったということである。また台湾でも、台中・新竹・嘉義の三社が国幣小社に列格した。台北・台南には官幣大社台湾神社、官幣中社台南神社があったから、他の主要都市にさらなる焦点をつくり出そうとしたのであろう。こうして、戦時総動員体制下の皇民化政策を背景として、総鎮守を頂点とした植民地内の祭祀秩序はより立体的に再構築されつつあった。それはまた、神社設備の拡充への官民資本の投入を効率的にするとともに、それを効果的に演出せしめることが意図された結果でもあろう。

さて、すでにI―二でも述べたように、諸社の国幣社列格は、その神社が朝鮮という一地域の法域から、日本国家あるいは帝国の法域へ越境することを意味する。神社費への供進金も国庫から支出されることになるし、造営や社格の詮議には内務省の技師（角南隆）や考証官（宮地直一）が関与するのである。

表12　台湾・朝鮮における神社数（上）および社・神祠数（下）の推移

本論文巻末資料（神社一覧）を参照のこと。

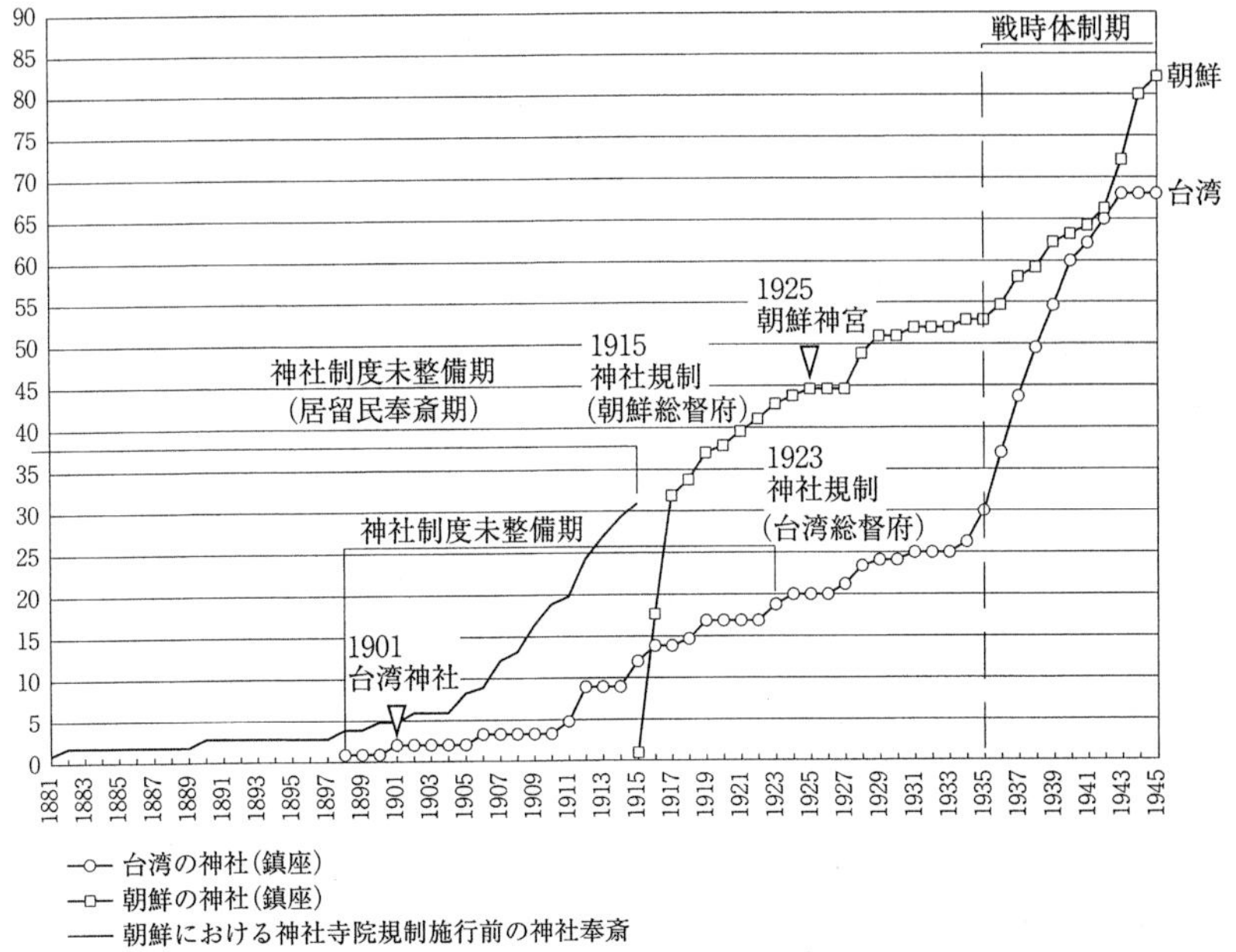

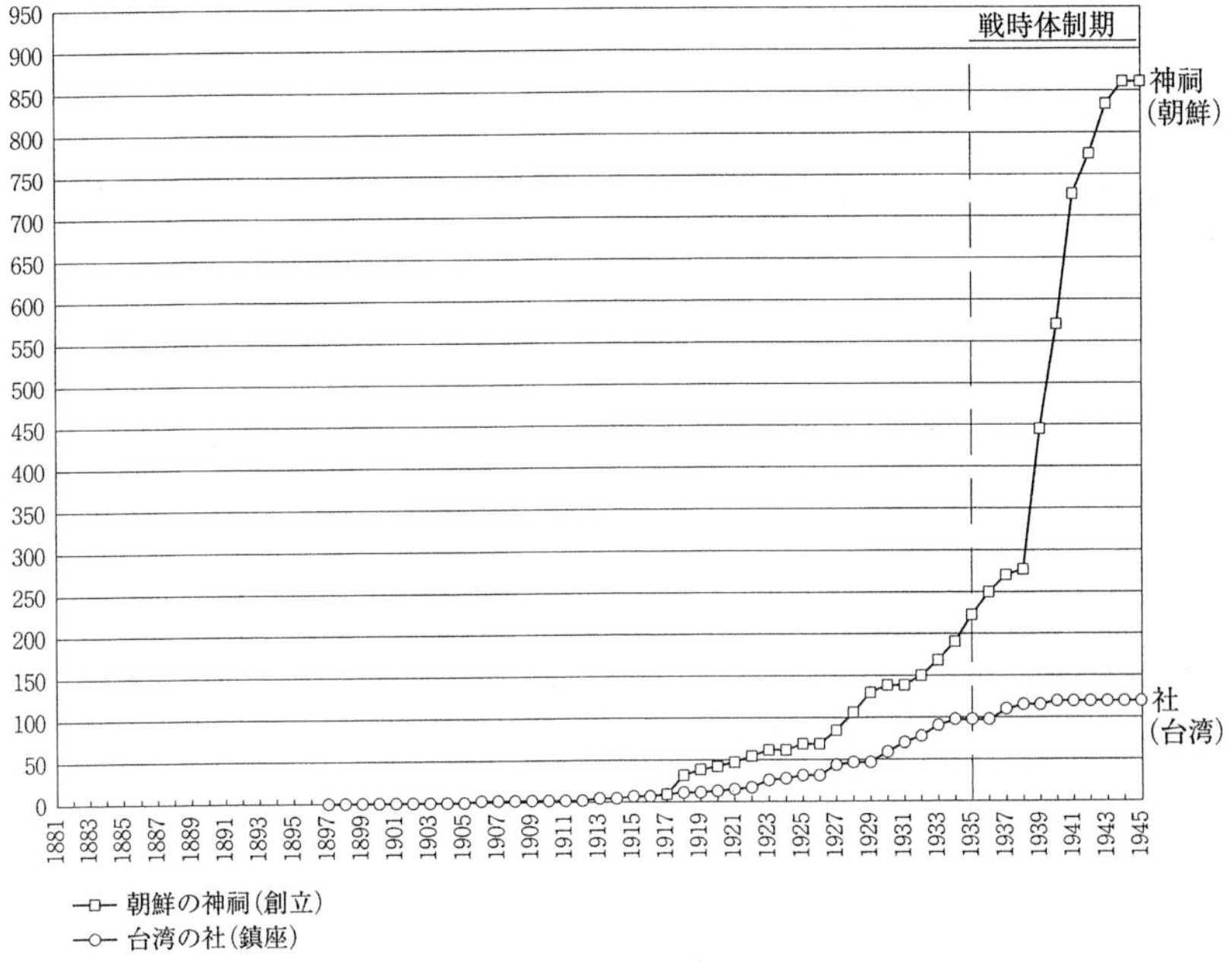

祭神論のレベルでは、朝鮮での国幣社列格には必ず「国魂大神」を合祀することが条件とされた。京城神社への国魂神合祀に関する宮地直一の理由書によれば、国魂神とは「太古悠遠の時代半島の開発経営に当り、大功を樹て今日の隆運を致す基礎を固め給ひし大神」であって、固有の土地の地霊神であり開拓神とされた(18)。また今井田政務総監は、「特に今次朝鮮に於ける国幣社の列格に当りましては朝鮮大衆の信仰生活を考慮に加えられ神祇を中心とせる内鮮一如の具現に付意を用いられたのであります」と述べている。「内鮮一如」を「神祇を中心」として実体化していくために、「国魂大神」の合祀が国幣小社列格とセットにされたというのである。なお興味深いことに、現存する総督府文書「国幣社関係綴」をみると、先述の宮地の理由書は「朝鮮国魂神」と表記していたが、総督府は「朝鮮」の二字を削除して「国魂大神」と決定したことがわかる。国魂大神が中央（内地）・地方（朝鮮）という関係の微妙な政治的操作のうえに創出された神格であったことを物語る。

ここで、神社会計に占める官公費からの供進金の割合をみておく。一九三九（昭和十四）年度の主要神社の予算をみると（表11）、どの国幣小社も、国庫供進金と府・道などからの供進が重複していた。これらを足すと、神社予算そのものが人口増加で極度に膨張していた京城神社は例外としても、地方では二一〜四三％となっている。道・府・邑の供進指定社でも同様である。朝鮮神宮予算に占める国庫供進金の割合（六〇％）には及ばないとしても、官公費の供進は決して少なくない割合であったことが分かるが、しかし国庫より地方費の方が高額であることは、国幣社列格後も地方総社としての位置づけがむしろ色濃く残されたことを物語っている。

国幣社列格や道以下の地方費供進指定には、社殿設備や境内面積などの最低限の水準を決めた内規も設けられ、これに応じた社殿改築や境内拡張がやはり紀元二千六百年記念の名の下で盛んに計画・実施された。ただ、国幣社については先述のように内務省の角南隆が直接に顧問として指導にあたる場合が多く、制度的な誘導よりも直接的な内務省思想の適用こそが、対象となった神社境内の再編成の方向性を決定した。その特質については後述する。

さて、一方で朝鮮総督府は、諸社についても境内や施設に関する水準規定を引き上げている。すなわち、同じ一九三六（昭和十一）年八月総督府令第七六号として「神社規則」を制定して神社寺院規則から分離・独立させ、規則の若干の充実を期すなかで、社殿については神殿・拝殿のみで神社と認める従来の体制から、「神殿、玉垣、神饌所、拝殿、手水舎、鳥居及社務所ヲ備フヘシ」との規定に改めたのである。[19] すなわち、霊代の安置（神殿）、参拝（拝殿）以外に、神殿などの神聖な領域を取り囲んで境界づける施設（玉垣、社務所）、あるいは祭祀時に機能する施設（神饌所）、執務施設（社務所）などを、新たにすべての神社が有すべき必須社殿と定めたのである。総督府は、この水準を満たさない神社に二年の期限を切って完備を要求している（即時拡充が困難な場合はあらかじめ総督の許可を得て期限を延長することができた）。また、地方庁に対して管内神社の風致維持に必要な境内林藪の施業などに関する指導監督をも求めている。

台湾ではすでに一九二三（大正十二）年の神社規則で、朝鮮のこの規定に近い施設水準を定めていたが、それでも不都合な創建事例が多々あったためであろう、一九三三（昭和八）年に地方庁宛通牒で設計図面の地方庁技師レベルでのチェックを要求、さらに翌九年には境内面積、本殿・拝殿建坪、本殿様式に関する水準ないしガイドラインを示して監督を要請している。

以上のように、一九三五年前後以降には、台湾・朝鮮とも諸社の施設水準の引き上げが図られ、一方では、総督府・地方庁による神社費補助の体制整備が遅れていた朝鮮ではその対策を事実上の社格制度として実施し神社の維持経営にも制度的基盤が与えられようとした。そしてまた、台湾・朝鮮の多くの神社では、それぞれの格付けに応じて施設拡充のための造営を行わなければならなくなった。表12のグラフに示すように、朝鮮・台湾とも資材統制・高騰という悪条件のなかで創立・鎮座数が落ち込むことなく延び、台湾では一九三五年頃より急激に増加している。しかしこのグラフにあらわれない改築や境内整備が総督府による施設水準の引き上げに対応して広範に行われたのである。終戦までに竣工しなかったもの、計画段階に終わったものも多く含まれるし、実数をつかみうる資料はないのだが、各植民地の総鎮守から末端諸社にいたるまで、神社造営事業が極度に活発化したことは紛れもない事実である。

ここまで来れば、台湾神社の昭和大造営において、境内規模（面積）の拡張が大前提とされていたことの背景が、かなり広い視野で見えてきたのではないだろうか。戦争へ突入していく時代に、神社への国家的期待が増大し、神社の社会的機能が急激に変質していくなかで、官社・諸社を問わず神社の施設水準が全般的に押し上げられた。そうした大きな情勢の下で、「台湾の総社」たるにふさわしい規模が求められたのである。剣潭山の「狭隘なる稜線上」ではなく、斜面の緩い「山懐」の拡がりが新たな鎮座地に求められた理由のひとつは、ここにある。実際、多くの神社ではそれまで境内中枢部といえば線状に細長いかたちをしていた。それが、この時期の造営にかかる境内では横への拡がりをも持つようになり、山の頂や高所でなく、平地に近い山懐が薦められるようになるのである。なお、総督府技師の笹慶一は、この時期に行われた講演で、神社境内の立地条件は内地では平地が多いのに、外地では山の中腹の高所が多いことを指摘したうえで、山頂や中腹を否定するわけではないが、山麓の平地に近いところの方が、祭神も安らかに鎮座でき、土地造成も低コストになるという意味のことを述べている。[20]

3　自然環境と構築環境

しかし、こうした選地の転換が持つ意味が、たんに境内の面積が拡大されればよいという種類のものでなかったこともまた明らかである。先にみた台湾神社昭和大造営の方針にある、「環境に調和する豪壮なる建築美」②、「台湾特有の自然林相を育成する」、「造園は……神山との調和を全からしむる」④、といった言辞には、切り立った稜線上に境内を造成して神社の尊厳を視覚的に表象しようとした創建時のモニュメンタリズムとはまったく異質な自然環境と神社との関係の捉え方が見て取れよう。前者が、いわば神社社殿という彫刻をのせる「台座」として山の稜線を捉えているのに対して、後者では社殿その他の構築物が森林と一体化することで、環境としての境内を形成しようとする。

なお、大倉三郎は「最近内務省で特殊の神社以外は神明造を避ける方針に決まったため、爾後の神社は殆ど流造りになつてしまつた」と言い、その理由には、独立する神明造風社殿が祭祀や奉仕に不便である（この点は後述）ことの他、「建築様式と自然環境との調和」があげられると述べている。こうした言辞からも察せられるように、元来神社建築の専門家でもない大倉三郎の言説は、内務省神社局―神祇院の方針をそっくり代弁したものにほかならない。戦中期になると内地政府の構想や方針、あるいはそれを説明するレトリックまでもが各植民地の官僚や市民に徹底的に周知されたことは、建築あるいは神社にかぎらず一般的な傾向であるといえよう。まして台湾神社改築にあたっては、内務省神社局―神祇院造営課長の角南隆が顧問として直接に発言しうる立場にあった。以下では角南の言説を検討していこう。内務省神社局―神祇院造営課長であった角南隆は、帝国日本の全域における神社造営の頂点にいた。しかしながら、彼は神社設計の具体的な方法論については、ほとんど言説を残していない。角南は、「神社とは何か」という問いに根本的な回答を与えるところから、神社の施設のあり方を再構築しようとした(21)。神とは何か、そして神に奉仕するとはどういうことか、これらの問いのないまま設計された神社は、彼にとっては虚偽であり、明治以降の創建神社はすべて批判すべきものだった。彼は神社設計の指導者として各地で講演を依頼されており、朝鮮でも二度の講演記録があるが、彼の話はいつもこの根本的な問いをめぐる議論に終始している。しかし、それにふれずに内務省・神祇院時代の神社境内を考えることはできないだろう。

角南は、「御神体（及御神体を構成する施設も共に）を「神籬」」、そして、「神神に対して祭祀や参拝をする所を「磐境」」とする。磐境は各地・各所に自在に設けうるが、神籬はひとつの神について唯一である。(22)

そして角南によれば、いかなる土地（地方）にあっても、その土地のすべての生命を生じさせ、生かしている力としての国魂神の奉斎が不可欠である。戦中期の朝鮮で国幣小社列格が推進され、一様に「国魂大神」が合祀されたのは、それ自体が内務省・神祇院の方針であったが、角南自身もそれを神社の根本にかかわる問題としてつねに強調していた。国魂神はその土地の「根本力」であるから、その「神籬」はその土地にしかなく、どこか別所から持ってこれるものではない。そして神籬は「山」そのもの、とりわけ山頂に祀られるべきものである。山はあくまでも「頂く」ものであって「踏破する」ものであってはならない。(23)角南は、必ずしも山の麓や平地がよいのだと具体的な立地条件を示す発言はしていない。しかし、技術者が神社を計画するという場合、それは祭祀の施設（社殿・境内）＝「磐境」を計画するのであるから、それは神籬としての山の頂（上社）を傷つけて建設すべきものではないと角南は述べており、いい換えれば、中社・下社として山麓の平地近くに祀ることを薦めていたのではないかと考えられる。また角南は、「施設としてはゐますが如く祀る」をよしとした。人為的な構築物であれ、その土地に一定の場所を占める以上、国魂神の力の向きに逆らわず、その土地において自然に生じる（生成する）ようなものでなければならない。その力の向きは何よりもその土地の自然環境にこそ現れ出ているはずだ。戦中期に自然環境からの突出ではなく、むしろ調和・融合が説かれたのは、このあたりにも理由が求められそうである。ただし、角南個人にとっての自然は必ずしも森林を意味したわけではない。たとえば満洲のような森のない大地は、それ自体が国魂神の意志の反映であって、そうした土地に樹林を造成することはむしろ生成の原理に沿わない。角南の神社観は、そこまで透徹したものだった。

もっとも、自然環境への調和を説いたとしても、実際の造営事業が相当大がかりな土木事業に他ならなかったこともあわせて指摘しておく必要がある。台湾神社造営の場合、山地掘削と低地への盛土にはじまり、排水施設や道路建設などがあげられるが、基隆河に沿う堤防の建設など境内立地の変化によって発生した大規模工事もあった。

また台湾神社では、境内の林相について、従来「山地は野生の相思樹林であり、平地は殆ど泥地であった」ものを、「境内を森厳なる浄域たらしめる」ために、これまた大規模な造林事業を行っている。「大綱」にもあったように「台湾の郷土木」が意図的に選ばれたが、しかし元来はなかったはずの林相が、「自然の林相」としてつくり出されたことには注意すべきである。樹種は、クス、カシなど樹齢の長い常緑高木の類が基調とされた。

4　複合社殿への転換

社殿の規模

次に社殿をみよう。台湾神社昭和大造営の趣意書に添付された平・立面図によれば、本殿・祝詞殿についで二重の大規模な拝殿（内拝殿・外拝殿）と楼門を構え、これらを回廊で接続しつつ、やや横長の矩形広場を段階的にとる構成となっている。こうした新社殿の構成形式は、一九四〇年前後に角南隆造営課長を筆頭に内務省神社局（のち神祇院）が造営にあたった近江神宮（創建、一九四〇年竣工）や橿原神宮（改築整備、一九三九年竣工）などと基本的に同型であり（三六）、さらに角南隆が顧問格で指導にあたった関東神宮（関東州旅順、一九四四年）、京城神社（朝鮮京城、未完）などの類例があげられる。ここでも、切妻造の社殿を独立させて敷地の長軸上に展開させる配置をとる旧社殿とはまったく異質である。鎮座地の移転が、こうした内務省神社局の神社設計方針による社殿形式の全面的変更に対応するものでもあったことも示唆されよう。

こうした複合社殿の系列は、右に列挙した官幣大社クラスにとどまらず、植民地で諸社から引き上げられた国幣小社クラスや、その他の諸社にまで、造営の機会さえあれば徹底されていった。もちろん、社格の低い神社で官幣大社クラスと同じ規模はありえないし、規模に応じて複合の程度もある程度階層的に決まってくる。そのあたりを丁寧に辿るのも興味深い作業であるが、紙幅の関係上、台湾・朝鮮の国幣社列格を目的とした造営事業の内容を概観するにとどめたい。

まず、社殿の規模が飛躍的に増大した点にふれておく。本殿は小さいもので六坪、大きいと一〇坪程度である。拝殿は二八〜三四坪でやはり大型化している。朝鮮の神社寺院規則下における内規は、本殿（神殿）三坪、拝殿一二坪であったから、これに比べると二〜三倍に改築された計算である。なお、境内面積はおおむね一万〜四万坪程度であり、これもおよそ二〜三倍の拡張であった。

事業費総予算は、台湾・朝鮮の国幣社造営では二五万〜七〇万程度である。一九三六（昭和十一）年六月に渡鮮した角南隆の講演によれば、当時内地で新規に官国幣社をつくる場合、土地買収をのぞいて約二〇万円の予算が必要と述べており、参考になる。(24)たとえば総工費二五万円（計画）の全州神社の場合、境内拡張のための土地買収費をのぞいた土木費・神苑費・建築費を主体とする予算が約二二万円となる。他の神社については予算規模の内訳が明らかでないものが多いが、おそらく内地の標準にあわせて造営規模が設定されていたと考えて大きな間違いはないだろう。

次に本殿形式を分類してみると、

神明造　（朝鮮）平壌神社

流造　（朝鮮）京城神社、龍頭山神社、江原神社

（台湾）新竹神社、台中神社、嘉義神社

入母屋造妻入　（朝鮮）大邱神社、光州神社

となる（ただし、嘉義神社の本殿には縋破風がつく）。このうち、流造の龍頭山神社・新竹神社と神明造の平壌神社は、結果的にせよそれぞれ鎮座当初からの形式を受け継いでいる。これに対して京城、江原、台中、嘉義の各社では当初神明造であったものが流造に改められており（京城の場合は一九二九年造営ですでに流造になっていたが）、また大邱と光州は神宮遥拝所に起源を持ち、神社創立後も神明造であったが、国幣社列格にあわせた造営では入母屋屋根の妻に縋破風向拝をつけた形式がとられている。後者は昭和期の神社造営では希な形式であり、なぜ朝鮮の国幣社二社でこうした形式が採用されたか、その根拠や背景については現段階では推測する手がかりがない。とにかく歴然としているのは、一部の例外をのぞき、一九三五年前後以降の神社造営では、神明造は極端に排され、かわりに曲線的な形式、それも流造が圧倒的多数を占めるようになるということである。これは内外地を問わず、また社格を問わず一般的傾向であったと言ってよい。

これに関連することだが、一九三六（昭和十一）年八月の朝鮮の神社制度改革に際しての各道長官宛・内務局長通牒には、国幣社では「神殿其ノ他ノ建物ノ様式ハ必ズシモ神明造ト為スヲ要セズ」との項目がある。[25] これは、従前の朝鮮の神社のほとんどが神明造風の切妻造平入の社殿であったことを反映する指導である。また内務省も神明造を採用しない方針を打ち出していたようで、台湾における官幣大社台湾神社改築（昭和十年決定、未完）の総督府側責任者であった大倉三郎がこれにふれていたことは、先述のとおりである。

ついで社殿配置の構成についてだが、従前は、朝鮮ならば神殿の前に拝殿を付加したかたちであり、台湾であれば台湾神社を範としたものが多いため、本殿・拝殿間に中門が挟まるかたちが一般的であった。いずれも社殿が個々に独立することが特徴であったが、いずれも複合社殿に改められている。

より具体的に例をあげながら検討しよう。いま、右の九社について流造、神明造といった個々の社殿レベルの様式的差異を問わずに社殿配置の形式を分類していくと、まず光州、新竹、台中、嘉義の各社には最も明瞭な共通性を見いだせる（図29）。これらの神社では、本殿から祝詞殿、拝殿を一連の内部空間となるよう一体化し、拝殿の左右には（長短はあるが）翼廊が出て左右相称に置かれた神饌所および祭器庫に至る。さらに拝殿前には大きな広場、すなわち祭庭をとって、これを神門によって区切る。神門の左右には塀もしくは廻廊がつくことが多いが、ただしこれが一文字であるか祭庭の四周を取り囲むかは神社により異なる。

こうした配置形式は、台湾では一九三五年以降の造営できわめて一般的に見受けられるもので、県社桃園神社（一九三八）、無格社でも淡水神社（一九三九）、中壢神社（一九三九）などの例が確認できるし、満州では牡丹江神社、さらに内地でも別格官幣社佐賀神社や足利織姫神社（無格社）などの例がある（図30）。

これを便宜的に〈基本型〉と呼ぶことにすれば、他は、社殿の接続関係が部分的に異なるヴァリエーションであるか、もしくは、これにさらに社殿を加え、中庭を加えることで複合化の程度を増したものと捉えられる。たとえば、江原神社、大邱神社、咸興神社では、〈基本型〉で特徴的であった拝殿左右に神饌所と祭器庫が張り出す形式を崩したり、神饌所・祭器庫を複数にしたりしている（神饌所の場合で言えば、神饌の調理から運搬、さらに奉献時の弁備というように祭祀プログラムにあわせた社殿構成が考慮されたものと考えられる）（図31）。また咸興神社の場合は、拝殿左右の廻廊を極端に伸ばして神饌所などからの歩行距離を強調し、さらに廻廊の先端を鍵型に曲げて祭庭を区切るなど、やはり劇場的

図 29〜34 では，本殿から，拝殿前の祭庭（広場）までの社殿と外部空間の構成を模式的に示す。

H　本殿

N　祝詞殿（祝詞舎）

W　拝殿
W1　内拝殿
W2　外拝殿

Si　神饌所・神饌弁備所
Sa　祭器庫

K　神庫

R　祭舎（参列舎・着床殿）

G　門（単層）
Gr　楼門

P　祭庭
P1　内院
P2　外院

━ 廻廊
── 透塀・玉垣
…… 上記以外（遮蔽物はなく地形などで画されている）

＊廻廊・透塀・玉垣などに開けられた門は省略した。

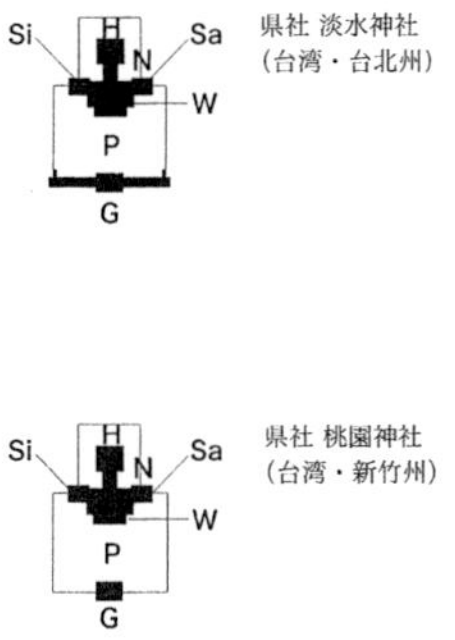

図 30〈基本型〉の例

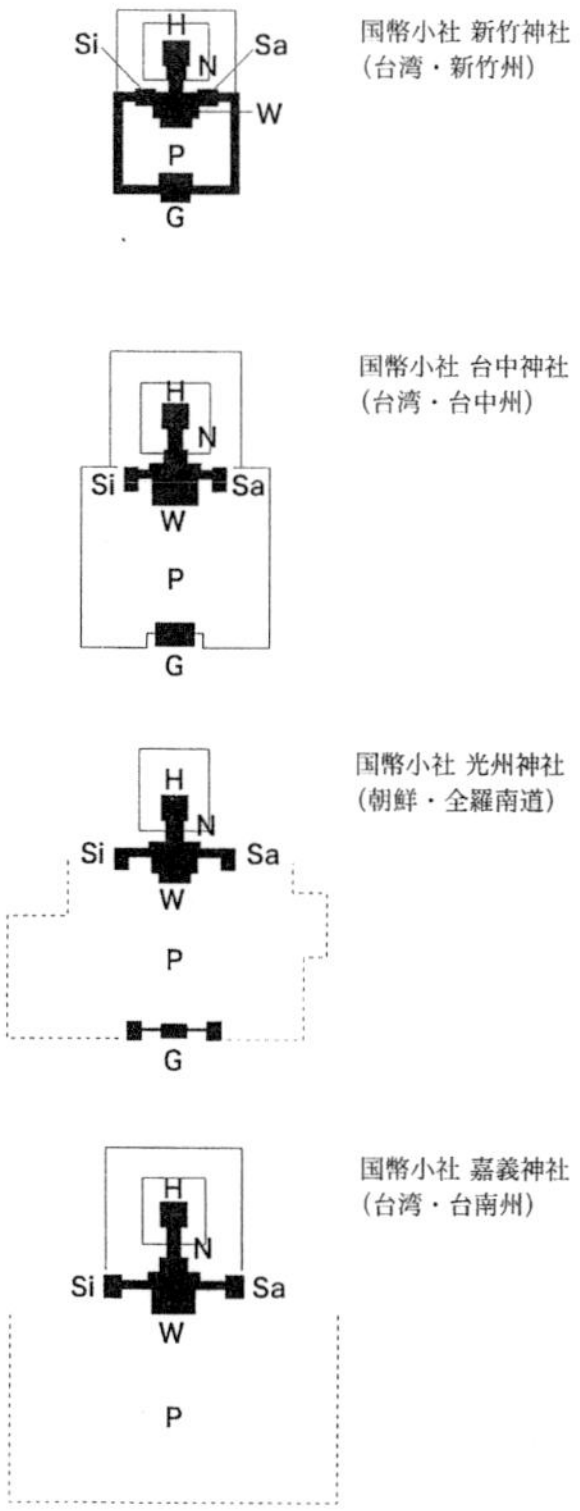

図 29　〈基本型〉に近い例
（台湾・朝鮮の国幣社列格をめぐる造営事例より）

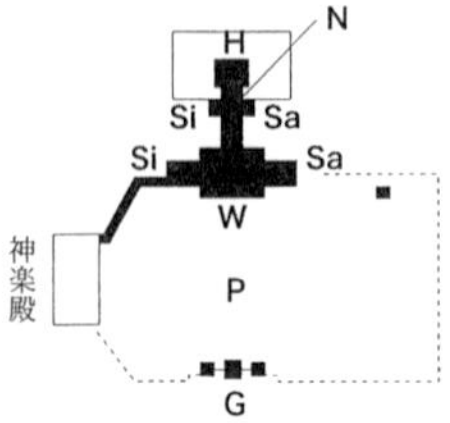

国幣小社 江原神社
（朝鮮・全羅南道）

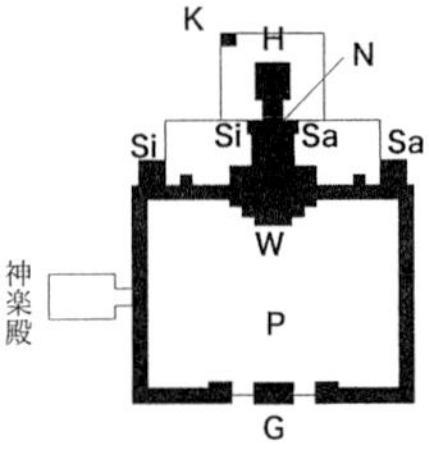

国幣小社 咸興神社
（朝鮮・咸鏡南道）

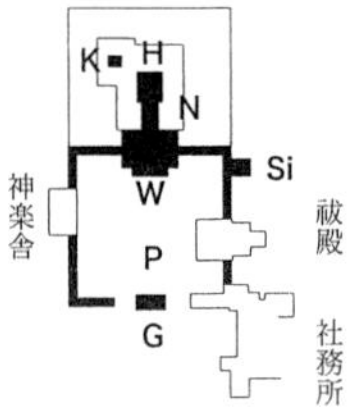

国幣小社 大邱神社
（朝鮮・慶尚北道）

図 31　やや特殊な展開例

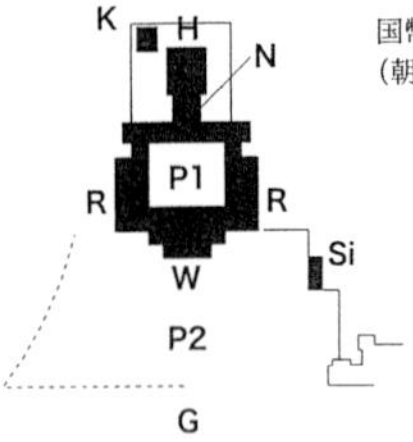

国幣小社 全州神社
（朝鮮・全羅北道）

図 32　〈祭舎型〉の例 1

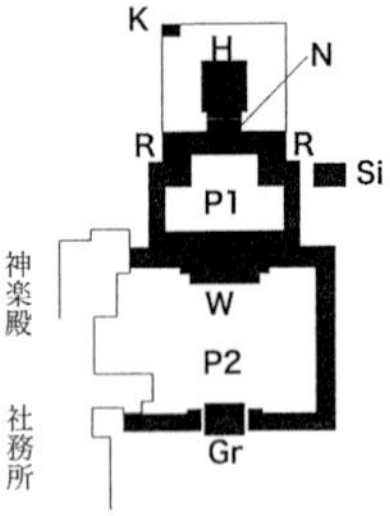

国幣小社 龍頭山神社
（朝鮮・慶尚南道）

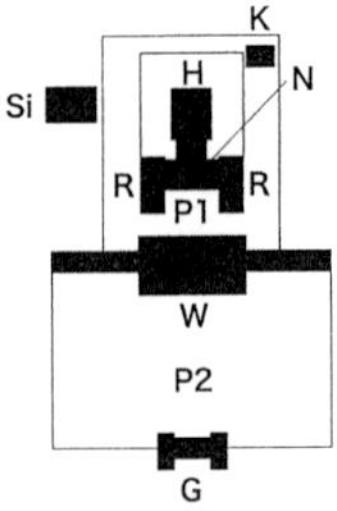

官幣大社 吉野神宮
（日本・奈良県）

図 33　〈祭舎型〉の例 2

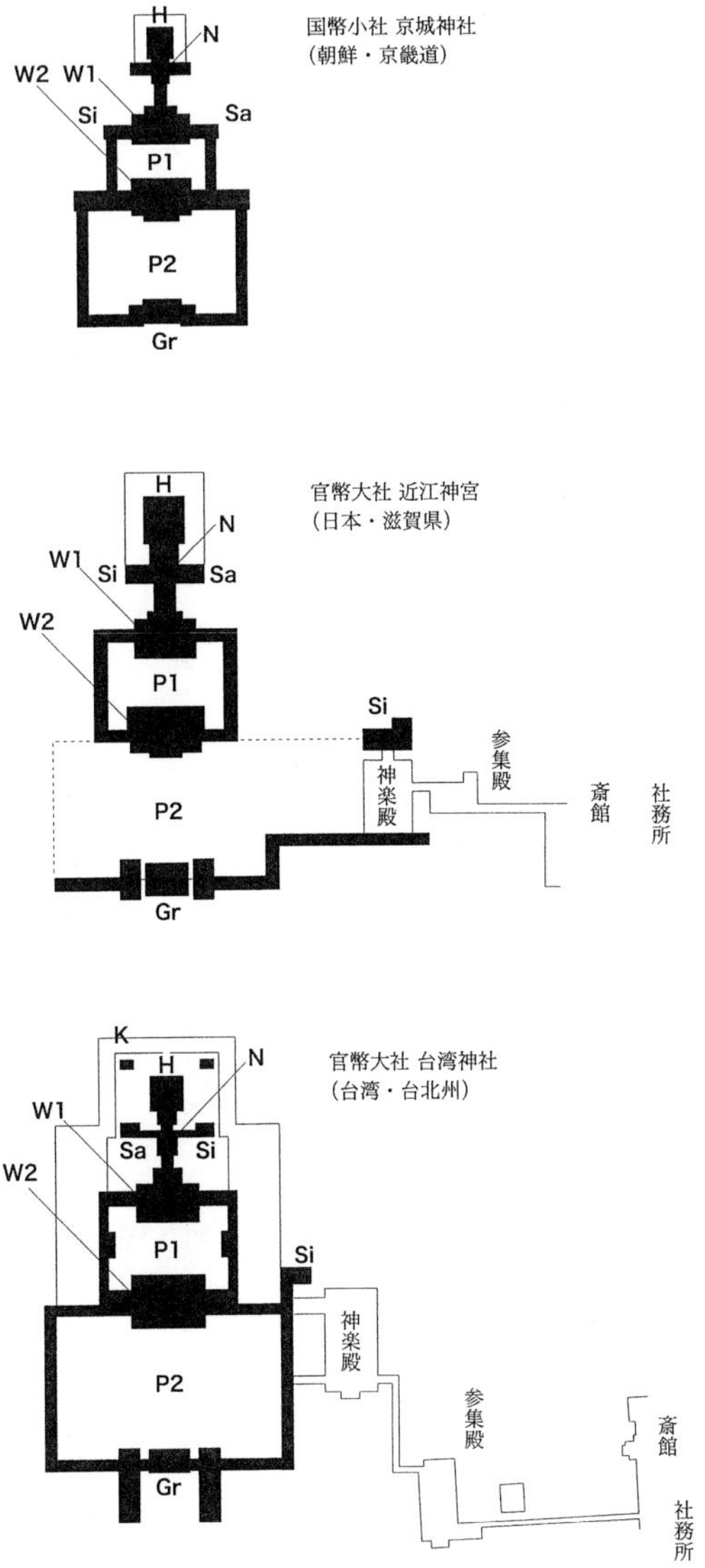
国幣小社 京城神社
(朝鮮・京畿道)
H
N
W2
W1
Si
Sa
P1
P2
Gr
官幣大社 近江神宮
(日本・滋賀県)
H
N
W1
Si
Sa
W2
P1
Si
P2
Gr
神楽殿
参集殿
斎館
社務所
官幣大社 台湾神社
(台湾・台北州)
K
H
N
W1
Sa
Si
W2
P1
Si
P2
Gr
神楽殿
参集殿
斎館
社務所

図34　〈二重拝殿型〉の例

な効果が意図されていると考えられる。

さらに全州神社（図32）では、祝詞殿の前に一文字の翼廊を伸ばし、ここから「着床殿」と呼ばれる祭舎を手前に出して廻廊で拝殿までつなぐ形式になっている。つまり、拝殿より奥に、祭祀がより奥行きをもって展開する空間がつくられているわけで、おそらく官軍の重要人物がこの祭舎に左右から向き合うかたちで着席したのだろう。この拝殿奥の祭庭を「内院」、拝殿手前のそれを「外院」と呼ぶことにする。このかたちをさらに奥行方向に発展させたのが龍頭山神社で、同様の祭舎が向き合ったその手前に内院が置かれる（図33）。この形式は、門を楼門とする以外は、内地の官幣大社吉野神宮（一九三二、内務省直営）に酷似する。なお、官幣大社扶余神宮は、造営物一覧（計画概要）によれば、「着床殿」、「内院廻廊」、「翼廊」、「楼門」などの社殿がみえることから、おそらく類例と思われるが、[26]これ以上の資料にふれる機会がないので断言は避ける。ここでは、この類型を便宜的に〈翼廊型〉と呼んでおこう。

そして、この内院奥の祭舎部分を、いま一度あらためて拝殿で置き換えてやれば、京城神社の造営計画になる（図34）。今日ふれうる資料は立面図のみだが、ここからおよその平面構成を推測すると、内院・外院ともにそれぞれ拝殿を持つ二重拝殿の形式で、内拝殿から地形にあわせて上昇する登廊に祝詞殿を接続する。祝詞殿の左右には神饌所を持つ翼廊が伸びる。また、神門は楼門とする点にも他とは異なる特徴がある。すでに気づかれるとおり、官幣大社台湾神社の昭和大造営の社殿は、これらとほとんど同じ特徴を備えていた。内地の官幣大社近江神宮、（本殿・幣殿こそ異なるが）官幣大社橿原神宮（内務省直営、一九四〇）、あるいは関東州の官幣大社関東神宮（一九四四）なども同様である。以上は、いずれも官幣大社を中心として最も社格が高く、造営規模の大きな神社であり、国幣小社京城神社だけが国幣小社である。この類型をたとえば〈二重拝殿型〉などとしてもよいと思うが、ちなみに神祇院技手であった山内泰明は、戦後の著作のなかで、「寝殿形式」あるいは「伽藍形式」と呼んでいる。[27]

以上にみてきた標準型、翼廊型、二重拝殿型のあいだには、詳しくみれば無限のバリエーションがある。しかし、大きくみれば規模と複合化の程度という点で階層化された、いくつかの標準的な設計モデルが準備されていた、あるいは確立されつつあったと考えられる。

護国神社と機能主義

台湾神社昭和大造営の外苑に、護国神社が創建されたのは先述のとおりである。護国神社はその制度自体が一九三九（昭和十四）年に生まれたもので、戦中期に産み落とされた神社類型という点で特徴的な神社である。もっとも護国神社の造営がすべて一九三九年以降に行われたわけではなく、一九三〇年代半ば頃から造営事業がはじまり、工事中あるいは竣工後に護国神社と改称されるケースもある。それらを含めても、敗戦までの約一〇年のあいだに、内外地で数十社が一挙に造営されたこと、それもまったく同じ性格・機能を持った施設であったことは、日本の神社史からみても異例の出来事と言ってよいだろう。この点では、官庁建築にむしろ似ているが、実際、近代の神社は地方統治の装置である以上、そのような側面を持つ。護国神社は、そうした近代の神社のなかでも最も突出して一元化・均質化された神社であると言ってよいだろう。官庁施設がしばしば標準設計をもつように、護国神社の場合も、細部はともかくとして、社殿の配置構成の大きな骨格において一見して護国神社と認識できるだけの共通した特徴を有している。すなわち、先述の〈基本型〉の左右翼廊から、翼舎（参列舎）が手前へのびて「冂」字型の平面をなし、広い祭庭を挟み押えるような構成をとるのである（図35）。

護国神社は官社ではないから、内務省―神祇院の技師が直接に設計することはなく、内地では民間の社寺専門設計事務所が受注、外地では植民地政府内に設置された造営事務局が設計にあたった。しかしながら、後述するように主

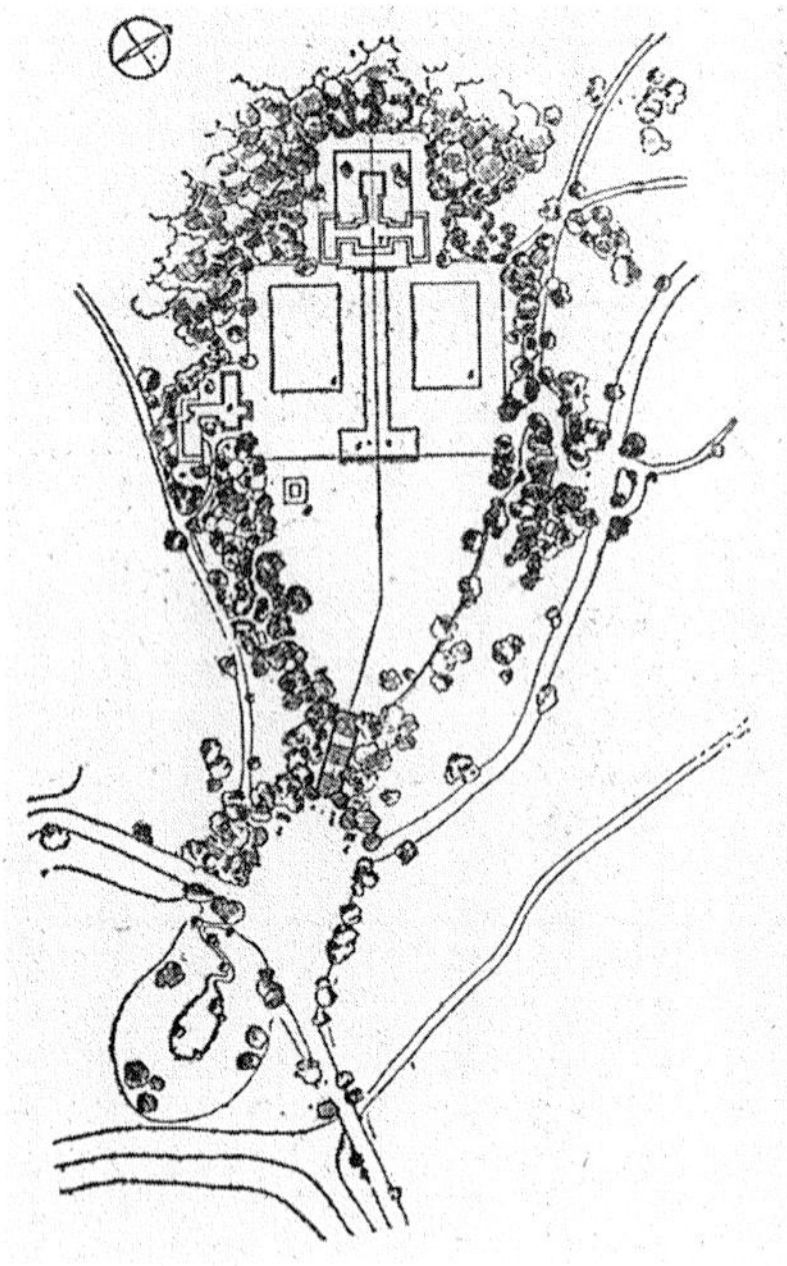

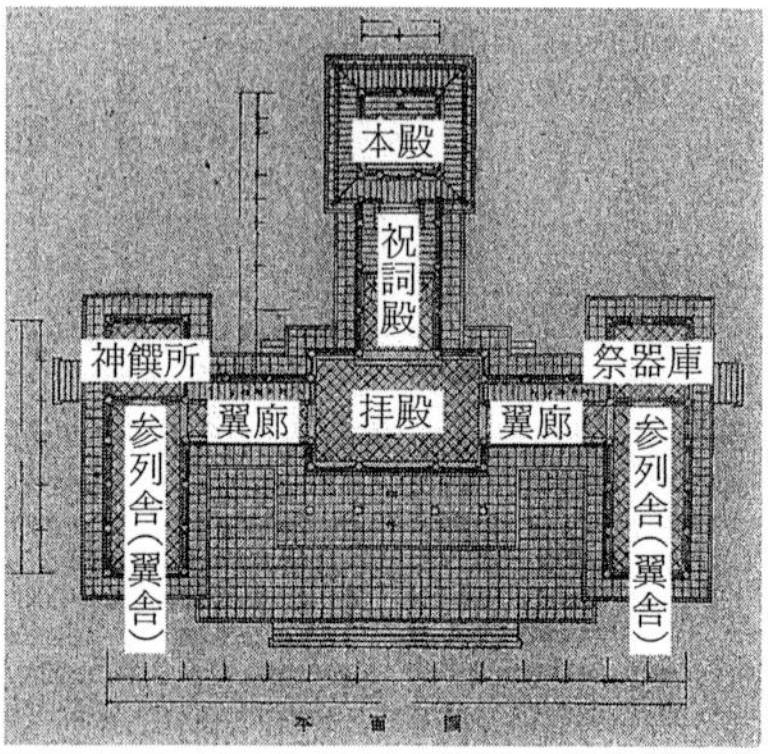

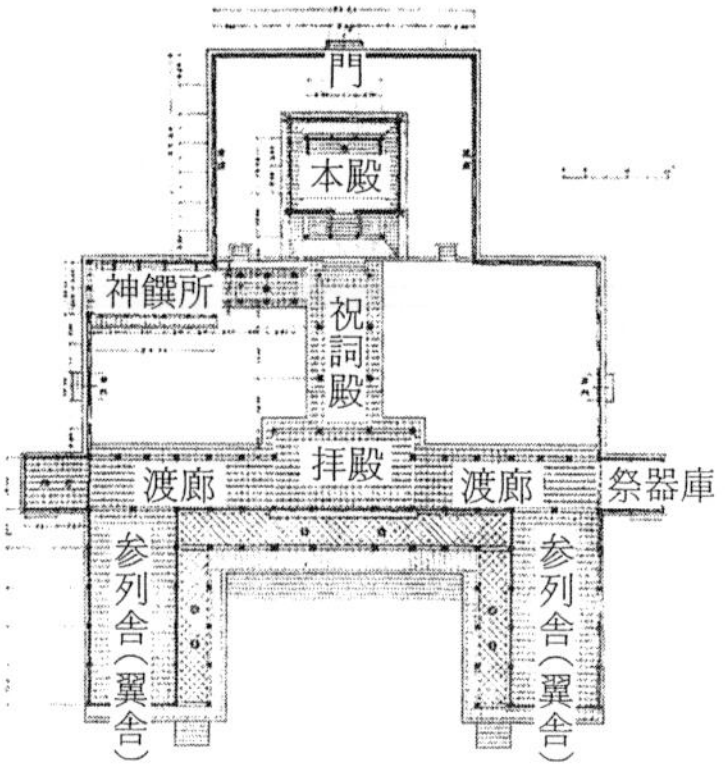

図 35　護国神社の事例

典型的な護国神社境内・社殿の一例として，茨城県護国神社の場合を示す。

出典：『建築世界』第 38 巻第 1 号（1944 年 1 月）

右下は台湾護国神社（1942 年，設計：台湾総督府官房営繕課）。

出典：『台湾建築会誌』第 14 巻第 4 号（1942 年 4 月）

要神社の設計にかかわった民間設計事務所はいくつかに限られ、内務省神社局—神祇院とのあいだに緊密な連携があったことは間違いなく、内務省神社局—神祇院の方針は帝国日本の全体によく伝達されていたようである。前出の山内泰明が「護国神社形式」と称して典型的な平面を掲げており、神祇院技師であった谷重雄も「俗に護国神社型と迄も称されている」標準的な形式があり、それは同造営課長角南隆を中心として確立されたものだとも述べている。(28) 詳細の明らかでない朝鮮の護国神社二社も、造営計画に「翼廊」「翼舎」をあげ、「略同規格」として同時に造営されている。(29) こうしたことから考えても、事実上の標準設計が内務省・神祇院に用意されていたと考えるのが自然である。

前出の谷重雄によれば、護国神社に特有の左右前方にのびた翼舎には、官・軍の重要人物や遺族の代表者などが着席し、順に翼廊を歩いて拝殿に至り、玉串奉献などの儀礼を行う。その一部始終を、遺族あるいは兵士たちが広場（祭庭）から見守る。参列者の数は、崇敬区域の人口によって変わるが、一般に数千人のオーダーにのぼり、これを収容できるように広場のサイズが決められた。もし、直接に祭儀にかかわる要人や代表者たちを中央の拝殿に着席させ、その前方（つまり奥）にある祝詞殿で儀礼が執り行われるとどうなるか。拝礼は神=英霊（本殿）に向かって行われるが、数千人の一般参列者はそれをまったく見ることが出来ず、祭典からまったく取り残されてしまう。そこで、この膨大な数の一般参列者を観客、直接に儀礼にかかわる人々を演者と捉え、縁者は左右に引き離された翼舎に控えさせ、空っぽになった中央の拝殿へと彼らが左右から次々に移動して儀礼を行うという動きそのものをつくり出したのである。凹字型平面はこうした検討の結果であった。したがって、物的な施設と空間をこうして操作することは、祭典のあり方そのものを検討し、再発見し、改革することと連動していたのである。神社においては祭祀こそが「用途」であり「プログラム」であるから、こうした設計態度は言葉の本来の意義において機能主義的であり、また近代主義的であると言えるように思われる。

一方、筆者が〈基本型〉と呼んでいる［本殿・祝詞殿・拝殿＋（神饌所・祭器庫）］に担当する部分は、あらゆる祭典の中枢になるだけでなく、神職の日常的な奉仕で頻繁に用いる箇所である。明治以降の造営にかかる社殿では、これらの各社殿が屋根なしで切り離されていたために神社や氏子の不満が募っていた。これを互いに接続することで、たとえば神饌所で調理した神饌を祝詞殿や本殿に備えるといった基本的な動作・移動が風雨にさらされることなく効率的に行えるようになった。これは権現造に似ているが、角南ら内務省技術者たちの機能主義・合理主義が、過去の遺産を再発見させたとも考えられる。

こうして見てくると、護国神社以外の一般の神社でも一挙に進められた社殿複合化の意味がはっきりしてくる。それは、基本的には機能主義と呼べるものであり、神社においては日常の奉仕や祭典などを実際に即して検討しなおし、そこから空間を再組織するような設計態度である。また、神社の中枢部をいわば不変の定数として確立したうえで（これが〈基本型〉である）、神社の類型や社格、あるいは崇敬者数などに応じて規模を調整したり、あるいは社殿複合化の手法を系列別に開発する、といった展開のあり方が浮かび上がってくる。この場合の規模や複合化が、屋根のある建築だけでなく、広場＝祭庭という外部空間を含んで行われたことにも注意したい。こうした外部空間は、一文字型、凹字型、あるいはロ字型をなす廻廊などによって周囲の環境から区切られ、祭典の演出を効果的にした。また、護国神社で広場サイズの決定が重要な意味を持っていたことからして、一般的にも、社殿（内部空間）や祭庭（外部空間）のサイズの決定においては収容する人員数が想定されていたと考えてよいのではないかと思われる。一般に建築設計において規模の決定はシビアな意味をもつが、物資統制・物価高騰のなかで多額の事業費を要する神社造営ではなおさらであったろう。ちなみに、筆者の聞き取りによれば、官幣大社近江神宮では、設計上の設定であるかどうかは不明だが、実態として楼門・外拝殿間には最大で約一万人、外拝殿内には一、〇〇〇人、内拝殿には一〇〇人を収容できるという。また、様々なタイプの祭典に即して、社殿と祭庭の使い方、組み合わせ方を柔軟に検討できるところに複合度の高い空間構成の利点があるというのが、神職の理解であった(30)。

さて、こうした合理主義的で組織的な神社設計体制が確立されて来た歴史的条件として、やはり神社への国家的期待が高まり造営事業が極度に活発化したこと、そして、神社祭祀そのものが活発化するとともに大衆動員が常態化したことをあらためて確認しておきたい。そうした背景の下で、内務省・神祇院造営課では、設計の標準化と、新たな方向性の開発という一見矛盾する二つの方向性を両立させ、短期間ながら組織としてもきわめて活性化した状態を持続させたのではないかと考えられる。

と同時に、建築界一般へのモダニズムの浸透とパラレルに見るべき側面もおそらく否定できないだろう。一般に建築設計の担い手は多様であるが、近代建築史では小規模の個人設計事務所を主宰する「建築家」がクローズアップされる傾向が抜きがたく認められる。しかし、モダニズムの実質的な獲得という点で、日本では官庁営繕機構に所属する技術官僚こそがむしろそれをリードしたという指摘がかねてよりなされている。逓信省に代表される官庁営繕の技師者集団は、同種の機能を持つ施設を全国的に多数設計するという業務上の特徴を持っている。逓信省ではまた、実態として設計者個人の創意を否定することなく、同時に組織としての連携や経験蓄積が日常的に実現されていたと言われる。こうした背景の下で、彼らは標準設計の洗練と、個別ケースの諸条件への対応をともに成立させうるような合理主義的な設計態度を醸成させる。これと同じことが、内務省神社局—神祇院の営繕技術者集団にもあてはまるだろう。彼らが帝国の全体を見渡しながら、同種の施設を同時に多数設計するために大規模な組織をフルに稼働させていたことに、私たちは想像をたくましくすべきである。

5 社殿様式と地域主義

彼らは、機能主義によってあらゆる神社を超地域的に無差別に画一化していこうとしたわけでは決してない。先にみた角南の土地＝地方とその神格（国魂神）についての思想からしても、広大な帝国の領域にわたって神社が一様であるとしたら、大きな矛盾である。実際、彼らは機能主義とともに地域主義を組み合わせることで、ますます増えていく多様な植民地を含む、帝国日本の神社造営の要請に応えようとしたとすら考えられる。

その点で最も注目すべき事例は、江原神社（江原道春川、一九四一）が国幣小社に列格する際の造営である（図36）。当時同社の宮司であった早山静夫は、自ら奉仕した神社の建築様式上の特色をこう述懐している。

朝鮮では（支那台湾でも同様であるが）古来信仰の対象となって来た祠とか廟とかは勿論曲線式で色彩を施したものが多い。そこでこの朝鮮色を神社建築に採り入れようと、角南造営課長監督の下に総督府の松本芳夫技師が苦心して設計したのが江原神社のそれであった。これまで曲線式のものは偶にはあるとしても丹塗は始めてで朝鮮建築を加味しての設計は最初の試みであった。云はば次に造営されるべき扶余神宮や海州神社の試験台になったわけである。即ち本殿始め祝詞舎、拝殿、神饌所、御輿庫、廻廊、神楽殿、神門、透塀、手水舎、灯籠、鳥居、摂社に至る迄悉く曲線丹塗で、殊に神門透塀には朝鮮色が多分に盛られ、斎館社務所等は概観はすっかり朝鮮建築で各室は温突とし、僅かに内部の装飾に和風を施されたに過ぎなかった。これが確かに形の上から半島人に親しまれた原因となったものと思ふ。(31)

江原神社（一九一三年鎮座、一九一八年創立許可）では、一九四一（昭和十六）年十月の国幣小社列格を控えて同年二月に社殿改築・境内拡張が成っていたが、その社殿は相当に朝鮮建築の特色を採用したもので、内務省神社局（当時神祇院）造営課長角南隆と、内務省の職歴を持つ朝鮮総督府技手松本芳夫がその設計にあたった。当の角南隆は、神社は「土地から芽生え、其土地の住民と共に漸次生成発達すべき」とする彼の地域主義的な思想に照らして、「伊勢神宮に見る如き神明造」が専一的に要請された植民地の状況を強く批判した後で、江原神社は「当時総督府の当局者であった松本芳夫君の努力によって、幾分朝鮮の香のする神社として呉れた」と例外的に評価している。(32) そして、早山によれば、この江原神社の「朝鮮式」の試みは、扶余神宮や海州神社といった当時計画中であった神社造営事業の「試験台」となったという。

図36　江原神社社殿
出典：『朝鮮と建築』第21巻第9号（1942年9月）

実際、官幣大社扶余神宮の計画をみると、「構造様式」の欄に、「木造丹塗・屋根本殿銅板葺流造・其ノ他碧瓦葺入母屋竝ニ切妻造トス」とある。(33) 言ってみれば、天照大神・明治天皇を祭神とし伊勢神宮を社殿様式の範とした朝鮮神宮とは違って、すでにして朝鮮との融合を果たしていた「先皇」を祀る扶余神宮では朝鮮建築への融合が主題となったのである。

なお、早山静夫があげる海州神社（大正七年創立許可）は、黄海道の道供進指定社で、管見するかぎりでは一九三八（昭和十三）年時点で国幣小社列格を目的とした造営を企画し、奉賛会設立の計画中であったが、結局列格をみずに終戦を迎えている。この当時、道供進社クラスの国幣小社列格を目指した造営が他にも多数あったことは、先にもみたとおりである。一九四一（昭和十六）年頃の状況をみても、海州神社と同様に造営着手に遅れていたものが数社あったから、それらも江原・海州・扶余に共通する方針で社殿設計が検討されていた可能性も大いにある。

ただし、ここで注意を要するのは、こうした地域主義の試みが、植民地の場合に限られるのではないということである。たとえば官幣大社近江神宮については、蟇股、虹梁絵様、実肘木や桁などの木鼻に「滋賀県下の室町時代中後期の遺構にそのデザインソースを求めたようなものである」との指摘もある。[34]伊東忠太においては、国内では神社ごとに様式の創出を模索し、海外では神明造を無批判に反復するところに特徴があったが、昭和期内務省―神祇院の思想や方法論は、内外地にわたり基本的には区別やひずみのないかたちで帝国日本の全体を覆えるような抽象度を獲得していたと考えられる。

植民地における国魂神奉斎や地域主義の実践は、地方（土地）に固有の力を認める考え方に基づいていた。しかし、それを奉斎する形式はあくまでも「神社」であり、帝国の定めた祭式である。社殿や境内も、たとえ「朝鮮式」などが加味されるとしても、それは神社祭式に基づき機能主義的な方法によって超地域的に標準化されつつあった平面計画を前提にしたものであった。要するに、「地方」に固有のアイデンティティを認めつつ「帝国」に包摂するようなイデオロギーが、少なくとも内務省・神祇院の周辺では発達しつつあったと考えられる。むろん、その固有性とは、帝国日本からみた地方の印にすぎないし、政策的にはより柔らかくより巧妙な統治のモデルと関係していよう。

なお、台湾の戦時期の官国幣社造営にはこうした意匠的側面での地域主義的な試みが行われたらしいことを示す根拠は見つからない。本章で最初にとりあげた台湾神社の昭和大造営も同じであるが、その理由は今のところ不明というほかない。

6　境内設計の方法的確立

神社境内のあり方にみられる大きな転回として、もうひとつ指摘しなければならない点が残っている。右にみてきたことがらとも多いに連関するのだが、ここで取り上げるのは、明治・大正期までの名勝的・遊興地的な神苑や社寺公園などにみられる神社境内観そのものを、批判し相対化していく動きである。

それは植民地政府の見解にまで現れる種類の転回であった。朝鮮総督府は、一九三五（昭和十）年十月に、各道長官宛内務局長通牒「神社ノ施設改善ニ関スル件」のなかに、

七　神社境内ト公園トヲ混同セル向アルガ如キモ其ノ区分ハ判然セシメ境内ヲ遊園化セシメザルコト

八　神社境内ノ森厳ヲ維持向上セシムル為成ルベク境内ニ植樹ヲ行ハシメ記念植樹等ノ機会ヲ利用シテ官民協力シテ神社境内ノ整備ニ奉仕セシムルヤウ努ムルコト(35)

といった指導項目を入れており、これが翌年の神社制度改革に際しても、「従来動モスレバ神社境内ヲ公園ト混同シ各種ノ工作物ノ濫設ノ結果境内ノ森厳ヲ破壊シ設備ノ不調和不統一ヲ来セル例少カラザル」などとして繰り返されている。これは、すでにふれたように、居留民奉斎期以来公園地と神社境内とが一体的にほとんど区別されずに経営されてきたことを反映するとともに、その様相が昭和初期もあまり変わるところがなかったことを物語っており、それがここに至って「境内ノ森厳」や「調和」、「統一」を乱すものとして批判・否定の対象となったことが分かる。また

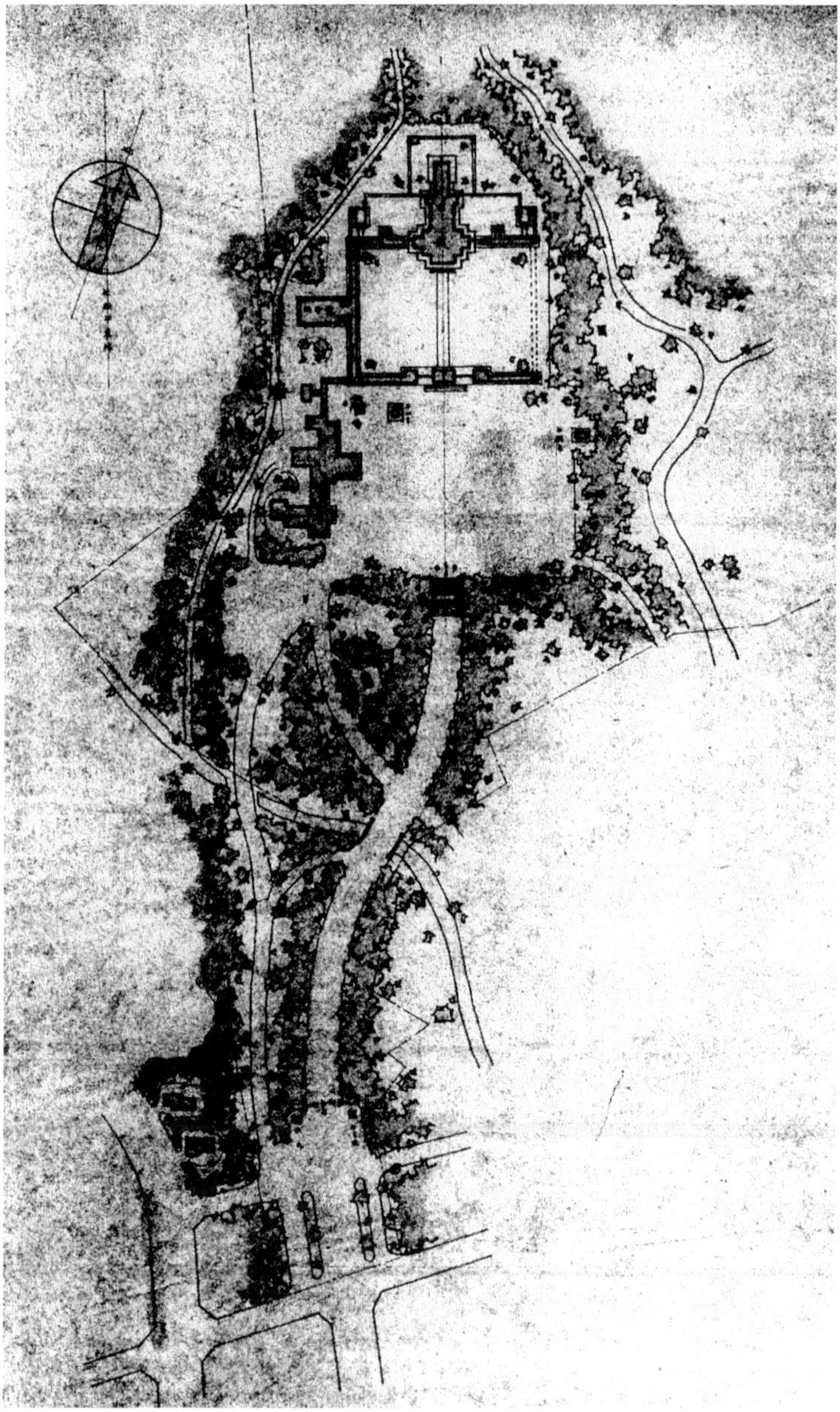

図 37　神社境内配置構成の事例（咸興神社の国幣社列格にともなう造営計画）

樹林の育成、施業については、とくに花果樹が嫌われ、常緑樹の植樹が指導されている。実際、本章でこれまでとりあげてきた朝鮮・台湾の国幣社列格時造営などでは、いずれの場合も、従来の記念碑や桜・梅などの記念樹、娯楽遊園施設を集約した境内地・公園地がクリアランスされ、そこに広大な祭庭と複合社殿が置かれるとともに、鬱蒼とした常緑樹林による「神苑」が造成される計画となっている（図37）。

「神社境内」と「公園」との結びつきは、朝鮮の居留民奉斎神社に限らない。台湾神社をはじめ、多くの植民地神社に見られた特質である。内地でも地租改正・社寺領上知・公園布告といった明治初期の政策が近世以来の景勝地を公園として追認する機能を果たし、社寺や城郭を核とした公園が形成されていた。このあたりはII―一でみたとおりである。管見では、それが内地では一九二〇年代に問題視されるに至る。その契機は明治神宮造営と関東大震災であったと思われる。

明治神宮造営（一九二〇竣工）において、内苑・外苑といった「神苑」が人工的に創出されたことはよく知られる（外苑は一九二六竣工）。この造営に関与した林学者上原敬二は、

不肖曩に明治神宮造営局に職を奉じ神社境内造成の計画に当りたるも当時未だ神社の森林に関して調査せる何等の資料なかりし[36]……

といった背景を遺憾とし、全国の神社境内を踏査した。

この調査と明治神宮造営の経験をおそらく主な根拠として、上原は大正中期より神社の森林および境内計画に関する論説を発表しており[37]、一九一九年には『神社境内の設計』を著す。この著作の重要な点は、神社境内の設計概念を提示したことにある（図38）。上原は、神社境内の風致や尊厳を保持するために境内林を一定の区域に分割（ゾーニング）、社殿敷地を中心とする風致林のヒエラルキーを明確化したのである。これは内務省の建築技術者にも受け継が

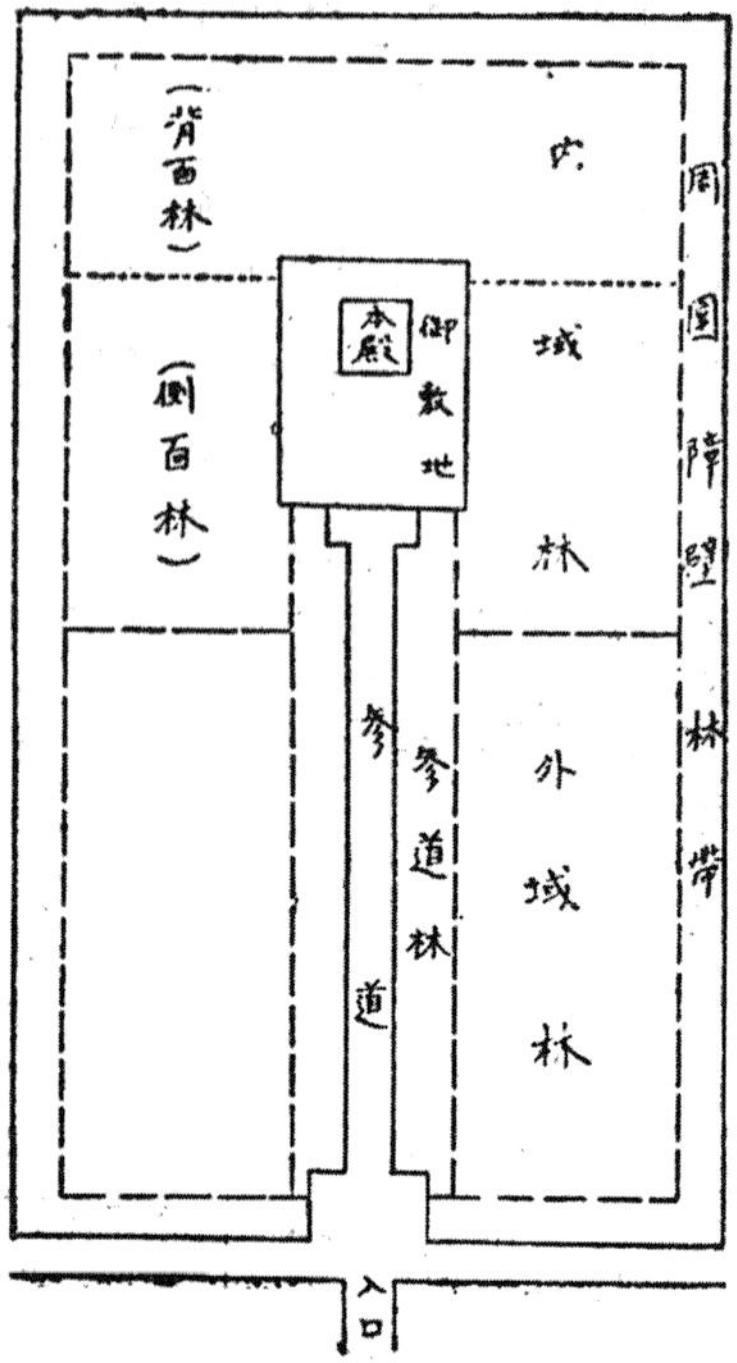

図 38　上原敬二による神社境内の区画（設計概念）
出典：『神社境内の設計』（嵩山房，1919）

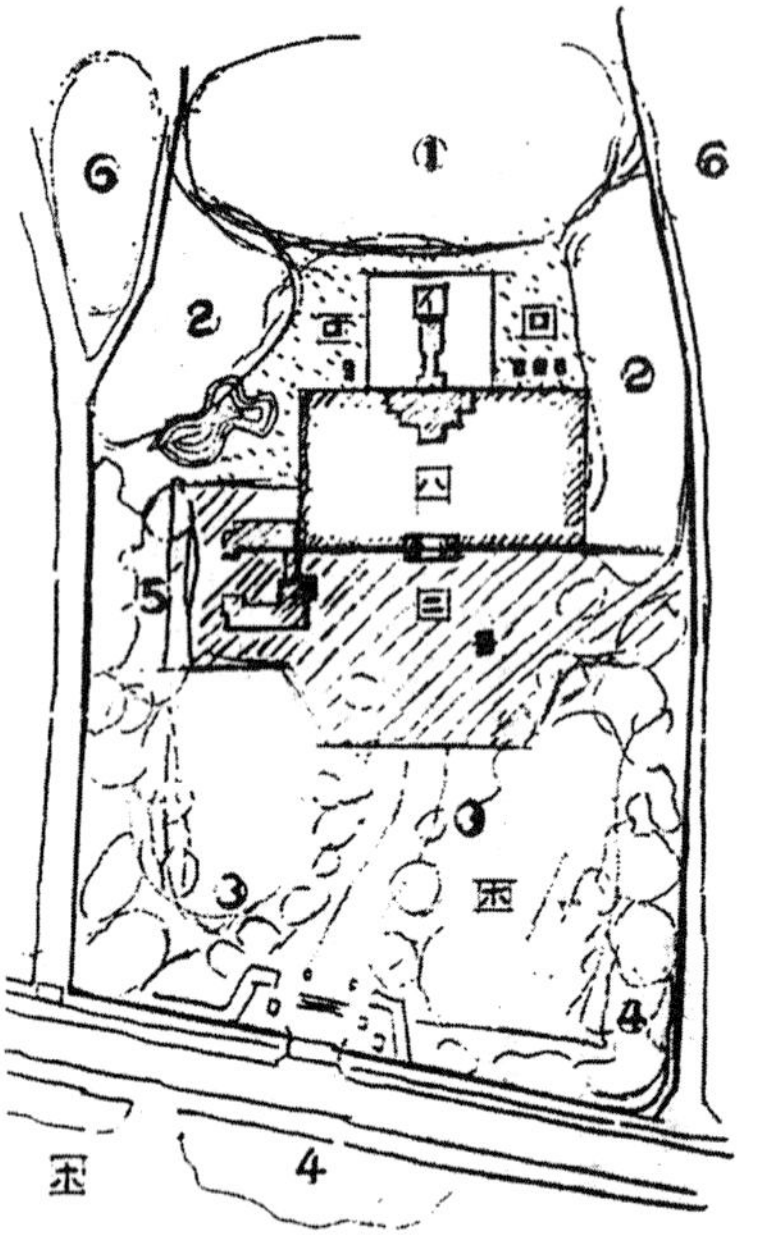

図 39　山内泰明による神社境内組織図
出典：『神社建築』（神社新報社，1967）
（境内の林相）
1 背景林，2 側面林，3 風致林，4 障壁林，5 疎林，6 借景林，
（境内の構成）
イ 神聖区域，ロ 森厳区域，ハ 清厳区域，ニ 清雅区域，ホ 自由区域，

れる。たとえば明治神宮技師・造神宮技師・内務技師を歴任した建築家の大江新太郎（一八七九〜一九三五）も一九二四（大正十三）年に「神聖区域、森厳区域、清厳区域、清雅区域、自由区域」といった概念によるゾーニングの方法論を提示しており[38]。さらに角南隆体制下で内務省（神祇院）に奉職した山内泰明も戦後の著書で大江の概念とまったく同じものを用いている[39]。

なお上原は、「外苑」は「外域林」の一部で「公園的取扱」をなしたものとしている。要するに公園的施設は外苑として峻別され、一定の区画を与えられたが、大江の概念では自由区域がそれに当たるのであろう。こうして、公園の「自由」と、神社境内中枢部の「神聖」とは概念的に一定の分離がはかられたのである。

一方、関東大震災がもう一つの契機だというのは、次のような興味深い事情ゆえである。一九二四（大正十三）年、内務省神社局は復興局の協力を得て「神社に関係ある公園の経営に関する協議会」を開催し、

一、神社を主とする公園は其の設備に十分考慮し形式内容共に神社の尊厳を保持する様工夫改良を加え所謂神社公園として恥しからぬものとすること

二、又神社を背景として設けられ居る神社と公園との区画を明らかにすること

といった方針が内定され、「その結果に依って各都市の公園にも之を適用する」ことが計画された。(40)前者は「神社公園」の境内設備を神社の尊厳に配慮して整備するとしたもので、必ずしも神社非公園論と言えるものではないが、いずれにしても概念のレベルで神社境内と公園とが分離しているのは明らかである。

これに対し『皇國』誌に掲載された「時論」は、一方で東京市当局が積極的に「神社の社会化、神社開放論、境内の公園化」を押し進める動きを見せていることを引き合いに出し、世の神社境内観に「神社神聖論」と「神社開放論」があるとし、内務省は社会化・公園化を絶対に阻止せんとは言わないまでもそれに近い立場（神聖論）だと観察している。(41)

この記事はまた、この構図を「公益」と「神聖」の対立と読み換え、さらには都市の神社と農村の神社との区別を立てて、都市内の神社であれば「俗化」を避ける範囲で公益施設化の方向を目指すべきだとも主張する。

この種の議論は一九二〇年代（大正後半期）の神社関係のジャーナリズムに頻繁にとりあげられており、神社境内と公園との概念的区別が共有化されていくプロセスを観察することができる。そして、神社境内の「神聖論」は、最終的には戦時総動員体制の下で、新営、あるいは既存神社境内のクリアランスというチャンスをもたらした内外地の官

国幣社・護国神社造営において、主として内務省技術者らの影響力で実践に移されていったという見通しが得られたのではないだろうか。

今日、旧官国幣社その他の主要神社を訪れると、明治期の神苑を残す神社は多いし、屋台や茶店の並ぶ境内もないわけではない。しかし、ゆったりとしたカーブをもつ参道が鬱蒼たる常緑樹の森を貫いていくようなアプローチを経験することも多く、そこに遊興地・行楽地といった種類の「門前」の空間を見いだすことは難しい。戦中期に創建もしくは境内の前面改造を行った、吉野神宮、橿原神宮などはその代表例であるが、植民地でも戦中期にはそうした境内が、現地で使用しうる樹種のなかで試みられたのであろう。

なお、以上は管見にとまるアウトラインを示したもので、筆者としても今後詳細に追跡して検討を加えなければならないと考えている。

7　内務省系技術者のネットワーク

こうした内務省―神祇院を中心とする昭和期の神社造営の思想と技術は、技術者の組織やネットワークに沿って帝国の隅々まで浸透していったはずである。最後にこの点を概観していこう。

台湾・朝鮮の官国幣社・護国神社造営にかかわる断片的な資料から、関与した技術者の名前を判明する限りで拾い出し、一覧にしたのが表13である。

まず内務省神社局―神祇院の造営課長・角南隆技師は、少なくとも台湾神社、新竹神社、扶余神宮、京城神社、大邱神社、平壌神社、江原神社、全州神社、咸興神社の九社に顧問格で関与したことが分かる。実際にはすべての官国幣社に何らかのかたちで関わったとみてよいのではないか。角南は東京帝国大学建築学科を一九一五（大正四）年七月に卒業した後、翌一六（大正五）年九月より明治神宮造営に参画、一九一九（大正八）年からは内務省神社局の技師となり、一九三九（昭和十四）年七月には造営課長となっている。先述の吉野神宮（一九三二）が、角南にとっての最初の設計であり、その後一九三四（昭和九）年頃から活発化する神社造営においてつねに中心的な位置を占め、絶大な発言力を発揮した。

実質的な設計者は、官幣社であれば総督府技術官僚から成る造営事務局が臨時に設置されたが、国幣社造営の場合、台湾では州庁技術者が、朝鮮では内地の民間設計事務所の名前があがる。後者は、小林建築事務所（東京）、社寺工務所（東京）、国粋建築研究所（東京）である。

小林建築事務所は、小林福太郎が一九二五（大正十四）年に東京に開設した社寺専門の建築設計事務所である。小林は一八九九（明治三十二）年二月東京工手学校造家学科卒業後、内務省社寺局、宮内省内匠寮に奉職し多くの社寺造営に携わった他、一九二〇（大正九）年には明治神宮造営局嘱託となる。朝鮮では、京城神社、光州神社、江原神社、大田神社の四社で国幣社造営に携わっている。(42)

国粋建築研究所の主宰者である二本松孝蔵は、工手学校造家学科を一九〇七（明治四十）年二月に卒業、ついで一九〇八（明治四十一）年に工学院を出た後、一七（大正六）年に造神宮技手兼明治神宮造営局技手となり（～一九二五）、一九二七（昭和二）年に事務所設立に至っている。(43)龍頭山神社、全州神社の設計者である。

小林・二本松の両者は、昭和期の神社造営を、内務省とのコネクションを持ちながら民間で支えた最も代表的な建築家であると言え、彼らが関与した神社はとくに国幣社・県社クラス、あるいは護国神社で膨大な数にのぼる。(44)なお、先に昭和期造営の神社社殿にみられる最も規模が大きく複合化の程度も高い類型として〈二重拝殿型〉をあげたが、

営の設計者

設計［実施設計］	神苑：顧問	資料
台湾神社御造営事務局	本郷高徳	台湾時報 1944.10
手島誠吾（新竹州）	本郷高徳	新竹州時報 1940.10，公文類聚
畠山喜三郎（台中州）	本郷高徳	台湾建築会誌 1941.02，公文類聚
阿部正弘（台南州）		台湾日日新報 1944.01，公文類聚
台湾総督官房営繕課		台湾建築会誌 1942.04

設計［実施設計］	神苑：顧問	資料
扶余神宮造営事務局		大陸神社大観
小林福太郎		大陸神社大観
二本松孝蔵［松本芳夫（総督府）］		趣意書・総督府文書
二本松孝蔵		公文類聚
杜寺工務所		朝鮮と建築 1942.09，公文類聚
小林福太郎		朝鮮と建築 1942.09，公文類聚
小林福太郎［松本芳夫（総督府）］		朝鮮と建築 1942.09，公文類聚
二本松孝蔵［松本芳夫（総督府）］	本郷高徳	全州府史・公文類聚
		公文類聚
朝鮮総督官房会計課か		大陸神社大観，帝国議会説明資料
朝鮮総督官房会計課か		大陸神社大観，帝国議会説明資料

その代表例である近江神宮の設計原案をつくったのは小林である。

残る社寺工務所は、一九二三（大正十二）年、全国神職会が台湾扁柏（檜材）の内地への安価大量供給を目的に設立されたが、社寺専門技術者を擁した民間設計事務所でもあった[45]。

植民地政府側の技術者として重要なのは、朝鮮総督府技手であった松本芳夫である。彼は朝鮮の国幣社造営で少なくとも龍頭山神社、江原神社、全州神社への関与が認められる。松本は、一九三四（昭和九）年より内務省神社局技手であったが、一九三七（昭和十二）年七月をもってこれを辞し、朝鮮総督府の官房会計課技手となっている。従来、総督府技師として神社造営への関与が認められる人間としては笹慶一

表13　1935年前後以降の台湾・朝鮮における官国幣社・護国神社造
空欄はすべて資料不足ないし未調査により不明であることを意味する。

台湾

社号	社格(最終)		造営年代	建築:顧問
台湾神社	1900.09 官幣大社	改築	1939-未完	伊東忠太・角南隆
新竹神社	1940.10 国幣小社	改築	1938-1940	角南隆・井手薫
台中神社	1940.10 国幣小粒	改築	1937-1940	
嘉義神社	1944.01 国幣小社	改築	-1944	
台湾護国神社	—	創建	1941-1942	

朝鮮

社号	社格(最終)		造営年代	建築：顧問
扶余神宮	1939.06 官幣大社	創建	1939-未完	角南隆
京城神社	1936.08 国幣小社	改築	未着手	角南隆
龍頭山神社	1936.08 国幣小社	改築	未着手	
大邱神社	1937.05 国幣小社	改築	1938-?	角南隆
平壌神社	1937.05 国幣小社	改築	1934-1935	角南隆
光州神社	1941.10 国幣小社	改築	1937-1940	
江原神社	1941.10 国幣小社	改築	1937-1941	角南隆
全州神社	1944.05 国幣小社	改築	1939-1943	角南隆
咸興神社	1944.05 国幣小社	改築	1940-1943	角南隆
京城護国神社	—	創建	1940-1943	
羅南護国神社	—	創建	1940-1944	

がいたが(46)、おそらく、朝鮮で国幣社、あるいは地方庁供進社クラスの大規模な造営が活発化しつつあったことを背景に、角南体制の内務省技術者の中から、新たに専門家として松本が派遣されたという事情であったのではないか。

このほか、林苑関係ではやはり内務省の本郷高徳が台湾神社、新竹神社、台中神社、全州神社の神苑設計に関与したことが分かる。

このように、台湾・朝鮮の官国幣社造営の設計者の中核が、社寺を専門とする内務省系の技術者によって占められていたことはもはや明らかである。直接に手を下すのではないにせよ、角南が中心にいたであろうことは推察されるが、具体的な体制はどのようなものであっただろうか。江原神社造営を例にとると、設計者は小林建築事務所だが、宮司の回顧によれば角南隆の下で松本が設計に奮闘していたといい、角南自身も松本の「努力」を回顧するだけで小林の名は出していない(47)。おそらく角南の紹介で小林が作成した設計図を基礎として、敷地条件などを入れた具体的な設計は松本がむしろ中心になって行い、松本に対しても角南の指導がなされた、といった関係ではなかったかと想像される。(48) 内務省から総督府に移った松本は、角南と総督府との実質的なパイプ役であった可能性も十分に想定される。

当時内務省にあって絶大な権威者であった角南の下に、植民地も含めた帝国、あるいは「大東亜共栄圏」の拡がりに対応した内務省系の技術者ネットワークが形成されつつあったであろうことは想像に難くない。また、世代の若い松本を除けば、彼らに共通するバックグラウンドとして明治神宮造営での経験を指摘することができる。その意味では、彼らは明治神宮造営の主導者であった伊東忠太の下にすでに大正前期に集まっていた社寺関係の技術者たちであったという見方も可能であるが、その彼らが、昭和に入ると角南体制下にすっぽりと収まっていることも事実である。一九二〇年竣工の明治神宮造営以降、一九三〇年頃までの過程は、今のところ、筆者の検討が抜け落ちている部分であり、角南という個人がいかにして体制を確立していくのかは今後の課題とせざるをえない。

いずれにせよ、内・外地で神社造営の活発化する一九三〇年代以降の時期に、以上のような技術者たちが官・民それぞれの立場から精力的に設計の腕を振るっていた。その内外地を貫く一元的な設計体制において、内務省—神祇院で試行され確立されつつあった規範的な社殿・境内の設計方法およびその形式がかなり直接的に植民地にも輸出されると同時に、それがまた実験場として設計方法の深化に大きな役割を果したものと考えられる。それによってまた、多様な履歴を持つ植民地の個々の神社境内がクリアランスされ、機能主義と地域主義をセットにした柔軟な国際様式によって塗り替えられていったのである。

註

(1) 台湾神社の昭和大造営については、大倉三郎「台湾神宮御造営」(台湾総督府編『台湾時報』一九四四年十月号、一五〜二三頁)

による。この他、『台湾日日新報』一九四四年二月二十三日（第三面）、『提要』昭和十二～十七年度も参照した。

（2）台湾総督府文書課編纂『台湾総督府民政事務成績提要』以下、『提要』昭和十一年度（一九四一年、二九三頁）。

（3）『台湾神社御造営奉賛会趣意書竝会則』（台湾神社御造営奉賛会）。発行年不明だが、巻頭の趣意書は昭和一四年七月付。神苑計画図の他、簡単な社殿平面図および立面図を付す。『台湾日日新報』一九三九年七月十六日（第一面）も参照

（4）紀元二千六百年祝典事務局『紀元二千六百年祝典記録』（内閣印刷局、一九四三年）第十冊。なお、台湾では領台五〇年間の神社総数六八社のうち、一九三五～四三年の九年間に三八社の新規創建が集中している。

（5）『提要』昭和十四年度（昭和十六年、三一五頁）。台湾土地収用規則は、一九〇一（明治三十四）年五月二十三日律令第三号。神社造営は「公共ノ利益トナル事業」の一つであった。

（6）一九九七年十月九日、李重耀建築師事務所にて筆者聞き取り。李重耀氏によれば、それぞれの担当内容と主任は、第一工営・神社（八板志賀助）、第二工営・学校など（安田勇吉）、第三工営・研究所など（牛谷富美夫）、第四工営・構造（神谷犀次郎）、第五工営・設備（池田某）であった。

（7）『朝日新聞』一九四四年十月二十四日付、第二面に、「目下造営中の台湾神宮は二十三日旅客機の事故により炎上しその一部を焼失せり、なほ祭神増祀祭及び例祭は現社殿において予定通り執行せらるる模様なり」とある。

（8）註（1）大倉三郎「台湾神宮御造営」（一五～一六頁）。

（9）台湾護国神社御造営奉賛会については、前掲『台湾日日新報』一九三九年七月十六日（第一面）、同社の建築については『台湾建築会誌』第一四輯第四号（一九四二年）。

（10）蔡錦堂『日本帝国主義下台湾の宗教政策』（同成社、一九九四年）、第三章「戦争拡大による敬神崇祖精神の強化」を参照。

（11）阪本是丸『国家神道形成過程の研究』（岩波書店、一九九四年）第十章を参照。

（12）縁故とは、①戦没時に当該地域の居住者、②戦没時に当該地域の軍隊所属者、③当該地域が戦没地である者、のいずれかに該当することを言う。

（13）藤岡洋保「内務省・神祇院時代の神社建築」（『近代の神社景観』中央行論美術出版社、一九九八年）。

（14）「内務省の神社建築」谷重雄談、聞き手＝後藤治・光井渉（『神社新報』第二一九四号、一九九二年九月二一日）。

（15）『現行台湾社寺法令類纂』（帝国地方行政学会、一九三六年）。

（16）「神社ニ関スル法令ノ施行ニ関スル件」（『朝鮮神社法令輯覧』（帝国地方行政学会朝鮮本部、一九三六年、三九～五三頁）。
（17）前掲「神社ニ関スル法令ノ施行ニ関スル件」。国幣社列格については、内地では祭神由緒や国史顕在といった点を問う内規があったが、朝鮮について神社制度調査会の内議に基づき「朝鮮ニ於テ国幣社ニ列セラルベキ神社ノ銓衡内規」と称する審査内規が定められ、その内容は道庁所在地にあって道の鎮守たることの他、社殿設備、神社費、境内面積の最低限の数値を定めた数量的なものであった。公文類聚昭和十一年社寺門「京城神社及龍頭山神社ヲ国幣小社ニ列格ス」（国立公文書館所蔵）などの国幣社列格関係の文書にこの列格内規が添付されている。
（18）朝鮮総督府文書・昭和一六年国幣社関係綴（韓国政府記録保存所蔵）に添付の「京城神社御由緒記」による。ただし、宮地の理由書は、一九二九年における京城神社の国魂大神合祀に関するものである。
（19）註（16）『朝鮮神社法令輯覧』（二二九～二三九頁）。
（20）笹慶一「神社の敷地・様式その他の考察」（『朝鮮と建築』第一五輯第七号、一九三六年七月）。
（21）角南隆については、（註13）藤岡洋保「内務省・神祇院時代の神社建築」がある。藤岡の議論は、角南隆を合理主義を奉じるとともにロマン主義的ナショナリズムをあわせもつモダニスト建築家のひとりとして捉えるところに焦点がある。これは近代建築家論のありふれた構図であるが、しかし角南ならびに彼を頂点とする内務省神社局営繕課・神祇院造営課の神社設計の方法的特質は、藤岡の見方では捉え損ねる面がある。これに対して筆者は、青井「角南隆・技術官僚の神域／機能主義・地域主義と〈国魂神〉」（『建築文化』第六三九号、二〇〇〇年一月）において、①巨大な組織が醸成させる合理主義の特質ならびに海外にまで張り巡らされた技術者ネットワーク、②機能主義と地域主義をあらかじめ組み込むことで海外諸地域（植民地）を含む日本帝国の全域を扱いうる設計方法論の体系、③角南隆の国魂神論の構造的特質と植民地認識、といった問題を軸に論じ、しかもこれらが一貫した構造をなすことを強調した。角南個人の思想については、とくに、いかなる土地にもその土地に固有の神（国魂神）があり、それが（神社施設を含む）あらゆる事物の生成を方向付けるとする思想が重要であり、この祭神論＝生成論が、組織としての設計方法論にも矛盾なく重ね合わされていることを見逃してはならない。それは、日本を中心とする帝国（究極的には全世界）を一貫した明快な構図の下に収める思想であったとも言える。角南のナショナリズムは、藤岡が言うような近代人の内向的なロマンティシズムとは異質である。
（22）角南隆「海外神社建築の総合的批判」（小笠原省三編著『海外神社史上巻』海外神社史編纂会、一九五三年、四一七頁）。

(23) 角南隆「朝鮮に於ける神社建築及び其の施設に就いて」(『朝鮮と建築』第二一輯第九号、一九四二年九月)。
(24) 角南隆「神社造営の精神竝現地と神社の設備改善」(『朝鮮と建築』第一五輯第八号、一九三六年八月)。
(25) 註(16)『朝鮮神社法令輯覧』(四〇頁)。
(26) 『大陸神社大観』(大陸神道連盟、一九四一年、五七〜七四頁)。
(27) 山内泰明『神社建築』(神社新報社、一九六七)
(28) 谷重雄「護国神社の造営に就て」(『建築世界』第三八巻第一号、一九四四年一月)。
(29) 註(25)『大陸神社大観』(七九〜八〇頁)。
(30) 青井「内務省神社局のモダニズム―近江神宮―」(『まちなみ』大阪建築工事務所協会、二〇〇三年四月)
(31) 早山静夫「江原神社を回顧して」(小笠原省三編著『海外神社史上巻』海外神社史編纂会、一九五三年、五三六頁)。
(32) 註(22)に同じ。「海外神社建築の総合的批判」。
(33) 註(26)に同じ。
(34) 『滋賀県の近代和風建築』(滋賀県教育委員会、二一七頁)。この部分は山岸常人による解説。なお、この文章に近江神宮の社殿配置形式が「「神社建築制限図」の規範に極めて忠実である」との指摘がある。これは少なくとも制限図を批判しそこからの脱却を訴えた角南ら昭和期内務省の志向性という点で正しくないし、また近江神宮など当時の造営にかかる神社の社殿配置構成に制限図の名残を認めるのも難しい。
(35) 註(16)『朝鮮神社法令輯覧』(二四二頁)。
(36) 上原敬二『神社境内の設計』(嵩山房、一九一九年)序文。
(37) 上原敬二「神社の森林」一〜六(『神社協会雑誌』一九一六年一月〜一七年八月)他。
(38) 大江新太郎「茶の間の壁と自由区域との対照」(『中央建築』一九二四年十一月)。
(39) 註(27)山内泰明『神社建築』。
(40) 『皇國』(三一二号、一九二四年十二月、七三頁)。
(41) 『皇國』(三二一号、一九二五年九月、二〜一一頁)。
(42) 「故正員小林福太郎君」(『建築雑誌』昭和十三年十月、四〇頁)。小林は官国幣社以下多くの神社、招魂社などの設計に携わっており、海外神社としては朝鮮の国幣社造営四件のほか、樺太招魂社（樺太、昭和九年）、亜庭神社（樺太、昭和九年）、南洋神社（南洋パラオ島、昭和十二年）、漢口神社（中華民國、昭和十年）があり、いずれも昭和十年前後の関与である。

(43)『日本人事名鑑』、連合通信社、昭和八年十二月。二本松孝蔵（国粋建築研究所）の設計にかかる神社は、福島県、秋田県、宮城県、栃木県の各護国神社（いずれも昭和十五〜十六年）など多数ある。

(44)たとえば、『小林福太郎氏遺作集』（洪洋社、一九四三年）をみれば、小林の活躍ぶりとともに、一九三〇年代以降いかに神社造営事業が多数にのぼったか、その一端をを知ることができる。

(45)「神社建築工務所記事」『皇國』二九五号（一九二三年六月）。これによると、一九二三年五月十六日の内務省による各府県神社主任官会議において、全国神職会賛助による神社建築工務所（のち社寺建築工務所と改称）の趣旨・事業内容の説明がなされ、また台湾総督府嘱託による台湾材に関する講演とともに、角南隆による神社建築についての講演も行われた。

(46)『朝鮮総督府及附属官署職員録』各年度版によれば、笹慶一は一九三〇（昭和五）年に総督官房会計課技師として赴任しているようで、三七（昭和十二）年の職員録からその名が消える。朝鮮神宮の防寒暴風を目的とした改築工事（吹きさらしの柱の間に板壁および建具を入れた）の設計者で、講演録として「神社の敷地・様式その他の考察」（『朝鮮と建築』第一五輯第七号、一九三六年七月）がある。朝鮮建築会会長を勤め、一九三五（昭和十）年前後には総督府の営繕担当責任者としての地位にあったようだが、経歴や社寺への関与については明らかでない。笹が抜けた後を埋めるように、松本芳夫が技手として三七年に赴任するが、その関係は分からない。

(47)註（22）角南隆「海外神社建築の総合的批判」。この他、角南の神社観としては以下の講演録が参考になる。角南隆「神社造営の精神竝現地と神社の設備改善」（『朝鮮と建築』第一五輯第八号、昭和十一年八月）。角南隆「朝鮮に於ける神社建築及び其の施設に就いて」（『朝鮮と建築』第二一輯第九号、昭和十七年九月）。

(48)なお他地域の事例になるが、藤岡洋保によれば、官幣大社南洋神社創建では角南は南洋庁の嘱託となってはいるものの前出の小林事務所を紹介しただけであったといい、官幣大社関東神宮創建では資材購入や細部意匠の設計にまで事細かに相談に応じたという。藤岡洋保「内務省神社局・神祇院時代の神社建築」（『近代の神社景観』、神道文化会編、中央公論美術出版、一九九八年、四七八頁）。

三　開かれる山

――ソウル南山変容史（一八八四〜一九四五）――

はじめに

韓国・ソウルの南山が、日本の朝鮮関与の歴史のなかで独特の意味を持つ山であることは、すでにⅠ―一で述べたとおりである。そこでは、李朝の王都・漢城が日本の植民都市・京城へと再編されていくプロセスにおいて、南山が占めることになった位置とその特質を検討した。南山は朝鮮全土の総鎮守・官幣大社朝鮮神宮の鎮座地に選ばれたのであったが、それは、南山が長い年月にわたって蓄積し、内蔵していた歴史的な意味を読み替える行為ではなく、むしろ植民都市を構成する他の諸施設との関係において新たな意味を発生させる行為であったという方が近い。つまり、南山は日本の植民都市を成立させる関数の一変数に、代入されたにすぎなかったのである。

しかし、ひとたび鎮座地に決定されれば、山の環境は具体的な改変にさらされることになる。「位置」の問題を超えて、相当の拡がりをもった環境が大きくつくり変えられ、その質が新たな磁場をつくり出す。

日本において、自然的環境としての山はたんなる景観要素ではなく、コスモロジカルな存在感を持ち、また生産・信仰・行楽などの面で都市に緊密に組み込まれていた。つまり、自然的環境と構築的環境とを合わせるかたちで、都市の空間は成立していた。こうした事情は、おそらく台湾や朝鮮半島でも変わらない。風水思想は日本以上に強く長く定着しており、そのことだけをとっても、自然的環境と構築的環境とは不可分であった。こうした伝統のなかにあった南山が、日本の接触と支配を経験した約六〇年間の間に、大きくつくり変えられることになった。

知られるように、南山は漢城の案山であり、いわゆる四神相応の朱雀にあたる。古来「木覓山」と呼ばれ、「引慶山」とも言った。I―一でも述べたが、漢城の地勢は、まず正宮背後の主山たる北岳山（白岳山）およびこれに続く山稜と、南に立ち上がる南山とによって特徴づけられる。これらの稜線に沿って、漢城の空間を限る羅城が築かれていた（図1）。日本植民地期の林業試験所調査によれば、漢城には銀杏、槐、欅、欄、赤松をはじめとする樹齢数百年の老樹が各所に散在したようで、古くは鬱蒼たる森林景観を呈していたらしい(1)。しかし、植民地期の日本人が朝鮮の自然景観の代名詞のごとく「禿山」という言葉を用いたように、李朝の禁伐保護政策にもかかわらず、開国の頃には四囲の官有林も荒廃を極めていた。ただし南山は例外で、日本人も「松樹鬱蒼として緑翠滴るが如き(2)」、あるいは「漢城唯一の勝区幽邃の地を以て矜る蒼樹緑葉の香高き南山(3)」などとその景観を特筆している。

かく特筆された南山は、しかし、すでに朝鮮神宮や南山太神宮（のちの京城神社）の境内地となっていた。その後も、これら神社の境内は拡張・変質を続け、のちには京城護国神社の境内までもが加えられる。南山というひとつの山のこうした変容過程を、漢城開市の一八八四年から、植民地支配の終焉にいたる一九四五年までの長いスパンにわたって詳細に復原しつつ、具体的に検討していくのが本章の課題である。

ところで、京城に三つの神社の境内が併存したことは、この都市が日本植民地朝鮮の首府として成立する上で三つの神社を必要としたということを意味する。あるいは、京城という植民都市に、少なくとも三つの神社を必要とする広義の社会集団が形成されたのだと言い換えてもよい。これらの社会集団が、朝鮮の首府としての京城に形成されなければならず、それに対応する神社が用意されることで、京城という都市の祭政関係がかたちづくられたのである。
これら三つの社会集団は、神社に対してそれぞれ異なる要求を持ち、それぞれのやり方で神社を財政的に支えていた。これらに対する植民地政府の政策・制度も、また社殿・境内の造営にかかわる技術者の背景も異なった。三社の境内は、こうした①社会的、②制度的、③技術的な条件の複合的な反映とみなすことができる。さらに、これら諸条件が時期によって著しく変遷するのである。
そして、性格や背景を異にするこれら三社が、それぞれの要求に応じて、南山の特定の部分を境内地に選び取り、その環境をつくり変えていった。したがって、南山の変容過程は、植民都市・京城の社会的・空間的編成過程を反映する鏡とみなすことができるのである。
また境内を営むことは、それぞれの支持基盤である社会集団が、参道の整備や祭典の運営を通して、山林環境を市街地に結びつけていく営みでもあった。そうして、南山は三つの神社によって都市の一部へと組み込まれていったのである。
以上のように考えれば、南山というひとつの山の変容過程を辿る作業が、日本の植民都市の特質を考える上でも、また近代の神社境内の特質を考える上でも、豊富な知見を与えてくれることは十分に期待されるであろう。
ここで南山の全変容過程を大きく次の三期に分けておこう。
第一期　一八八四（明治十七）年〜一九一五（大正四）年前後
第二期　一九一五（大正四）年前後〜一九三五（昭和十）年前後
第三期　一九三五（昭和十）年前後〜一九四五（昭和二十）年
南山改編主たる担い手が在漢城日本人居留官民であった第一期の終わりは、日韓併合（一九一〇〈明治四十三〉年）で

表14　漢城開市より大正5年までの南山をめぐる動向

資料・『京城発達史』(京城居留民団役所，1912年)

・『京城府史』全三巻（京城府，1936〜1941年）

・『京城神社御由緒記』(韓国政府記録保存所蔵・朝鮮総督府文書，昭和16年国幣社関係綴)

年	公園	神社	その伯
1884			漢城に日本公使館設置 12月6日，甲申政変
1885			居留民，招魂祭を始める
1892		皇大神宮李安の議，有志者間におこる。寄付金不足で一時期遙拝所を建立。	
1894			日清戦争
1897	3月17日，領事，朝鮮政府と永代借地契約締結，「倭城台公国」を設置。以後，明治年間中に，地均工事，休息所，噴水池，奏楽堂，演舞台などを新設，桜樹600余本植樹。	寄付金，予期に達す.	朝鮮，国号を大韓帝国に改める。招魂祭，大神宮神職と仏教各宗連合で執行。
1898		5月，居留民代表，神宮支庁より大麻・神鏡・御衣を拝受。11月3日，大神宮鎮座祭。	
1899	甲午記念碑を大阪砲兵工敏に委託して鋳造，落成除幕式。		
1902		6月，大神宮の東に天満宮建立（のち京城神社摂社)。	
1903	8月，水道施設のため大神宮下方に小溜池を掘る。		
1904			目露戦争第一次日韓協約
1905			
1906	8月15日，京城理事庁告示第二三号『公園規則』発令。南山北側一帯を「京城公園」とし，樹木毀損などを厳禁。		第二次日韓協約，統監府設置 8月，居留民団設置
1907			第三次日韓協約
1908	春，居留民有志が倭城台公園西側連旦地借入を請願，韓国政府の賛同を得て無償永久貸下を決定。『漢陽公園』の名称は高宗による。小亭を建築，その他整備工事費は3795円。 この年，招魂祭場を甲午記念碑前広場とする。		
1910	5月29日，漢陽公園開園式。7月，民団の経営に。		8月，日韓併合，総督府設置
1911			土地調査令

1913		大神宮改築（神殿改築・拝殿新築），8月26日竣工，10月17日正遷宮祭。京城神社と改称。龍山に御旅所設置。	
1914	9月27日，京城府条例第一二号「公園使用条例」公布。漢陽公園，倭城台公園につき使用の制限，許可制。	京城府，京城神社経営を居留民団より継承，一般府費による経営へ。	3月，居留民団廃止 4月，府制施行 第一次世界大戦
1915		7月，「京城神社氏子規約」を施行。総代・町内総代指名。 8月，神社財産，氏子へ移属。 8月16日，神社寺院規則発令。10月施行。	
1916	12月，京域府，林学博士・本多静六，林学士・田村剛を招聘，南山の公園建設につき設計委嘱。翌年，設計案提出。	5月22日京城神社創立許可 7月「京城神社ニ関スル規約」を施行	

はなく、併合以前の体制を暫定的に存置していたとみなせる一九一五（大正四）年前後までとした（II－一を参照）。また、朝鮮総督府の中央集権的統治体制の制度的完成から実質的確立の時期である第二期に対して、戦時体制を反映しつつ質的に別の段階に移行したとみられる一九三五（昭和十）年前後以降を第三期とした（II－二を参照）。詳細は本文中に述べていく。

以下ではこの時期区分に沿って景観復元と検討を進めていく。また、第三期における神社造営事業は他ならぬ戦時体制のもたらす制約ゆえに実現しないこともあったが、いずれにせよ一九四五（昭和二十）年の終戦とともに神社は放棄され、南山改編の大きな過程は表面的には断ち切られている。

戦後への影響や連続性などについてもふれたいところだが、本章では不本意ながら一九四五年をもって対象時期を区切ることとし、本章末尾で現在の南山の様相に簡単にふれるにとどめたい。

〈第一期〉

1　日本人居留民社会による南山開発と大神宮奉斎

漢城開市と日本人居留民社会による南山獲得経緯

釜山開港の八年後、一八八四（明治十七）年に漢城城内に日本公使館が設置され日本人の城内居住がはじまる。(4) これ以降、併合直後までの時期に南山に営まれた公園地と神社境内については、I—一やII—一でも詳述したが、ここではあらためて南山北麓という、ひとつのまとまりをもった環境の推移を整理する意味で、年表を掲げておこう（表14・図40）。これを見ると、日本人街の拡張に平行するように、その背後の山地も獲得されていき、様々な施設が設置されていく様子が分かる。市街地の開発と、南山斜面の開発は、同時的に進むのである。居留地の社会も、両者（市街地と山）をあわせたかたちで自らの居住環境と捉えていたであろう。

南山開発の最初の画期は、日清戦後の一八九七年、在漢城日本領事と朝鮮政府との間で南山北麓斜面地の若干部に関する永代借地契約が締結されたことである。居留地会はこれを「倭城台公園」とし、土地造成や道路開墾に着手、ついで「大神宮」と称する神社や、日清戦勝記念碑などを公園内に設置していった。その後、統監府による保護統治期になると英米各国も南山獲得のため「秘密裡に韓国政府に交渉」していたようで、これを見た日本側は一九〇八（明治四十二）年に倭城台公園の西側連亘地約三〇万坪を「日韓人共同の公園」とする名目で大韓帝国政府と交渉、結局無償貸下を受けたばかりか、李王・高宗による「漢陽公園」の命名までも手に入れている。

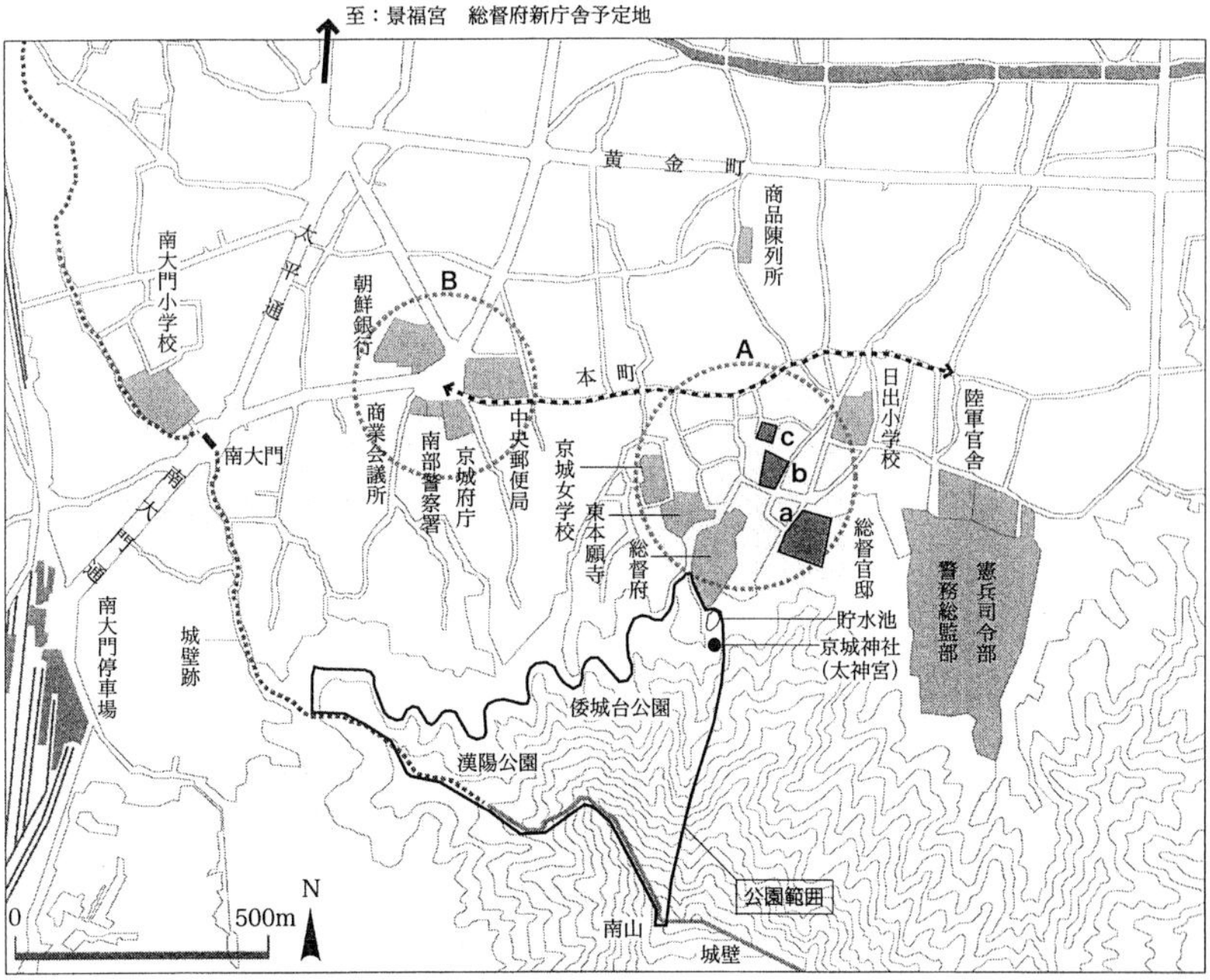

図 40　1915 年頃の日本人居留地の概略範囲

1915 年測図地形図（陸地測量部，1917），『京城府史』第二巻・第三巻（京城府，1940・41）に基づき筆者作成。

A 開市直後 1885 の日本人居留地の概略範囲
B 1890 年代後半以降に形成された日本人街
a 旧公使館（総督官邸に転用）
b 旧領事館位置
c 旧居留民総代役場位置

II─一で指摘したように、併合以前の国際的な状況において、南山は帝国主義列強の領土的利権拡張の対象であったようであり、そして、漢城の日本人居留官民による南山の獲得が、公使館設置から日清・日露戦争およびこれに関連する市内の政変・軍変、内政介入、そして日韓併合に至る、朝鮮における日本側勢力の急激な伸張によって可能になったことは言うまでもない。以下では、漢城開市から併合後の中央集権的統治体制の確立にいたる第一期の南山改編の特質について、主に大神宮と称する神社と、これを含む公園地全体の環境形成を中心に位置づけておきたい。

大神宮奉斎と南山の公園化

開市から八年後、居留日本人が七一五人にすぎなかった一八九二（明治二十五）年に、有志間で神社の創立運動がおこっていたが、資金と適当な境内地が整わず、伊勢神宮遥拝所の設置にとどまっていた。神社創立の実現は六年後の一八九八（明治三十一）年で（人口一、七三四人）、前年の倭城台公園獲得が契機であったとみられる（図41）。これが居留民奉斎神社の一般的特徴のほとんどを備えた典型例であったことは、すでにII—一で述べた。その特徴とは、次のようなものであった。

①　天照皇大神を祭神とする。伊勢の神宮司庁から直接に大麻を拝受して霊代とした。社号は「大神宮」とする例が多く、地名を冠して「○○大神宮」と俗称された。「大神宮」は、語義としては「皇大神宮」と同じく伊

図41　大神宮（京城神社）の社殿
上は1910（明治43）年当時の拝殿。出典：『京城府史』第二巻（1936）。下は1913（大正2）年造営後の京城神社神殿であるが，おそらく1898（明治31）年鎮座当初の神殿もこのようなものであったと考えられる。出典：『全国有名神社御写真帖』1922）

勢神宮の意である。

② 創立運動は、経済的・政治的に有力な居留官民に担われ、霊代の手配に当たっては領事・外務省・三重県などが助力している。

③ 神殿は伊勢など内地の工匠を招聘して製作された。形式は伊勢神宮を模した神明造で、建坪は一〜二坪程度であった。この神殿以外の拝殿、社務所などは当初は付属しない場合が多かった。

④ 境内地は山腹傾斜地ないし丘陵地の頂といった眺望のよい高所に求められた。多くは公園地と一体的に整備され、娯楽・遊園施設、戦争や日韓併合の記念碑・記念樹があり、その殉難者の招魂祭場となる場合もあった。

⑤ 公園・神社は、居留地会・総代役場（およびこれを引き継いだ居留民団）の公共事業の一つとして公費により経営された。

倭城台公園、漢陽公園の土地は、その獲得が李朝・韓国政府からの貸下の形式であったことが示すように官有地であった。この公園地の獲得も、神社創立も、表向きは居留民有志の発意によるものであり、李朝・韓国政府や内地との交渉には領事が関与した。その後の実際の整備や管理・経営は、居留地会およびそれを引き継いだ居留民団（一九〇八〈明治四十一〉〜）において、居留民の拠金で構成される一般公費を支出すべき公共事業と位置づけられた。こうした体制において、南山の北麓、西麓は公園化されたのである。

居留民団の記録である『京城発達史』は、開市直後、公園地として貸下を受ける以前の南山について次のように記しており、居留民の認識の一端がみてとれる。

其地勢及歴史に対する地の利と、追古の感慨とよりして、倭城台一帯の地域を以て春花秋月遊楽の霊地と做し、同地一帯は自から日本人公園の観を呈するに至れり

図42　倭城台公園の諸施設
左：奏楽堂および噴水池　右：甲午記念碑（いずれも嵯峨井建氏提供の絵葉書）。

まず「追古の感慨」は、「倭城台」と呼ばれるこの場所が文禄の役における日本軍の築城跡であったとする通説から来ており、居留民はこれを同じ「日本人」の記憶として連続的に捉えた。一方、「春花秋月遊楽の霊地」という表現は、社寺境内が立地する日本内地の行楽地・景勝地のとらえ方に似ている。こののち倭城台公園には休息所、噴水池、奏楽堂、演舞台などが設置され、六百本の桜が植樹されており（図42）、漢陽公園では眺望のよい箇所にいくつかの亭が建築されている。両公園が居留民にとって娯楽・遊園地、景勝地として捉えられていたことが分かる。さらに、一八八九（明治二十二）年には「甲午記念碑」（日清戦勝記念碑）が倭城台公園内に設置され、日本公使入城の翌一八八五（明治十八）年から度重なる政変や戦争の殉難者の鎮魂を目的として民家や総代役場などで執行されてきた招魂祭が、同年よりこの記念碑前の広場で行われるようになる。倭城台公園は、慰霊の空間でもあったのである。

これもすでにII—一で述べたことだが、居留民社会によるこうした公共空間の形成は、一八九〇年代以降の日本内地の地方における公園の形成と通じる部分がある。社寺や城郭を核としながら、神社を奉斎し、忠魂碑や記念碑を置き、色鮮やかな花樹とともにソメイヨシノを植樹した空間は、幕末・維新の混乱を経て解体した地域の社会秩序を再編成する上で重要な役割を果たした。倭城台公園や漢陽公園は、いわば植民地という異郷において日本人社会の秩序を編成する上で、居留民が共通に帰属する公共の場と景観をつくり出す意義があったと考えられる。

ここでII―一ではふれなかった「日韓併合」後の動きもたどっておこう。南山太神宮では一九一三（大正二）年に居留官民の寄付金により神殿の改築と拝殿の新築がなされ、境内も拡張されたが、この際居留民会の決議を経て「京城神社」と改称される。社号に都市の名前が冠されたわけである。さらに一九一四（大正三）年の居留民団廃止・府制施行にともない、京城府にいったん移管された後、翌一九一五（大正四）年七月には氏子が組織されてこれに移属される。さらに同年十月の「神社寺院規則」の施行を受けて創立許可申請を行い、翌年五月二十二日に許可される。この一連の動向は、居留民団や府の一般公費による運営から、氏子の拠金による神社財政の独立へ、「公祭」から「民祭」へ、という神社の支持基盤の再編成であり、神社が事実上の法人格を有することを意味した（のちに創建される朝鮮神宮は「官祭」である）。

公園地については、総督府所管の官有地に引き継がれる経緯の詳細は不明であるが、一九一七（大正六）年時点での公園地範囲は図40に示すとおりで、大神宮（京城神社）の位置はその山麓側の東端にあたる。なお併合以前は境内地と公園地は一体的に居留地社会を代表する団体が所有していたが、神社が独立の法人格を有することになれば、境内地はそれが所有する財産であり、官有地としての公園とは区別して登記されなければならない。ここに至って、京城神社の境内地が成立することになるが、その範囲などについては、あらためて示すことにする。

2　植民地総鎮守と都市鎮守――その相補的関係

〈第二期〉

朝鮮神宮境内の成立

日韓併合後まもなく、植民地朝鮮の総鎮守の創建準備がはじまり、一九一八（大正）七年に総督府内に造営事務局が設置されるとともに、当時明治神宮造営の責任者として工事にあたっていた東京帝国大学教授の伊東忠太が嘱託となっている。彼を指導者として総督府の土木・建築技術者たちによって工事は進められ、一九二五（大正十四）年十月に鎮座祭の挙行にいたる。長期におよぶ大事業だった。II―一でみたように、鎮座地の選定は二段階で周到に行われ、漢陽公園のある南山西麓の稜線上に決定される。これは漢城を取り巻く羅城の撤去跡でもあった。鎮座地選定で重視されたのは、神社の威徳を表しうる高所であることと、市街との視覚的な呼応関係であった。また、その参道は南大門に通じ、そこから北上した目抜き通りは李朝の正宮・景福宮の正面に建てられた朝鮮総督府新庁舎に突き当たる計画であった。参道を含むこれら一連の道路は市区改正事業で建設されたもので、植民都市京城の都市軸となった。

これにより、植民地統合の象徴であり、「朝鮮全土の民衆の一般に尊崇すべき」総鎮守の巨大な境内が、漢城の南に立ち現れることになった（図43）。その境内は五〇〇ｍにも及ぶ一本のまっすぐな軸線に支配され、之に沿って参道の石階、参進路、広場、そして拝殿・中門・本殿を並べていた。社殿は伊勢神宮に範をとった神明造の巨大な木造独立社殿であった。二―一でみたように、これは台湾　樺太の先例を受け継ぐ植民地総鎮守の典型をかつてない規模で実現したものであった。

泥峴《チンコゲ》と呼ばれた水はけの悪い場末の地にはじまった漢城への日本人関与は、こうして南山地麓（城内南部）から都市全体へと展開・拡張したのである。朝鮮神宮の創建はこのことに対応したプロジェクトであったが、一方、李朝の社稷壇祭祀は廃止されたから、漢城から京城への転換において、国家的祭祀の空間が城内の北から南へ移されたとみることもできる。世俗権力の装置である総督府の庁舎が、李朝の王宮を占拠するかたちで設置されたのとは対照的に、神社の神域は新たな山を求めた。

そうして世俗的権力装置と宗教

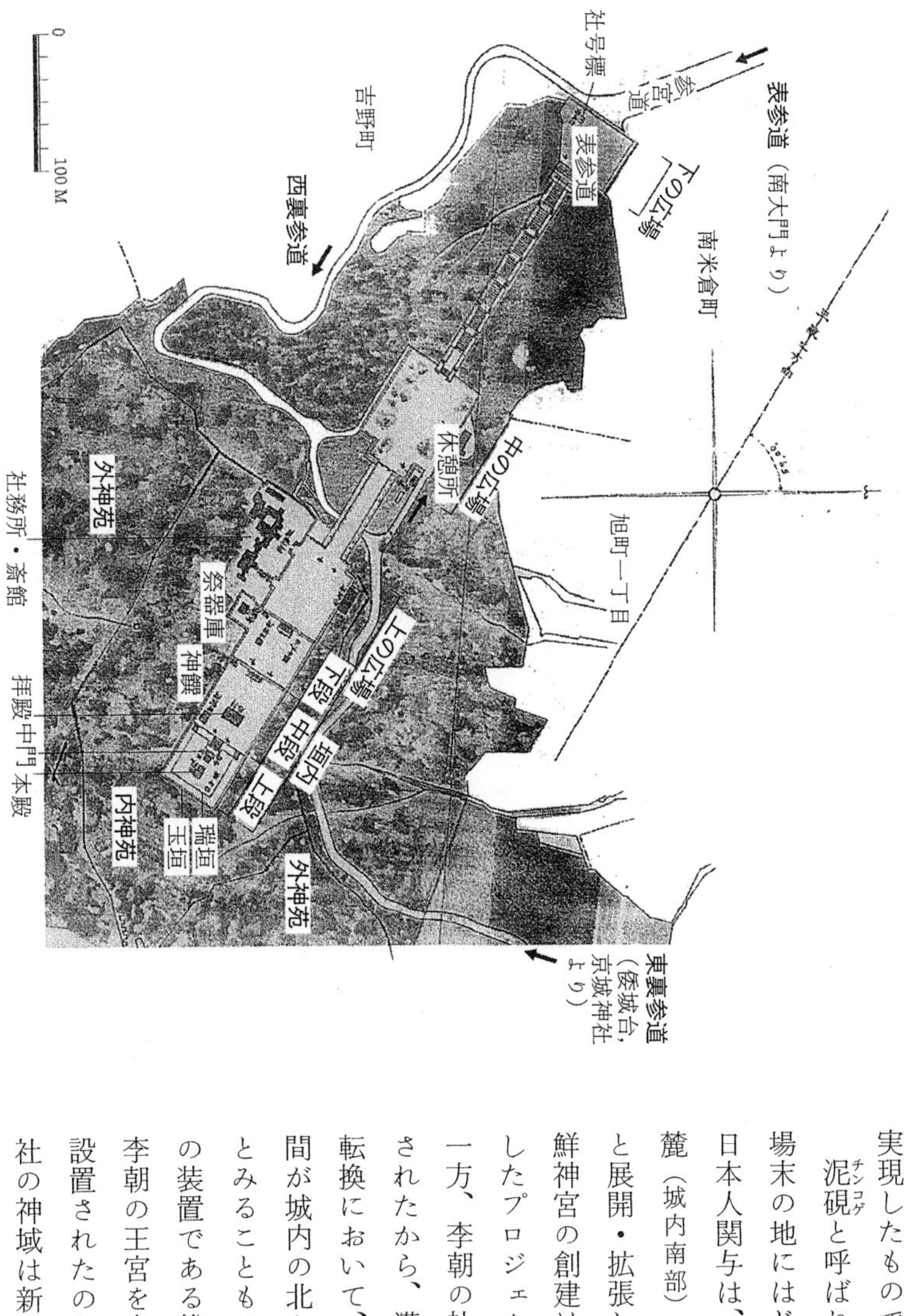

図43　朝鮮神宮境内配置図（出典『朝鮮神宮造営誌』朝鮮総督府，1926）。

的権力装置とは空間的に引き離され、それをつなぐ道路が都市全体を統御する軸線となったのである。

境内地の面積は約一二万坪であった。そのほとんどは官有地であったから、とくに買収の必要はなかったが、事業予算中、一九二四（大正十三）・二五（大正十四）の両年度に三、八一七坪分の「敷地買収費」七万七、三五二円と「支障物件移転補償費並移築工事費」二万八、三〇〇円が支出されている。(5) 民有地があるとすれば山裾であろうから、おそらく工事の最終期に裏参道の建設のために生じた土地買収と考えられる（参道については後述する）。そして、玉垣内の南北・東に接する九、二〇〇坪を〈内神苑〉、さらにその東方の接続地約一〇万坪を〈外神苑〉としている。この〈外神苑〉は、玉垣内および〈内神苑〉の外側を取り囲む樹林であり、風致保全を主眼とした階層的な環境構成の手法といえる。これに対して、II―二でみた台湾神社の昭和大造営の「外苑」は、皇民化運動にかかわる諸種の施設を配置した空間であって、言葉は同じでも異質なものとみるべきだろう。

朝鮮神宮境内の造営は、巨大な土木事業そのものであった。長大な軸線に沿って雛壇状に造成された広場や進路は、元来の地形から石積の擁壁により突出していた。参道の工事も大規模だった。まず表参道は併合以前にすでに撤去されていた城壁跡の道路を一〇間（約一八m）に拡幅したもので、南大門に発して下の広場に至るが、これは朝鮮神宮造営事業からは一応独立であり、市区改正事業の一環として一九二三（大正十二）年から一九二五（大正十四）年にかけて国庫費四七万二、〇〇〇円をもって建設された。この道路は、一九一二（明治四十五）年の市区改正路線の告示以来、一九一九（大正八）年改正時点までは計画されていなかった路線だが、朝鮮神宮造営にあわせ、路線番号のないまま市区改正計画に組み込まれたのである。「朝鮮神社参宮道路」と称され、総督府土木部京城出張所が設計・監督にあたった。現存する総督府文書によれば、(6) その路線は全区間にわたって城内側に建て込んでいた既存建物（住宅）にかぶっている。したがって資料不足で詳細は不明なものの、相当数の民有建物撤去および土地買収を必要としたはずである。ちなみに内地人・朝鮮人の民族別構成比は、相対的に内地人の多かった南山麓でもおよそ五割ずつであった。(7) またこの道路は滑らかな勾配をとるため従前の土地から石積の擁壁で地盤から立ち上げられ、道路断面は歩車道を分離して植樹帯を入れる三線構成として街灯二〇〇基、灯籠一六基の他、石階手摺や欄干なども丁寧に設計された（図44）。表参道としての美観を意図したものであろう。表参道の他にも、下の広場から中の広場に至る道路交通を確保した幅員四間の西裏参道、中の広場から西へ等高線に沿うように京城神社（旧大神宮）下に至る同じく四間の東参道が開かれたが、これらには表参道のような意匠は施されなかった。倭城台を中心とする旧日本人居留地に至る山中の道路を裏参道とし、南大門に向かう市区改正道路を表参道とする空間認識は、むろんⅠ－一章でみた鎮座地選定における倭城台と漢陽公園との評価の差異に対応するものである。

図44　朝鮮神宮表参道全景
出典：『日本植民地史１朝鮮』（毎日新聞社，1978，p.134）

一方、神苑の森林施業については、「此ノ地ノ森林谿谷ノ天工」はすでに「神境タルノ景趣」を「自然ニ具」えているから、当面は「単ニ樹木ノ手入補植等一部ノ整理ヲ為スニ止メ全体ノ完成ハ之ヲ将来漸次ノ施設ニ俟ツコト」としたという。

南山西麓はこうして植民地総鎮守の神域としての意味を担うことになった。その環境は、神社の中枢部である玉垣内から、一方では内神苑・外神苑へと段階的山林へ溶け込み、他方では三段階の広場や表参道へと連なる階層状の構成の手法によって、総督府が市区改正や官庁施設の配置を通してつくり出しつつあった京城の都市構造へと接続されたのである。またその統一的な秩序に貫徹された環境構成の特質は、居留民の公共空間として雑多な機能を持つ様々な施設を集約した倭城台公園・大神宮境内のそれとは全く異質なものであった。

京城府鎮守の誕生

朝鮮神宮の鎮座祭からわずか半年後、一九二六（大正十五）年三月、今度は京城神社氏子総代会が同神社の改築と境内拡張を決定する。当初計画では一〇万円の予算規模だったが、最終的には二五万円の寄付を得ている。起工は一九二八（昭和三）年五月、遷座祭執行は翌一九二九（昭和四）年九月であった。以下では朝鮮神宮造営を念頭に置きつつ京城神社造営の詳細を検討したい。

まず氏子崇敬者に寄付を求めた趣意書をみよう。

由來、吾人の敬神尊崇の赤誠は、社殿の結構乃至は神域の規模の如何に依りて厚薄の念を異にするものに非すと雖も、世態の進展に順應して宏壮森厳ならしめん事は、即ち神霊の尊厳を彌々保持し、敬神の念慮を一層深刻ならしむる所以のものたるを確信す、而して畏き事ながら、我京城神社は當初僅少の居留官民に依りて造營せし以來、未だ曾て御改築を加へ奉らず、然れば如斯無上の光輝ある由緒を保有し、加之、現に三十有餘萬府民崇敬の府となり給へる氏神の社殿こそは、洵に遺憾に堪へざると共に、又御神霊に對し奉り、實に恐懼に堪へざる所……［後略］(8)

ここに「世態の進展」として漠然と言及された京城神社をめぐる社会的基盤の変化をまず明らかにしておきたい。

朝鮮総督府は一九一五（大正四）年八月に神社寺院規則を発令、十月にこれを施行し、全半島の神社を一元的な管理下に置いた(9)。同規則は、神社たるには神殿・拝殿を必需の設備と定め、また総督府では創立審査にあたり神殿三坪、拝殿一二坪を最低限の規模とする内規を設定していた。[10] II―一でみたように、この時点で半島各地に三一社の神社があり、これらは同規則および内規に基づいて社殿設備の拡充を行わなければならなくなる。ただ、京城南山の大神宮の場合、鎮座当初は伊勢神宮に範をとった神殿を置くのみだったが、先述のように一九一三年に一度社殿改築を行い、この際に拝殿を新築している。これがすでに内規を満たす内容であったものとみえ、規則施行から一六年五月の創立許可の前後には社殿造営の形跡はない。しかしながら、右の趣意書は創建以来「未だ曾て御改築を加へ奉らず」としている。おそらく、一九一三（大正二）年度造営の応急的な性質を暗に示す表現であるか、逆に新たに決定された造営事業の規模を強調しようとした表現であったとみておきたい。

右の趣意書には、「三十有餘萬府民崇敬の府となり給へる氏神」にふさわしい社殿・境内の「規模」への強い拘泥を読みとることができる。境内地面積の記録としては、一九一五（大正四）年七月時点の五七一坪、一九二五（大正十四）年の一、〇三四坪を見いだせる。[11] なお創立許可時の面積はこの二つの数字の間ということになるが、一九一五（大正四）年七月時点の境内坪数がはっきりしているところを見ると、それ以前は倭城台公園ととくに区別されていなかった境内地が、おそらく京城府から氏子への神社引継にさいして確定されていたのではないかと推測される。[12]

次に京城府の人口動態をみると、一九一〇（明治四十三）年の日韓併合から一九二〇（大正九）年まではおおむね二五万人前後で一定しているが、二一年頃より都市化・工業化の趨勢のなかで一年あたり約一万人の一定した勾配で伸び続ける。神社造営が決定された一九二六（大正五）年は、人口が増加傾向を示しはじめて数年後にあたっており、たしかに人口は約三〇万にまで膨らんでいた。これが社殿・境内拡張の必要を氏子有力者たちに意識させたことは間違いない。しかし人口増加がただちに氏子数の増加であるためには、氏子制度の確立が必要である。

一九一四（大正三）年の居留民団廃止・府制施行に伴い、居留民社会の公共事業であった神社経営がいったん京城府に移された後、翌年七月に組織された氏子団体に引き継がれたことはすでに述べた。京城神社では、この引継に際し、一九一五（大正四）年に氏子規約、翌一九一六（大正五）年に神社運営規定を定めている。[13] 行政区域をもって崇敬区域とする内地の属地主義な制度を模範とした総督府の指導があったものと推測され、氏子組織は、府域を数個の区に分け、府政末端単位である町・洞に各々町内氏子総代、各区には大総代、そして頂点に氏子総代（相談役）を据えるピラミッド状の構成がとられた。町・洞単位で徴収した戸割の拠金をこの組織で回収する体制である。神社予算はこの拠金をベースとし、賽銭・結婚式その他の祈禱料などの社入金と、わずかながら京城府の補助金とによって構成された。

朝鮮人と日本人の京城における明瞭な居住地分化が植民地期を通じて維持されたことはよく知られる。城内南部と龍山の日本人多住地域は「町」、北部を中心とする朝鮮人多住地域は「洞」という区域名称を使っていたが、町内氏子総代は、「町」ではほとんど内地人が、逆に「洞」ではほとんど朝鮮人がこれをつとめている。ただし、一九二五（大正十四）年に京城神社宮司に赴任した市秋弘の記録によれば、二六年の氏子総代会の同意を得て「従来内地人ノミノ氏子ナリシヲ朝鮮人百二十ケ町会総代ニ呼掛ケ内鮮一体ノ氏子団体ヲ完了」したというから、[14] 一九一五（大正四）年前後の制度整備の時点での氏子の範囲は、あえて言えば「日本人居留民」から「内地人府民」への移行、すなわち実態としては従前どおりだったことになり、「府民一般」への移行は一九二六（大正十五）年以降だったことになる。[15]

また、朝鮮神宮が創建される以前、大神宮（京城神社）は一地方の日本人居留民の氏神であると同時に、中央の代表者である統監府・総督府高官や李王家の正式参拝を受けていた。後者は他の地方都市には発生しない要求である。京城は、首府でありながら地方団体でもあるという二面性を持つが、これに対応する二重の機能を京城神社は担ったのである。朝鮮神宮創建によってこの二つの機能が二つの神社に配分され、さらに居留民の氏神は併合後の中央集権的な地方制度に沿った府民一般の氏神へとその地位を変えた。このように見れば、朝鮮神宮創建と、京城神社の支持基盤の再編および造営遷座とは、互いに補完的な関係にあったと言える。

京城神社造営が決定された一九二六（大正十五）年という年は、朝鮮神宮鎮座祭が前年に終わり、ちょうど朝鮮人を（京城神社の）氏子組織に加えた年である。社殿・境内が狭隘を告げたという状況判断は、都市化の趨勢とともに、「京城府民一般」としての氏子の全体像が実態として確定されたことを踏まえたものであった。

日本人府民による造営

こうした支持基盤の再編成との関係で注目してよいのは、京城神社造営決定とともに鎮座地をめぐり氏子間に起こった論争である。具体的には、旧殿地より奥（南山上方）として市街の喧噪から隔離すべきことを主張する「上」説と、旧殿地より下方として市街地に接近させることを主張する「下」説、の両意見に分かれて氏子有力者が「紛糾」し、その調整に「難渋」を極めるという事態であった。[16] たまたま、北京出張の途次に京城を訪れた東京帝大教授の伊東忠太がこのとき相談を持ちかけられ、伊東は両候補地を検分したうえで「民衆的にするには前方に出た方が宜しからうという説」を回答（つまり「下」を支持）[17]、結局この線で論争は決着する。伊東の判断は、朝鮮神宮造営の顧問としてその鎮座地選定にも関与した彼が、朝鮮神宮・京城神社の性格の差異を「官／民」の対比として認識していたらしいことを物語る。京城神社の新境内は、第一期に居留民団が噴水池・奏楽堂を設置するなどして整備してきた倭城台公園の中心部分であったが、これは後述する旧殿地より実際にわずかながら市街地寄りに移動している。

社殿・境内の設計者は相沢啓二であり、朝鮮建築会の名簿によれば、彼は南山麓の日本人多住地域の一郭、旭町に民間建築設計事務所（相沢工務所）を構えていた。[18] 工事は土工・建築とも、やはり府内の日本人経営工務店と思われる

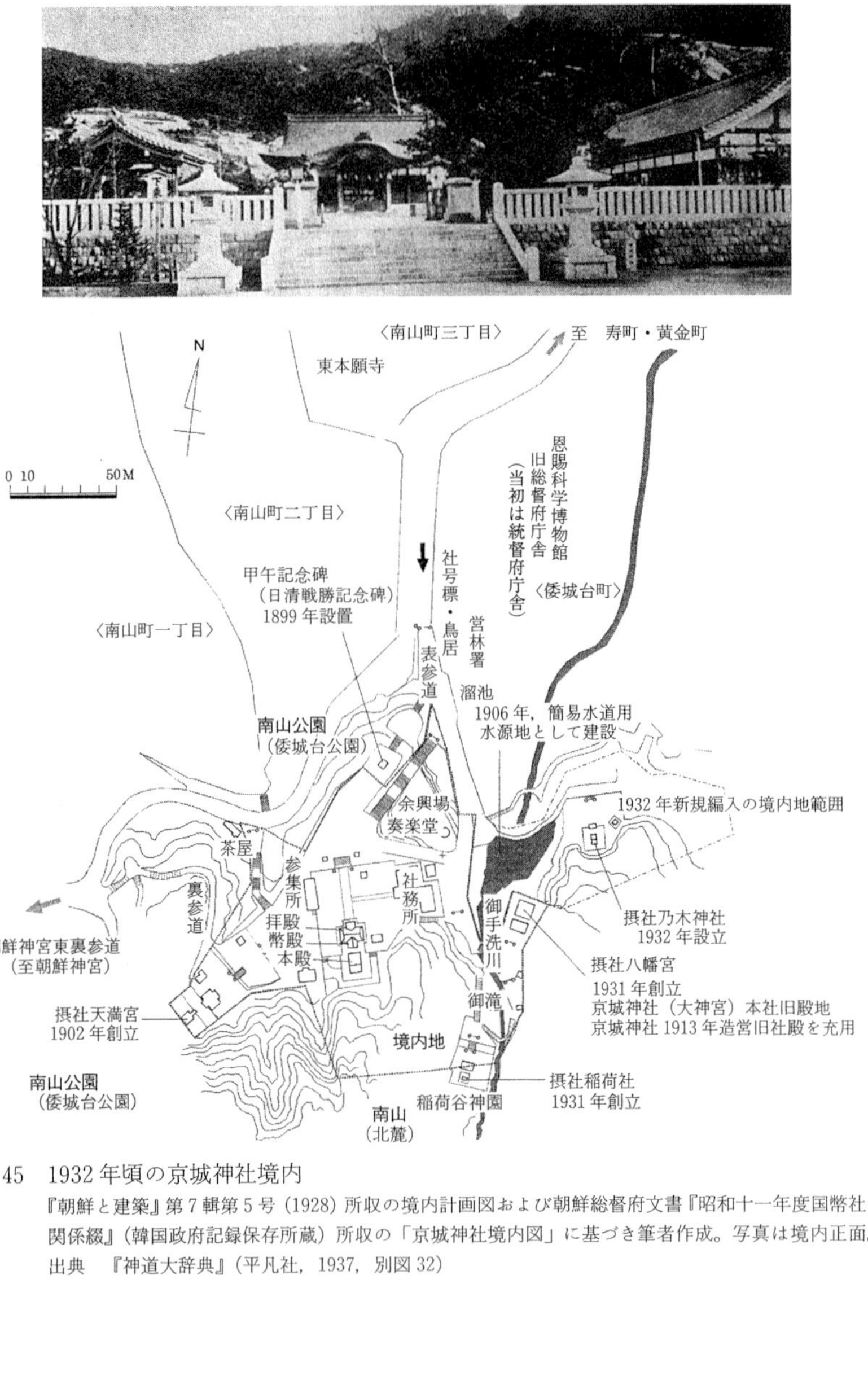

図 45　1932 年頃の京城神社境内

『朝鮮と建築』第 7 輯第 5 号（1928）所収の境内計画図および朝鮮総督府文書『昭和十一年度国幣社関係綴』（韓国政府記録保存所蔵）所収の「京城神社境内図」に基づき筆者作成。写真は境内正面。出典　『神道大辞典』（平凡社，1937，別図 32）

多田工務所なる業者が請け負っている。造営事業費の負担も、設計・工事も、その担い手は府民、ただし日本人だったわけである。

図45は境内配置図である。相沢啓二によれば、社殿の設計については「民衆的といふことを多分に設計に加味する為め」に拝殿は入母屋造として向唐破風を付け、床はコンクリートのタタキとし、防寒のため周囲を格子戸で囲った。ここで入母屋造を「民衆的」と言う場合に、本殿・中門・拝殿など主要社殿を切妻造平入で統一した朝鮮神宮との対比が念頭にあると考えられ、朝鮮の他の地方にはほとんど類例のない流造の本殿も、朝鮮神宮に隣接するが故に意識的に意匠を選択した可能性がある。この他、祭典時に参列員を収容する参集所の設置、あるいは座敷や広間にかなりの空間を割いて氏子総代会その他の会合や神前結婚式に供することにしたという社務所が注目される。社務所は執務空間の他に、集会所と神楽殿の機能を併せ持っていたのである。

外部空間では、計画時にまず「成るべく広場が欲しい」との要求があったという。先述の氏子数の増加を背景とし、祭典執行時の人員収容力を考慮したものであろう。これに応え、天満宮参道にあたる位置の谷を埋め立てる造成を行っている。

以上のような社殿・外部空間の計画は、京城神社の境内にどのような機能が期待されたかを、具体的に物語る内容となっている。

居留民奉斎期の境内＝公園の継承

ところで、倭城台公園を敷地としたこの一九二九（昭和四）年度造営は、従前の地形や既存の諸施設に対して、どのような態度を示すものだったか。

まず右述の土地造成は、朝鮮神宮境内のように形式主義的で暴力的なものではなく、むしろ既存の地形に大きく規定されて輪郭は不整形となり、参道も社殿の中心線と一致していない。また、倭城台公園の既存の公園施設のうち、奏楽堂と噴水は存置され、桜は参道の景観を特徴づける並木となった。招魂祭場でもあった甲午記念碑は、おそらく所属関係の問題から境外とし公園地に属しているが、神社の参道石階と記念碑の参道石階とは並進する恰好で、積極的に境内の空間に取り込まれている。このように、居留民社会によって整備されてきた倭城台公園は、全体として京城神社境内へと改変・吸収されながら、その諸施設は断片化しつつも存続し、境内環境の要所に位置づけられたのである。

加えて注目されるのは、摂末社の発達である。鎮座間もない一九〇二年設置の天満宮に加え、一九二九年度造営・遷座以降に境内摂社の創立があいつぐ。すなわち、八幡宮および稲荷社（一九三一〈昭和六〉年）、そして乃木神社（一九三二〈昭和七〉年）である。興味深いことに、このうち八幡宮は一九一三（大正二）年改築時の京城神社旧神殿を充てたもので、これが先に保留しておいた大神宮の当初の位置である。北斜面で社殿を南面させるために、市街地側に背を向けた配置となっていたのである（図43）。

摂末社の発達は、本社境内の周囲に摂社四社の境内が房状に膨れ出すような独特の形状の境内を形成するにいたった。摂末社は植民地はじめ外地の神社では決して一般的ではない[19]。おそらく他都市に比べて大きい内地人人口と氏子の経済力に支えられ、多分に規格化される傾向のある植民地の神社の中にあって、多少とも幅のある信仰のあり方を包容しうる境内環境が形成されていったのだと考えられる。

ここで注意しておきたいのは、京城神社の境内形成の特質と、朝鮮総督府の神社政策との関係である。総督府が境内について定めたのは神殿・拝殿の必要と、その規模に関する内規程度であり、これは、小神殿（とせいぜい簡素な拝殿）しか持たなかった朝鮮各地の居留民奉斎神社の実態にあわせた現実的なものであった。これが境内のあり方に対する規制として意味を持つのは、氏子数すなわち財政力に乏しい地方において、一定の内規（施設水準）を下回らないようにする場合である。逆に京城のような大都市では神社側（氏子と神職）の要求する水準がとくに内規を考慮せずともその基準を満たしてしまう。その場合に神社政策が実質的な拘束力を持ったのは、むしろ「一府・面（市町村）一神社」の内規である。もともと釜山や群山などでは海運と商業の関係から金刀比羅神などを祀る神社が建てられ、仁川、京城、木浦などでも天照皇大神を祀る大神宮の他に、やはり金刀比羅神や稲荷神の小祠があった。しかし、実際に一九一五年以降の神社制度下で創立許可を求める際には天照皇大神を祭神とする手続きをとるものが多い。この際、金刀比羅神や稲荷神を祀る祠は、無願神祠を認めない制度下では廃祠を免れないが、創立許可を得た神社を本社とし、これに境内外の摂末社として従属させ認可を得る途があった。神社政策以後にこうした欲求が生じる場合も同様で、要するに内地人人口を多く抱える都市ほど神社奉斎の欲求も多く、それを支える財政力もあったため、「一府面一神社」の内規の下ではそれが摂末社の発達に結果したのである。それがある意味では雑然とした複合的な様相を神社境内に与えたことは、総督府の政策が、その意図するところを超えてもたらした結果と言えるのではないか。

3　神域・公園・名所

以上にみてきたように、第二期において南山には、中央集権的な植民地支配体制における首府・地方都市という京城の二重性に対応するように、朝鮮総鎮守・官幣大社朝鮮神宮が創建され、京城神社境内は京城府鎮守（府民一般の氏神）への社会的基盤の再編成に対応し、居留地時代の公園地をベースとする改編を行った。両者の立地条件および境内環境の特質は、各々の社会的・制度的・技術的基盤を反映して、鋭い対照をなした。この相互補完的なプロセスによって、南山の西麓と北麓の性質も差異化されることになる。

なお、京城神社では一九一四（大正三）年に御旅所、すなわち例祭時の神輿の渡御先を龍山に定めた。これは龍山居留民団が固有の神社を持てなかったためで、一九三〇（昭和五）年には鉄道局の許可を得て約八〇〇坪の土地を整地、ここに流造の小祠を玉垣で囲み門を開いた恒久的な御旅所が設置された[20]。京城神社例祭は南山北麓と龍山という二つの集中的な日本人居住地を神輿渡御により結ぶ一種の都市祭典、市民祭典として発展する。先述のように一九二六（昭和元）年には朝鮮人府民が氏子組織に実質的に編入され、持ち回りの神輿渡御をも担当するようになり、「内鮮一体ノ朝鮮行列ノ参加」など各種余興が催され、内外地に知れ渡る著名な神社祭典となった（II―四を参照）。この京城神社例祭日は毎年十月十七・十八の両日で、十七日は朝鮮神宮の例祭日でもあったから、官公庁・学校なども一斉に休日となり、京城・龍山は祭一色に染まった。南山はそうした都市祭典の祝祭性の中心としての意味も持つようになったのである。

一方、公園としての南山も、新たな意義を期待されるようになった。これまでに見てきた経緯は、漢陽公園のほぼ全部が朝鮮神宮境内に変わり、倭城台公園の一部が京城神社境内に再編成される過程であった。言い換えれば、第一期に居留民社会が開発整備してきた公園地が全体としては神社境内に占有化されていったのである。その趨勢に対して、京城府は公園範囲の拡張を検討することになり、すでに朝鮮神宮造営準備段階の一九一六（大正五）年に、内地の林学者本多静六・田村剛を招聘している。結局実現はしなかったが、彼らは南山の北麓全体および城壁を超えた南麓の一部をもって大規模な「森林公園」とする計画を作成した。その計画書には、荒廃した「禿山」の多い朝鮮でも、「物質文明」の発達がもたらした「自然復帰ノ傾向」に沿った森林公園として「景園的設備ヲ施」すこと、砂防上も凋葉樹・灌木類の植樹を要すること、「婦女子等遊技運動保養等」にも適うよう設計すること、などの主旨が記されている。(21)一方、南山は当然ながら森林行政の対象でもあった。総督府は併合直後の一九一一（明治四十四）年度より京城府内の国有林野の境界査定に着手、モデル林野を選定して植林・砂防工事・苗木生産といった施策を行ってきていた。都市問題を背景とする健康や景観への指向、あるいは砂防計画も含めて、功利主義的な観点から南山を位置づける発想が浮上してきていた。

こうして第一期の居留民社会の遊興地としての南山の性格は当然ながら薄まっていったわけだが、しかし、それは遊興地としての意味が失われたことを意味するものではなかった。むしろ南山は、より大きな規模で、第一期とは異質な意味において「名所」化していった。たとえば昭和期刊行の京城のガイドブックをみると、(22)先述の朝鮮神宮東西裏参道は「ドライヴウェイ」とも「遊歩道」とも表現され、山頂までの登山路なども含め、南山の山林全体が一種の緑地公園として一体的に捉えられていることが分かる。南山は観光・リクリエーションに格好の景勝地であり、「朝鮮神宮には何をおいてもまず参拝」、「朝鮮神宮広場から西南の漢江を眺めよう」といったガイドブックの言辞からは、朝鮮神宮の宗教的権威の強調よりも、その境内が景勝地としての南山に組み込まれた観光名所のひとつであったことを読みとるべきであろう。

なお付言すれば、日本の「国家の宗祀」たる神社と相容れないと考えられ祭祀を廃止されていた社稷壇、あるいは李王家の墓園である孝昌園、閔妃殺害事件の忠死者を祀るため一九〇〇（明治三十三）年に設置された奨忠壇など、李朝の旧体制にかかわる諸施設が、この第二期に次々に公園化されている。李朝体制のなかで禁山であった南山も、居留民社会による開発に加え、さらに朝鮮神宮東西参道やその他の散策道・登山道の整備により公共の空間へと変質させられていったのであるから、都市内の様々な閉ざされた空間が、次々に公共空間として開かれていったわけである。

　さて、以上のように一九二九年の京城神社造営・遷座でおおむね大正期を通じての大々的な改編の一段落した南山は、それ以後数年間は大きな改編もなされず、短いながら安定期を迎えた。次に大きな改編がなされるのは一九三五（昭和十）年前後以降である。

〈第三期〉

4　都市計画・国土計画による環境の一元的掌握

　一九一二（明治四十五）年の市区改正路線告示に基づき一九一三（大正二）年度から実施された市区改正は総督府直営で、先にみた朝鮮神宮表参道もその一環であった。しかし一九二九（昭和四）年度には市区改正は枢要路線の完成をみて京城府施行へと移行する。さらに一九三四（昭和九）年には、息をつく暇もなく朝鮮市街地計画令が施行される。同令は、内地の都市計画法・市街地建築物法（一九一九年施行）を統合した内容を持っていた。京城では一九三六（昭和十一）年四月に府域が大幅に拡張され（旧府域に対し面積は約三倍、人口は約七割増）、いわゆる「大京城」の成立をみ、これにあわせて市街地計画令が適用された。作成された「京城市街地計画」は、計画区域面積一五三万余㎡、計画人口一一〇万人（当時人口六三万人余）で、主要道路網はおおむね従来の市区改正計画を踏襲するものであったが、市区改正が基本的には道路と下水道の建設に眼目があるのに対して、こちらは統一的な土地利用計画を定めるとともに、都市基盤の整備を強力に推進するための土地区画整理の制度的確立に特徴があった。植民地政権の都市経営は、市区改正から都市計画の段階へと移行したのである。

この土地利用計画において、南山には北麓を中心とする「南山公園」約三三万㎡（約一〇万坪）および北東部の「奨忠壇公園」約四六万㎡（約一四万坪）の両公園が指定され、結果的に本多らの提案はおおむね実現することとなった。両公園はそれぞれおよそ朝鮮神宮境内地面積と同等の規模で、都市公園、近隣公園、児童公園あるいは運動公園としての位置づけが与えられた。こうして南山は、その北麓の東部から西部にかけて奨忠壇公園、南山公園（これに包み込まれるように京城神社境内がある）、つづいて西部城壁跡の稜線を南北にまたぐ朝鮮神宮境内といったように、大きくゾーニングされるかたちになった。

なお、京城市街地計画では、さらに景福宮、昌慶宮、徳寿宮といった宮殿がやはり公園とされている（慶福園約三〇万㎡、昌慶園約一七万㎡、徳寿園約五万㎡）。総督府所管となっていた李朝施設の公園化、すなわち公共空間化は、ここへ来て大きく進展したのである。南山も含め、これらの公園がその面積、分布、相対的位置関係などの検討を経た統一的土地利用計画に基づくものであったことが、一九二〇年代までの公園設置との決定的な差異と言え、それは、植民地権力による都市空間の一元的管理の全面化であり、南山もその俯瞰的な都市計画の全体像の中に明確に組み込まれようとしたことを意味する。

しかし南山の景観の実質的な変化は、ここでもやはり複数の神社造営事業によってであった。以下で詳しく検討したい。

5　朝鮮神宮境内の修正

最初に、朝鮮神宮の動向をみる。

他の植民地の総鎮守を見渡すと、比較的創建の早い台湾神社や樺太神社などではこの時期に全面的な社殿改築（新築）と境内拡張、神苑造成などが実施され、伊東忠太設計の一連の総鎮守造営で踏襲されてきた社殿・境内の形式とは全く異質な方針がとられている。このことはII―二でみた。しかし朝鮮神宮の場合、一九二五（大正十四）年に創建されたばかりであったためか、これらに並ぶ大規模な造営の計画はおこらなかった。ただ、様々な補完的、修正的な事業が行われ、これによって、境内に期待される機能の変化への対応が図られた。こうした事業は多数にのぼったが、その主なものは一九三五（昭和十）年の鎮座十周年奉祝大祭にあわせた記念事業および一九四〇（昭和十五）年の紀元二千六百年祝典にかかわる記念事業であった。

朝鮮神宮鎮座十周年記念事業

鎮座十周年記念事業を行った「朝鮮神宮奉賛会」は、一九三三（昭和八）年十月十六日に発足している。(23)会長に総督につぐ地位にあった政務総監を据え、副会長に殖産銀行頭取、京畿道道会副議長、総督府内務局長、理事に同地方課長・林政課長、京畿道山林課長・京城土木出張所長、さらに顧問評議員には総督府各局長、各道知事ほかの官民有力者を連ねたほぼ完全な官製組織であり、また全朝鮮的な組織であった。役員に総督府・京城府の地方行政、森林行政および国土・都市計画の関係官が名を連ねていることは、神社の問題がこうした行政諸分野にとくに関係が深かったことを物語る。

事業計画は表14に示すとおりで、計画総予算は二六万円であった。二の奉賛殿は建坪一四八坪で社務所の南に隣接して配置されているが、用途としては神楽奉納、神饌奉納あるいは私祭執行などに充てたというから一般にいう神楽殿である。「其ノ他」は参集所の大幅な増築で、諸種会合用施設も下階に設けられた。三の境内拡張は、実質的には五の東参道（事業計画では「南裏参道」）の拡幅・歩道整備によるものである。四の林苑整理は、内地の造園学・林学の権威である本多静六・本郷高徳を招聘し、植林・砂防工事・岩盤補修などにつき調査・計画立案させたもので、鎮座十周年には間に合わず、一九三六（昭和十一）年に完成したようである。本多にとっては、一九一六（大正五）年の南山の緑地公園化計画につづき、二度目の南山への関与であった。

以上の事業はほとんど民間業者の請負だが、東参道の下水ブロック工事・舗装工事のみは奉賛会直営であり、総督府文書（昭和九年度都市下水工事関係）中に参道拡張および奉賛殿敷地造成に関する奉賛会の総督宛工事認可申請書が残っている。(24) これにより該事業が技術的には京城府土木課によって進められていたことが分かるが、参道幅員は車道部分七・五〜八・五m、歩道（片側）三mの計画で、創建時造営につづき参道付近の既存民有宅地が買収されたようである。(25) さて、この申請書は参道拡張工事の目的を次のように説明している。

朝鮮神宮ノ参拝者ハ日ヲ追ツテ増加シ之ニ伴フテ車輛ノ交通亦増加シツツアル状勢ナルニ現在ノ裏参道ハ幅員狭小ニシテ不便不尠ヲ以テ……

同様に、参集所の増築、奉賛殿＝神楽殿の新設なども、参拝者の増加および神社行事の活性化を背景とするものと説明できそうである。実際、一九三〇（昭和五）〜三五（昭和十）年にはたしかに参拝者数は漸増傾向にあった。

しかし、一九三七（昭和十二）年の愛国日制定、翌一九三八（昭和十三）年の国民精神総動員運動の開始といった総督府の民衆統合政策が展開するなかで、地方行政の下部機構としての先述の町洞総代や三八年発足の愛国班、あるいは小学校・普通学校、官公庁、会社などを単位とした組織的な神社参拝への動員が押し進められ、(26) とりわけ日中開戦の一九三七年がその画期となった。参拝者数は一九三六（昭和十一）年の一一二万から三七年に二〇二万人、一九三八（昭和十三）年に二六八万人でほぼ頭打ちとなり、団体参拝数もやはり一九三七（昭和十二）〜三八（昭和十三）年の間

表 15　朝鮮神宮御鎮座十周年記念「奉賛会事業計画」
資料：『朝鮮神宮年報附略記昭和八年』(朝鮮神宮社務所，1934 年)

	事業	計画予算(円)
一	奉祝大祭	15,000
二	奉賛殿其ノ他ヲ建設スルコト	90,000
三	境内拡張 (イ)南裏参道北側(内側)ノ民有地ノ買収 (ロ)同参道南側(外側)道路沿ノ必要地買収 (ハ)南山亭北側民有地突入部及傾斜面買収	40,000
四	林苑整理 既存境内及第三項拡張区域ヲ合シ林苑整理ヲ為ス	50,000
五	南裏参道ノ幅員ヲ拡張シ歩道ヲ併設ス	40,000
六	表参道入口（南大門裏側）ニ「朝鮮神宮表参道」ノ標石ヲ樹テ装飾式常夜灯ヲ設クルコト	5,000
七	事務費及雑費	10,000
八	予備費	10,000

(計 260,000)

表 16　朝鮮神宮紀元二千六百年記念事業
いずれも事業主体は朝鮮神宮。設計者・施工者の空欄は不明の意。
資料：『朝鮮神宮年報昭和十六年』(朝鮮神宮社務所，1942)

事業	事納者	設計者	施工者	工期	予箕(円)
手水舎新築工事	愛国婦人会朝鮮本部 同京城連合分会	長谷川常太郎 (総督府)	松山吉四郎 (府内)	1941.7～10	13,000
参道敷石並に境内整備工事	朝鮮殖産銀行	丹野 京城府技師	福田成夫 (府内)	1941.7～10	15,600
境内防空防火施設工事	全鮮官公吏			1941.8～?	18,000
神田新設	朝日新聞京城支局他			1941 設計中	—

(参考)同時期の他の事業

権宮司官舎新築工事	—		松山吉四郎	1941.10～12	15,000
栢横樹献植拉に植樹費奉納	献木：京畿道破州都廣灘面			?	1,000
	植樹：朝鮮教育会			?	2,000

に一九三六（昭和十一）年の約三倍程度に増加している。一九三九（昭和十四）年には奉賛殿中庭を従前の倍の面積に拡張し、遥拝壇を設置する計画が報じられている。(27)鎮座十周年記念事業で建設された奉賛殿の中庭がわずか数年で、早くも「参列員の増加に伴い狭隘を告くるに至った」と言うから、奉賛殿は、一九三七（昭和十二）年以降に活発化した神社祭祀を分担してこなすための施設であり、中庭が参列者の収容に充てられていたこと、また神社祭祀の活発化が相当に急激であったことが分かる。なお「遥拝壇」はやはり一九三七（昭和十二）年以降徹底された「聖地遥拝」に関連を持つものであったと考えられ、とすれば遥拝の対象は宮城、伊勢神宮、明治神宮、靖国神社などであったろう。

朝鮮神宮紀元二千六百年記念事業

紀元二千六百年記念事業といえば、橿原神宮境域整備など内地政府の六大直営記念事業がよく知られる。しかし、それは地方官民、あるいは外地官民が競って展開した、全帝国的規模での記念事業の総体からみればごく一部にすぎない。『紀元二千六百年祝典記録』所収の記念事業一覧に記載される、いわば公認の記念事業の範囲でみても、朝鮮だけで実に一、一四二件の事業が計画または実施されている。内容は神社、神祠、構内神祠（学校・官庁・刑務所など構内）、大麻奉斎殿、御真影奉安殿、忠魂碑、国旗掲揚塔、二宮尊徳像、修道場など、およそいわゆる国体観念の涵養にかかわる様々な施設の建設・整備が多い。このうち一四六件が神社・神祠関連事業で（構内神祠の類は含まない）、具体的には創建、改築・境内拡張、施設拡充、神田設置などがあげられている。(28)朝鮮神宮の記念事業も、こうした大きな視野のなかでみる必要がある。

具体的な事業内容は表15のとおりである。従前の約二倍の規模（六坪七合）での手水舎新築、ならびに境内の主要動線にあわせて花崗岩舗装を施した参道敷石工事の二事業は、やはり神社参拝への民衆動員にかかわりがあるとみられる。また「境内防空防火施設工事」は戦争を直接反映しており、神饌用の稲・野菜・果樹を朝鮮神宮が直接に栽培するための神田設置は、物資の不足・統制のなかで神社祭祀を維持するためのものだろう。

事業形態は、紀元二千六百年記念以外の権宮司官舎新築や植樹事業も含め、いずれも官民団体からの寄付を受け、神社側＝政府側で設計し、民間業者に請け負わせる形態をとっていた。

朝鮮神宮は創建当初より「朝鮮全土の民衆の一般に崇敬すべき神社」として民衆統合にかかわる意味を担ってきてはいたが、その機能は、統合の象徴的モニュメントと言うべきものから、一九三七年頃を画期として、民衆の身体を通した精神動員の拠点ないし舞台装置としての意味を濃厚にしていく。朝鮮神宮の鎮座十周年記念事業、紀元二千六百年記念事業、および同時期の諸事業は朝鮮神宮の創建境内に対し物理的には補完的、修正的なものにすぎなかったが、それは戦争を背景とした民衆動員政策を空間的に支援する方向性をはっきり指し示していたのである。

6　龍山軍用地と京城護国神社

京城護国神社の鎮座地

戦中期の南山開発は、目まぐるしいものだった。一九三九（昭和十四）年四月には、朝鮮総督府主導で「護国神社奉賛会」が発足している。[29] その目的は、京城および羅南の二ヶ所における護国神社の創建であった。このうち京城護国神社の鎮座地は「京城府三坂通龍山中学校東方南山山麓」、すなわち南山の西南麓であった。朝鮮神宮での諸種事業が展開するすぐ横で、新たな神社が創建されようとしていたのである。

護国神社は、II―二で概観したように、戦中期を代表する特徴的な神社である。靖国神社の地方センターというべき護国神社は、靖国神社祭神のうち当該地方に縁故ある戦死者・殉難者等を祀る施設として定義される。具体的な数字をみると、朝鮮に縁故ある靖国の祭神は一九三七（昭和十二）年末の段階ですでに五〇〇〇柱にのぼっており、総督府に招魂社創建を求める運動もおこっていた。[30]しかし、護国神社奉賛会の設立が護国神社制度公布の翌月であることとまた後述するようにその奉賛会がほぼ完全な官製組織であることからして、総督府の護国神社創建への動きは、朝鮮内部の欲求に応えるものと言うより、直接に内地政府の施策を受けたものと考えるべきもののように思われる。[31]

護国神社は、一般に陸軍師団の管区毎に一社ずつ創建された。内地ではこれがおおむね府県に対応するのだが、朝鮮の場合で言えば、対ロシア軍事基地であった羅南に第一九師団が、首府京城の膝元・龍山に第二〇師団があるのみで（戦中に全五師団まで増設）、しかも、先に言及した漢城の居留民団招魂祭を引き継いだ京城府の招魂祭などはあっても、恒久的な社殿を持つ招魂社はひとつもなかった。こうした状況では一道一社の創立は現実的でなく、師団を置く京城（龍山）・羅南二カ所での創建というかたちをとったものとみられる。

また京城の場合、龍山の巨大な軍用地に接し、なおかつ境内林にふさわしい環境をもつ南山西南麓が、その鎮座地に選出されたのだと考えられる。なお、この龍山軍用地は、一九〇四年に朝鮮駐劄軍が土地を強制収用し、一九〇八年までに必要施設を建設して、漢城市内に分散していた軍隊を集約したものであった。

さて、護国神社奉賛会は会長に政務総監、副会長に総督府・軍部・民間より一名ずつ、幹事に関係官僚を据え、総督府内務局内に本部を、各道に支部を置く体制であった。これも事実上の官製組織だが、軍部の参画が組織構成のうえに明示されていることは護国神社ゆえの特徴である。設計体制は不明だが、台湾護国神社が台湾総督府官房営繕課の設計であったことから推せば、朝鮮でも総督府の営繕機構が受け持ったものと思われ、また造営費の約二三％は国庫補助であった。創立認可手続、鎮座後の神社財政は一般神社と同様であったが、二社で朝鮮全体を受け持つ関係上、崇敬区域は複数の道にまたがるため、区域内の道・府・邑・面が供進金（公費）を出し、さらに総督府からも国庫供進金を出すという手厚い体制が整えられた。これは実質的に官国幣社に準じる待遇で、植民地の護国神社は府県社待遇であった内地の指定護国神社とは多くの側面で異質であったことがうかがえる。

事業の進捗をみよう。朝鮮総督府の帝国議会説明によれば、一九四〇（昭和十五）年八月より勤労奉仕隊を動員して参道、敷地造成などに着手しており、竣工予定は四二年であった。具体的な造営内容を示す資料としては京城府文書中の参道工事関連の簿冊がある程度だが、これにより参道位置および形状が分かる。[32] 筆者は、この資料に基づいて一九九八（平成十）年八月に調査を行い、この参道にあたる道路の突き当たりに、住宅地のなかに埋もれた整然たる花崗岩の石階を見いだした。これが護国神社のものとみて間違いないだろう（図46）。

一方、総督府官報には一九四三（昭和十八）年十月二〇日付の同社創立記事があり、[33] また佐藤弘毅作成の海外神社

表17　京城・羅南護国神社の造営内容

神殿	7坪
祝詞殿	12坪
拝殿	12坪
左右翼廊	14坪
神饌祭器所翼舎	40坪
透塀	31間
玉垣	8間
手水舎	1棟
鳥居	大小2基
社務所斎館	60坪
参集所	30坪
倉庫	20坪
神職職舎	1棟

資料『大陸神社大観』（大陸神道連盟，1941，pp. 79～80）

図46　京城護国神社石階の現状
1998年8月筆者撮影

一覧には神職七名（社司は朝鮮神宮宮司が兼任）の名がある。[34] 羅南護国神社（一九四四〈昭和十九〉年十月五日創立）の場合も神職名の記録があり、『朝鮮終戦の記録』によれば、終戦時に社司が神体を奉持してソ連軍の進攻から避難したというから、[35] 戦中期の資材不足のなかでも両護国神社はいちおう竣工し、神社として発足していたとみられる。

規格化された境内

次に京城護国神社の境内および参道の具体的な計画を検討する。

境内は「龍山中学校東方南山山麓」で、参道は、先述の総督府文書によれば、岡崎町龍中前電車停留所から軍用道路であった三坂通を経て龍山中学校前に至る市街地計画道路であった（図46）。種別は大路第三類、すなわち幅員二五mである。同文書によれば、該道路は「京城護国神社御造営ノ暁ハ之ガ参宮道路トシテ特別ナル使命ヲ帯ブルニ至ルベク急施ヲ要スル」ところだが、「時局ニ鑑ミ取敢ヘズ」この路線中「最モ狭隘ナル三坂通以東神社ニ至ル区間……延長二八四米ヲ幅員十五米トシ自動車ノ通行可能ナル様拡張改修」することにしたという。事業費二七万円の内訳は、国庫補助金九万円、受益者負担金一万二〇〇〇円、および府債一六万八〇〇〇円となっている。これは朝鮮市街地計画令に基づく財源配分で、逆に言えば、こうした事業費支弁の可能な市街地計画道路を神社参道に充てうるよう敷地が選定された可能性もあろう。

社殿・境内については図面類が現存しないが、奉賛会設立時の「計画概要」によれば、京城・羅南の両護国神社の社殿を「二社略同規格ノモノトス」とし、また造営予算も二社で均等に配分している。このことを念頭に置きつつ、表17の造営内容をみよう。注目すべきは「左右翼廊」、「神饌祭器所翼舎」で、おそらく拝殿の左右に翼廊が延び、その先に各々翼舎がつくコの字型の平面形式であったものと思われる。この推測の根拠は、一九三〇年代以降、とくに

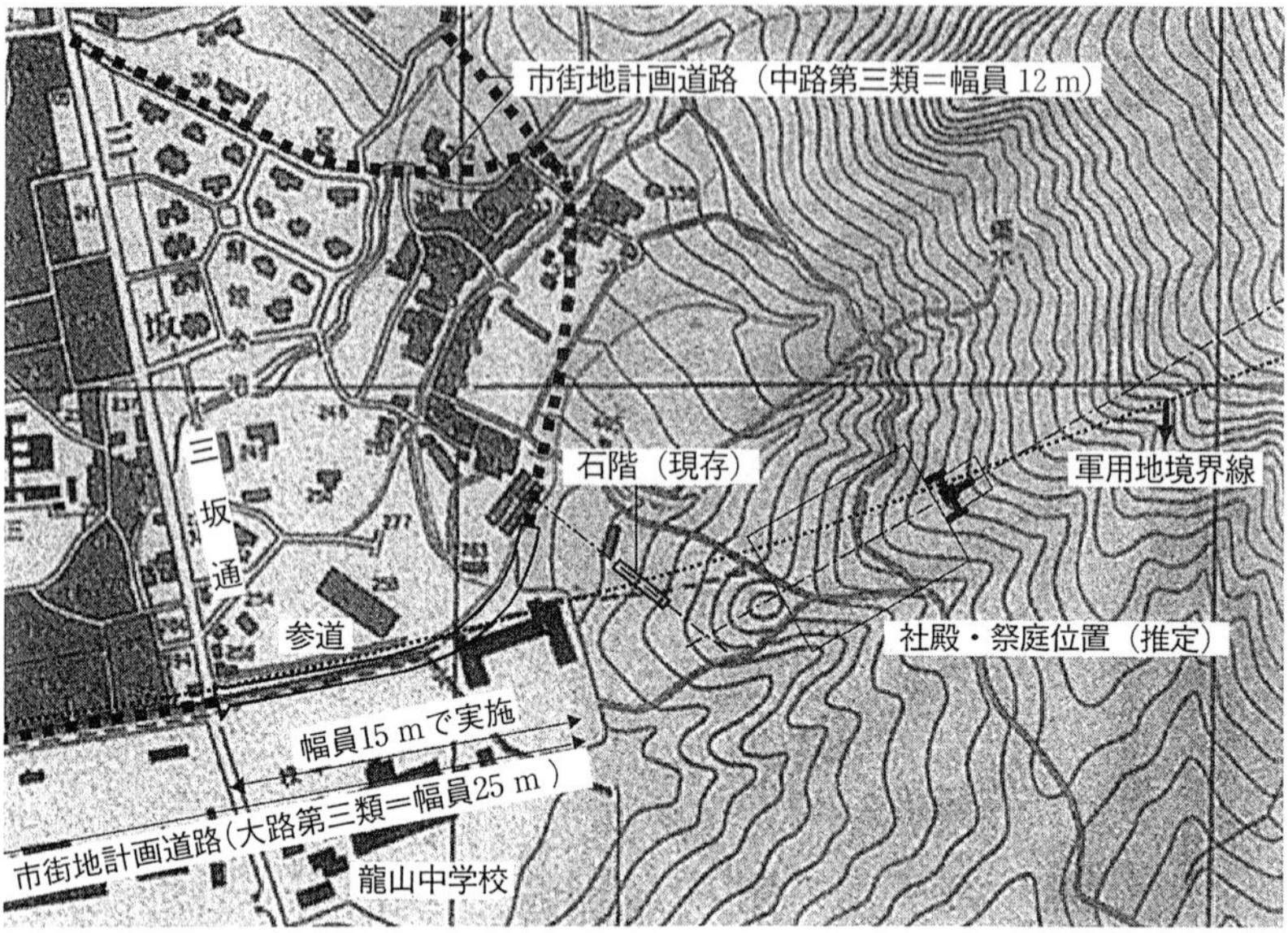

図 47　京城護国神社境内位置の推定
1927 年龍山市街図上に，朝鮮総督府文書『昭和十六年度京城府関係書類』（韓国政府記録保存所蔵）に基づいて参道を，また現地調査に基づいて石階位置を描き重ねた。

四〇年前後の造営にかかる内外地の護国神社に一定の共通した社殿配置の形式が認められ、それが一般神社には普通みられない、拝殿・翼廊・翼舎から成る冂型の平面をとるからで、これについてはII―二で詳しく述べたとおりである。そうした事実上の標準設計が成立していたがゆえに、朝鮮の護国神社二社も、文字通り「同規格」として説明されえたのであろう。

なお、戦中期の神社造営を支えた民間設計技師の一人・二本松孝蔵（国粋建築研究所）は、護国神社の計画について、社殿前には広大な「祭庭」（広場）、祭庭の両側には「相当厚みを有する林地帯」、社殿背後には「可なり深い密林地帯」が必要であり、さらに集団の参拝者・参列者の往復は混乱を招くため表参道に加え裏参道も設けたいとし、これを勘案すると境内地は「2万坪位は慾しい」と述べている。(36) 京城護国神社の境内地は二万七〇〇〇坪余だからこれに適っており、また広い祭庭（広場）を設けるためには、比較的勾配の緩い土地を敷地に選んだのではないかと想像される。

社殿・境内の向きについては復元の手がかりがないが、山麓の傾斜に沿って、龍山の軍用地側を向いて鎮座する計画であったと推測するのが最も自然であろう。そうだとすれば、図47に示すごとく、参道から右へ折れて現存する石段を登り、再び左へ折れて境内広場に入るような計画であったことになる。

このように、南山には戦中期にいたって新たに京城護国神社の境内が加えられた。その造営は、内地の護国神社同様に軍用地の近接地である南山西南麓に、内務省（神祇院）で確立された護国神社の社殿・境内計画の基本的な方針を機械的に適用したものであったと推測される。朝鮮における護国神社造営の国家的性質からすれば、内地政府の意向を総督府を介して実現することは十分に可能であったはずで、ここに戦中期の内外地一元化の構造の一端を見て取ることもできよう。

7　京城神社境内の変貌

国幣小社への列格

護国神社創建と相前後して、京城神社でも一九三五年前後より紀元二千六百年を記念した改築・拡張を計画する。四一年には奉賛会が発足するものの、時局のため資材入手困難に陥り延期、結局は着工できぬまま終戦を迎えた。しかし、企図された造営内容は抜本的な境内再編であり、朝鮮神宮の施設拡充や京城護国神社創建とあわせ、第三期の南山改編の特質を明らかにするうえで重要な意味を持っている。

一八九七年鎮座ののち、第一期には一九一三（大正二）年、第二期には一九二九（昭和四）年と度々改築・拡張を経験してきていた大神宮―京城神社にとって、今次の計画は四度目の造営で、そのうえ前回造営からわずか一〇年ほど

造営予算（円）	設計者・顧問		境内地拡張（坪）	
	建築	林苑	造営前	造営後
150万	小林建築事務所 角驚隆（指導）		10,830 →	47,162
	国粋建築研究所 松本芳夫		1,1571 →	—
10万余	国粋建築研究所		1,536 →	6,586
	角南隆（指導）			
	社寺工務所		→	12,493
	角南隆（指導）			
30万余	小林建築事務所		9,748 →	18,758
36万5千	小林建策事務所 角南隆（指導） 松本芳夫		→	26,570
40万	国粋建築研究所 角南隆（指導） 松本芳夫	本郷高徳 （指導）	10,490 →	38,613
55万2千	角南隆（指導）		約1万→	35,173
	小林建築事務所		11,3851 →	
			5,263 →	
	角南隆（指導）		1,140 →	

あり，したがって造営内容はいずれも計画段階の数字を示す。

社が列格候補だったと推測されるが表では割愛した。

資料

⑥『鳥居』（朝鮮神職会，1938年11月）
⑦市秋弘「京城神社奉仕事務摘要」（『海外神社史上巻』1954）
⑧『国幣小社龍頭山神社灘趣聾』（1940）
⑨『全州府史』（全州府，1943）
⑩『神社本庁教学研究所資料目録①写真資料目録 vol. 1』，1995

表 18　朝鮮における国幣小社列格前後の造営事業

社　号	道	国幣小社 列格年	造営奉賛会 設立年	工　事 期　間
京城神社 *1	京畿道	1936. 8. 1	1941. 12. 25	未着手
龍頭山神社 *1	慶尚南道	1936. 8. 1	1940. 9. 27	未着手か
大邱神社	慶尚北道	1937. 5. 15	—	一期：1938. 4～ 二期：1941. 8～
平壌神社	平安南通	1937. 5. 25	—	一期：19348～1935. 9 二期：1941 頃～
光州神社	全羅商道	1941. 10. 1	1937	1937. 12～1940. 10
江原神社	江原道	1941. 10. 1	1937	1937～1941. 2
全州神社	全羅北道	1944. 5. 1	1938. 7. 31	1939. 4～1943
咸興神社	咸鏡南道	1944. 5. 1	設立計画中*2	
大田神祉	忠清南道	—	設立済*2	
海州神社	黄海道	—	設立計画中*1	
平安神社	平安北道	—	設立済*2	

*1 列格の早かった京城神社，龍頭山神社の二社は工事未着手に終わっているようで
*2 いずれも 1938 年 11 月時点での状況を示す(資料③)。
*　忠清北道・咸鏡北道の二道については，道供進指定社であった清州神社，羅南神
*　「—」は記載事項なし，空欄は不明を意味する。

資料
①公文類聚，昭和 11,12,16,19 年社寺門・各神社国幣社列格関係文書
②「昭和 16 年 12 月第 79 回帝国議会説明資料」(『朝鮮総督府帝国議会説明資料』第 3 巻 1994)
③『朝鮮と建築(朝鮮建築会，1942 年 9 月号)
④『大陸神社大観』(大陸神道連盟，1941)
⑤『紀元二千六百年祝典反録』(内閣印刷局)

しか経過していなかった。にもかかわらず全面的な境内再編が要請されたのは、一九三六（昭和十一）年の国幣小社列格という事情による。

これもII—二で述べたが、一九三六（昭和十一）年、朝鮮総督府は神社行政全般の抜本的な改革に踏み切る。下は神社の水準にみたない末端の社祠である「神祠」から、上は植民地総鎮守たる官幣大社まで、全朝鮮の神社を階層的に再編し、各階層ごとにふさわしい規模への施設拡充が図られたのである。具体的には、道・府・邑・面の四ランクの公費供進指定社の整備とともに、各道の総鎮守たる神社を国幣小社に列格していく政策が採用された。これは地方諸社が、植民地の法域を部分的にせよ超え出て、帝国日本の官社の地位に押し上げられることを意味した。官社列格が想定される以上、その祭神・祭式などの内容も、社殿・境内の内容も、内務省神社局（一九四〇年以降は神祇院）が監督すべきものとなる。(37)そして、いち早く列格されたのが首府京城の京城神社と、延宝年間に遡る「由緒」を持つ釜山の龍頭山神社である。一九三六（昭和十一）年八月一日の両社の列格後、管見のかぎりでは終戦までに平壌・大邱・光州・江原・全州・咸興の列格が実現している（計八社、表18参照）。

しかしながら、国幣社への国庫供進金は毎年千円で、一九三九（昭和十四）年度京城神社予算七万円の約一・六％にすぎなかった。これは朝鮮神宮の国庫供進金七万円（約六〇％）の比にならない低額・低率で、しかも京城府、京畿道からより高額の供進金を受けた。府域拡張および農村人口の流入、国民徴用令による労働動員などによる急激な人口増加で、京城神社の氏子は一九三八（昭和十三）年時点で一二〇万人になっていた。宮司の市秋弘によれば、当初四区構成であった氏子組織は九区となり、神社財政も膨張して内外地の国幣社でも十指に入る規模となっていたという。京城神社国幣小社列格の実質的な意味は、すでに確立していた地方鎮守としての経営実績をベースとし、これを存続させつつ国家的な枠組みへの地位の押し上げをはかることに他ならなかった。

ところで、『大陸神社大観』は京城神社造営計画について、次のように記している。

社頭の繁忙、諸祭典の執行等に当り、既に狭小を告げ、数年来御造営計画中の処、起源二千六百年の記念事業として御造営奉賛会が設立せられ、工費百五十万円五ヵ年継続の御造営に着手した。斯くて当社は御列格以来早くも五星霜半島の首都の氏神として又京畿道の総鎮守として日夕氏子の尊崇厚く社頭の繁栄愈々深まり、神威赫々道の内外隈なく光被す。(38)

「社頭の繁忙」、「諸祭典の執行」で境内が「狭小を告げ」るに至った背景は、氏子人口（府人口）の増大に加え、朝鮮神宮と同様、神社への府民の積極的動員もやはり指摘する必要がある。市秋宮司によれば、一九三七（昭和十二）年より出征軍人祈願祭が活発化し、三八年よりは宮司も腐心して持ち回りの「氏子日参」を実施、その他婦人会や国民学校などによる組織的な参拝が励行されたという。四二年頃の参拝者数は年間約二五〇万人で、これは同時期の朝鮮神宮の参拝者数約二六五万人とほとんど変わらない。

国幣社列格の制度的側面

国幣社列格に際しては一定の審査基準が内規として定められていたから、これについてもみておく。元来内地には官国幣社列格・昇格に関する内規があったが、朝鮮では、新たに神社制度調査会の内議に基づき「朝鮮ニ於テ国幣社ニ列セラルベキ神社ノ銓衡内規」と称する左の審査内規が定められた。(39)

一、特殊ノ場合ヲ除キ道庁所在地ノ神社ニシテ一道民崇敬ノ対象ト為ルベキモノタルコト
二、神殿拝殿ノ外弊殿神饌所斎館社務所（斎館ト社務所トハ兼用タルヲ妨ゲズ）竝ニ附属設備ヲ具備スルコト
三、一ヵ年ノ神社費予算大体一万円ヲ下ラズ相当数ノ神職ヲ置キ得ルコト

四、境内地三千坪ヲ下ラザルコト

第一項は先述の一道一社列格の方針で、国幣社たるにはまず道鎮守たるべきことを定めたもので、右にみた神社の支持基盤の二重性は政府自らが前提としたものであったことが分かる。第三項は予算額の基準だが、京城神社の場合は問題にならなかった(40)。

第四項の境内規模については、京城神社では先にみた一九二九（昭和四）年度造営で四五〇〇坪余、その後の境内摂社の新設などで七千坪余、一九四一（昭和十六）年時点では一万坪余であった。造営計画では「南山公園全区域ヲ境内ニ編入シテ総面積四万七千百六十二坪トナスベク関係当局ト妥協成立申請中ニアリ(41)」とあり、四倍以上の拡張計画であった。ただしこの時点での南山公園面積は約三三万坪であるから「全域を編入」の意味は理解しづらい。

第二項で社殿について幣殿・神饌所・斎館を必要としているのは国幣社の神社祭式への対応を必須としたものと言えようが、この内規だけでは社殿の全面的改築の背景は理解できない。制度よりもむしろ、この時期に特徴的な設計体制によって、内地政府の意向が直接に造営計画に反映されたと考えられることを重視する必要がある。以下に詳述する。

京城神社造営計画とその技術的背景

実際の造営計画の内容については、平面図が発見できないなど資料的制約があるが、限られた資料から概略の復原を行いたい。まず『大陸神社大観』所載の「京城神社境内整理計画建物一部立面図」（図48）をみよう(42)。管見では唯一の現存図面と思われるこの立面図から、社殿配置の大要を復元することは難しくなく、容易に以下の特徴を指摘しうる。

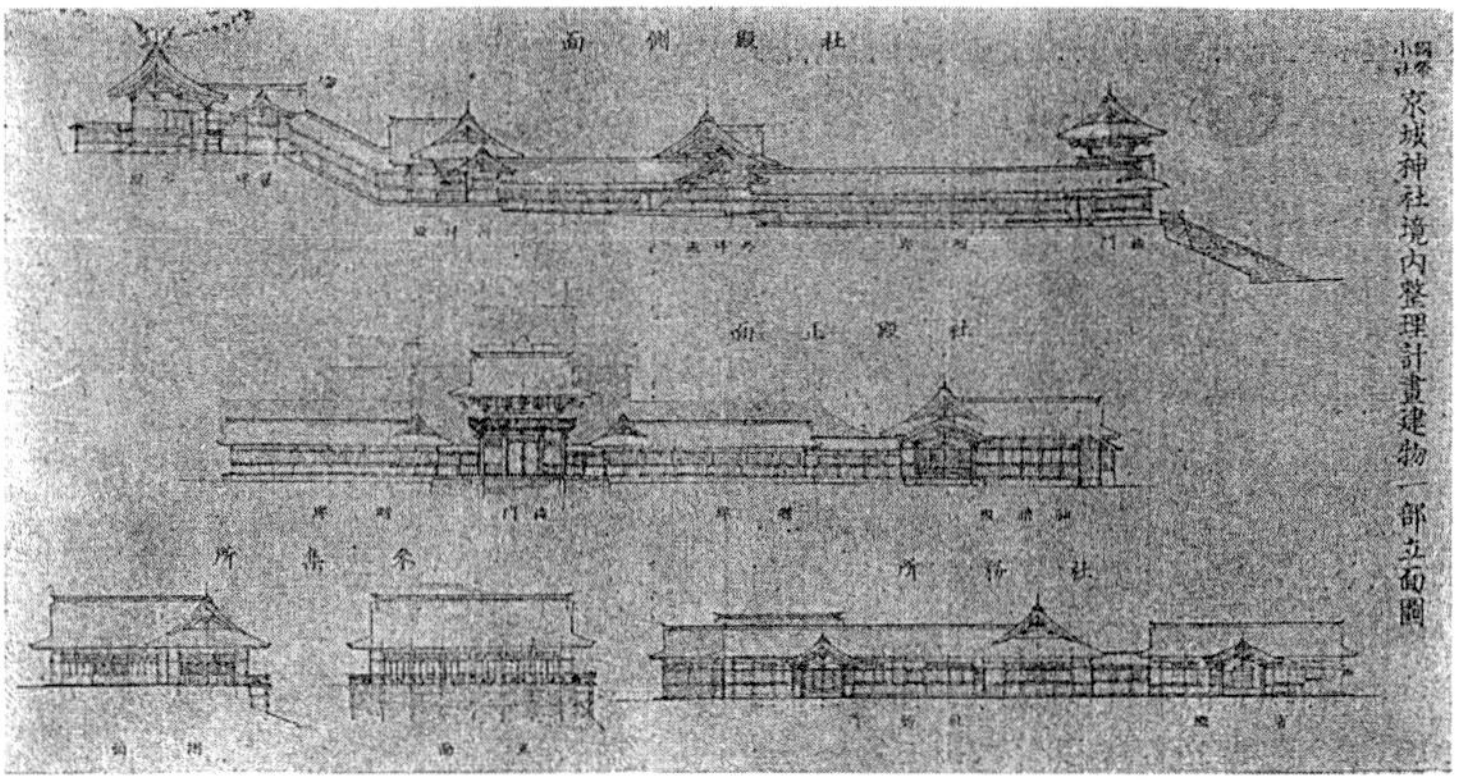

図48　京城神社境内整理計画立面図（紀元二千六百年記念国幣社造営）
出典　『大陸神社大観』（大陸神道連盟，1941）

①　本殿を流造とし、その他の社殿も屋根は曲線とする。
②　本殿から拝殿（内拝殿）までは祝詞殿・登廊によって接続・一体化し、切妻造の屋根をかけて内部空間化される。祝詞殿の左右には翼廊が一文字にのびる。(43)
③　拝殿は大規模で、しかも内・外の二重拝殿とする。
④　楼門をおき、両脇に切妻造妻入の神符授与所をつける。
⑤　社殿相互が廻廊によって接続される。
⑥　内拝殿―外拝殿、外拝殿―楼門の間には各々中庭（内院・外院）がとられる。

個々の社殿の形式や細部意匠、規模などの差異はともかくとして、こうした全体としての基本的な形式的特徴は、内地では官幣大社近江神宮創建（滋賀、天智天皇、一九四〇〈昭和十五〉年）、同橿原神宮改築（奈良、神武天皇、一九四〇〈昭和十五〉年、ただし本殿・幣殿の形式は異なり、楼門はない）、外地では同関東神宮創建（関東州・旅順、天照大神、一九四四〈昭和十九〉年）、同台湾神社改築（台湾・台北、一九四四〈昭和十九〉年にほぼ竣工するも一部焼失）といった事例ときわめてよく合致する。近江・橿原両神宮は当然ながら内務省直営であり、外地の台湾・関東両神宮は、内務省技師・角南隆の指導の下で当該地域の中央政府の直営という体制であった。

従って、これらはいずれも角南を中心とする内務省神社局営繕課―神祇院造営課の技術官僚が直接設計または指導にあたっている。(44)

京城神社の場合、市秋弘によれば「去ル五年以来内務省角南技師ヲ顧問トシテ具体的根本計画ヲ決定シ」たといい、鎮座五〇周年にあたる一九四八（昭和二十三）年度完成を目標として造営方針が検討された。(45)一方、『小林福太郎氏遺作集』所載の作品目録に、「国幣小社京城神社境内整理計画　朝鮮京城府　一九三六（昭和十一）年」（年は着工年）との記載がある。(46)小林のリストが着工年を記しているのは不可解だが、いずれにせよ顧問・角南隆、設計・小林建築事務所の体制で基本計画が作成されたものとみえる（小林は一九三八〈昭和十三〉年死去）。

II―二でみたように、当時内務省―神祇院を頂点とした神社造営の技術的な布陣のなかで、社殿計画の標準型がいくつか開発され、帝国の各地で実際に採用されていた。そうした大きな構図のなかに、京城護国神社の造営事業も、京城神社の造営計画もほぼ同様に位置づけられうる。ただ、京城神社の形式は、前掲のようにほとんど官幣大社クラスで採用されたもので、朝鮮首府の鎮守たる京城神社が相当に重要視されたことを意味するかもしれない。

境内の抜本的再編

ついで先に立面図によって見た社殿が、南山北麓の敷地に具体的にどのように配置されたか、その概要を復原したい。まず、『大陸神社大観』中に引用された事業概要をみよう。

一九四一（昭和十六）年度より着手せる本計画は雑然たる現境内地を整理すると共に之を最大限度に拡張し且つ社殿の位置を現在の稲荷社の付近に御移転申上ぐるを根本方針とし、之に従て参道及広場の連絡竝に各摂末社其の他の建物等を適当なる位置に配置改造又は新築し、神苑の整備を全ふせしめんとするに在る。(47)

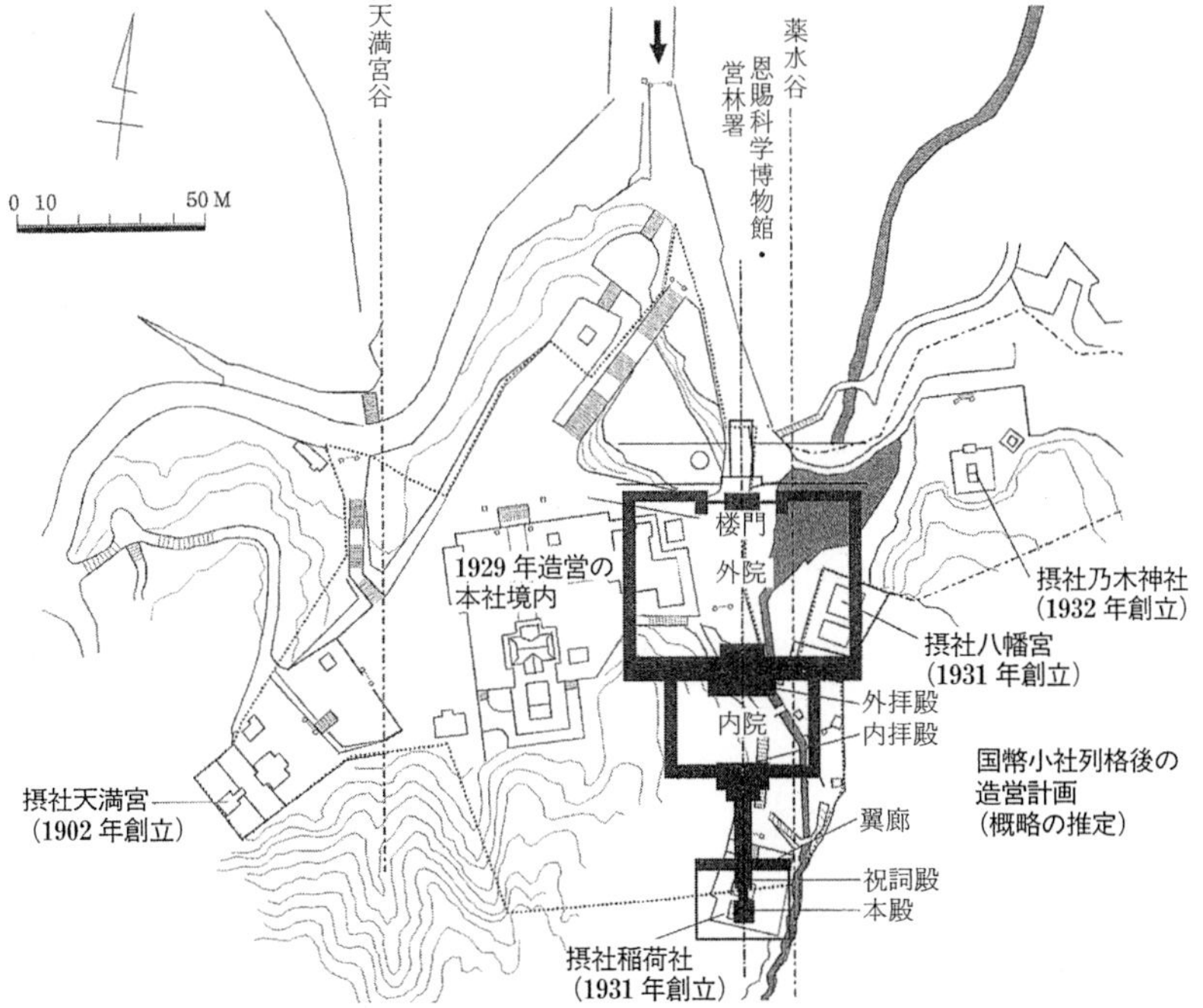

図 49　京城神社境内整理計画の概略復元図

図 45 の京城神社境内図の上に，図 48 の京城神社境内整理計画立面図より作成した社殿配置図を描き重ねた。本殿位置を摂社稲荷社の位置に，また楼門前の石階を既存参道に合わせている。1929 年造営の本社境内に社務所・神楽殿などが置かれる計画であったものと思われ，またこれら社殿の前面には神苑が造成される計画であったと考えられる。

従前の境内は「雑然たる現境内地」と評価され、既設物のクリアランスと再配置を含む「整理」計画が意図されていたことが分かる。本殿は摂社稲荷社の付近とする計画であった。土地造成については、当時の宮司・市秋弘の記録に、

> 境内広場開墾拡張計画。奉賛会事業ノ一部トシテ本年度〔昭和十八年度…引用者〕内完成スベク予算、金十二万円ヲ以テ天満宮谷及薬水谷ヲ一環トシテ新規広場千五百坪ヲ得、自動車道路ヲ貫通等工事着手スベク目下申請中ニアリ[48]。

とあって、第二期の一九二九（昭和四）年造営で埋め立てられた天満宮下の谷に加え、新たに薬水谷、つまり第一期に居留民が設置した水源池の近辺も埋

め立てて造成する計画であったことが分かる。以上から、先の立面図から再構成される社殿が、およそ図49のように配置される計画であったと考えるのが、あくまで大略においてであるが妥当と思われる。(49) 旧社殿から天満宮にかけての一帯には、立面図から見て社務所、神楽殿などの複合体が配置される計画であった。

参道の左右あるいは社殿周囲の神苑計画は明らかでないが、いま一九二九年造営時の鳥居位置から摂社稲荷社・天満宮に向かう参道がおおむね新参道にあてられたと仮定すれば、この時期の他の官国幣社の造営から類推するかぎり、その西側の甲午記念碑や噴水池・奏楽堂が撤去されてこの一帯を樹林で覆われた神苑としたのではないかと想像される。ここで注目しておきたいのは、一九三六（昭和十一）年の神社制度改革に際して総督府内務部長が各道長官に充てた通牒である。同通牒は、一般諸社の改善に関し、「従来動モスレバ神社境内ヲ公園ト混同シ各種ノ工作物ノ濫設ノ結果境内ノ森厳ヲ破壊シ設備ノ不調和不統一ヲ来セル例少カラザルニ鑑ミ」、境内の改変にかかる事項はすべて事前申請を励行することとし、また、「花果樹落葉樹」ではなく「常緑樹」を基本とした神苑を整えるよう指導している。この通牒は神社制度改革全般についての地方庁への解説・指導を目的としたものであるから、これらが内務省の意向を強く反映していただろうことは間違いないが、とすれば「公園トノ混同」を戒めなど従前の実態に対する批判と改善要求を含む神苑経営の思想が、朝鮮の国幣社関係の造営においても基本とされたものと思われる。少なくとも、第一期以来の公園諸施設は、「境内ノ森厳ヲ破壊」する障害物と認識されるようになっていたに違いなく、それがクリアランスされる計画であったのは社殿計画の必要からだけではなかったと考える必要がある。

このように、第三期における京城神社造営計画は、社殿を含む第一期・第二期の諸施設をほぼ全面的にクリアランスし、薬水谷の埋立造成を行って拡張された敷地に、内務省で確立され主に内外地の官幣大社造営に採用された社殿配置形式を適用しようとするものであったと位置づけられる。第一期の境内および公園の環境を存置し組み込んだ第二期の造営とは、それは明らかに異質である。一地方の総社の国幣社への列格がもたらした境内環境の再編成の特質は、とりわけ技術的な基盤が地方工務店から内務官僚・内地設計事務所・総督府官僚の体制へ交替したことを顕著に反映するものであったと言えよう。

8　南山麓の道路ネットワーク

このようにして創出、改変されてきた三つの神社の境内を、南山麓の山側と市街側の両方において、相互に結びつける道路が建設されたことを、最後にみておこう（図50）。

京城市街地計画では、朝鮮神宮裏参道など南山の山中を走る道路が「中路第三類」すなわち幅員一二mの市街地計画道路とされ、三つの神社を結びつけている。南山内部でのネットワークの完成である。もとより、朝鮮神宮表参道が市区改正事業の一部で、なおかつ意匠上も特殊な配慮が払われ、あるいは護国神社参道が市街地計画道路であったように、都市計画道路の路線決定やその施行が神社の存在に規定されたと考えられる局面は少なくないのであり、また神社の消滅した戦後も、これらの道路はおおむね継承されていくのである。

ここで、市区改正事業以来長く「未修」に終わってきた市区改正第二二号線にも注目しておきたい。この道路は、城内市街地と龍山を南北方向に結ぶ道路として重要な意味を持つはずだったが、図50中の①〜④に示すとおり、路線計画が激しく変転している。②から③への変更は朝鮮神宮表参道の路線決定に伴い神宮下の広場を中継地点としたもので、最終的な路線は表参道中央の石積の擁壁を貫通する隧道として立体交差させる計画となった。これは実現しないが、戦後の都市計画がこれをおおむね引き継ぐことになる。この立体交差による解決は、それが比較的無理なく実

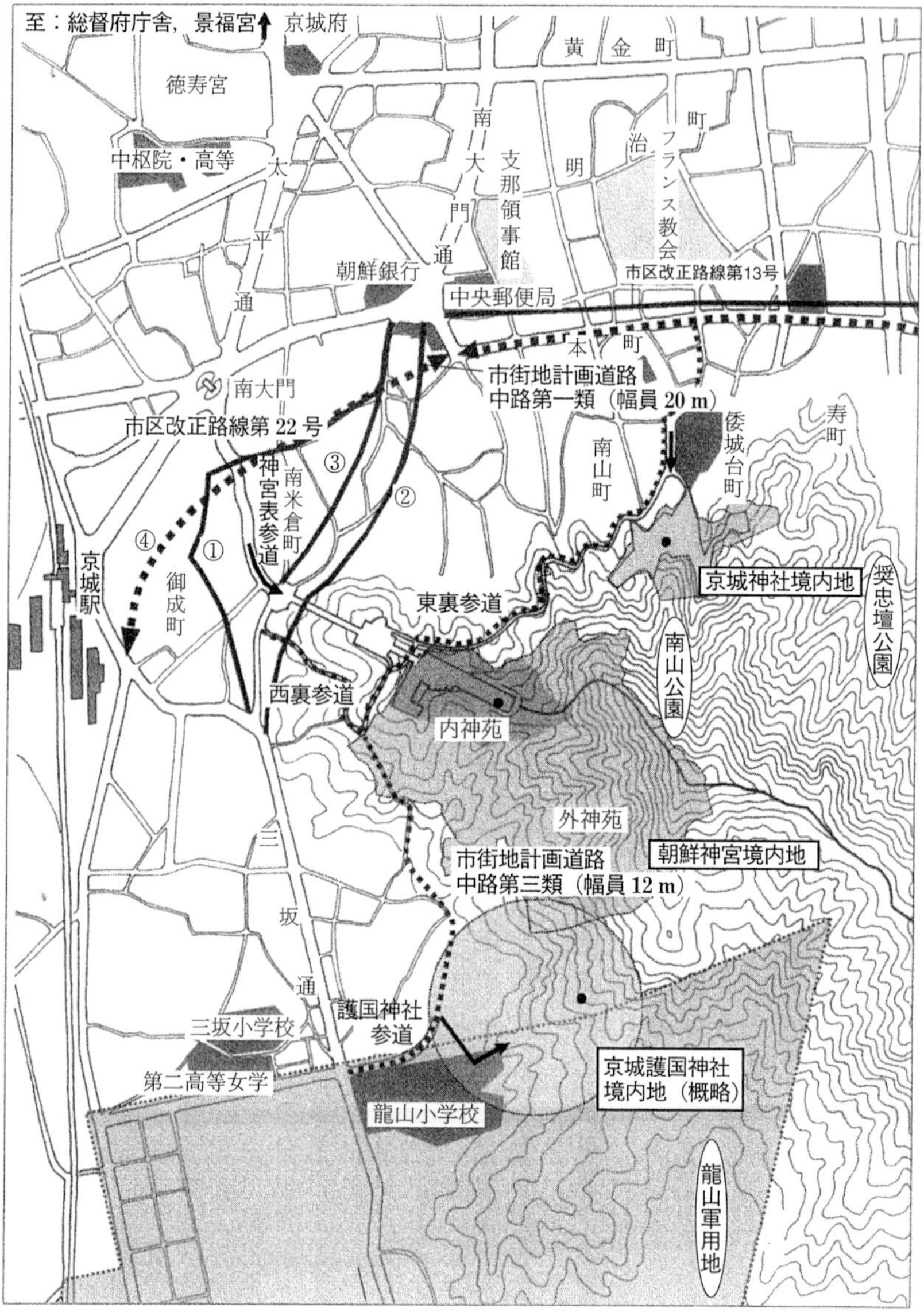

図 50　1944〜45 年頃の南山およびその周辺
●は各神社の本殿位置（京城護国神社は推定）

現されうる地形上の特質によるところも大きいが、一面においてはおそらく府域の拡張および城内外での急激な人口増加により、城内と龍山とが実質的に一体化していく趨勢を背景として、むしろ朝鮮神宮へのアプローチは表参道に限定し、境内を道路交通の喧噪からできるだけ隔離し、威厳と神聖さを保護する意図が働いた結果ではなかったかと推測される。

9 総括——南山の変容過程と神社境内

本章では、漢城開市より昭和戦中期に至る間の南山改変を一連の総体的なプロセスとして復原・再構成する作業を行ってきた。以下にその知見をまとめてみよう。

まず、第一期から第三期にかけて、禁地としての南山を公共空間化していく装置として、公園の概念が大きな力を持ったことを指摘しておく必要があろう。そして、その公園の意味が大きく変質していく過程も明らかにされた。すなわち、第一期には公園は日本人居留地の社会秩序を可視化する共同の場であり娯楽・遊園に供すべき景勝地であったが、また半ば国際的な領土的利権拡張の方便でもあった。併合後の第二期には、朝鮮神宮造営・京城神社造営により既存公園地が神社境内に吸収・改変されていく動向と、一般的な都市化の趨勢を背景として、行政的に計画・管理すべき森林公園へと意味を変え、さらに第三期には俯瞰的、統一的な国土利用計画に基づく公園として、その機能も数種類にカテゴライズされた。

公園地とともに最終的に南山の用途を塗り分けたのは、もちろん京城神社、朝鮮神宮、京城護国神社の三社の境内地である。資料的な制約もあるが、最終的なこれら境内地の終戦時の面積を確認すれば、

朝鮮神宮　　一三〇、五七七坪（一九四一〈昭和一六〉年現在）
京城神社　　一〇、八三〇坪（拡張計画では四七、一六二坪）
京城護国神社　　二七、四九一坪（一九三九〈昭和一四〉年計画段階）

となる。したがって、もし京城神社の境域拡張が実現していれば、南山のうちざっと約二〇万坪（約六〇ヘクタール）の山林が神社境内地となる見込みであった計算になる。しかも、南山の東部はともかく、「大京城」の表ともいうべき一連の市街地に面した北部、西部、西南部はこれらの神社境内によってその景観が特徴づけられることになったのである。

表19は、これら神社の社会的・制度的・技術的基盤ならびにその変遷をまとめたものである。とりわけ劇的な変転を見せた大神宮―京城神社を軸としてこれらを整理しよう。

まず第一期には日本人居留民社会を創建・経営の主体とし、造営には伊勢内宮・外宮棟梁を用いて伊勢内宮の形式を再現させた。境内は、右にも述べた居留民の公共空間としての公園地と一体もしくはその一部であったから、全体として居留民社会の娯楽・信仰にかかわる公共的機能が集約された雑多な環境が南山北麓に形成された。

第二期にあっては、日韓併合後の首府であり一地方都市である都市京城の二重性に対応した宗教的秩序の編成が、李朝の社稷壇祭祀の廃止、総鎮守朝鮮神宮創建および京城神社（元大神宮）の京城府鎮守への再編成というかたちをとって完成した。朝鮮神宮造営は帝国大学教授伊東忠太を顧問とし総督府官僚技術者を主体とする体制で、台湾・樺太の総鎮守に連なる社殿・境内が南山西麓に致命的なダメージを与えたが、京城神社では氏子府民の欲求に応じ、また居留地時代以来の公園諸施設を存置し位置づけた複合的な境内が形成された。

第三期に至ると、国幣小社に列格された京城神社には、内務省神社局（神祇院）造営課長角南隆と内地民間設計事務所の小林福太郎による設計体制において、内務省の思想が直接に反映する社殿・境内計画が作成され、第一・二期を通じて蓄積されてきた境内の複合的な特質は一掃されようとした。内務省で確立された形式を植民地に適用したという意味では、その造営体制の特質は京城護国神社にも共通する。朝鮮神宮では抜本的な造営計画はなかったが、政策的に活性化された神社祭祀と民衆の大量動員を収容するために境内・社殿の修正的改変がなされている。民衆の大量動員というこの主題は、第三期の京城神社造営計画、京城護国神社創建にも共通する境内計画の前提条件であり、設計体制の内外地一元化とあわせて戦時体制の神社への反映と言えるものであった。

本章ではまた、これら三社の、とくに社会的基盤の差異が都市内におけるその鎮座地の設定に不可分であったことを明らかにしてきた。大神宮—京城神社、朝鮮神宮、京城護国神社の各々の鎮座地は、日本人居留民社会や行政的・軍事的な支配機構といった、開国以降に漢城の都市秩序の上に移植されていった社会共同体や組織の占有空間（日本人居留地、植民地政府の官庁地区、龍山軍用地）に物理的にも象徴的にも緊密に結びつけられ、そのことによって南山の各部位が固有の意味を持ち、そして植民地都市・京城の都市構造へと組み込まれていったのだと考えられる。その際、神社境内そのものだけではなく、その周辺の森林や道路、宅地なども、神社境内の影響を受けながら整備され、あるいは参道や境内へと編入されていったことも重要である。

しかし、第三期は、総力戦体制が要請する内外地支配の一元化と、内務省の擁する技術的体制の規範的影響力の肥大によって、各神社の境内が、その境内の差異にもかかわらず社会的、制度的、技術的に一元化されていく過程として総括しうる。南山の各部位の環境形成も、まったく異質なものから出発しながら、共通の平面上で説明しうるような特質へと収れんしていったわけだが、それは京城市街地計画が南山を統一的な国土利用計画や道路計画のなかに位置づけるに至ったことと平行する不可避的な趨勢であったと言えよう。

表 19　第一～第三期における大神宮－京城神社・朝鮮神宮・京城護国神社の支持基盤と造営体制

	第一期	第二期	第三期
大神宮 京城神社	1）居留民有志（＋領事） 2）居留地会→居留民団→京城府 3）－ 4）創建 5）1898 6）居留民有志 7）居留民有志 8）内宮棟梁多禰又衛門・外宮棟梁多禰栄衛門 9）同上 10）当初境界なし→ 571 坪（1915）	1）－ 2）神社＋氏子組織 3）京域府（地方費） 4）府人口増加と氏子組織の完成 5）1928～29 6）京城神社御造営司 7）氏子（京城府民） 8）相沢工務所（相沢啓二） 9）多田工務所 10）4,500 坪（1929 造営時）→ 7,115 坪（1932）	1）－ 2）神社（氏子組織） 3）朝鮮総督府(国庫)・京畿道・京城府（各地方費） 4）国幣小社列格（1936），紀元二千六百年 5）未実施（計画:1942～48） 6）京城神社御造営奉賛会（官民） 7）京畿道内官民＝氏子（寄付）＋国庫補助 8）角南隆（顧問）＋小林福太郎 9）－ 10）10,830 坪（1941）→ 47,162 坪（拡張計画）
朝鮮神宮		1）日本国家（内務省＋朝鮮総督府） 2）神社 3）朝鮮総督府（国庫） 4）創建 5）1918～25 6）日本国家（内務省＋朝鮮総督府） 7）日本国家(国庫) 8）造営事務所(伊東忠太顧問＋総督府営繕課他) 9）直営 10）約 12 万坪	1）－ 2）神社 3）潮鮮総督府（国庫） 4）鎮座十周年，紀元二千六百年 5）1934～1941 頃 6）朝鮮神宮奉賛会（官民），朝鮮神宮 7）朝鮮内官民（寄付）＋国庫補助 8）京城府土木課，長谷川常太郎など 9）府内業者(松山吉四郎など) 10）13 万余坪
京城護国神社			1）朝鮮総督府 2）神社 3）朝鮮総督府（国庫）・京畿道・京城府（各地方費） 4）創建 5）1940～42 6）護国神社奉賛会（軍官民） 7）朝鮮内官民（寄付）＋国庫補助 8）朝鮮総督府営繕裸(推定) 9）不明 10）27,491 坪（計画段階）

＊京城神社の第一期における造営は，創建時のものを記し，1913 年造営は省いた。
＊朝鮮神宮の第三期における造営は，鎮座十周年記念事業および紀元二千六百年記念事業の両方について該当する事項を記した。

以上、南山における植民地期の環境形成上の営みを辿ってきたが、これらの物的遺産は、今日の南山にも見て取ることができる。(50)まず朝鮮神宮跡地はその暴力的な造成によってつくられた人工の地形が、周知のとおり再び人工的に旧状に復され、山頂部まで含めて公園化されている。東西裏参道はおおむねその形状を残し、さらに南山全体に及ぶ道路網が形成されているが、昭和初期のガイドブックが記したドライブウェイとしての機能は戦後にむしろ全面化する。京城神社跡地は学校敷地となっており、一九二九（昭和四）年造営時の正面石階は残っている。京城護国神社境内跡地でも既述のとおり石階が残されているが、境内に相当すると思われる山麓傾斜地は高密な戸建住宅地で埋め尽くされている。総じて、社殿が破壊されても敷地形状や参道などのインフラストラクチャーが残される傾向は強い。しかしそれだけに、南山西麓の地形の「回復」は、賛否をおくとしても、強烈な意志の表明には違いないのである。

註

(1)『京城府史』第一巻（京城府、一九三四年、一三一頁）による。
(2) 萩森茂編『朝鮮の都市　京城・仁川』（大陸情報社、一九三〇年、三六頁）。
(3) 横田康編著『朝鮮神宮紀』に寄せられた当時の京城府尹（市長に相当）馬野精一の序文（京城国際情報社、一九二六年、五頁）。
(4) 併合以前の居留民団による南山の開発については、主に『京城発達史』（京城居留民団役所、一九一二年）、『京城府史』第二・三巻（京城府、一九三六年）によった。
(5)『朝鮮神宮造営誌』（朝鮮総督府、一九二七年、二二頁）折込の決算書による。
(6)『大正十三年度朝鮮神社参宮道路工事関係』、『大正十四年度朝鮮神宮参宮道路工事関係』（いずれも韓国政府記録保存所蔵）。
(7) 並木真人「植民地後半期朝鮮における民衆統合の一断面　ソウルの事例を中心に」（武田幸男編『朝鮮社会の史的展開』山川出版社、一九九七年、五二八〜五二九頁）。
(8)『京城神社御造営趣意書』（京城神社御造営司、一九二六年九月）。
(9)『朝鮮総督府官報』一九一五年八月十六日。

(10)　青井「朝鮮の居留民奉斎神社と朝鮮総督府の神社政策」(『朝鮮学報』一七二号、一九九九年七月)。この内規の内容は朝鮮総督府文書『大正四年　寺刹雑件書類』(韓国政府記録保存所)の水原神社創立許可手続関係書類を用いて推定した。
(11)　一九一五年七月の数字は前掲「京城神社御由緒記」、一九二五年の数字は市秋弘「京城神社奉仕事務摘要」(小笠原省三『海外神社史上巻』一九五六年四五五頁)による。
(12)　註(10)青井「朝鮮の居留民奉斎神社と朝鮮総督府の神社政策」で事例として検討した仁川神社では、創立許可手続に際して境内地の線引が行われている。総督府としては、公園地・境内地をその実質的な機能に即して明確に分離させる方針で地方庁を指導したようだが、地方の利害と衝突し、必ずしも徹底されていない。
(13)『京城府史』第三巻(一八一～一八六頁)
(14)　註(12)市秋(四五一頁)。
(15)　参考までに付言すれば、一九三一年には持ち回りの当番区に当たった朝鮮人らによって初めて例祭時の御輦渡御が行われたという。前掲『大陸神社大観』(三三一頁)。
(16)　註(12)市秋(四五一頁)および『朝鮮と建築』誌「最近朝鮮建築界」の記事による(「京城神社の新築敷地」第六輯第五号、「京城神社御造営敷地伊東博士の実地踏査」同一〇号、「京城神社造営地決定」同一一号、いずれも一九二七年)。
(17)　相沢啓二「京城神社の設計に就て」(『朝鮮と建築』第七輯第五号、一九二八年五月、二六～二八頁)。
(18)　大正十四年末現在の会員名簿(『朝鮮と建築』第四輯第一二号、一九二五年一二月)による。
(19)　境内に摂末社を持つ神社は、比較的事例の多い朝鮮でも全八二社中、十数社である。
(20)『京城府史』第三巻(京城府、一九四一年、一七八～一七九頁)。一九三〇年の御旅所建築については、前掲・市秋(四五三頁)、『朝鮮と建築』第一一巻第一号(一九三二年一月)。
(21)『京城府史』第三巻(京城府、一九四一年、三一六～三一八頁)。
(22)　京城の案内書には総督府鉄道部や民間のものが多数あるが、『新版大京城案内』(京城都市文化研究所出版部、一九三六年)がとくに詳しい。
(23)　朝鮮神宮鎮座十周年記念事業については、『朝鮮神宮年報』昭和八年および同十年(朝鮮神宮社務所)、『恩頼』(朝鮮神宮奉賛会、一九三七年)に依った。

(24) 朝鮮総督府文書『昭和九年 都市下水工事』(韓国政府記録保存書蔵)
(25) 註(22)『新版大京城案内』が、東西参道について「南山と町家とを境してドライヴウェイが東へ通ずる」と表現しているのは、参道の山麓側に残った民家を指している。
(26) 註(7)並木「植民地後半期朝鮮における民衆統合の一断面」(五四七〜五五六頁)。
(27) 『鳥居』第九巻第六号(朝鮮神職会、一九三九年六月、八頁)。
(28) 紀元二千六百年祝典事務局編纂『紀元二千六百年祝典記録』。
(29) 京城・羅南護国神社の創建計画は、大陸神道連盟『大陸神社大観』(一九四一年、七四〜八七頁)により計画の大略を、また「護国神社創立ニ関スル経過及諸計画ノ一般竝御造営工事進捗状況」(『朝鮮総督府 帝国議会説明資料』第三巻①「昭和十六年十二月 第七九回帝国議会説明資料(朝鮮総督府司政局)」所収)により一九四一年末段階での進捗を知ることができる。
(30) 註(29)『大陸神社大観』(七四頁)。
(31) ただし植民地での護国神社創建経緯は必ずしも一様ではない。台湾では官祭招魂社としての建功神社(一九二八年、総督府技師井手薫設計)があったが、これとは別に一九四二年に台湾護国神社を創建、建功神社は存続した。樺太では樺太招魂社(一九三五)がそのまま樺太護国神社と改称された。
(32) 朝鮮総督府文書『昭和一六年度 京城府関係綴』(韓国政府記録保存所)
(33) 『朝鮮総督府官報』五〇一九号(一九四三年十月二十五日)
(34) 佐藤弘毅「戦前の海外神社一覧II」(『神社本庁教学研究所紀要』第三号、一九九八年、一六七頁)。
(35) 森田芳夫『朝鮮終戦の記録』(厳南堂書店、一九六四年、一一二頁)
(36) 二本松孝蔵「護国神社の建築計画に就て」(『建築世界』前掲号)。なお二本松は、敷地は山を背に負う緩斜面がよいとしている。社殿が段々に重なって本殿が最も高くなるように地盤面に高低をつける必要がある一方で、十分な広場を無理なく造成するためである。
(37) 朝鮮の国幣社列格に際しては、帝国主義国家日本の普遍神たる天照大神と土地の固有神たる国魂大神が必ず奉斎されたが、この祭神設定にも昭和期の内外地関係に関する重要な問題が含まれている。菅浩二「『朝鮮神宮御祭神論争』再解釈の試み 神社の〈土着性〉とモダニズムの視点から」(『宗教と社会』意五号、一九九九年六月)

(38)　註(29)『大陸神社大観』(三二二頁)。
(39)　公文類聚 昭和十一年社寺門「京城神社及龍頭山神社ヲ国幣小社ニ列格ス」(国立公文書館蔵)による。なお内地の国幣社列格内規は、祭神および神社由緒を重視するものであったが、植民地では地方行政との関係および社殿・境内・財政などの数量的基準が設けられたところに特徴がある。
(40)　註(6)「昭和十四年度朝鮮各道神社予算調査一覧表」。京城神社以外で一万円を上まわるものは七社、このうち最大は平壌神社(平壌・一九三七年国幣小社列格)の三万五〇〇〇円、他はせいぜい二万円程度であった。
(41)　註(12)市秋(四五五頁)。
(42)　「国幣小社京城神社境内整理計画建物一部立面図」(註(29)『大陸神社大観』、三二四頁)。
(43)　神饌所の位置は立面図からは不明だが、近江神宮、台湾神社などの類例から推せば、祝詞殿から一文字に出た翼廊の一方がそれにあてられたか、もしくは内外拝殿のいずれかから出た廻廊の社務所側に設けられる計画であったものと思われる。
(44)　青井「角南隆・技術官僚の神域／機能主義と〈国魂神〉」(『建築文化』第六三九号、二〇〇〇年一月)を参照。
(45)　註(12)市秋(四五五頁)。
(46)　『小林福太郎氏遺作集』(洪洋社、一九四三年、巻末)。
(47)　註(29)『大陸神社大観』(三二三頁)。
(48)　註(12)市秋(四五五頁)。
(49)　立面図には寸法・縮尺が記入されていないが、近江神宮、橿原神宮にならい廻廊部分の一間を九尺として略平面図を作成した。摂社稲荷社の位置に本殿を置くと、既存参道に楼門下の石階が下りることになり、造成を含めた地形への対応としても不自然な配置ではない。
(50)　朝鮮における神社の終焉については、註(35)森田(一〇七〜一一四・四〇四頁)を参照されたい。終戦とともに、朝鮮神宮では日本側で社殿の焼却と神体の日本への搬送が行われているが、他では焼き討ちにあった場合も少なくなかったようである。

四　神域化する都市

はじめに

日本植民都市においては、宗教的権力の装置（神社）と世俗的権力の装置（官庁その他）とが、自然的環境（森林に被われた山）と構築的環境（市街地の業務中心地区）に配分され、なおかつ互いに照合しあう関係が周到につくり出されてきた。本書では、こうした祭政関係の空間的編成を、どのような社会的、制度的、技術的な諸関係が支え、また強化してきたのかを検討してきた。

しかし、このように整理しなおした時、前章までの検討は、その諸関係の一部を描き出したにすぎないことにも気づく。

たとえば、神社はただ境内としてその境域の内側にのみ存在するのではないとも言いうる。植民都市においても華やかな都市型の神社祭典が形成されていったが、それは境内と市街との日常の境界線をかき消し、市街全体に祝祭の空間を生み出す。ここでは、台北と京城を事例に、神社祭典の都市的なビヘイビュアともいうべきもののパタンをみておきたい。

第二に都市計画との関係であるが、本書のI―一他でみてきたような、都市空間構造のなかへの神社境内の位置づけといった水準だけでなく、より積極的に神社境内を補強するような計画や、神社を中心とした「神都」の計画もとりあげておく必要があろう。しかも、これらが近代都市計画の技術・制度と結びついて成立したことにも注意したい。

そして第三に、神社境内と市街地との緊密な関係を内包する日本型の植民都市が構築されていくプロセスにおいて、その都市が植民地支配以前から有していた在来の信仰にかかわる場（祠廟の施設やそれにまつわる空間）がしだいに整理され、消滅や変質を余儀なくされていったことも見逃してはならない。

以上の三つの動向は、いずれも、神社境内と市街との呼応関係という日本植民都市に特有の構造を強化し、より十全に実現していくような方向性を持っている。これらを補論的に概観することで、神社境内に着目した日本植民都市論を締めくくり、また同時に新たな課題を示したいと思う。

1　都市祭典の形成

遥拝の構図＝台湾神社例大祭

植民地台湾の総鎮守・官幣大社台湾神社（一九〇一〈明治三十四〉年鎮座）の例大祭は、毎年十月二十八日、台湾総督（のちには民政長官）が奉幣使（神饌幣帛料供進使）として参向するかたちで行われた。奉幣使は総督府庁舎から出発して眼前のブールバール（東門通り）を進み、東門より旧城内を出ると、南北都市軸でもある「勅使街道」を一路北上する。前方には周囲から高く突出した剣潭山の稜線がみえ、そこに神社の千木が見え隠れしている。基隆河に架けられた神橋「明治橋」を渡り、一の鳥居をくぐって斜路をあがれば境内に至り、そこで厳粛な祭儀が執り行われる。

これが祭典の核心部分であるが、各町が競って余興を出すなど、一種の都市祭典・市民祭典の様相がまもなく加わって来る。祭典全体が立体的・複層的になるのである。台湾神社例大祭の、都市祭典としての展開を支える施設としては、旧城内の官庁街・金融街に面する台北公園（新公園）が重要な意味を持っていた（図11・12参照）。都市祭典のかたちがいつごろ整ってくるか、はっきりしたことは分からないが、大正初期の新聞記事にみられるものは、すでに一定の形式を持っており、それが以後も踏襲されている。ここでは一九一三（大正二）年十月二十五日付『台湾日日新報』をみよう。(1) この年の例大祭では台北公園内に次のような施設が設置された。

・拝　殿……三×二間、総檜造の切妻造平入（神明造風）、柱間吹放ち。
・余興舞台……観覧桟敷も設置された。
・能舞台
・相撲場

これらの施設が、それぞれ、公園内運動場の北・南・東・西に置かれ、中央の広場から見ればそれらがぐるりと取り巻くようなかたちになったようである。拝殿とはすなわち遥拝殿であり、実際、のちには「遥拝所」と呼ばれた。例祭日の前日十月二十七日に遥拝式を執り行った後には市民の遥拝が許可された。拝殿は南面して置かれていたから、この拝殿に向かって拝礼すれば、北に隔たった剣潭山の稜線にその存在を暗示された台湾神社を、市民は遠く遥拝するかたちになる。こうした仮設的な設備を施した公園そのものが「御旅所」と称され、恒例化していく。たとえば一九二一（大正十）年の同紙記事によれば、台北公園は「例年の如く遥拝所太しきて武術奉納試合場、能舞台、相撲場、本島人演劇場、中央余興舞台などを備え」ていたというから、(2) 一九一三年の施設をほぼ継承していたことが分かる。

同じ記事から、この御旅所の活況をみておこう。

各街催物の遥拝所参拝として練り込みあるべく大同会の神輿行列、府前会の子ども樽神輿二社、西門外街の百人以上より成れる返送行列、大稲埕本島人連の数百人一隊の龍燈、芸閣、獅子舞ひ、萬華本島人連約四百名一隊の龍燈、大魚燈、野菜燈、芸閣、十八羅漢等にて同時刻〔午後二時頃…引用者注〕には新公園付近は一時人の海人の渦を現出すべく……

ここにある「大同」、「府前」などは、町名・街名を示す。各街各町が競って余興を企画しており、日本人人口がドミナントな「町」ではおそらく神輿の渡御が中心であったのに対して、「本島人」、すなわち漢族系台湾人の「街」では、獅子舞やその他の民族色豊かな余興をもって参加していたことが知れる。引用中に見える大稲埕・萬華（本来は艋舺）は、淡水河に沿って形成された台北の旧市街であり台湾人の高密な商住混合地区が発達していた。一方、清末に建設された台北城の内側が日本人居住地の中心であった。「本島人」もまた、都市祭典としての台湾神社例大祭を構成する一翼を担っていたのである。

ここで想起すべき背景として、台北には台湾総鎮守たる官幣大社こそ鎮座していたが、朝鮮京城の京城神社のような都市の固有の鎮守、つまり市民の氏神が存在しなかったという事情がある。その役割は、実質的には台湾神社が兼ねるほかなかったと考えてよい。これは北海道総鎮守・官幣大社札幌神社が同時に札幌市民の氏神でもあったことと同様である。しかし、台湾神社は第一義的には台湾総鎮守の位置づけをもつ官幣大社であって、その例大祭では、総督以下の要人が境内での祭儀に参列したほか、中学校生徒や各団体代表者などが公式に神社境内への参拝を行うのみであった。その他の一般市民は、祭典当日には境内への自由な参拝は許されなかった。ましてその境内は、様々な余興が展開して「人の海人の渦を現出」するようなカオティックな祝祭を許容する性質のものではなかっただろう。

このような条件から、台北公園という市街地中心部の公共空間をもって「御旅所」が用意されたのではないかと考えられる。近隣組織（町・街）という装置を通して植民都市・台北に一時的な祝祭の空間を架構しようとするとき、その核となる求心的な場を、台湾神社境内に代わって提供するのが「御旅所」だったのである。実はやはり札幌でも神社境内が市街から四㎞と遠く隔っていたために「大通」の東に「屯宮」が建てられ神輿の泊所とされており、事情はよく似ている。ただ、台北の場合は「御旅所」といいながら仮設建築であり、また決して神（霊代）の渡御が行われなず、それゆえに「遥拝」（隔てられながら拝する）という構図で神とのつながりを担保せざるをえなかったのだが。

II―一でみたように、同じころ（一九一三～一九一四年）剣潭の静粛な境内は「神苑」造営などによって次第に整備されていった。それと平行して、喧噪と猥雑さに満ちた、もうひとつのテンポラルな「境内」が市街地に出現したのだとも捉えられよう。

霊代の渡御＝京城神社例大祭

一方、植民地朝鮮の首府・京城（ソウル）には、総鎮守・官幣大社朝鮮神宮とともに、京城府の鎮守としての京城神社の存在があった。それゆえ、市民が支える都市祭典は、この京城神社の祭典であった。京城神社はもともと居留民奉斎神社としての起源を持ち、日韓併合後に京城府民の氏神として位置づけなおされていった神社である。植民地支配確立後さらに十数年を経て新たに国家権力により創建された朝鮮神宮が、市民にとっては多少なりとも超越的な外部性として立ち現れたと思われるのに対して、京城神社は市民の神様として対照的に理解されていたと考えられる。実際、都市祭典の展開という意味では京城神社の存在感にはきわめて大きなものがあった。同社例大祭は毎年の十月十七・十八日に行われ、十七日は朝鮮神宮の大祭とも重なっていたが、都市全体を祝祭の空間へと塗り替える力を持っていたのは、圧倒的に京城神社の例大祭だったからである。一九三五（昭和十）年の同祭の様子を『京城日報』によって簡単に再現してみよう。(3)

蜿蜒五町餘にわたる
氏神さまの渡御
御神幸を拜せんとする人々卅萬を算す
京城市内は秋祭にざわめく

お祭りの寫眞

各町

假裝

男子卓球戰

お祭の街をゆく

図51　京城神社例大祭に湧く京城市街
『京城日報』1935年10月18日第7面

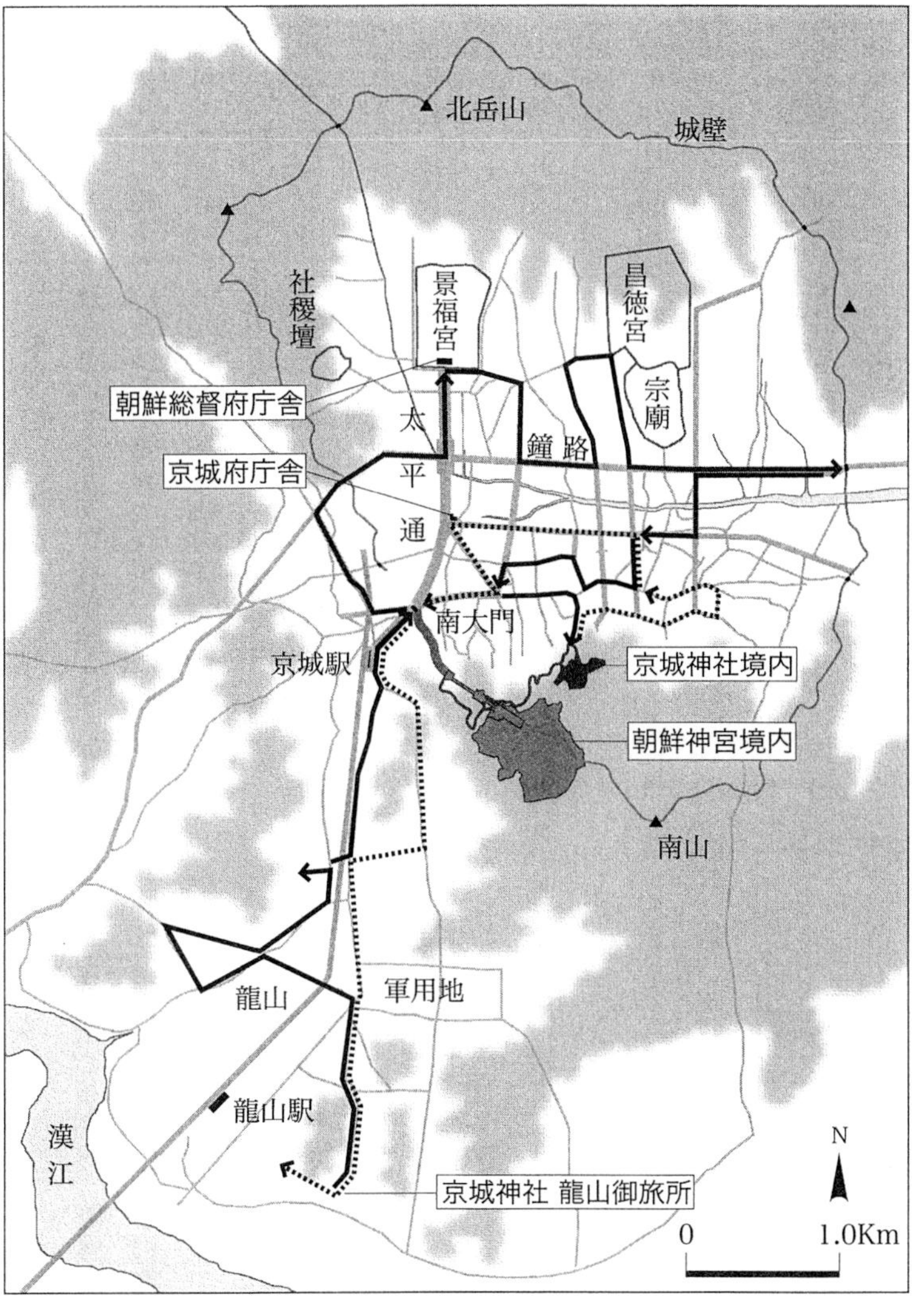

1日目（10月17日）

2日目（10月18日）

図52　京城神社例大祭における「御神幸」の経路

『京城日報』1935年10月18日付および19日付の記事に基づき筆者推定。

十七日は早朝から号砲が鳴り響き、八時にもなれば「太鼓、笛、囃子を伴奏に」、各町の「神輿、屋台の行列が街に錬り出した」。役所や商店は戸を閉ざし、代わりに幕を張って、電飾を施している。市電は次々に南山麓の本町あたりへと人々を集め運んでいく。正午には街路という街路に市民があふれ出しており、喧嘩やスリも多発して、万全の警備体制を整えていたはずの警察も仕事に追われる。これより先、境内では午前中に府内要人が参列して諸種の祭儀が執り行われているが、正午には御神幸祭を行って霊代が「鳳輦」（山車）に移され、午後一時に打たれる南山山頂からの号砲を合図に境内を出発する。「氏神さまの渡御」＝「御神幸」である。午前中に行われた各町の神輿は「ワッショ、ワッショ」の声とともに威勢よく担がれるが、霊代渡御は山車でゆっくりと移動していき、これを沿道の市民が見守る。この山車は市街を練って午後七時には龍山の御旅所に着き、ここで一夜を過ごす。

龍山は、城内の倭城台周辺と並んで、かつて独立の居留民団が設置された日本人街であるが、行政区域としては京城府に含まれることになり、総督府の一府面一社の政策（内規）のために、固有の神社を持つことができなかった。このため一九三〇（昭和五）年に京城神社の御旅所が設置され、年に一度の例大祭における霊代の泊所とされていたのである。

翌十八日は朝九時に御旅所を出て、前日とは異なる経路で再び市街を巡り、昼には総督府前で休憩をとり、午後六時にようやく本社境内に戻る。着御の祭儀が執り行われて、霊代は再び本殿に還る。これで長い長い山車の巡幸は終わるが、夜はまた市民が日常を忘れて街を舞台に「踊り祝ふ」。出店と仮装行列で賑わう夜の京城を、新聞は「乱舞、歓喜の街」と表現している（図51）。

日本全国にみられる、俗にいう山車祭の形式が、こうして植民都市・京城に確立していたのをみることができるわけだが、その「御神幸」の経路をここで図化しておこう（図52）。驚くのは、その移動距離がきわめて長く、一見すると京城市街を隈なく縫うように移動していることである。とくに、二日目の昼に総督府で休憩した後、鐘路を通り、パゴダ公園の裏通りから昌徳宮前に出て、さらに宗廟をかすめて東大門に至る間は、京城市街北部の朝鮮人居住地区を通るルートであることに注意しておこう。京城府内の市街を住民の民族構成から大きく分ければ、城内南部（南山北麓から拡がる一帯）および城外南西部（龍山など）では日本人が圧倒し、逆に城内北部の鐘路周辺から以北（景福宮・社稷壇・宗廟などの周辺）では朝鮮人が圧倒する。末端の行政区域名称も、前者では「町」が普通で、後者では「洞」が一般的であった。後者のうち、たしかに社稷壇周辺などは霊代の巡幸経路に入っておらず、したがって全般に日本人居住地区や官庁地区・金融・商業地区などに比べれば城内北部を通る経路はかなり少ないようにも思われるが、それでも祭典の舞台がこれら朝鮮人居住地区にも及んでいることは、この祭典の意図を表すものであろう。

すでにII―三でみたように、京城神社では一九一五（大正四）年七月に氏子規約を、また一九一六（大正五）年七月に運営規程を定めており、この時点ではじめて京城府民二五万人の氏神とされた。一九一八年の資料によれば、府内は第一〜四区に分けられ、それぞれに一二〜三二個の末端区域で構成されていた（個々の末端区域は一〜三程度の町・洞からなる）。それぞれの末端区域で「町内氏子総代」が選出されるが、町では日本人が、洞では朝鮮人がそれぞれ九〇%の割合で選出されている。区は各々「大総代」を五人選出するが、一〜四区のいずれも日本人四人、朝鮮人一人となっており、この配分には内規があったものとみられる。この大総代二〇名とその上に相談役を置くピラミッド状の階層組織は、神社費を徴収するシステムでもあった。ただし、朝鮮人の負担は日本人より少なく設定されていた。また注目すべきことに、この組織系統を範として、京城府では一九一六（大正五）年九月に府と各戸各人との間を媒介し公共事務を補佐させるべく「町洞総代」を置く規則を定めているのである。つまり、京城神社の氏子の組織系統は、ほぼそのまま上意下達式の行政末端機構でもあったことになる。

ところが、この氏子組織は、一九一九（大正八）年におこったいわゆる三・一独立運動により有名無実となったから、おそらく軌道に乗る前に頓挫したとみられる。その状況が回復するには一九二六（昭和元）年を待たなければならなかった。[4]しかしこの年以降、朝鮮人の氏子としての扱いは日本人と実質的に同等となり、拠金の負担も、祭典への参加も積極的に差別をなくす方向に転じた。これを推進したのは前年（一九二五年）十月に「内務省神社局の依嘱に依り二年間の約束を以て」社掌（神職）に着任した市秋弘であった。彼は着任早々より「神社を中心とする内鮮一体」を訴えて活動を展開した人物で、結局一九四三（昭和十八）年まで一八年間にわたり京城神社を辞さず、その間、社殿新営、国魂神合祀、国幣小社列格、戦中期の個人・団体参拝の励行、抜本的造営計画（II―三参照）などの大きな仕事を精力的に推し進めている（一九三六年より宮司）。彼は、着任とともに朝鮮人町洞総代に積極的に呼びかけ、早くも着任の翌年に氏子への再編入を成し遂げているが、それを自ら「内鮮一体の氏子団体を完了せり」と記す。祭典の整備も彼が腐心した仕事のひとつで、「内鮮一体の朝鮮行列」などの催しを企画し、装束や道具を充実させ、また霊代渡御において総督府前とともに李王職（旧韓国宮内府を引き継ぎ、李王家にかかわる事務を担当した官署）前での「駐輦」（山車を暫時停めること）の慣例もつくった。いずれも、「内鮮一体」のイデオロギーを祭典を通して表象し、また住民の組織化を通して実現していこうとする政治的な意図の明らかな試みばかりである。先に新聞記事によって概観した都市祭典としての祭りの様相は、この市秋の改革を経たものであったことに注意を促しておきたい。資料的に裏付けるのは難しいが、そこに、内務省や総督府担当部局との連携がなかったとは考えにくい。一九二〇年代以降朝鮮総督府は「文化政治」の名の下で同化政策を進め、のちの皇民化政策と戦争動員の基礎をつくっていく。

この京城神社例大祭は、実は、台北をはじめ日本植民地の多くの都市が「秋祭り」の見本としてその盛大さを羨んだ祭りである。[5]おそらく、神社を中心とした都市祭典が民族的な統合を確認し強化する方策たりうることを示すものと受け止められていたのではないか。

都市イベントの複合

『台湾日日新報』、『京城日報』といった新聞の記事を丹念に洗えば、台北や京城だけでなく、多くの主要な植民都市において、きわめてよく似た都市祭典が生み出されていたことが分かる。

また、神社の祭典は、ときに他のイベントと抱き合わせられることで、複合的な都市イベントともいうべきものを構成することがあった。京城はその最も華やかな事例を提供してくれる。

朝鮮神宮の鎮座祭は、一九二五（大正十四）年十月十五日に行われ、官民の多くの団体が奉祝の催しを行ったが、都市空間にも電飾に覆われた巨大な奉祝門をはじめとする様々な装飾が施された。すでに京城駅舎の駅開きが行われた後だったが、鎮座祭当日には神宮東参道において全鮮武道大会が行われている。また、やはり同日に南山の東麓、奨忠壇に建設された「東宮殿下御成婚記念京城運動場」（普通はたんに京城運動場と称した）の運動場開きが挙行され、この運動場では、翌一六日より第一回の「神宮競技大会」が開催される。そして十七・十八日の両日は京城神社大祭である。(6) 翌年以降も、朝鮮神宮例大祭（十月十七日）、京城神社例大祭（同月十七・十八日）、神宮競技会（同月十六〜十八日）の同時開催が恒例となる。

また、一九二九（昭和四）年には、九月十二日より五十日間の会期をもって「朝鮮博覧会」が開催された。(7) 会場は景福宮の十万坪強で、その正面には三年前に朝鮮総督府新庁舎が竣工していた。植民地朝鮮の統治の実績を世に問うこの博覧会の会期中に、朝鮮神宮例大祭、京城神社例大祭、神宮競技大会の三つのイベントも当然ながら行われた。京城神社の大祭は、（まだ龍山の御旅所の整備は済んでいなかったが）すでに市秋の改革により朝鮮人を組み込み、「内鮮一体」の演出を含めて、以前より華やかで大がかりなものになっていた。京城府民だけでなく、博覧会に訪れた内外の訪問者がその活況を目にしたであろう。この年の十月半ばの京城は、かつて見ぬ祝祭都市としての熱気を帯びていたのである。

2　近代都市計画の成立と神社境内

神社境内と都市計画との関係については、すでにI―一・二で検討した。しかし、その場合の都市計画は「市区改正」の水準にあり、あくまで道路と下水道の同時的建設による先行都市の改造を主眼としつつ、必要に応じて官・軍諸施設の配置もあわせて計画するものであった。それに対して、いわゆる「近代都市計画」は、一般に土地利用計画を中心とする包括的な計画の体系を有し、その実現にかかわる規制・誘導や事業ならびにその財源についての諸制度を備えるものをいう。II―三でもふれたように、こうした水準の都市計画は、制度史的にみるかぎり、日本内地では一九一九（大正八）年の都市計画法によって成立するのだが、これに対応する植民地の都市計画法制化はかなり遅れ、朝鮮では一九三四（昭和九）年の朝鮮市街地計画令、台湾では一九三六（昭和十一）年の台湾都市計画令を待たねばならない。これらに基づく都市計画では、神社境内も、包括的な土地利用計画のなかにその位置づけを得ることになり、境内と都市の関係はより緊密で分かちがたいものとなっていった。

ただし実際には、法整備にいくらか先行して、大正・昭和初期の都市化の趨勢を踏まえた都市計画の大幅な更新が各地で進められており、法整備後の都市計画は、基本的にはその計画を追認するものであることが多かった。逆にいえば、各植民地での法整備以前の計画更新も、むしろ内地の都市計画法の水準をいちおう踏まえたものであったとみ

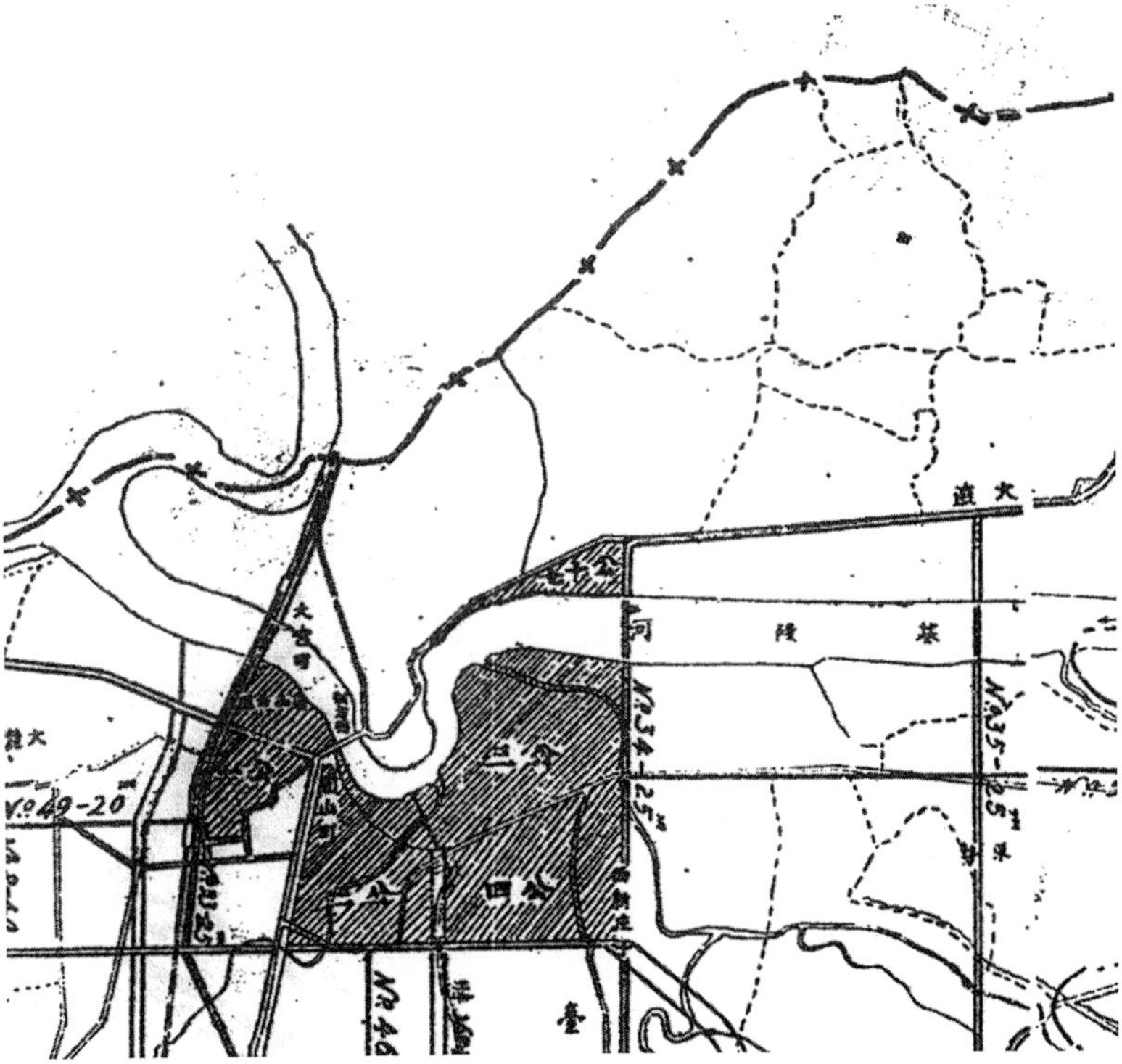

図 53　昭和 7 年公示台北市区計画（一部）
出典：『台北州報』第 765 号（1932 年 3 月）。図 26 を参照されたい。

てよい。

都市計画の水準が大きく変化するこの時期に、神社境内の存在を補強する都市計画がつくられ、さらには神社境内を核として新都市が計画された事例を以下に紹介しておく。

台湾神社境内と公園計画

台北では、旧城内の改造に限定された一九〇〇（明治三十三）年の計画以来、「台北市区計画」を何度も拡張・更新してきていたが、一九三二（昭和七）年三月公示の計画はその計画区域を従前より飛躍的に拡張する画期的なもので、「大台北市区計画」と呼ばれる(8)。

一方、官幣大社台湾神社の境内は、一九〇一（明治三十四）年の鎮座から大正初期にかけて、基本的には明治期の内地でも一般的だった「神苑」創出の方向性で整備され（II—一）、ついで一九三五（昭和十）年以降は台湾神社改築を中心としつつも護国神社や外苑諸施設を常緑樹林が包み込むような一大神域が計画され、実現していった（II—二）。

この大神域が、一定の調整を経ながら、大台北市区計画のなかにかなり明確な土地利用計画上の位置づけを得ていったことを確認していこう（図53）。

大台北市区計画の大きな特徴のひとつは、いわゆる公園緑地系統（パーク・システム）の考え方を導入して、計画区域全体にわたる公園の連関について包括的な計画を示した点にある。その公園系統のなかで、とくに一〜四号および一七号公園が、基隆河を挟むようにして大規模な公園緑地群を形成しているのが注目される。このうち一号公園は、一八九六（明治二十九）年という早い時期に成立していた圓山公園であるが、他はこの時点で新たに指定されたものだ。すでに越沢明が指摘しているように(9)、これらの公園地は、台湾神社境内とともに一団の公園緑地を形成することを意図したもので、神社の側からいえば、境内前面の開発を抑制し、景観を整える、風致公園としての意義を有していたとみられる。

このうち第一七号公園は、一九三八（昭和十三）年十二月の計画修正で廃止されている(10)。この頃までに台湾神社内外苑の全体計画がほぼ確定し、護国神社境内の予定地がほぼ第一七号公園に重なることから、この公園計画をはずしたものとみられる。逆に、すでに一九三二（昭和七）年の大台北市区計画にみえている、第一七号公園の東の境界線に沿うかたちで基隆河への架橋計画がみられ、これにあわせて護国神社境内の位置を決めた可能性もある。

さらに、一九三六（昭和十一）年から三九（昭和十四）年にかけて、勅使街道の拡幅整備工事が行われていることにも注目しておきたい(11)。勅使街道は、一九〇一（明治三十四）年に、官庁街を中心とする旧城内から台湾神社にいたる参拝道路として建設された道路で、台北市街地が拡張していく上で南北の都市軸として重要な意味を持ったことは、大台北市区計画をみても、また現在の台北市をみても疑う余地はない。この道路の拡幅整備が、台北市の事業として土地区画整理事業を伴うかたちで実施された。従来幅員一四m、単線無舗装で両側に並木を持つのみであった勅使街道を、幅員四〇m、急・緩速車道と歩道、緑樹帯から成る五線道路とするもので、これも公園緑地系統の一部をなした。すなわち、台湾神社境内およびその前面に指定された公園群から、市街中心部の台北公園をつなぎ、ひいては他のすべての公園をネットワーク化する公園道路（パーク・ウェイ）のひとつとして、勅使街道は新たな意味を持つことになったのである。国庫費、市費および受益者負担金による支弁であった。なお土地区画整理とは、換地・減歩といった概念により土地の交換分合を行い、道路や公園などを生み出しながら秩序正しい街区・宅地を実現する事業手法であり、台湾都市計画令（一九三六）によって制度的に裏づけられたばかりの新しい種類の都市計画事業であった。受益者負担の考え方も、同法で制度化されたものである。

付言すれば、これより少し前、一九三三（昭和八）年に、明治橋も鉄橋から鉄骨鉄筋コンクリート造のアーチ橋へと生まれ変わっていた(12)。市区改正がその役割を終え、近代都市計画にとってかわられるのと同じ頃に、明治橋も、勅使街道も、新たな技術的思想により更新され、隙間なく都市に充塡された計画的意志の下に組み込まれていく。しかも、ほとんど同じ時期に、創建時の台湾神社境内はもはや旧時代に属するものとみなされ、内務省神社局　神祇院の官僚機構が一元的に集約した技術的ネットワークのなかで、その社殿も境内も、抜本的につくりかえられていった。都市の総体的環境が、テクノクラシーによって塗り籠められていく巨大なプロセスを垣間見る気がする。

印象的なのは、大正期造営の神苑内にありながら保存されてきた台湾漢人の寺廟・剣潭寺が、この境内環境の再編のなかで、一九三九（昭和十四）ないし一九四〇（昭和十五）年頃に撤去されていることだ(13)。在来信仰の整理・処分といった出来事は、もっぱら宗教政策の側面からのみ捉えがちだが、同時に日本の植民地支配下で進行した、都市環境の総体的な再編プロセスの一部として解読する必要があるのではないかと筆者は考えている。この点については、あらためて後述する。

扶余神都計画

一九三九（昭和十四）年六月一五日、拓務省告示第二号により、官幣大社・扶余神宮の創立が告示される。(14) 植民地朝鮮における、二社目の官幣大社の創建であった。総督府は「扶余神宮造営事務局」を設置、紀元二千六百年記念事業として工事に着手するとともに、扶余神宮奉賛会を組織して官民の寄付を募った。一九三九（昭和十四）年度より四三（昭和十八）年度までの五カ年計画で、四〇（昭和十五）年七月には地鎮祭を行って工事を進めたが、結局鎮座に至るどころか、基礎工事程度で終戦を迎えた。

しかし、この神社は二つの意味で重要な意義を持っていた。ひとつは、文化的同化政策の一環としての神社創建が、祭神設定から鎮座地の選定、社殿の設計にいたるまで、ある種の論理的な厳密さをもって構想されたこと。もうひとつは、この神社を中心とした都市、「扶余神都」が、近代都市計画の技術・制度を用いて計画されたことである。

第一の点からみていこう。扶余神宮の祭神は、応神天皇・斉明天皇・天智天皇・神功皇后の四柱とされた。その祭神論は、扶余神宮をもって「内鮮一体教化徹底の精神的殿堂たらしめ」るという目的から導かれたものである。「皇祖列聖」はかつて「府を任那に置いて大陸経営の礎となし」、また三国が覇権を争った時代には百済救援（白村江の戦い）により「半島の和平を維持し、共存共栄の実を挙げ」しめた、三国もまたその「聖恩の優渥なるに感激し、交親怠ることなく、貢使歳時を以て往来し、頗る誠款を尽した」、というのが総督府、そして日本政府の公式見解であった。なかでも祭神とされた「先皇」の時代には、「百済との間は彼此の往来頻繁」で政治・経済・文化的な交渉により民族が「融合」し「一体化」していた、その後両国は別々の国家・民族であるかの観を呈したがそれは暫時のことにすぎず、日韓併合はそうした「往古への還元」である、といった論理である。それを成し遂げた明治天皇はすでに朝鮮神宮に祀られているが、その「起源」あるいは「基礎」をすでにつくっていた「先皇」を、当時の日本とのあいだに緊密な交渉関係のあった百済の旧都・扶余に鎮祭すべきである、というわけである。国民精神総動員運動の拡大強化には「相互一体の正しき理解」が前提条件となる、と総督府は説明しており、要するに戦時総動員体制という世俗合理主義の宗教的表象をつくり出そうとしたことが言明されていると言える。このようなイデオロギーによって、古都扶余が独特の価値を持つ場所として発見され、新聞や各種雑誌などでその「歴史的由縁」が祭神の「事歴」とあわせて繰り返し宣伝された。(15)

植民地朝鮮の首府に明治天皇を祀る朝鮮神宮と、百済の旧都に四柱の「先皇」を祀る扶余神宮という組合せは、時代と場所と祭神とが図式的に対応づけられることで、相互に補完しあい、日本の朝鮮支配の論理をその時空の全体像として提示するものであった。その論理とは内鮮一体、あるいはほとんど「日韓同祖論」といってもよいが、この種の論理の全体性、整合性がこれほど徹底的に要請され、また周到に組み立てられた例は、他の日本植民地（支配地）にはみられない。

社殿設計上の特質については、すでにII―二で述べたとおりである。内務省神社局―神祇院の造営課長・角南隆の下で、すでに江原神社における朝鮮建築の様式的・技術的な導入が実験されており、その延長上に、扶余神宮の計画も進められていたのである。具体的には、その社殿の「構造様式」は、「木造丹塗・屋根本殿銅板葺流造・其ノ他碧瓦葺入母屋竝ニ切妻造トス」と説明されている。言ってみれば、天照大神・明治天皇を祭神とし伊勢神宮を社殿様式の範とした朝鮮神宮に対して、すでにして朝鮮との融合を果たしていた「先皇」を祀る扶余神宮では朝鮮建築への融

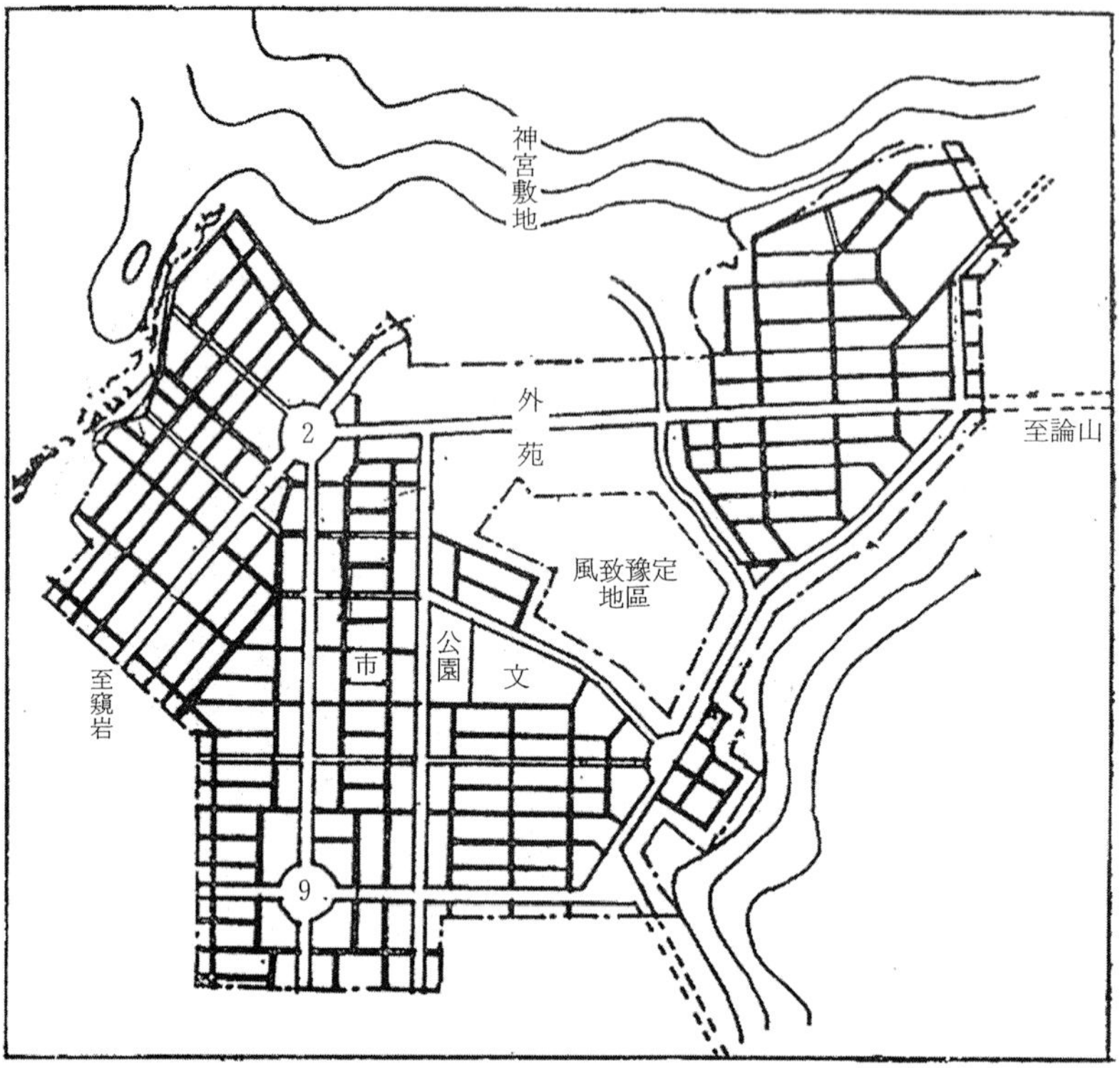

図 54　扶余神都計画（扶余市街地計画）
出典：『区画整理』第 7 巻第 10 号（1939）

合が主題となったのである。

そして、この扶余神宮の境内を核として、「扶余神都」と称される新都市が計画されたというのが、第二点である（図54）。これが現在の扶余市街地のおよその骨格を与えている。神社境内を中心とした都市の計画は、おそらく近代日本にとっては明治以降最初で最後の試みであったろう。もっともこの時期、日本内地の宇治山田市では伊勢神宮を核とする「神宮関係施設整備事業」（神都計画）があり、性格は異なるが、橿原では橿原神宮境域拡張と周辺整備（紀元二千六百年記念事業）も行われていた[16]。

伊勢神都については越沢明の研究がある[17]。伊勢では、一八九〇年前後の神苑整備がすでにあり、また一九〇一（明治三十四）年五月には県令として宮域・神苑付近の建築物に対する高さ制限という日本の地域地区制の先駆とも言える施策がとられていた。大正後期には都市計画法を受けて宇治山田市が「神霊都市」としての宇治山田に対する同法適用を請願し、一九二七（昭和二）年に実現する。そして一九三三（昭和八）年、市は「神宮ヲ中心トシテ神苑防火地帯広場市街遊園地ノ区画配置及整備並縦横貫通ノ道路」などの項目を掲げた「大神都特別聖地計画実施ニ関スル意見書」を政府に提出する（首相、内務大臣宛）。市あるいは地元側としては、以前から神社ヒエラルキーを超脱する伊勢神宮の所在地としての特権的な地位を前面に押し出し、大正期以降は明瞭に観光都市開発を意図していた。

一九三三（昭和八）年には衆貴両院での「大神都聖地計画実施国営」に関する建議の通過を受け、翌三四（昭和九）年には「臨時神宮施設調査会」（内務省）が素案を、続いて三六（昭和十一）年に「神宮関係施設調査会」（勅令による内務省諮問機関）がマスタープランを作成、さらに四〇（昭和十五）年に都市計画中央委員会で「神宮関係特別都市計画法案要綱」が可決された。同法の制定が必要だったのは、通常の都市計画事業と異なり、内務大臣がそれを直営で執行するためで、帝都復興事業に倣ったものである。事業は一九四〇（昭和十五）年から、式年遷宮が予定されていた一九四九（昭和二十四）年までを第一期（予算一、八三八万円）として着手された。事業計画は、「全市的な土地利用コントロール、土地区画整理、街路網、公園緑地系統、鉄道、河川の整備など」からなっており、注目すべき内容としては帯状緑地を持つパークウェイ（公園道路）としての「両宮連絡道路」があるが、越沢によれば、このパークウェイは明治神宮の内外苑連絡道路、帝都復興事業などを受け継いだもので、折下吉延らに代表される内務省の緑地計画思想を反映していた。こうした神都計画においては、いわば諸価値の源泉たる伊勢神宮の存在を、その周囲における土木事業と法的コントロールによって、とりわけ「風致」という観点から保護・強化し、永続的に保全することが目的であった。このように見てくると、台湾神社境内をめぐる風致公園の設定やパーク・システムの導入も、伊勢の場合とよく似た方向性を持っていることが分かる。

一方の「扶余神都計画」については、孫禎睦の研究に基づいてみておく。(18) 扶余神宮の鎮座地は、既存市街地の中心部に近い扶蘇山という丘陵である。都市計画とその事業化は、朝鮮市街地計画令(一九三四)に基づくもので、事業は忠清南道により一九四〇(昭和十五)~四三(昭和十八)年の計画で着手されたが、扶余神宮同様中途に終わっている。

市街地計画の第一期区域は、扶余神宮境内とこれに隣接する南側の計画市街地をあわせた約一三〇万㎡を対象とし、既存の僅かな市街地をほとんど無視して新たな街路網を創出しようとするものであった。扶余神宮表参道の手前には直径一〇〇mの広場があり、この広場に向かって幹線大路が三方向から集中してくるという、神社を焦点とするバロック的な計画であるが、一方で、このうち神域に接して走る大路を挟むように「外苑」が計画され、さらに市街地を分断するかのように「風致予定地区」があった。この神域(境内)、外苑、風致予定地区などを含めた地区は小さな邑にすぎなかった扶余としては最大の人口集積地(約三〇〇〇人)であって、その移転補償に忠清南道も苦慮したが補償はごく低額であった。

朝鮮市街地計画令は、元来、半島北部の一港湾都市・羅津で鉄道計画により生じた地価高騰などの半ば突発的な緊急課題を背景として、官庁主導による市街地形成の統制を目的として作成されたものであって、京城・平壌・大邱・釜山の四大都市への適用が遅れ、なおかつそれらでは郊外への適用が多い。要するに既成市街地の再開発やコントロールではなく、新市街地の造成を目的とした法規だったのである。一方で軍事目的の基盤整備に用いられた法令が、他方では神社を核とした神都の計画に適用されようとしたところに、戦時体制下の日本植民都市の置かれた状況の一端がかいま見えるだろう。

以上において確認してよいのは、包括的な土地利用計画の下での緑地の体系が、神社の存在をめぐって意義づけられる局面が、相当広範囲に見出されることである。パーク・システムは神社境内を補強しうる計画概念であった。そうであるなら、逆に、その緑地のネットワークを伝わって、神社境内の特質が都市へと浸みだしていくようなイメージを持つことも、あながち的はずれではあるまい。

3 在来信仰施設の処分

神社境内は、都市の自然的環境を（自然的環境として）改変しつつ、それを構築的環境（市街地）へと緊密かつ周到に関係づけていくような性質をもっている。本書は一貫してそのことに注目してきた。しかし、そうして現実に個々の都市が総体として日本の植民都市へと再編されていく過程において、その都市が植民地化以前から有していた在来の宗教・信仰の場が、少なからず失われ、また変質を余儀なくされていったことも見逃してはならない。

京城については、たとえば社稷壇における国家祭祀の廃止から同境域の公園化にいたるプロセスを指摘することができる。II—三でみたように、公園は、在来の王権や宗教にまつわる意味を象徴的に保存しながらもタブーを消去し、公共空間として開放していく強力な概念装置であった。ただ、朝鮮の民間信仰の再編成にかかわる問題は、いまのところ実証的な検討がなく、筆者自身も研究を進めることができていない。

これに対して、台湾の民間信仰を支える「寺廟」と呼ばれる施設がいかにして整理され、同時に台湾都市がいかに変質していったかについては、筆者は資料調査とフィールドワークによる詳細な解明作業を進めつつある。(19)その全貌はいずれ機会をあらためることとして、ここではその見取り図の概略だけを示し、本書を締めくくることにしたい。

寺廟整理運動

日本植民地における在来宗教抑圧の事例としては、従来、「寺廟整理運動」が知られている。日中開戦後の台湾で推進された在来寺廟の統廃合運動であり、これについては蔡錦堂の研究が最も包括的である。[20]

寺廟整理は、一九三六（昭和十一）年の台湾総督府主催「民風作興協議会」における「国民精神の振作と同化の徹底」に関する決議を契機とし、これを受けた地方庁（州・庁）がそれぞれ個別に展開した運動である。州・庁の方針はまちまちで、（一）まったく積極的姿勢をみせなかった台北州、（二）市郡に一任した台中州・高雄州・澎湖庁、（三）州・庁で方針を決定し市郡に実施させた新竹州、台南州・台東庁・花蓮港庁、といったパターンがあった（なお、（二）はもちろん、（三）のケースでも市・郡の実施状況には整理率〇％から一〇〇％までの開きがあった）。寺廟そのものに対する官僚らの見解も様々で、「全廃」すべきだとする者から、内地仏教各派と融合させるべきとする者、あるいは整理せず皇民化の方向に誘導すべきだとする者もいた。また、「整理」は、それ自体としては法人としての寺廟の廃止を意味するだけであり、これ以外に神像、所属財産、建物の処分は、地方によっても個別寺廟によってもずいぶん異なってくる。神像は、存置される寺廟に運び込んで「合祀」するのが一般的だったが、焼却して神の「昇天」と称す場合もあったし、建物は転用する場合もあれば破壊する場合もあった。こうした運動のピークは一九三八（昭和十三）～四〇（昭和十五）年頃であったが、日本内地の仏教界などから「台湾の廃仏毀釈」との批判が拡大し、四一（昭和十六）年十月、そうした批判への配慮と、台湾民衆の反日感情の高まりをおそれた総統府の指示により、混乱状態を断面として露呈したまま凍結されている。ほとんど政策的な一貫性のない運動であったことが想像されるが、それでも全台湾で廃止寺廟数は二、三二七であり、整理率は実に三三・五％にのぼった。市郡のレベルでみれば、八〇％を上回るところさえあったのである。

台湾都市は、中小都市でも、市街地内部に数十といった数にのぼる大小の寺廟が散在することに最大の特徴のひとつがある。従来の都市研究でも、台湾都市の特質を議論するのに、そうした寺廟の分布や立地を等閑に付すことはほとんどありえない。こうした都市に、日本は新たな宗教的求心力として神社を持ち込み、あまつさえ戦中期に至って在来寺廟の整理運動を展開したことになる。こうした経緯を踏まえれば、右にあげた高い整理率は、都市空間や都市社会の変容という位相において寺廟整理運動を検討する必要性を示唆していよう。

しかし、これまで寺廟整理運動は皇民化政策の一環として、もっぱら宗教政策史の文脈で捉えられてきた。つまり、地域の空間・社会という位相を抜いて、抽象的に皇民化運動による在来信仰の抑圧を批判することに終始してきたのである。しかも、寺廟整理運動を戦争動員と皇民化運動の文脈でのみ考える姿勢は、この運動の根を歴史的に遡って捉える可能性をも無批判に捨ててしまうことにつながりかねない。

台湾都市の寺廟は、実は、植民地支配の最初期から最末期にわたって、段階的に処分されている。総督府が在来宗教に対して宗教政策的な意味での積極的な介入の姿勢をみせていない植民統治初期においても、寺廟は確実にその数を減らしている。宗教政策史の観点からは、この単純な事実が知られることすらなかったと思われる。要するに、植民都市の社会や空間が編成されていく時、諸種の理由で存在を許容されない寺廟が処分される、と捉える観点が必要なのではないか。もちろん、神社の導入や、戦中期の皇民化政策も、都市を改変・再編しようとする力のひとつとして位置づけられる。この観点に立てば、抽象的な宗教政策論からいったん離れて、植民地支配の下での台湾寺廟の帰趨を都市史の一部として歴史的にあとづけることができるだろう。

都市建設からみた寺廟処分の諸段階

以下、都市建設の観点から、三段階の寺廟処分プロセスを想定してみよう。

第一段階　一八九五年〜一九〇五年　軍・産・官関連施設用地への転換

日本は台湾の植民統治に着手する段階で、膨大な社会資本の整備を、優先順位をつけて推し進めなければならなかった。重視されたのは、台湾を貫く鉄道線の敷設と、そのターミナルとしての近代的港湾（基隆・高雄）の建設であり、このライン上に数珠繋ぎにされる、台北・台南などの主要都市の改造である。一八九九（明治三十二）年にはじまった台湾縦貫鉄道の建設事業は一九〇五（明治三十八）年に終了し、同年に植民地台湾は早くも独立財政に移行する。これ以前に市区改正事業に着手しているのは、首府・台北や中部の中核都市・台中などごく一部の都市のみで、広範かつ本格的な市区改正の展開は一九〇五年以降を待たねばならない（第二段階）。

この間、総督府は社会資本整備の前提となる諸条件を整えている。その根幹となる土地の把握は、一八九八（明治三十一）〜一九〇四（明治三十七）年の第一次土地調査事業でいちおう完了しており、一九〇一（明治三十四）年には土地収容規則も定められている。その他、多方面にわたる調査事業が進められたが、寺廟についても一八九九（明治三十二）年七月の総督府訓令により、各地方庁における「寺廟台帳」調製を義務づけており、その所属地も早い段階で明らかにされていた。

この段階での都市建設は、陸軍の諸施設と、官庁・警察・刑務所・病院・測候所および官舎などの施設、それに専売事業の関連施設や金融機関の建設、ならびに必要最低限の道路・下水道整備であった。これらは植民統治の開始にあたって急務とされ、しかも（とりわけ縦貫鉄道の建設期間中は）財政的な余裕もなかったから、都市内の低利用・未利用地を用いるか、既存の官衙や宗教施設などの公的施設を転用するのが合理的だった。土地の取得が必要な場合も、義捐の名による収奪が広く行われたようである。

首府・台北では、こうした初期の都市建設のターゲットは旧・台北府城の城内に絞り込まれている(一九〇〇年公示の計画に基づく市区改正事業)。城内には文・武廟、媽祖廟その他の寺廟が分布していたが、これらはすべて撤去され、道路や官軍施設の建設用地となっている。(21)

他の多くの都市では、市区改正という形式をとらずに、必要な施設と道路だけを個別の事業として建設した。やはり、寺廟が官・軍施設用地に転換されたり道路建設のために失われる例は少なくなかった。

第二段階　一九〇五年〜一九三〇年前後　市区改正の進捗による変質

先述のように、一九〇五(明治三十八)年より、既存市街地の大幅な改造と周辺部への拡張を含む市区改正事業が、台湾全土の主要都市で実施されていく。

台北では、植民地政府および日本資本の拠点としての旧城内と、萬華・大稲埕という漢族系台湾人の旧市街(商業集積)を包み込む市区計画へと飛躍し、この二つの旧市街の改造とともに、新市街の拡張も進められた。

基隆、打狗(高雄)の二大港湾都市と、新竹、彰化、台中、嘉義、台南といった縦貫鉄道の停車場を有する地方中核都市の建設も、市区改正事業として進展した。これらのうち、基隆・打狗・台中は既成市街が小さくほとんど新規の都市建設に近いが、新竹・彰化・台南などは十九世紀までに発達していた既成市街の抜本的改造であった。そして、大正・昭和初期になると、市区改正事業は徐々により小規模の都市にも及び、一九三六(昭和十一)年の台湾都市計画令施行後に追認されることになる計画がほぼ出揃う。

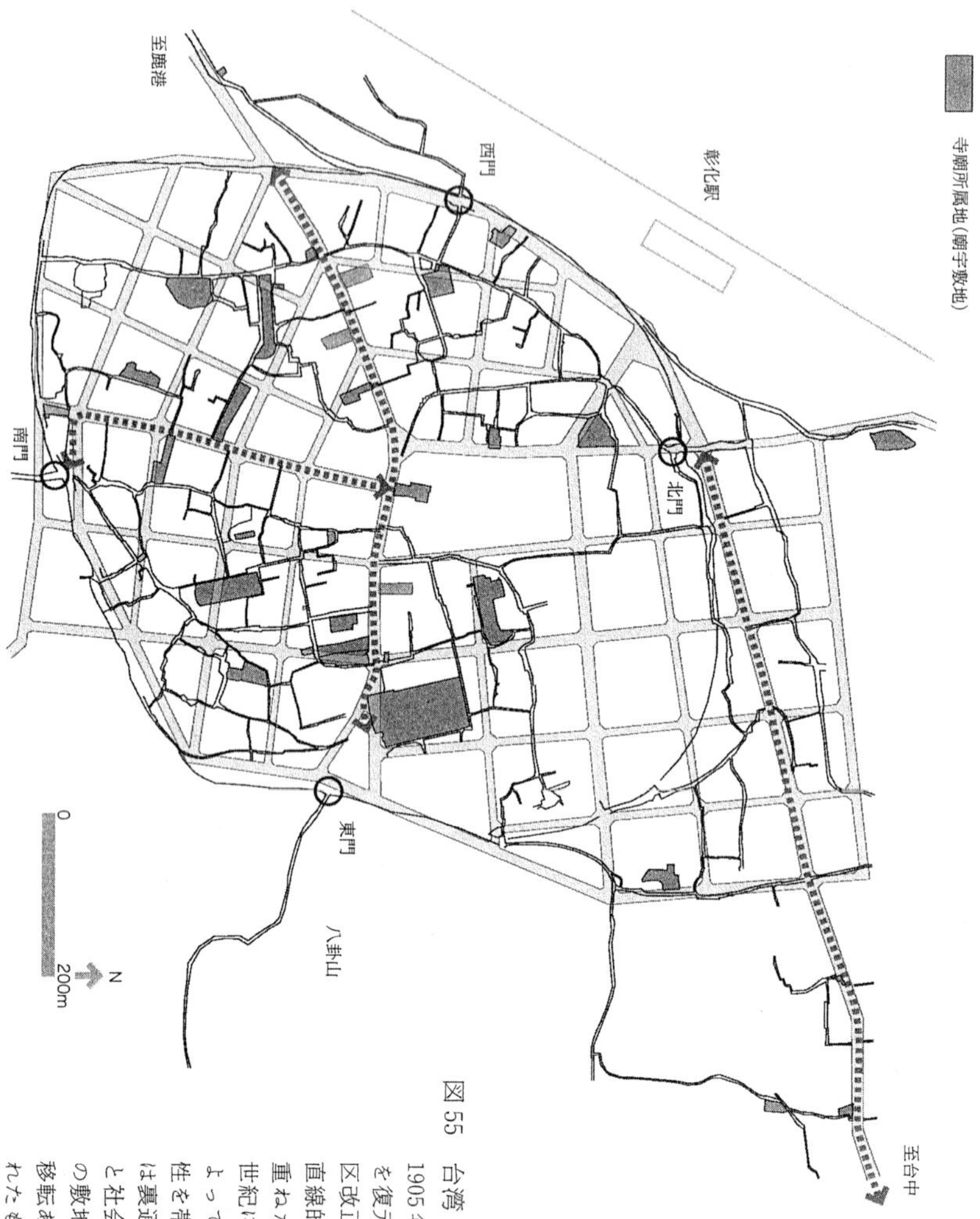

図55　台湾・彰化市街の再編

1905年頃の街路網（旧彰化縣城に相当）を復元した上で、1906年にはじまる市区改正の計画道路線（図中で広幅員で直線的な道路がこれにあたる）を描き重ねた（筆者作成）。おおむね18〜19世紀に形成された都市が、市区改正によって切り刻まれ、あからさまな二重性を帯びることになる。かつての街路は裏通りに反転する。台湾民衆の信仰と社会生活を支える寺廟は、大半がその敷地や建物の一部を失い、郊外への移転あるいは消滅（廃廟）を余儀なくされたものも少なくない。

図56　彰化市内のある寺廟の壁面
建物の後方に向かって壁面が斜めに内へ入り込み，小屋組などの木部が露出している。市区改正道路によって建物を薄く削り取られたこの廟は，道路線にあわせて壁を積みなおし，これに横架材を突き刺すかたちで固め，あるいは道路側でつっかえ棒を立てて屋根を支えているのである。建物への影響がごく一部にとどまったために，かえって在来都市と市区改正との衝突のありようを長期間にわたって保存しているが，小規模の寺廟では道路建設によりそのまま失われ，廃廟を余儀なくされたものも少なくない。

一般に、清末までに形成されてきた台湾都市は、城壁に囲まれ、狭く屈曲した街路がときに迷路のように走り、その複雑なネットワークの結節点（交差点）などに数十の寺廟が立地していた。市区改正事業がこうした在来都市を改造する場合、この伝統的台湾都市をナイフで切り刻むようにして、下水道を組み込んだ広幅員の直線的な道路のネットワークをつくり出していったので、これ以降の台湾都市は、清末までの街路網と市区改正以降の街路網という、二つの異質な街路体系を重ね合わせたような二重性に特徴づけられることになる（図55）。

筆者がみるかぎり、市区改正による既成市街地の改造は、おそらく伝統的台湾都市の道路網を生かして拡幅するのではまったく間に合わず、したがって民有宅地などを遠慮なく切り裂く計画となっているが、寺廟についてはどうだろうか。比較的規模の大きな主要な寺廟についてでは建築物を全体にわたって破壊するような道路は（まったくないわけではないにせよ）極力避けられているが、廟埕（廟前の広場）が道路用地に取られて失われたり、建物の一部が削り取られるケースは非常に多い（図56）。廟埕の消滅は、寺廟が有する多様な社会的機能に大きく影響する。一方、路傍の小さな寺廟への配慮は相対的に薄く、城壁撤去や市区改正道路の建設などに際して姿を消したと思われるものが少なくない。

また、市区改正道路が建設されると、そこには亭仔脚（一階前面のアーケード状の部分）をもつ都市型建築が貼り付いて植民都市の表通りを形成したが、これによってかつての街路とそれに沿って立地する寺廟の多くは街区の裏へと追いやられてしまう。

このように、市区改正事業が寺廟に与えた影響は様々な水準にわたる。そして、多くの都市で神社が建設されるのも、この第二段階である。市区改正と神社建設が一定の連携をもって進められたことは本書で示してきたとおりだが、その背後では寺廟の処分が進み、また都市における寺廟立地の空間的な位相には大きな転換がおこっていたのである。

第三段階　一九三〇年代〜一九四五年　寺廟整理運動による清算

筆者は、これまでに新竹、彰化という二つの地方中核都市を事例として、寺廟整理の都市史的観点からの再検討を行っている。そこから明らかになりつつあるのは、寺廟整理という、皇民化政策の一環として発生してしまったはずの運動が、実態としては必ずしも宗教政策の観点からでは説明できないということである。

もちろん、宗教政策的な目的、すなわち台湾民衆を寺廟信仰から引き離して「改善」あるいは「善導」し、神社祭祀へと振り向けることを第一義的な目的とした整理も行われている。また一方で、蔡錦堂も指摘するように、莫大な寺廟財産の公的な収奪という目的もかなり大きな比重を占めたに違いない。しかし、筆者は第三の契機をそこに付け加えたい。

寺廟整理の目的を個々の寺廟の水準で調べていくと、道路建設によって寸断されたり、すでに放棄され無住となっていた寺廟について、寺廟整理運動を機に廃止手続きを進め、これを寺廟整理の実績としてカウントしたものも少なくない。実際、寺廟整理凍結後の実態調査を委嘱された宮本延人（台北帝国大学）は、寺廟整理発生の契機について述べるなかで、次のように指摘している。

簡単な動機から廟を建立する結果は廟の濫立となり、古い都市では驚くべき数となった。台南市の百二十七廟の如き、彰化市の六十四廟の如き、宜蘭の如き小都市で三十七廟有するという事は市区改正、その他の問題で様々な問題を起こして来て、何とか処分を叫ばれていたのである。(22)

同様のことを、新竹市助役として寺廟整理にあたった台湾人の劉萬も指摘しているし、個々の寺廟の廃止手続きに関する公文書にも見出すことができる。

また、一九三六（昭和十一）年に台湾都市計画令が施行され、土地収容、土地区画整理など、都市計画事業をより強力に推し進めることができる法整備が行われたばかりであった。現実には、こののち都市計画事業はあまり活発に実施されたとは言い難いが、それでも寺廟整理を機に、従来から問題となっていた寺廟の整理を進め、都市計画のさらなる推進に備えたという見方もありえないわけではない。

II―二などで述べたように、この時期、神社は皇民化運動と戦争動員のための装置と化し、その境内や関連施設の拡充が、紀元二六〇〇年記念事業などのかたちで広範に推し進められた。こうした神社の変質・拡充と、寺廟の整理とは、もちろん表裏一体の関係にあるとみるのが自然である。しかし、その関係は、単純に皇民化運動の宗教的側面としてのみ理解されるものではない。植民都市の編成という位相を介して、両者の関係を捉えることもまた必要なのである。つまり、神社境内が都市計画に組み込まれ、新しい都市計画の技術・制度により補強されたのと反対に、寺廟は都市計画によって疎外され、処分されていったとみるべき側面があるからである。

以上に示した見通しは、しかし、限られた事例研究にもとづく仮説的なパースペクティブであるにすぎない。神社造営の歴史をたどるのとは比較にならないほど、在来信仰の変容の歴史をたどることは難しい。植民地支配以前の都市の姿とその形成過程の特質を、まずは具体的に再現し理解することが第一歩となろう。そして、植民地下の土地所有の再編過程など、都市のフィジカルな変容過程を支える基底的な諸条件を把握することが不可欠である。また、フィジカルな都市変容過程の分析とともに、地域社会の変容過程を解明する作業も、大きな課題として残されている。その点で、右にみた神社祭典の展開だけでなく、在来信仰にかかわる都市的な祭典のあり方も注目すべきだろう。さらに、植民地支配の終焉ののち、在来都市と植民都市計画との決して解消されない二重性を抱え込んだ都市を、台湾や朝鮮の人々が再びいかにして自らのものとしていったのかを明らかにすることも、日本の植民都市経営を問う上で重要な視角となる。

日本の植民都市とは何だったのか。この問いをめぐって積み重ねられるべき研究は、まだまだ多い。

註

（1）『台湾日日新報』一九一三年十月二十五日付、第七面。
（2）『台湾日日新報』一九二二年十月二十四日付、第七面。
（3）『京城日報』一九三五年十月十八日付、第二・七面、同十九日付、第二面。
（4）このあたりの経緯については、市秋弘「京城神社御奉仕事務摘要」（小笠原省三編著『海外神社史上巻』、四五一頁）による。
（5）たとえば『台湾日日新報』はたびたび京城神社祭典の模様を伝えて称賛している。

（6）以上は『京城日報』一九二六年十月の連日の記事による。
（7）『京城日報』一九二九年九月十二日付、朝刊・夕刊を参照。
（8）一九三二（昭和七）年三月七日台北州告示第三四号（『台北州報』第七六五号、一九三二年）。
（9）越沢明「台北の都市計画、一八九五～一九四五年—日本統治期台湾の都市計画」（第七回日本土木史研究発表会論文集、一九八七年六月、一二七頁）。
（10）一九三八（昭和十三）年十二月十四日総督府告示第四二三号（『台湾総督府報』三四五七号、一九三八年十二月十四日）。
（11）『台北市政二十年史』（台北市、五八二～五八六頁）および黄武達『日治時代之台北市近代都市計画』（台湾都市史研究室、一九九八年、八一～九二頁）。また大台北計画の公園緑地系統と、勅使街道拡幅整備については、五島寧「台北の公園道路に関する歴史的研究」（『一九九六年度第三一回日本都市計画学会学術研究論文集』（二六五～二七〇頁）を参照。
（12）『台湾建築会誌』第六輯第一号（一九三四年）。
（13）註（11）『台北市政二十年史』（八二五頁）、大倉三郎「台湾神宮御造営」（台湾総督府編『台湾時報』一九四四年十月号、一七頁）。
（14）扶余神宮については、主に『大陸神社大観』（大陸神道連盟、一九四一、五七～七四頁）によった。
（15）たとえば小山翠村「扶余を語る」一～四（『鳥居』第九巻第五号～八号、一九三九年五～八月）、中村栄孝「扶余神宮と御祭神」上・下（『文教の朝鮮』第一七〇・一七一号、一九三九年十・十一月）
（16）橿原神宮については『橿原神宮史』全三巻（橿原神宮、一九八一）、またその境域拡張などの紀元二千六百年記念事業につては、古川隆久『皇紀・万博・オリンピック』（中公新書、一九九八年）を参照。
（17）越沢明「神都計画　神宮関係施設整備事業の特色と意義」（日本都市計画学会学術研究論文集、一九九七年）。
（18）孫禎睦『日帝強占期都市計画研究』（一志社、一九九〇年）第Ⅷ章「扶余神宮造営といわゆる扶余神都建設」。
（19）筆者が寺廟整理運動を都市史的観点から再検討した論考として、青井哲人「日本の植民都市計画と宗教政策——台湾・新竹における「寺廟整理」の都市史的考察」（二〇〇〇年九月、台湾中央研究院台湾史研究所籌備所主催国際シンポジウム「被殖民都市與建築」論文集、三九～六二頁）がある。その後、清代から光復後にいたる台湾都市の変容過程についてより包括的な研究を企図し、段階的に研究を展開している。具体的な成果としては、今のところ財団法人交流教会の助成を得て行った研究の報告書「清末期彰化縣城の都市空間形態に関する復元的研究」（二〇〇四年六月）があるが、その後も文部科学省科学研究費補助金、大林都市研究財団の助成を得て、研究を進めつつある。

（20）蔡錦堂『日本帝国主義下台湾の宗教政策』（同成社、一九九四年）

（21）黄蘭翔「日本植民初期における台湾の市区改正に関する考察――台北を事例として――」（一九九二年度第二十七回日本都市計画学会学術研究論文集）は、台北城内の既存施設が植民地期にどのように取壊あるいは転用されているかを検討している。

（22）宮本延人『日本統治時代湾における寺廟整理問題』（天理教道友社、一九八九年、三八頁）。同書は、台湾総督府文教局『台湾の寺廟問題――旧慣信仰改善に関する調査報告第四』（一九四三年）に宮本延人の解説を付したものである。

あとがき

本書は、一九九九年末に京都大学大学院に提出した博士学位論文「神社造営よりみた日本植民地の環境変容に関する研究――台湾・朝鮮を事例として――」（二〇〇〇年三月学位取得）をもとに、新たに編み直したものである。内容は学位論文とほとんど変わらないが、一冊の本として読めるように大幅に構成し直した。

とくに学位論文では、いくつかの事例研究で構成される本編に対し、植民地の神社とその境内について理解するうえで必要となる基礎的事項を、制度面を中心に包括的に整理した長編の「総論」を置いたが、本書ではそれを各章の適当な箇所に分散させて再構成している。植民地神社に関するこれまでの研究状況では、異民族に対する宗教的支配、あるいはそこからいちおう切り離された民衆の信仰とコミュニティ形成、といった図式に性急に訴える研究が多く、基礎的な史的条件の整理がむしろないがしろにされてきた。とりわけ朝鮮総督府下の宗教政策に関する基礎研究の蓄積は薄く、筆者の学位論文の「総論」もそうした面で独自の成果を多く含んでいるものと思う。しかし本書では、紙幅の制限のあるなかで「総論」をそのまま生かすことは断念し、神社に着目した「日本植民都市史」の研究として読める書籍を目指した。

なお、学位論文をまとめる過程で、以下の論文を公表した。列挙して本書の該当する章を示しておく。

① 「朝鮮の居留民奉斎神社と朝鮮総督府の神社政策――『勝地』としての神社境内の形成およびその変容と持続」（『朝鮮学報』第一七二号、朝鮮学会、一九九九年九月）〈本書II―一〉

②「台湾神社の造営と日本統治初期における台北の都市改編」（『日本建築学会計画系論文集』第五一八号、一九九九年四月）〈本書I—二〉

③「朝鮮神宮の鎮座地選定——京城における日本人居住地の形成および初期市区改正との関連から」（『日本建築学会計画系論文集』第五二一号、一九九九年七月）〈本書I—一〉

④「日本植民地期における台湾神社境内の形成・変容過程」（『日本建築学会計画系論文集』第五二一号、一九九九年七月）〈本書II—一、二、四〉

日本の植民都市を扱ううえで神社に着目した研究がないのはなぜか。もちろん、国家神道体制をめぐる問題は日本近代史研究の焦点のひとつであって、その方面の研究は少なくない。しかし、神社を都市という場に置いて捉えれば、日本の近代、あるいは植民地支配を、具体的な空間・社会・文化の問題として歴史的に論じられるのではないか。

こうした素朴な期待に導かれつつ、これまでの「都市計画史研究」とは異なる地平を示したいと思って研究を進めてきた。具体的な意図も成果も本書のなかに示したつもりである。あとは読者の方々のご批判を心よりお願いしたい。

研究をまとめるにあたってお世話になった多くの方々へのお礼は、すでに学位論文に記したので、ここでは繰り返さない。ただ、論文ができあがった後、それを精読し、出版をお勧めくださったばかりか、のちに公開の場で詳細かつ的確なコメントを与えてくださった高木博志先生には、心より御礼申しあげなければならない。また、恩師・布野修司先生らが進めるグローバルな植民都市比較研究にわずかながら参加させていただくことで、特定のテーマに没頭しているあいだに見失いがちな広い視野を与えられた。

学位論文を出してから早くも五年が経ってしまったが、筆者にとってこの五年は、煎じ詰めれば学位論文への自己批判を模索する期間だった。植民都市研究ではどうしても支配／被支配関係の空間的編成という問題は外せない。ところが、文字どおり空間支配の制度的・技術的ツールである「都市計画」を扱った研究が、なぜか当の「都市計画」以外のことを何も語らずに自己完結する傾向が強いのには首を傾けたくなる。一方で、所与の枠組みとしての支配／被支配の構図を何にでも機械的に当てはめてしまう研究にも、これからの都市史研究の可能性は感じられない。そのどちらにも陥らない議論を本書では意図したが、依然として論述は支配者の側に大きく偏っているし、何よりも異質なものが出会い新たなものが生まれる植民都市という場所を、それとして掴まえるにはほど遠い。筆者がいま進めている研究では、そのあたりを直接に扱う方法を模索している。

最後に、この研究を世に問う機会を与えてくださった吉川弘文館に、心より御礼を申しあげる。

二〇〇四年十一月

青井哲人

主要文献

本書が使用・参照した文献をあげる。雑誌・単行書所載の論文は割愛した。

事典・目録

『法規分類大全』第一編 社寺門 神社、内閣印刷局編纂、一八九一
『神道大事典』全三巻、平凡社、一九三七〜四〇
加藤玄智編『明治・大正・昭和 神道書籍目録 明治元年〜昭和十五年』、明治神宮社務所（非売品）、一九五三
神社本庁調査部『神祇院関係資料目録』神社本庁、一九七八
神社本庁教学研究室『神祇院関係資料目録（二）』神社本庁、一九八二
神社本庁調査部・教学研究室『神祇院関係資料目録（三）—故飯沼一省氏資料三』神社本庁、一九八四
神社本庁図書室『神社本庁図書室蔵書目録』神社本庁図書室、一九九一
神社本庁教学研究所資料室『神社本庁教学研究所資料目録一 写真資料目録 vol. 1』神社本庁教学研究所、一九九五
図書刊行会『韓国・北朝鮮地図解題事典（東京韓国研究院）』一九八四
復刻版神社協会雑誌編纂委員会『神社協会雑誌総目次・総索引』国書刊行会、一九八五
地方史研究協議会『歴史資料保存機関総覧（東日本・西日本）』山川出版、一九七九
国立中央図書館台湾分館『国立中央図書館台湾分館 日文台湾資料 目録』国立中央図書館台湾分館、一九八〇・〇六
国立中央図書館台湾分館『国立中央図書館台湾分館 館蔵資料微縮目録』国立中央図書館台湾分館、一九九五
林美容・三尾裕子『台湾民間信仰研究文献目録』風響社、一九八八

國學院大學日本文化研究所『続 神道論文総目録』第一書房、一九八九

新聞・雑誌

『台湾総督府報』台湾総督府
『朝鮮総督府官報』朝鮮総督府
『台湾日日新報』台湾日日新報社
『京城日報』京城日報社
『京城彙報』京城府内務課
『台湾時報』台湾時報発行所（台湾総督府内）
『文教の朝鮮』朝鮮教育会（朝鮮総督府内）
『全国神職会会報』全国神職会（のち『皇國』、さらに『皇國時報』へ継続）
『敬慎』台湾神職会（台湾総督府内）
『鳥居』朝鮮神職会（朝鮮神宮内）
『神道評論』神道評論社（小笠原省三）
『紀元二千六百年』内閣紀元二千六百年祝典事務局＋紀元二千六百年奉祝会
『南瀛佛教』南瀛佛教会（台湾総督府内）
『神道研究』神道研究会
『建築雑誌』建築学会（日本建築学会）
『建築世界』建築世界社

『台湾建築会誌』台湾建築会
『朝鮮と建築』朝鮮建築会

日本政府および各植民地政府の刊行物

日本政府

内務省神社局『神社法令輯覧』帝国地方行政学会、一九二五
文部省『国体の本義』一九三七
神祇院総務局監修『改正神社法令集』（神祇院総務局監修「神社法令要覧」改正追録）京文社、一九四四
大蔵省管財局『社寺境内地処分誌』大蔵財務協会、一九五四
外務省条約局法規課『外地法制誌二　外地法令制度の概要』外務省条約局法規課、一九五七
外務省条約局法規課『外地法制誌三-一　台湾の委任立法制度』外務省条約局法規課、一九五九
外務省条約局法規課『外地法制誌三-二　律令総覧』外務省条約局法規課、一九六〇
外務省条約局法規課『外地法制誌四-一　制令　前編』外務省条約局法規課、一九六〇
外務省条約局法規課『外地法制誌三附属　台湾ニ施行スヘキ法令ニ関スル法律（六三法、三一法及び法三号）の議事録』外務省条約局法規課、一九六六
外務省条約局法規課『外地法制誌四-二　日本統治時代の朝鮮』外務省条約局法規課、一九七一
文化庁文化部宗務課『明治以降宗教制度百年史』（明治百年史叢書）原書房、一九八三
大霞会『内務省史　第二巻』地方財務協会、一九七〇

台湾総督府

台湾総督府『台湾総督府事務成績提要』台湾総督府
台湾総督府編『台湾法令集覧』帝国地方行政学会
台湾総督府『旧慣による台湾宗教概要』台湾総督府、一九一五
台湾総督府編『台湾始政四十年史』日本植民地批判社、一九三五
台湾総督府内務局編『北白川宮能久親王御遺跡』一九三五
台湾総督府文教局編『現行台湾社寺法令類纂』帝国地方行政学会、一九三六
台湾総督府文教局社会課編『台湾に於ける神社及宗教』台湾総督府、一九三九、四〇、四二、四三

朝鮮総督府

朝鮮総督府『朝鮮施政に関する諭告、訓示竝に演述集』朝鮮総督府
朝鮮総督府『朝鮮総督府官報』朝鮮総督府（韓国学文献研究所復刻）
朝鮮総督府『朝鮮総督府施政年報』朝鮮総督府
朝鮮総督府『朝鮮総督府統計年報』朝鮮総督府
朝鮮総督府『居留民団』一九一〇
朝鮮総督府『朝鮮』朝鮮総督府、一九二五
朝鮮総督府内務局京城土木出張所『京城市区改正事業　回顧二十年』朝鮮総督府内務局京城土木出張所、一九三〇
朝鮮総督府『朝鮮総督府施政二十五年史』朝鮮総督府、一九三五
朝鮮総督府社会教育課『朝鮮に於ける宗教及び享祀一覧　昭和十一年十二月末調』朝鮮総督府社会教育課、一九三八
朝鮮総督府『朝鮮総督府施政三十年史』朝鮮総督府、一九四〇

朝鮮総督府官房文書課『諭告、訓示、演述総攬』朝鮮総督府、一九四一

地方関係

台湾

台湾総督府交通局鉄道部『台湾鉄道旅行案内』台湾総督府交通局鉄道部、一九三〇
台湾総督府交通局鉄道部『台湾観光の栞』台湾総督府交通局鉄道部、一九四〇
武内貞義『台湾（上・下）』一九二八（複製・南天書局一九九六）
『台湾紹介最新写真集』台北市勝山写真館、一九三一
台南州教育課『台南州名所案内』台南州教育課、一九二七
台湾宣伝事業社『観光の台湾、台湾宣伝事業社、一九三七
菅野秀雄『新竹州沿革史』新竹州沿革史刊行会、一九三八
台北市役所『台北市政二十年史』台北市役所、一九四〇
宮崎直勝『寺廟神の昇天』東都書籍、一九四二
篠原正巳『台中―日本統治時代の記録』財団法人台湾区域発展研究院台湾文化研究所、一九九六
張家菁『一個城市的誕生―花蓮市街的形成與発展』花蓮県立文化中心、一九九六

朝鮮

相澤仁助『釜山港勢一班』日韓昌文社、一九〇五
京城居留民団役所『京城発達史』京城居留民団役所、一九一二

平壌民団役所編『平壌発展史』平壌民団役所編、一九一四
『平壌名勝』一九一五
高尾新右衛門『元山發展史』高尾新右衛門、一九一六
北村友一郎『光州地方事情』龍野書店、一九一七
田中麗水『大田発展誌』田中市之助　瞬報社、一九一七
阿部辰之助『大陸之京城発刊の辞』京城調査会、一九一八
朝鮮総督府『写真帖　朝鮮』朝鮮総督府、一九二一
大熊春峰『清州沿革誌』一九二三
満鉄鮮満案内所『朝鮮満州旅行案内　附支那旅行案内』一九二五
平壌商業会議所『平壌全誌』平壌商業会議所、一九二七
海州保勝會『海州』海州保勝會、一九二九
木浦府庁『木浦府史』木浦府庁、一九三〇
萩森茂『朝鮮の都市―京城…仁川』一九三一
仁川府『仁川府史』仁川府、一九三三
釜山府『釜山府勢要覧』釜山府、一九三二
明石淳『鎮南浦』鎮南浦通信社、一九三三
有賀信一郎『大京城』朝鮮毎日新聞社、一九三三
河野萬世『春川風土記』朝鮮日日新聞社江原支社、一九三五
群山府庁『群山府史』群山府庁、一九三五
群山府『群山府史』群山府、一九三五

『咸興案内 名勝写真帖』笹沼末雄、一九三六
元山府『自明治十三年至大正三年元山府史年表』元山府、一九三六
大邱府教育会『大邱讀本』大邱府教育会、一九三七
京城府庁『京城の沿革と史蹟』京城府庁、一九四一
全州府『全州府史　上・下』全州府、一九四三
京城府『京城府史』京城府、一九三四―四一（複製：湘南堂書店、一九八二）

国家神道・神社・宗教・天皇制

台湾

台湾神職会『神宮大麻奉斎のすすめ』台湾神職会、一九三二
台湾社寺宗教刊行会『台北州下に於ける社寺教会要覧』台湾社寺宗教刊行会、一九三二
台湾社寺宗教刊行会編『台湾社寺宗教要覧（台北州下に於ける社寺教会要覧）』台湾社寺宗教刊行会編、一九三三・〇三・一五
増田福太郎『台湾本島人の宗教』財団法人明治聖徳記念学会、一九三五
増田福太郎『台湾の宗教』株式会社養賢堂、一九三九

朝鮮

小山文雄『神社と朝鮮』朝鮮仏教社、一九三四
朝鮮神職会 編『朝鮮神社法令輯覧』帝国地方行政学会、一九三七

韓晳曦『日本の朝鮮支配と宗教政策』未来社、一九八八
崔吉城編『日本植民地と文化変容―韓国・巨文島』お茶の水書房、一九九四

その他

『神苑会史料』神苑会清算人事務所発行、一九一一
鉄道省『神まうで』博文館、一九一九
『明治維新神仏分離史料』東方書院、一九二六―二九
柄谷為継『神社法規要覧』大阪國學院、一九二九
小笠原省三『海外の神社0並に「ブラジル在住同胞の教育と宗教」』神道評論社、一九三三
児玉九一『神社行政』常磐書房版、一九三四
岡田包義『神祇制度大要』政治教育教会、一九三六
溝口駒造『将来の日本と神道の新使命』思想社、一九三七
全国神職会『神社読本』政治教育協会、一九三七
座田司氏『海外神社の御祭神に就いて』海外神社協会、一九三九
安津素彦『神道と祭祀』白帝社、一九四〇
佐藤三郎『新撰　諸祭神名総覧』明文社、一九四〇
大陸神道連盟『大陸神社大観』一九四一
梅田義彦『神道思想の研究』会通社、一九四二
神祇学会編『神祇に関する制度・作法事典』光文社、一九四二
宮地直一『神道思潮』理想社、一九四三

近藤喜博『海外神社の史的研究』明世堂／大空社復刻、一九四三／一九九六復刻
神祇院編纂『神社本義』印刷局、一九四四・六
『海外に奉斎された金刀比羅神』海外神社史編纂会
『海外に奉斎された八幡神天皇及皇族を奉斎した海外の神社』海外神社史編纂会
『出雲系の神々及國魂神を奉斎せる海外の神社　海外神社資料』海外神社史編纂会
小笠原省三　編述『海外神社史　上巻』海外神社史編纂会、一九五六
小笠原省三編『国魂神とは』拓殖文化研究所、一九七〇
『神社本庁十年史』神社本庁、一九五六
高松四郎『松廼舎遺稿』、一九六〇
小野祖教著／渋川謙一改訂『神道の基礎知識と基礎問題』神社新報社、一九六三／改訂補注一九九二
村上重良『国家神道』岩波書店（岩波新書）、一九七〇
梅田義彦『神道の思想』雄山閣、一九七四
神社新報社編『近代神社神道史』神社新報社、一九七五／『近代神社神道史　増補改訂版』神社新報社、一九八六
中濃教篤『天皇制国家と植民地伝道』国書刊行会、一九七六
米地実『村落祭祀と国家統制』御茶の水書房、一九七七
安丸良夫『神々の明治維新』岩波新書、一九七九
藤谷俊雄『神道信仰と民衆・天皇制』法律文化社、一九八〇
鈴木静夫・横山真佳『神聖国家日本とアジア―占領下の反日の原像』勁草書房、一九八四
赤沢史朗『近代日本の思想動員と宗教統制』校倉書房、一九八四
森岡清美『近代の集落神社と国家統制―明治末期の神社整理』吉川弘文館、一九八七

『日本近代思想大系五　宗教と国家』岩波書店、一九八八
宮本延人『日本統治時代台湾における寺廟整理問題』天理教道友社、一九八八
白井永二・土岐昌訓『神社辞典』東京堂、一九九〇
『近江神宮』人物往来社、一九九一
中央大学人文学科研究所『近代日本の形成と宗教問題』中央大学出版部、一九九二
源了圓・玉懸博之編『国家と宗教―日本思想史論集』思文閣出版、一九九二
馬原鉄男・岩井忠熊 編『天皇制国家の統合と支配』、文理閣、一九九二
蔡錦堂『日本帝国主義下台湾の宗教政策』同成社、一九九四
羽賀祥二『明治維新と宗教』筑摩書房、一九九四
新田均『近代政教関係の基礎的研究』株式会社大明堂、一九九七
外池昇『幕末・明治期の陵墓』吉川弘文館、一九九七
田中秀和『幕末維新期における宗教と地域社会』清文堂出版、一九九七
高木博志『近代天皇制の文化史的研究―天皇就任儀礼・年中行事・文化財』校倉書房、一九九七
新田光子『大連神社史―ある海外神社の社会史―』おうふう、一九九七
前山隆『異邦に「日本」を祀る―ブラジル系日本人の宗教とエスニシティ』御茶の水書房、一九九七
羽賀祥二『史蹟論　19世紀日本の地域社会と歴史意義』名古屋大学出版会、一九九八
嵯峨井建『満洲の神社興亡史』芙蓉書房、一九九八
古川隆久『皇紀・万博・オリンピック―皇室ブランドと経済発展』中央公論社、一九九八
坪内祐三『靖国』新潮社、一九九九
前田孝和『ハワイの神社史』大明堂、一九九九

原武史『皇居前広場』光文社、二〇〇三
菅浩二『日本統治下の海外神―朝鮮神宮・台湾神社と祭神』弘文堂、二〇〇四
小笠原省三『海外神社史』（復刻）ゆまに書房、二〇〇四（保坂正康・嵯峨井建・菅浩二解説）
子安宣邦『国家と祭祀―国家神道の現在』青土社、二〇〇四

神社誌・神社発行書

台　湾

台湾神社社務所『台湾神社誌』台湾神社社務所、各年度版
宜蘭神社『宜蘭神社の栞』
山田孝使編『県社開山神社沿革志　附鄭成功伝』開山神社社務所、一九一五
新竹神社『新竹神社参拝の栞』一九一九
台南神社社務所『台南神社誌』台南神社社務所、一九二八
台湾総督府『建功神社誌』台湾総督府、一九二八
建功神社編『建功神社』一九二九
高雄神社造営奉賛会『高雄神社造営誌』高雄神社造営奉賛会、一九三〇
台湾神社社務所『御鎮座三十周年記念台湾神社写真帖』台湾神社社務所、一九三一
基隆神社『基隆神社誌』基隆神社、一九三四
台南神社社務所『官幣中社台南神社誌概要』台南神社社務所、一九三五
台湾神社社務所『台湾神社略誌』台湾神社社務所、一九三五

台湾神社御造営奉賛会『台湾神社御造営奉賛会趣意書竝会則附役員名簿』台湾神社御造営奉賛会、一九三九頃
建功神社社務所『建功神社誌』建功神社社務所、一九四〇・〇二・一一

朝鮮

『朝鮮神宮写真図集』一九二五頃
横田康『朝鮮神宮紀』国際情報社、一九二六
『朝鮮神宮造営誌』朝鮮総督府、一九二七
『平壌神社由緒沿革概要』一九二九頃
『朝鮮神宮写真帖』朝鮮神宮社務所、一九三〇
『朝鮮神宮写真帖』朝鮮神宮社務所、一九三〇
『朝鮮神宮年報』朝鮮神宮社務所、一九三一〜四三
朝鮮乃木神社建設会『朝鮮乃木神社献詠集』朝鮮乃木神社建設会、一九三六頃
山川鵜市・大曲美太郎 編『龍頭山神社史料』龍頭山神社社務所、一九三六
『恩頼　朝鮮神宮鎮座十周年紀念』朝鮮神宮奉賛会、一九三七
『国幣小社龍頭山神社奉賛会趣意書・会則・工事費概算書』国幣小社龍頭山神社奉賛会、一九四〇頃

日本内地

官幣中社長田神社社務所　長田神社御造営奉賛会『官幣中社長田神社復旧御造営史』官幣中社長田神社社務所　長田神社御造営奉賛会、一九二九
『明治神宮外苑誌』明治神宮奉賛会、一九三七

岡田米夫編『東京大神宮史』東京大神宮、一九六〇
福岡県護国神社再建奉賛会『福岡県護国神社造営誌』福岡県護国神社、一九六八
明治神宮五十年誌編纂委員会『明治神宮五十年誌』明治神宮、一九七九
『橿原神宮史』巻一・巻二・別巻、橿原神宮庁、一九八二
五十年史編集委員会『全国護国神社会五十年史』全国護国神社会、一九八八
平安神宮百年史編纂委員会『平安神宮百年史』平安神宮、一九九七
明治神宮外苑七十年誌編纂委員会『明治神宮七十年誌』明治神宮外苑、一九九八
『官幣大社樺太神社志要』樺太神社社務所、一九一六
『大連神社誌要』大連神社、一九一七
『大連神社八十年史』大連神社八十年祭奉賛会、一九八七
『奉天神社誌』奉天神社社務所、一九三九
『関東神宮』関東神宮奉賛会、一九四四

都市

台湾

黄蘭翔『台湾都市の文化的多重性とその歴史的形成過程に関する研究』京都大学博士論文、一九九三
黄武達『日治時代台湾近代都市計画之研究』台湾都市史研究室、一九九六
黄武達『日治時代台北市近代都市計画』台湾都市史研究室、一九九八
『新竹市日治時期建築文化資産調査研究』新竹市立文化中心、一九九九

陳正哲『植民地都市景観の形成と日本生活文化の定着―日本植民地時代の台湾土地建物株式会社の住宅生産と都市経営』東京大学博士学位論文（私家版）、二〇〇三

朝鮮

孫禎睦『韓国開港期　都市社會経済史研究』韓国・一志社、一九八二
孫禎睦『韓国開港期　都市変化過程研究』韓国・一志社、一九八二
高秉雲『近代朝鮮租界史の研究』雄山閣出版、一九八七
孫禎睦『日帝強占期　都市計画研究』韓国・一志社、一九九〇
孫禎睦『日帝強占期　都市化過程研究』韓国・一志社、一九九六
韓三建『韓国における邑城空間の変容に関する研究―歴史都市慶州の都市変容過程を中心に』京都大学博士学位論文、一九九三
梁尚湖『韓国近代の都市史研究』東京大学博士学位論文、一九九三
許萬亨『韓国釜山の都市形成過程と都市施設に関する研究』京都大学博士学位論文、一九九三
五島寧『日本統治下「京城」の都市計画に関する歴史的研究』東京工業大学博士学位論文、一九九六
竹国友康『ある日韓歴史の旅―鎮海の桜―』朝日新書六二二、一九九九

その他

『全國都市問題會議　都市計画の基本問題　上・下　都市の経費問題』（全國都市問題會議會報特別號―六回総会文献一研究報告）全國都市問題會議事務局、一九三八
『全國都市問題會議　第六回総会要録』（全國都市問題會議會報特別號全國都市問題會議會報特別號―六回総会文献四）全國都

市問題會議全國都市問題會議事務局、一九三九
佐藤昌『日本公園緑地発達史』上・下、都市計画研究所、一九七七
越沢明『植民地満州の都市計画』アジア経済研究所、一九七八
越沢明『満州国の首都計画』日本経済評論社、一九八八
越沢明『哈爾浜の都市計画』総和社、一九八九
越沢明『東京の都市計画』岩波新書、一九九一
郭中端・堀込憲二『中国人の街づくり』相模書房、一九八〇
初田亨『都市の明治—路上からの建築史』筑摩書房、一九八一
藤森照信『明治の東京計画』岩波書店、一九八二
石田頼房『日本近代都市計画史研究』柏書房、一九八七
石田頼房『日本近代都市計画の百年』自治体研究社、一九八七
『日本公園百年史』日本公園百年史刊行会、一九八八
橋爪紳也『明治の迷宮都市：東京・大阪の遊楽空間』平凡社、一九九〇
高橋康夫・吉田伸之・宮本雅明・伊藤毅編『図集　日本都市史』東京大学出版会、一九九三
成田龍一編『都市と民衆』（近代日本の軌跡九）吉川弘文館、一九九三
丸山宏『近代公園史の研究』思文閣出版、一九九四
白幡洋三郎『近代都市公園史の研究—欧化の系譜—』思文閣出版、一九九五
中嶋節子『近代京都の森林景観とその保全に関する都市史的研究』、京都大学博士学位論文、一九九六
鈴木博之『都市へ』（日本の近代一〇）、中央公論新社、一九九九
『都市文化』（近代日本文化論五）岩波書店、一九九九

『植民都市の形成と土着化に関する比較研究』（平成九〜一〇年度科学研究費補助金研究成果報告書、研究代表者：布野修司）一九九九
青井哲人『神社造営よりみた日本植民地の環境変容に関する研究』京都大学博士学位論文、二〇〇〇
竹内啓一『都市・空間・権力』大明堂、二〇〇一
『植民都市の起源・変容・転成・保全に関する研究―オランダ植民都市研究』（平成一一〜一三年度科学研究費補助金研究成果報告書、研究代表者：布野修司）二〇〇二
斯波義信『中国都市史』東京大学出版会、二〇〇二
成田龍一『近代都市空間の文化経験』岩波書店、二〇〇三
橋谷弘『帝国日本と植民地都市』吉川弘文館、二〇〇四
布野修司編・アジア都市建築研究会著『アジア都市建築史』昭和堂、二〇〇三

神社の境内・建築

上原啓二『神社境内の設計』嵩山房、一九一九
上原啓二『造園学汎論』林泉社、一九二四
工学会『明治工業史　建築篇』啓明会、一九二七
角南隆『社寺建築』（アルス建築大講座）一九三四
建築学会『明治大正建築写真聚覧』一九三六
『伊東忠太建築作品』城南書院、一九四一
『小林福太郎氏遺作集』洪洋社、一九四三

山内泰明『神社建築』神社新報社、一九六七
藤原恵洋『日本近代建築における和風意匠の歴史的研究』東京大学博士学位論文、一九八七
李重耀『従日本神社談桃園神社修建』李重耀、一九九二
丸山茂『日本の建築と思想』同文書院、一九九六
黄士娟『日治時期台湾宗教政策下之神社建築』台湾中原大学修士論文、一九九八
神道文化会『近代の神社景観』中央公論美術出版、一九九八
光井渉『近世寺社境内とその建築に関する研究』、東京大学博士学位論文、一九九九
丸山茂『神社建築史論——古代王権と祭祀』中央公論美術出版、二〇〇一

その他

台湾総督府『台湾名勝旧蹟誌』台湾総督府、一九一六
深尾幸太郎『植民地大観』東洋タイムス社、一九一六・一二
矢内原忠雄『帝国主義下の台湾』岩波書店、一九二九
村山智順『朝鮮の風水』朝鮮総督府、一九三一
増田福太郎『台湾本島人の宗教』明治聖徳記念学会、一九三五
鶴見俊輔『後藤新平』全四巻、後藤伯爵伝記編纂会、一九三七—三八（復刻：勁草書房、一九六七）
曾景来『台湾宗教と迷信陋習』台湾宗教研究会、一九三八
緒方武歳『始政五十年台湾草創史』新高堂書店、一九四四
小笠原省三『北海道拓殖と神社』海外移住文化研究所、一九五一・〇五・〇一
稲垣栄三『日本の近代建築—その成立過程』丸善、一九五九（復刻：鹿島出版会、一九七九）

森田芳夫『朝鮮終戦の記録―米ソ両軍の進駐と日本人の引揚』巌南堂書店、一九六四
浅田喬二『日本帝国主義と植民地地主制』龍渓書舎、一九六八（増補：一九八九）
金子俊男『樺太一九四五年夏―樺太終戦記録―』講談社、一九七二
鈴木榮太郎『朝鮮農村社会の研究　鈴木榮太郎著作集Ⅴ』未来社、一九七三
樺太終戦史刊行会『樺太終戦史』全国樺太連盟、一九七三
江丙坤『台湾地租改正の研究』東京大学出版会、一九七四
北海道『新北海道史』北海道、一九七五
『日本植民地史』（別冊一億人の昭和史）一～三、毎日新聞社、一九七八
北條浩『明治国家の林野所有と村落構造』御茶の水書房、一九八三
辛基秀編『「日韓併合」史』労働経済社、一九八七
北岡新一『後藤新平』中央公論社、一九八八
木村健二『在朝日本人の社会史』未来社、一九八九
謝森展 編『台湾回想』創意力文化事業有限公司、一九九〇
松本暁美・謝森展 編『台湾懐旧』創意力文化事業有限公司、一九九〇
馬原鉄男・掛谷宰平『近代天皇制国家の社会統合』図書出版　文理閣、一九九一
山口政治・富永勝 編著『東台湾太魯閣小史―研海支庁開発のあゆみ―』花蓮港新城・北埔会、一九九一
崔吉城『日帝時代　漁村の文化変容』上・下、亜細亜文化社、一九九二
『岩波講座　近代日本と植民地一～八』岩波書店、一九九二―九三
石田潤一郎『都道府県庁舎―その建築史的考察』思文閣出版、一九九三
高橋統一『村落社会の近代化と文化伝統』岩田書院、一九九四

神谷丹路『韓国　近い昔の旅―植民時代をたどる』株式会社凱風社、一九九四
崔吉城『日本植民地と文化変容　韓国巨文島』株式会社　御茶の水書房、一九九四
北條浩『日本近代林政史の研究』御茶の水書房、一九九四
林えいだい『台湾植民地統治史』梓書院、一九九五
山本有造『「満州国」の研究』緑陰書房、一九九五
孫慶錫・李商珪『近代韓国　上・下』一九九六
駒込武『植民地帝国日本の文化統合』岩波書店、一九九六
西沢康彦『海を渡った日本人建築家―二〇世紀前半の中国東北地方における建築活動』彰国社、一九九六
李圭憲『独立運動』一九九六
『見証―台湾総督府〈一八九五―一九四五〉』(上・下)、立虹出版社(台北)、一九九六
又吉盛清『台湾　近い昔の旅　台北編』凱風社、一九九六
鈴木成文監修・都市住居研究会著『異文化の葛藤と同化―韓国における「日式住宅」』建築資料研究社、一九九六
大淀昇一『技術官僚の政治参画』中央公論社、一九九七
武田幸男『朝鮮社会の史的展開と東アジア』山川出版社、一九九七
アナトーリー・T・グージン『沿海州・サハリン近い昔の話(翻弄された朝鮮人の歴史)』株式会社凱風社、一九九八
松本武祝『植民地権力と朝鮮農民』社会評論社、一九九八
西川長夫・渡辺公三編『世紀転換期の国際秩序と国民文化の形成』柏書房、一九九九
高成鳳『植民地鉄道と民衆生活―朝鮮・台湾・中国東北』法政大学出版局、一九九九
古家信平『台湾漢人社会における民間信仰の研究』東京堂出版、一九九九
喜多村理子『神社合祀とムラ社会』岩田書院、一九九九

『さっぽろ文庫　一〜一〇〇』札幌市教育委員会
台湾史研究部会（代表檜山幸夫）『台湾の近代と日本』中京大学社会科学研究所、二〇〇三
磯崎新『建築における「日本的なもの」』新潮社、二〇〇三

植民地神社と帝国日本（オンデマンド版）

Digital Publishing

2018年10月1日　発行

著　者　青井《あおい》哲人《あきひと》
発行者　吉川道郎
発行所　株式会社 吉川弘文館
〒113-0033　東京都文京区本郷7丁目2番8号
TEL　03(3813)9151(代表)
URL　http://www.yoshikawa-k.co.jp/

印刷・製本　株式会社　デジタルパブリッシングサービス
URL　http://www.d-pub.co.jp/

青井哲人（1970～）
ISBN978-4-642-73768-5

著者略歴
一九七〇年　愛知県に生まれる
一九九二年　京都大学工学部建築学科卒業
一九九五年　京都大学大学院工学研究科博士課程中退　神戸芸術工科大学助手を経て
現在　人間環境大学助教授

〔主要著書〕
彰化一九〇六年—市区改正が都市を動かす—
アジア都市建築史(共著)　植えつけられた都市(共訳)

植民地神社と帝国日本

二〇〇五年(平成十七)二月一日　第一刷発行
二〇〇六年(平成十八)十月十日　第二刷発行

著者　青《あお》井《い》哲《あき》人《ひと》

発行者　林　英男

発行所　株式会社　吉川弘文館
郵便番号一一三—〇〇三三
東京都文京区本郷七丁目二番八号
電話〇三—三八一三—九一五一(代)
振替口座〇〇一〇〇—五—二四四番
http://www.yoshikawa-k.co.jp/

印刷＝株式会社 精興社
製本＝株式会社 ブックアート
装幀＝右澤康之

索　　引

I 人　　名

あ 行

か 行

さ 行

た　行

な　行

ま　行

や　行

ら　行

II　神　社　名

凡例：台湾・朝鮮については付表1・2の神社一覧の配列順にしたがった。

台　湾

朝　鮮

その他の海外地域

日本内地の神社（あいうえお順）

付表1　台湾における神社一覧

・神社数などは，『台湾に於ける神社及宗教』（台湾総督府文教局社会課，1943）の神社一覧に基づき，1943〜45年につき『台湾総督府報』の創立許可記事により補足した。
・境内地面積，社殿床面積，社殿様式は，国立公文書館蔵公文類聚昭和十六年社寺門「光州神社及江原神社ヲ国幣小社ニ列格セラル」に添付された「神社ノ現況調」（昭和16年6月末現在）の記載による。
表中「—」は史料中に数値を欠いていることを示す。実際に当該社殿がなかったとはかぎらない。
・台湾護国神社については，『台湾建築会誌』14-4（1942）によった。

（面積：坪）

鎮座年月日	社号	社格	境内地面積	本殿	拝殿	祝詞殿幣殿	神饌所	祭器庫	社務所	備考
1901. 10. 27	台湾神社	官幣大社	115,600	31.60	9.80	3.30	9.70	13.20	—	垣227.00間，儀式殿45.60坪
1906. 6. 21	宜蘭神社	県社	14,013	—	—	—	—	—	—	
1912. 3. 9	基隆神社	県社	2,887	5.90	—	21.25	—	3.00	50.00	社務所は祈禱所を含む
1938. 5. 13	海山神社	郷社	10,155	—	—	—	—	—	—	
1937. 11. 16	新荘神社	郷社	11,137	1.50	6.60	—	—	6.00	25.50	中門1.10坪
1911. 6. 25	台北稲荷神社	郷社	500	1.50	15.00	4.00	—	—	—	
1936. 7. 10	瑞芳神社	無格	3,969	—	—	—	—	—	—	
1937. 12. 15	汐止神社	無格	3,843	—	—	—	—	—	—	
1940. 2. 8	蘇澳神社	無格	15,031	—	—	—	—	—	—	
1939. 6. 1	淡水神社	無格	10,071	—	—	—	—	—	—	
1939. 4. 7	文山神社	無格	23,472	—	—	—	—	—	—	
1937. 11. 2	羅東神社	無格	5,040	1.50	6.60	—	—	—	52.28	中門1.10坪，宿舎18.83坪
1942. 5. 23	台湾護国神社	（無格）	39,000	11.50	24.75	12.00	13.50	10.00	88.83	
1928. 7. 14	建功神社	（無格）	4,000	—	—	—	—	—	—	

・参考資料

　・蔡錦堂『日本帝国主義下台湾の宗教政策』（同成社，1994）付表

　・佐藤弘毅「戦前の海外神社一覧」（『神社本庁教学研究所紀要』No. 2，1997）

　・黃士娟『日治時期台湾宗教政策下之神社建築』（台湾中原大学修士論文，1998）

祭神　A：天照大神　T：豊受大神　M：明治天皇　Y：北白川宮能久親王　K：開拓三神（大国魂命・大己貴命・少彦名命）

その他　［郡］は郡役所所在地に設置された郡総鎮守，［街］［庄］は街庄の鎮守であることを示す。

社格は終戦時の待遇を示す。神社の配列は，州・庁別に，社格の高い順とした。

（＋）内は創立後の合祀を意味する。

社殿様式(参考)	祭神	所在地	列格・昇格など
	K・Y(+A)	台北州台北市大宮町	1944. 6. 17 台湾神宮改称
	A・K・Y	台北州宜蘭郡員山庄	1927. 4. 18 県社列格
	大物主命・崇徳天皇(+A・K・Y)	台北州基隆市義重町	1936. 3. 25 県社列格
神明造	Y・大己貴命・M	台北州海山郡中和庄	1944. 9. 13 郷社列格[郡]
	Y・倉稲魂命・M	台北州新莊郡新莊街	1944. 1. 16 郷社列格[郡]
	倉稲魂神	台北州台北市西門町	1937. 10. 20 郷社列格
流レ造	A・K・Y	台北州基隆郡瑞芳庄	[郡]
神明造	A・Y・大己貴命・倉稲魂命・M	台北州七星郡汐止街	[郡]
神明流レ造	Y・M	台北州蘇澳郡蘇澳庄	[郡]
流レ造	Y・大物主命・M・崇徳天皇	台北州淡水郡淡水街	[郡]
神明造	K・Y・M	台北州文山郡新店庄	[郡]
	K・M	台北州羅東郡羅東街	[郡]
	靖国神社の祭神にして台湾に縁故を有する者	台北州台北市大直	
外部ハ洋式ト本島式トヲ併用。本殿ノ内部ハ白木造	明治28年改隷以降台湾での戦死者・準戦死者・殉職者・準殉職者・殉難者	台北州台北市南門町	

鎮座年月日	社号	社格	境内地面積	本殿	拝殿	祝詞殿幣殿	神饌所	祭器庫	社務所	備考
1918. 10. 25	新竹神社	国幣小社	100,969	12.00	30.00	10.00	16.00 *	*	—	神饌所は祭具舎を含む。神門＋廻廊47.00坪，神楽殿65.00坪
1938. 9. 23	桃園神社	県社	55,800	5.50	21.80	7.30	—	—	—	
1938. 11. 4	苗栗神社	県社	—	1.94	6.00	—	—	11.10	21.75	中門1.14坪
1941. 3. 25	大湖神社	無格	5,208	2.66	10.00	4.00	3.00	3.00	—	
1942. 10. 20	竹東神社	無格	—	—	—	—	—	—	—	
1940. 12. 7	竹南神社	無格	5,860	2.84	8.13	3.00	—	—	—	神門2.52坪
1939. 10. 15	中壢神社	無格	18,892	5.46	17.00	6.67	—	—	—	神門5.55坪
1937. 1. 23	通霄神社	無格	1,420	0.85	6.00	6.00	—	—	22.75	
1940. 2. 9	頭分神社	無格	—	—	—	—	—	—	—	
1912. 10. 27	台中神社	国幣小社	32,000	12.50	58.25	17.50	—	—	74.54	神輿殿15.75坪，神門17.50坪，神庫6.00坪，斎殿72.50坪
1938. 2. 28	竹山神社	郷社	13,161	—	—	—	—	—	—	
1943. 3. 6	南投神社	郷社	—	—	—	—	—	—	—	
1940. 10. 6	能高神社	郷社	13,522	1.84	15.00	4.00	4.70	4.70	—	
1936. 3. 27	豊原神社	郷社	4,340	—	—	—	—	—	—	
1938. 10. 6	北斗神社	郷社	17,388	7.10	20.00	—	—	—	—	
1927. 7. 17	彰化神社	郷社	5,112	—	—	—	—	—	—	
1931. 3. 29	員林神社	郷社	1,009	—	—	—	—	—	—	
1937. 11. 23	清水神社	郷社	7,500	—	—	—	—	—	—	
1939. 10. 10	鹿港神社	無格	5,253	8.33	30.08	5.72	4.95	4.95	30.08	
1943→?	魚池神社	無格	—	—	—	—	—	—	—	
1937. 7. 30	東勢神社	無格	9,062	1.50	6.59	—	—	—	19.50	中門1.15坪，神庫7.50坪

社殿様式(参考)	祭神	所在地	列格・昇格など
	K・Y	新竹州新竹市客雅	1920. 2.17 県社列格 1942.11.25 国幣小社昇格
	K・Y・T・M	新竹州桃園郡桃園街	1945. 4.12 県社列格[郡]
	K・Y・M	新竹州苗栗郡苗栗街	1945. 4.12 県社列格[郡]
	Y・大国魂命・M	新竹州大湖郡大湖庄	[郡]
	A・K・M	新竹州竹東郡竹東街	[郡]
	Y・T・大国魂命	新竹州竹南郡竹南街	[郡]
	Y・T	新竹州中壢郡中壢街	[郡]
	A・Y	新竹州苗栗郡通霄庄	[郡]
	Y・T・M	新竹州竹南郡頭分庄	[庄]
	K・Y	台中州台中市新富町	1913. 5.29 県社列格 1942.11.27 国幣小社昇格
神明造	K・Y・M	台中州竹山郡竹山庄	1945. 2.28 郷社列格[郡]
	A・K・Y	台中州南投郡南投街	1944.11. 8 郷社列格[郡]
	K・Y	台中州能高郡埔里街	1944. 9.21 郷社列格[郡]
神明造	A・K・Y	台中州豊原郡豊原街	1944. 5.10 郷社列格[郡]
	K・Y・M	台中州北斗郡北斗街	1944. 8. 6 郷社列格[郡]
神明造	K・Y	台中州彰化市南郭	1928.12.22 神社昇格 1937.11. 4 郷社列格
神明造	K・Y	台中州員林郡員林街	1932.10.21 神社昇格 1942. 2.28 郷社列格[郡]
神明造	A・K・Y	台中州大甲郡清水街	1942.10.30 郷社列格[郡]
	Y・事代主命・M・大綿津見神	台中州彰化郡福興庄	[郡]
	K・Y	台中州新高郡魚池庄	[郡](1943年当時造営中，未鎮座か)
	Y・大己貴命・M・大山祇神・弥都波能売命	台中州東勢郡東勢街	[郡]

鎮座年月日	社号	社格	境内地面積	本殿	拝殿	祝詞殿幣殿	神饌所	祭器庫	社務所	備考
1941. 10. 18	秀水神社	無格	—	—	—	—	—	—	—	
1939. 10. 30	田中神社	無格	18,734	—	—	—	—	—	—	
1923. 10. 28	台南神社	官幣中社	7,316	8.80	10.80	—	—	13.50	22.11	中門 2.80 坪，神楽殿 45.00 坪
1915. 10. 28	嘉義神社	国幣小社	25,791	2.55	17.00 *	*	—	—	30.00	拝殿は幣殿を含む
1897. 1. 13	開山神社	県社	1,006	—	—	—	—	—	—	
1936. 9. 10	東石神社	郷社	23,141	—	—	—	—	—	—	
1936. 7. 15	北門神社	郷社	3,333	—	—	—	—	—	—	
1938. 9. 19	曽文神社	郷社	—	4.82	5.77	—	—	—	42.11	中門 1.45 坪
1934. 11. 26	北港神社	郷社	8,314	1.50	3.52	—	—	—	21.00	神庫 6.00 坪
1927. 7. 17	新化神社	郷社	—	—	—	—	—	—	—	
1937. 11. 27	新営神社	郷社	15,980	5.25	—	—	—	8.25	—	
1940. 12. 20	林内神社	無格	18,000	—	—	—	—	—	—	
1924. 11. 3	南靖神社	無格	3,901	—	—	—	—	—	—	
1929. 10. 20	斗六神社	無格	4,664	—	—	—	—	—	—	
1919. 4. 25	阿里山神社	無格	16,263	3.35	5.62	—	—	—	17.12	瑞垣 25.5 間
1916. 5. 25	五間厝神社	無格	4,736	—	—	—	—	—	—	建坪 24.68 坪
1919. 10. 4	阿緱神社	県社	10,000	—	—	—	—	—	—	
1912. 2. 5	高雄神社	県社	7,402	—	—	—	—	—	—	
1935. 7. 31	鳳山神社	郷社	3,780	—	—	—	—	—	—	
1936. 5. 27	潮州神社	郷社	9,289	—	—	—	—	—	—	
1935. 12. 9	岡山神社	郷社	13,688	—	—	—	—	—	—	
1935. 10. 18	東港神社	郷社	—	3.37	6.61	—	27.29 *	—	*	神饌所は社務所を含む

社殿様式(参考)	祭神	所在地	列格・昇格など
	K・Y・M	台中州彰化郡秀水庄	[庄]
流レ造	Y・M	台中州彰化郡福興庄	[庄]
	Y	台南州台南市南門町	1925.10.31 官幣中社列格
	A・K・Y	台南州嘉義市山子頂	1917.10.23 県社列格 1944. 2.28 国幣小社昇格
台湾在来ノ寺廟式	鄭成功	台南州台南市開山町	1897. 1.13 縣社列格
神明造	A・K・Y	台南州東石郡朴子街	1944. 7.28 郷社列格[郡]
流レ造	A・K・Y	台南州北門郡佳里街	1944. 9.29 郷社列格[郡]
	K・Y	台南州曾文郡麻豆街	1944. 5.28 郷社列格[郡]
	A・K・Y	台南州北港郡北港街	1938. 7.11 郷社列格[郡]
	A・Y・T・M	台南州新化郡新化街	1942.11. 4 郷社列格[郡]
	K・Y・倉稲魂命	台南州新営郡新営街	1942. 9.18 郷社列格[郡]
流レ造	K・Y・T	台南州斗六郡斗六街	[街]
神明造	A・大己貴	台南市嘉義郡水上庄	[郡]
神明造	K・Y	台南州斗六郡斗六街	1937. 6.25 神社昇格[郡]
	Y・大国魂命・少彦名命・大山祇命・火具津智命・科津彦命・大国主命・弥都波能売命	台南州嘉義郡阿里山ララチ社	
	A・K	台南州虎尾郡虎尾街	
神明造大社造ノ変態形式ノ流造	Y	高雄州屏東市大宮町	1926.12. 4 県社列格
本殿：入母屋造り，中殿：破風造，拝殿：入母屋造，神饌所：入母屋造	Y・大物主命・崇徳天皇	高雄州高雄市寿町	1932. 4.22 県社列格
神明造	A・K・Y	高雄州鳳山郡鳳山街	1943.10.26 郷社列格[郡]
神明造	A・Y・大国魂命・T・M	高雄州潮州郡潮州街	1938. 9.19 郷社列格[郡]
神明造	A・K・Y・M	高雄州岡山郡岡山街	1942. 1.24 郷社列格[郡]
	A・K・Y	高雄州東港郡東港街	1942.10.31 郷社列格[郡]

鎮座年月日	社号	社格	境内地面積	本殿	拝殿	祝詞殿幣殿	神饌所	祭器庫	社務所	備考
1936. 10. 30	旗山神社	無格	5,000	—	—	—	—	—	—	
1942. 5. 11	恒春神社	無格	15,534	3.47	21.88	4.16	—	—	44.00	神門1.90坪
1936. 4. 13	佳冬神社	無格	8,802	0.50	1.90	—	—	—	16.50	
1935. 12. 26	里港神社	無格	4,050	0.88	1.92	—	—	3.75	—	
1911. 10. 27	台東神社	県社	1,299	—	—	—	—	—	—	
1916. 9. 22	花蓮港神社	県社	19,577	—	—	—	—	—	—	
1912. 6. 8	吉野神社	無格	—	—	—	—	—	—	—	
1923. 12. 8	佐久間神社	無格	6,220	—	—	—	—	—	—	
1915. 6. 5	豊田神社	無格	—	6.00	6.00	—	1.20	—	29.00	
1915. 6. 6	林田神社	無格	6,008	3.50	6.00	—	1.00	—	26.00	祓戸1.00坪
1928. 11. 8	澎湖神社	県社	11,156	—	—	—	—	—	—	

付表2　朝鮮における神社一覧

- 創立許可の確認は，『朝鮮総督府官報』（朝鮮総督府）による。
- 境内地面積，社殿床面積は，国立公文書館蔵公文類聚昭和十六年社寺門「光州神社及江原神社ヲ国幣小社ニ列格セラル」に添付された「朝鮮ニ於ケル官国幣社以下神社ノ現況調」（昭和17年7月10日現在）の記載による。
  表中「—」は史料中に数値を欠いていることを示す。実際に当該社殿がなかったとはかぎらない。

  また，扶余神宮，京城護国神社，羅南護国神社については，『大陸神社大観』（大陸神道連盟，1941）など別の史料によった（おおむね1941年時点の計画規模と考えてよい）。
- 佐藤弘毅「戦前の海外神社一覧」（『神社本庁教学研究所紀要』No. 3，1998）も参照されたい。

（面積：坪）

創立年月日	社号	社格・指定	境内地　面積	本殿	拝殿	祝詞殿幣殿	神饌所	祭器庫	社務所
1919. 7. 18	朝鮮神宮	官幣大社	100,000	17.00	40.00	61.80	12.00	11.11	151.86
1916. 5. 22	京城神社	国幣小社	10,830	6.50	23.33	6.00	4.00	—	135.00
1943. 10. 20	京城護国神社	（指定護国）	27,491	7.00	12.00	12.00	*	*	60.00

社殿様式(参考)	祭神	所在地	列格・昇格など
神明造	K・Y・安徳天皇	高雄州旗山郡旗山街	[郡]
	K・Y	高雄州恒春郡恒春街	[郡]
	A・K・Y	高雄州東港郡佳冬庄	[庄]
	A・Y・弥都波能売命	高雄州屏東郡里港街	[庄]
神明造	K・Y	台東庁台東郡台東街	1924. 7.23 県社列格
神明造，拝殿：流造	K・Y	花蓮港庁花蓮郡花蓮港街	1921. 3. 2 県社列格
神明造	K・Y	花蓮港庁花蓮郡吉野庄	
流レ造	大己貴命・佐久間佐馬太	花蓮港庁花蓮郡蕃社タビト社	
	K・Y	花蓮港庁花蓮郡壽庄	
	K・Y	花蓮港庁鳳林郡鳳林庄	
神明造	K・Y	澎湖庁馬公街	1934. 7.23 神社昇格 1938.11.29 県社列格

・祭神　A：天照大神　T：豊受大神　M：明治天皇　S：昭憲皇太后　●：国魂大神
　(＋) 内は創立後の合祀を意味する。
・創立年月日は，官国幣社では内閣告示，その他の諸社では総督府による創立許可指令の日付をとる。
・「社格・指定」は終戦時の待遇を示す。神社の配列は道別に待遇の高い順とした。
・京城・羅南の両護国神社は，朝鮮総督府において国幣小社に準ずる待遇とされたので，ここでは道共進社より上位に配列した。

(面積：坪)

その他・備考	祭神	所在地	列格・昇格など
中門59.80坪，勅使殿49.13坪，参集所101.90坪	A，M	京畿道京城府南山	1919. 7.18 創立仰出 1925. 6 朝鮮神宮改称 1925.10.15 鎮座祭
参集所135.00坪	A(＋●・大己貴命・少彦名神)	京畿道京城府倭城台	1898.11. 3 勧請式執行 1936. 8. 1 国幣小社列格
＊神饌所・祭器庫・翼舎をあわせて40.00坪，他に参集所30.00坪	靖国神社の祭神にして崇敬区域に縁故を有する者	京畿道京城府龍山區龍山町	

創立年月日	社号	社格・指定	境内地　面積	本殿	拝殿	祝詞殿 幣殿	神饌所	祭器庫	社務所
1916. 4. 24	仁川神社	道供進社	5,692	3.00	33.10＊	＊	7.30	9.00	144.00
1916. 2. 2	開城神社	府供進社	10,149	1.50	15.00	—	5.33	—	12.50
1915. 12. 20	水原神社	邑供進社	3,350	3.25	15.36	2.25	—	—	17.50
1945. 5. 15	加藤神社		—	—	—	—	—	—	—
1922. 6. 12	清州神社	道供進社	15,232	4.00	17.50	2.81	0.83	-	19.87
1934. 8. 7	忠州神社	邑供進社	16,200	1.00	10.00	4.00	1.87	6.00	34.60
1944. 10. 13	報恩神社		—	—	—	—	—	—	—
1945. 7. 19	永同神社		—	—	—	—	—	—	—
1939. 6. 15	扶餘神宮	官幣大社	218,042	22.00	48.00	32.00	35.00	—	—
1917. 6. 11	大田神社	道供進社	11,385	3.00	17.50	2.50	—	—	43.00
1916. 11. 6	公州神社	邑供進社	2,315	2.00	—	—	—	6.00	15.00
1917. 6. 12	江景神社	邑供進社	2,375	0.95	12.25	—	—	—	20.50
1921. 4. 4	燕岐神社	邑供進社	4,675	3.84	15.00	6.00	—	—	16.00
1928. 10. 12	天安神社	邑供進社	5,824	0.75	17.00	2.50	—	6.00	25.00
1928. 2. 27	成歓神社		1,000	1.00	11.50	—	0.50	—	—
1943. 11. 9	舒川神社		—	—	—	—	—	—	—
1944. 12. 7	瑞山神社		—	—	—	—	—	—	—
1916. 9. 29	全州神社	国幣小社	38,613	3.00	12.00	—	—	—	23.10
1916. 12. 19	群山神社	府供進社	4,624	2.80	10.00	1.50	—	7.50	33.50
1917. 10. 29	裡里神社	邑供進社	3,195	0.66	13.00	3.33	—	—	34.00
1924. 9. 3	金堤神社	邑供進社	3,611	1.17	6.00	—	0.30	6.00	28.00

その他・備考	祭神	所在地	列格・昇格など
＊幣殿含む。斎館 7.30 坪	A(＋M 1922 合祀)	京畿道仁川府宮町	1890. 10 居留民が造営 1922. 8. 21 明治天皇の増祀許可 1936. 8 道供進社指定
	A	京畿道開城府池町	1936. 8 府供進社指定
神庫 9.00 坪	A	京畿道水原郡	1936. 8 邑供進社指定
	加藤清正	京畿道京城府龍山區榮町	「加藤神祠」からの昇格か？
	A	忠清北道清洲郡清洲邑榮町	1936. 8 道供進社指定
	A	忠清北道忠州郡忠州邑龍山里	1934. 8. 7 忠州神祠廃止許可(崇敬者代表同一) 1936. 8 邑供進社指定
	A	忠清北道報恩郡報恩面	
	?	忠清北道永同郡永同邑	
	応神天皇・斎明天皇・天智天皇・神功皇后	忠清南道扶餘郡扶餘面	1939 創立仰出　鎮座ならず
神庫 1.36 坪，倉庫 6.0 坪	A・M・S	忠清南道大田府大興町	1907 居留民による造営 1936. 8 道供進社指定
宝物殿 1.35 坪	A	忠清南道公州郡公州邑旭町	1936. 8 邑供進社指定
	A	忠清南道論山郡江景邑北町	1936. 8 邑供進社指定
	A	忠清南道燕岐郡鳥致院邑鳥致院里	1936. 8 邑供進社指定
	A	忠清南道天安郡天安邑南山町	1928. 10. 12 神明神祠廃止許可(崇敬者代表同一) 1936. 8 邑供進社指定
	A	忠清南道天安郡成歓面成歓里	
	A	忠清南道舒川郡舒川面	1943. 12. 23 同地所在の神明神祠廃止許可
	?	忠清南道瑞山郡瑞山邑	
神宝殿 1.33 坪，神庫 7.50 坪	A(＋●・M)	全羅北道全州府華山面	1936. 8 道供進社指定 1944 国幣小社列格
	A	全羅北道群山府錦町	1902 居留民，金刀比羅神社を創立(郡山神社の末社となる) 1936.08 府供進社指定
	A	全羅北道益山郡裡里邑	1936. 8 邑供進社指定
通殿 8.00 坪	A	全羅北道金堤郡金堤邑松洞里	1936. 8 邑供進社指定

創立年月日	社号	社格・指定	境内地　面積	本殿	拝殿	祝詞殿 幣殿	神饌所	祭器庫	社務所
1916. 8. 30	瑞穂神社		6,845	2.25	15.75	1.00	—	—	—
1917. 10. 29	大場神社		876	12.25	12.00	—	—	—	—
1920. 1. 24	泰仁神社		676	2.56	10.00	—	—	—	—
1925. 11. 25	助村神社		2,877	1.27	10.00	—	—	—	15.75
1931. 12. 18	井邑神社		2,958	2.00	6.00	2.90	2.08	—	19.25
1936. 8. 1	南原神社		2,606	1.50	7.90	—	—	—	27.50
1943. 3. 25	新泰仁神社		—	—	—	—	—	—	—
1917. 5. 1	光州神社	国幣小社	1,875	9.75	33.17	12.00	12.00	12.00	102.27
1916. 5. 3	松島神社	府供進社	4,973	2.30	36.00	—	2.00	—	10.00
1937. 2. 2	順天神社	邑供進社	3,549	1.99	13.12	3.00	—	—	32.56
1937. 9. 8	羅州神社	邑供進社	2,545	1.50	13.33	—	1.08	—	37.25
1917. 5. 18	東山神社		7,700	2.88	8.00	—	2.00	—	—
1929. 7. 10	榮山浦神社		721	3.00	12.00	—	—	—	15.50
1936. 5. 13	小鹿島神社		1,380	1.39	7.05	—	—	5.00	16.00
1939. 8. 15	麗水神社		778	3.00	19.00	—	3.75	—	25.00
1941. 4. 17	松汀神社		10,878	1.25	6.00	—	4.00	—	32.75
1944. 9. 5	潭陽神社		—	—	—	—	—	—	—
1916. 4. 22	大邱神社	国幣小社	6,586	10.00	33.80	10.00	5.00	—	103.80
1928. 7. 18	金泉神社	道供進社	4,311	4.10	12.00	3.00	3.00	6.00	53.00

その他・備考	祭神	所在地	列格・昇格など
通殿 2.00 坪	A・T・宇賀御魂神	全羅北道沃溝郡瑞穂面瑞穂里	1919. 3.14 移転許可
	A・大国主命・事代主命・応神天皇・素戔嗚尊・建磐龍命・菅原道真命・細川蔵孝命	全羅北道益山郡春浦面	
	A	全羅北道井邑郡泰仁面泰昌里	
	A	全羅北道完州郡助村面東山里	
	A	全羅北道井邑郡井州邑水城里	
	A・M	全羅北道南原郡南原邑鷺岩里	
	A	全羅北道井邑郡新泰仁邑	
神門 8.00 坪，両翼舎 8.73 坪	A(+●)	全羅南道光州郡亀岡町	1936. 8 道供進社指定 1941 国幣小社列格
中殿 6.00 坪	A	全羅南道木浦府松島町	1910 居留民団により鎮祭 1922. 8.24 改築許可 1936. 8 府供進社指定
	A	全羅南道順天郡順天邑	
	A・M	全羅南道羅州郡羅州邑	
	M・S	全羅南道長城郡長城面壽山里	
	A	全羅南道羅州郡榮山浦邑	
	A	全羅南道高興郡錦山面	
	A・●・M・事代主命・大物主命・崇徳天皇・須佐男命	全羅南道麗川郡麗川邑	1918. 6.18 金刀比羅神社として創立許可あり　その後廃止，神祠として認可か？ 1939. 8.15 神明神祠廃止許可(崇敬者代表同一) 1940.11.16 移転・改築許可
	A	全羅南道光山郡松汀邑	1941. 4.17 神明神祠を廃止して神社創立(崇敬者代表同一)
	?	全羅南道潭陽郡潭陽邑	
神庫 3.00 坪，儀式殿 40.40 坪	A(+●・素戔嗚尊)	慶尚北道大邱府達城町	1906.11. 3 皇祖遥拝所を造営，居留民団が経営。 1913 大邱神社号 1937. 5.15 国幣小社列格
	A・T(+●)	慶尚北道金泉郡金泉邑黄金町	1936. 8 邑供進社指定 のち道供進社指定

創立年月日	社号	社格・指定	境内地　面積	本殿	拝殿	祝詞殿 幣殿	神饌所	祭器庫	社務所
1923. 3. 5	浦項神社	邑供進社	730	1.00	20.00	2.00	—	—	16.00
1929. 7.19	鬱島神社		754	1.00	7.50	—	1.00	—	—
1939.12. 1	安東神社		11,702	2.16	14.91	—	1.98	—	22.60
1944. 4.21	慶州神社		—	—	—	—	—	—	—
1917. 7.10	龍頭山神社	国幣小社	1,157	12.20	19.40	9.00	—	—	63.80
1917. 5.14	晋州神社	道供進社	3,277	3.00	12.00	—	2.80	6.00	
1919. 6.23	馬山神社	府供進社	3,064	2.00	12.00	6.00	—	12.75	62.40
1916. 6. 2	鎮海神社	邑供進社	6,000	4.50	12.00	4.00	—	10.00	38.50
1916. 5. 4	統営神社	邑供進社	1,304	2.50	34.10	—	—	9.00	17.75
1916. 9.12	密陽神社		1,910	1.00	12.00	—	1.98	—	—
1917. 6.12	三浪津神社		200	1.00	—	—	—	—	—
1918. 6.11	海州神社	道供進社	5,265	3.00	9.00	6.00	—	6.00	24.30
1923. 8.16	兼二浦神社		504	1.75	12.00	2.50	—	—	21.50
1940.11. 8	延安神社		—	—	—	—	—	—	—
1942. 2.21	安岳神社		—	—	—	—	—	—	—
1917. 5. 7	平安神社	道供進社	1,140	6.10	18.00	4.89	—	—	16.00
1916. 7.18	龍川神社		4,128	3.00	6.00	—	2.00	6.00	18.20
1917. 6.11	義州神社		1,153	3.40	17.10	—	—	—	20.60
1928. 2.27	江界神社		700	0.30	16.50	—	—	10.00	44.10
1942.12.26	宣川神社		—	—	—	—	—	—	—
1916. 5. 4	平壌神社	国幣小社	12,474	6.00	28.00	32.30	—	—	—

その他・備考	祭神	所在地	列格・昇格など
	A(+大物主命・倉稲魂命)	慶尚北道迎日郡浦項邑	1936. 8 邑供進社指定
	A・大国主命・事代主命	慶尚北道鬱陵島南面道洞	
	A	慶尚北道安東郡安東邑	1939. 12. 1 同地所在の神明神祠廃止許可(崇敬者代表同一)
	A・●・須佐男命	慶尚北道慶州郡北面	
神楽殿 31.0 坪，神庫 6.00 坪	A・大物主命・素盞鳴尊・表筒男命・中筒男命・底筒男命(+●)	慶尚南道釜山府辨天町	延宝 6.03　金刀神社造営，大物主命を鎮祭 1936. 8. 1 国幣小社列格
神輿庫 9.00 坪	M	慶尚南道晋州郡晋州府本町	1936. 8 道供進社指定
神庫 1.50 坪	A	慶尚南道馬山府櫻町	1909. 7 馬山内地人が創建 1936. 8 府供進社指定
御神宝庫 1.00 坪	A・T	慶尚南道昌原郡鎮海邑	1936. 8 邑供進社指定
	A	慶尚南道統營郡統營邑	1936. 8 邑供進社指定
	A・誉田別尊・比売神・大帯姫命	慶尚南道密陽郡密陽邑	
	A	慶尚南道密陽郡三浪津面	1942. 8. 20 創立許可の効力消滅(神社規則第三条第一項)
神庫 1.30 坪	A	黄海道海州府上町	1918. 7. 1 神明神祠廃止許可(崇敬者代表同一) 1936. 8 道供進社指定
	A	黄海道黄州郡兼二浦邑	
	A+●	黄海道延白郡延安邑	
	A+●	黄海道安岳郡安岳邑	1942. 2. 21 同地所在の神明神祠廃止許可(崇敬者代表は異なる)
神殿所 2.00 坪，神輿庫 6.00 坪	A・天之子八根命・品陀別命	平安北道新義州府櫻町	1936. 8 道供進社指定
	A	平安北道龍川郡龍川面	1905. 10　建立
	A・M	平安北道義州郡義州邑	
	月読命(+A)	平安北道江界郡江界邑東部面	
	A+M	平安北道宣川郡宣川邑	1942. 12. 26 同地所在の神明神祠廃止許可(崇敬者代表は異なる)
祝詞舎 6.50 坪，幣殿 25.80 坪，神楽殿 16.16 坪	A(+●)	平安南道平壌府慶上邑	1913. 1. 1 鎮座式 1937. 5. 15 国幣小社列格

創立年月日	社号	社格・指定	境内地　面積	本殿	拝殿	祝詞殿 幣殿	神饌所	祭器庫	社務所
1916. 9.19	鎮南浦神社	府供進社	6,889	4.50	15.00	—	—	6.00	28.50
1918. 3.11	春川神社→江原神社	国幣小社	26,570	10.50	54.20	18.60	8.50	—	122.00
1938. 8.13	江陵神社		1,934	3.70	10.00	11.40	—	—	26.80
1943.12.18	鐵原神社		—	—	—	—	—	—	—
1944.10.21	麟蹄神社		—	—	—	—	—	—	—
1944.10. 5	羅南護国神社	(指定護国)	51,000	7.00	12.00	12.00	*	*	60.00
1921. 9.27	羅南神社	道供進社	11,416	0.68	19.00	—	2.00	6.00	55.50
1917. 5.14	清津神社	府供進社	9,693	1.88	12.10	—	2.00	6.00	44.50
1917. 6. 8	城津神社	府供進社	5,523	0.70	—	6.90	7.00	2.00	16.00
1919. 6. 5	會寧神社	邑供進社	2,136	3.90	15.00	—	—	—	27.25
1937. 4.20	雄基神社	邑供進社	2,071	1.77	20.00	1.30	1.80	12.00	34.15
1943. 2. 4	吉州神社		—	—	—	—	—	—	—
1916. 8.21	咸興神社	国幣小社	1,499	0.92	15.50	4.00	0.50	-	37.25
1916.12.26	元山神社	府供進社	8,063	5.10	24.00	8.30	—	10.00	51.70
1917.10. 8	北青神社		—	—	—	—	—	—	—
1943.10.23	安邊神社		—	—	—	—	—	—	—
1944. 9. 5	恵山八幡神社		—	—	—	—	—	—	—
1944.10. 3	興南神社		—	—	—	—	—	—	—

その他・備考	祭神	所在地	列格・昇格など
	A	平安南道鎮南浦府龍井町	1900 居留民が小祠を設置 1936. 8 府供進社指定
神輿舎 11.20 坪，神楽殿 44.00 坪，神庫 1.50 坪	A・M(＋●・素戔鳴尊)	江原道春川郡春川邑	1936. 8 道供進社指定 1941. 10. 1 国幣小社列格
	A・●	江原道江陵郡江陵邑	1938. 8. 13 同地所在の神明神祠廃止許可(崇敬者代表同一)
	A・M	江原道鐵原郡鐵原邑	1943. 12. 18 鐵原神祠を廃止して神社創立
	?	江原道麟蹄郡麟蹄面	
＊神饌所・祭器庫・翼舎をあわせて 40.00 坪，他に参集所 30.00 坪	靖国神社の祭神にして崇敬区域に縁故を有する者	咸鏡北道清津府生駒町	
神輿庫 1.50 坪	A・M	咸鏡北道清津府羅南生駒町	1936. 8 道供進社指定
	A・M	咸鏡北道清津府目賀田町	1936. 8 府供進社指定
	A・大物主命・崇徳天皇・譽田別命	咸鏡北道城津郡城津邑本町	1909. 5. 26 城津居住者，税関所有地の一部を借受け神社創立 1936. 8 邑供進社指定
	A・M	咸鏡北道會寧郡會寧邑	1936. 8 邑供進社指定
	A	咸鏡北道慶興郡雄基邑	1937. 4. 20 神明神祠廃止許可(崇敬者代表同一)
	A・M	咸鏡北道吉州郡吉州邑	1943. 2. 4 神明神祠廃止許可(崇敬者代表同一)
	A(＋●)	咸鏡南道咸興府和樂町	1936. 8 道供進社指定 1944 国幣小社列格
祝詞殿 2.50 坪，幣殿 5.80 坪	A	咸鏡南道元山府春日町	1882 伊勢より勧請して祠を設置，居留民団が経営. 1936. 8 府供進社指定
	?	咸鏡南道北清郡老徳面西里霊徳山 → 1944 咸鏡南道北青郡北青邑	1920. 3. 4 神明神祠へ変更許可 1944. 9. 15 再び神社(この際に移転？)
	A・M	咸鏡南道安邊郡安邊面	
	?	咸鏡南道恵山郡恵山面	
	?	咸鏡南道咸州郡興南面	

付表3 神社に関連する紀元二千六百年記念事業一覧（台湾・朝鮮）

資料：『紀元二千六百年祝典記録』第十冊（紀元二千六百年祝典事務局，内閣印刷局，1943）

＊ 事業主体が政府・地方団体であるもの

区分	事業主体	事業名称	事業年度
台北州	◎大日本傷痍軍人会台湾支部	献木費醵出	昭和15
	◎台北第二高等女学校	石燈籠献納	昭和15
	◎台湾日日新報社	大燈籠奉納	昭和15～
	基隆市教化聯合会	大国旗掲揚台建設	昭和15
	癩療養所楽生院	神社造営	昭和15
	祖霊舎信者一同	祖霊舎建設	昭和15～昭和17
新竹州	◎台湾産業組合協会新竹州支会	新竹神社常夜燈献納	昭和15
	◎新竹神社奉賛会	県社新竹神社造営	昭和13～昭和15
	◎愛国婦人会新竹州支部	新竹神社神苑躑躅献木	昭和15
	◎楊梅神社造営奉賛会	楊梅神社造営	昭和16～昭和18
	◎竹南神社造営奉賛会	竹南神社造営	昭和15
	◎頭分神社建立神社奉賛会	頭分神社建立	昭和14
	◎銅鑼神社造営奉賛会	銅鑼神社造営	昭和15～
	◎苑裡神社造営奉賛会	苑裡神社造営	昭和17

◎　神社（社・遥拝所・摂末社，神祠ではなくいわゆる公認神社）の整備もしくはその創立にかかわるもの。

経費	摘要
37	支部に於ては本会の指示に従ひ橿原神宮竝に宮崎神宮献木費として一会員より五銭乃至二十銭を醵出せしめ三十七圓五十銭を本会宛送付せり。
1,000	本校竝に校友会・同窓会及若草愛国子女団の協力にて官幣大社台湾神社竝に台北陸軍墓地に各一対宛石燈籠を奉納せり。
10,000	御造営中の官幣大社台湾神社に大燈籠一基を奉納す。
2,887	一般市民の寄付金に依り，市内天神町天満宮境内横山上及高砂町高砂公園横山上に大国旗掲揚台を建設す。
3,500	入院患者に皇國民としての信念を涵養せんがため，構内神社を造営し，之が経費は台湾癩予防協会補助竝に本院団体費を充て之に要する労力は凡て奉仕に依り職員は主として神域三百六十坪の整理を，患者は延長約三町の参拝道路の整地を為したり。
55,000	本郡最大の古廟（通称大将廟）の改修に伴ひ皇道化促進のため正庁内部及祭儀様式を神社式に改め正殿には産土神を祀り，北殿は郡下事変関係戦没者を祀る慰霊殿とし南殿には地蔵廟及大将爺等を安置祖霊殿と改称し社殿の整備を為す。之が経費は信者寄付金及祖霊殿収入金に依り。
7,000	州下各産業組合（六十七組合）よりの醵出金を以て新竹神社に常夜燈一對を献納す。
540,000	在住州民十二万人の寄付金竝に五万五千人の勤労奉仕作業に依り昭和十三年五月起工十五年九月竣工す。
1,376	支部管内三万八千三百九十三会員より一名五銭宛醵出し新竹神社神苑へ躑躅二千六百株を献木せり。
60,000	昭和十五年十二月楊梅神社造営奉賛会を設立し一般の寄付金に依り社殿を造営し十八年度迄に完成のことす。
50,000	竹南街二万街民多年の念願に懸る竹南神社建立を謀り，竹南神社造営奉賛会を組織し全街民より寄付金五万円を募り造営位置は中港・竹南・営盤邊・塩館前の四大字に跨る地域にして竹南平野を囲繞する高台に位し，竹南中港両市街を距る約六百米の地点にあり昭和十五年一月より造営工事に着手，同年十二月完成せり。
61,250	頭分神社の建立は二万三千余の街民の宿願にして街民の熱誠なる寄付金竝に勤労奉仕作業に依り十五年十一月工事竣功す。明治天皇，豊受大神，北白川宮能久親王を御祭神とせり。
24,000	所要経費の内一万二千円は庄内祭祀公業神明会・祖公会等の公業地収益金其の他より寄付，一万二千円は庄民一般の戸税生産に基く割当寄付を得たるを以て資材の蒐集に努め造営の進捗を図りつつあり。
15,000	苑裡庄民の寄付金に依り神社の敷地を買収整地し造営に努めつつあり。

区分	事業主体	事業名称	事業年度
台南州	◎大湖神社建立奉賛会	大湖神社造営	昭和 12～昭和 15
	＊◎曾文郡官田庄	官田神社社殿造営	昭和 15
	＊◎曾文郡大内庄	曾文神社末社大内神社造営	昭和 16
	＊◎斗六郡古坑庄	神社建立	昭和 15
	◎塩水神社造営奉賛会	塩水神社建立	昭和 15～
	◎虎尾小学校職員児童	神社献燈	昭和 12～昭和 14
	◎林内神社建設委員会	林内神社造営	昭和 14～昭和 15
	内林青年団	内林社造営	昭和 15～昭和 16
	◎斗六信用購買販売利用組合	燈籠献納	昭和 15～昭和 16
	◎新崙派出所保甲聯合会	大東神社造営	昭和 14～昭和 15
	◎六甲神社造営奉賛会	六甲神社造営	昭和 15～昭和 16
	◎郷社北港神社奉賛会	郷社北港神社施設拡張整備事業	昭和 16～昭和 17
高雄州	＊◎東港郡	東港神社外苑拡張工事	昭和 15～昭和 18
	＊◎鳳山郡	神饌料及石燈籠献納	昭和 15
	＊◎旗山郡美濃庄	美濃神社造営地整備	昭和 15～昭和 16
	＊◎旗山郡甲仙庄	甲仙神社参道改修	昭和 15
	＊◎旗山郡内門庄	内門神社建立	昭和 15～昭和 18
	＊◎屏東郡塩埔庄	石燈籠献納	昭和 15
	＊◎潮州郡枋寮庄	枋寮神社建立	昭和 15～昭和 19
	屏東信用組合	神饌田設置	昭和 15～昭和 16

経費	摘要
50,000	郡下在住庄民よりの寄付金及会員労力奉仕を以て造営す。
5,000	一般庄民及特志家の寄付金竝に庄民の勤労奉仕に依り用地を買収し社殿の造営を為す。
80,000	庄下寺廟廃止に依る公業神明会解散のため生じたる財産の寄付にて建設す。
43,600	庄民の負担に依り崁頭厝神社一五，〇〇〇円・古坑神社一六，〇〇〇円・渓邊神社一二，五〇〇円の神殿・拝殿・鳥居・手洗舎等を建立す。
500	昭和十五年十一に塩水神社造営奉賛会を結成し神社建立に関し各種に計画を進むることとせり。
200	職員児童の醵金に依り神社へ献燈を為せり。
	林内地方の氏子醵金及旧来の寺廟財産処分金竝に同地方有志団体等の献資に依り造営す。
4,500	部落民・斗六信用組合・造林公司・学校職員・児童の寄付金に依り造営す。
1,950	組合費を以て，斗六神社・林内神社及竹圍子遥拝所外四箇所の遥拝所に燈籠一対宛献納す。
3,850	保甲民負担に依り神殿・境内及参道の造営工事を行ふ。
40,000	六甲庄内一圓の奉賛会及庄外有志者の寄付金を以て，内外神苑九千坪の買収竝に神殿其の他造営を為す。本工事に関し庄民の労力奉仕延一万二千八百人に及びたり。
102,000	北港郡下氏子十二万人より寄付金を募集し，青年団其の他の勤労奉仕あり社殿の修築・境域の拡張整備を行ふ。
100,000	郡下各庄の寄付金に依り，東港神社第一鳥居前参道両側民有地を買収し，居住者二十七戸を移転せしめ，外苑の拡張を行ふこととせり。
1,090	郡下各庄を経て，郡民一人に付一銭の割にて寄付金を集め，橿原神宮に神饌料一百圓奉献すると共に，鳳山神社に石燈籠一対を奉献せり。
600	美濃神社造営地を美濃山麓の霊域に求め，之が整地は庄青年団其の他各団体の奉仕作業に依り行ひたり。尚ほ社殿の造営等は資材難のため，昭和十九年度に於て行ふ予定なり。
1,500	庄民の寄付金及勤労奉仕にて参道延長百三十米を改修し木の階段を造り吉野櫻の並木を植栽す。
15,000	敬神崇祖の観念を涵養し皇國精神の徹底を期せんがため内門神社建立委員会を設立し，庄民の寄付金及勤労奉仕に依り昭和十八年度迄に完成することとす。
630	庄民一般より寄付金を募り庄内阿緱神社に石燈籠を献納す。
50,000	枋寮神社建立のため委員会を設け之が財源として庄内旧祠廟の敷地・不動産等及神佛会財産竝に一般の寄付金を充当することとし諸般の準備を進め十九年度に完成の予定なり。
6,815	土地買収費四千三百十五圓及通路其の他築造費二千五百圓を以て神饌田を設け組合員中の青年をして毎年神饌田の奉仕を為さしむることとす。

区分	事業主体	事業名称	事業年度
	◎鳳山郡役所職員郡下街庄長愛国婦人会鳳山郡分会	植樹	昭和 15～
	◎皇紀二千六百年奉祝会記念事業評議員会	鳳山神社外苑拡張	昭和 13～昭和 17
	日出部落	日出社建立	昭和 15
	常磐部落	常磐社建立	昭和 15
	◎東港神社奉賛会	東港神社境内林苑拡張	昭和 15～昭和 16
	◎佳冬神社	境内拡張	昭和 15～
花蓮港庁	◎新城神社氏子	献燈	昭和 15

朝鮮

区分	事業主体	事業名称	事業年度
朝鮮総督府	＊◎朝鮮総督府陸軍兵志願者訓練所	扶余神宮御造営地勤労奉仕作業	昭和 16
全羅北道	＊ 茂朱郡富南面	神祠建設	昭和 15～昭和 19
	＊ 茂朱郡赤裳面	神祠建設	昭和 16～
	＊ 井邑郡七宝面	神祠造営	昭和 15～昭和 17
	◎全州神社奉賛会	神社の移転改修	昭和 13～昭和 16
	◎任実神社奉賛会	神社造営	昭和 15
	◎錦山神社造営奉賛会	神社造営	昭和 15～昭和 18
	◎南原神社	玉垣等の新設	昭和 15
	山東神祠奉賛会	神祠造営	昭和 15～
	二白面神祠奉賛会	神祠造営	昭和 15～
	朱川神祠奉賛会	神祠造営	昭和 15～
	大山神祠奉賛会	神祠造営	昭和 15～
	周生神祠奉賛会	神祠造営	昭和 15～

経費	摘要
67	鳳山郡役所職員百十五名（一名に付金二十銭）郡下街庄長七名（一名に付金三圓）愛国婦人会鳳山分会より金二十三圓を醵出し，鳳山神社境内に記念樹を植樹す。
60,840	昭和十三年度よりの継続事業として鳳山神社奉賛会・郡下街庄及地元（鳳山街）民の寄付金六万八百四十圓を以て外苑拡張の計画を樹て寄付募集及敷地九甲歩の買収其の他事業の進捗を図り十七年度に完成の予定とせり。
4,150	補助金・寄付金及部落民の負担に依り日出社を建立し，部落民の敬神の念を喚起す。
2,500	部落民の負担金竝に移民協会補助金に依り建立し村民敬神の中心たらしむ。
1,060	東港神社境内林苑拡張のため奉賛会主体となり郡下青年団之奉仕作業に依り行ふ。
20,000	一般寄付金に依り用地を買収し，境内を拡張す。
1,600	氏子之寄付金に依り新城神社に献燈す。

経費	摘要
4,300	昭和十五年十一月四日より十一日に至る間生徒九百五十八名を五団に区分して扶余神宮造営地の勤労奉仕に従事せしめ，敬神崇祖の念を昂揚すると共に内鮮一体の事跡を知らしめ貴き汗の奉仕により将来郡に入りては至誠奉公の誠となり郷に入りては内鮮一体の具現者となるべき決意を固めしめたり。
1,500	富南面事務所所所在地たる大所里の前に在る山の緩傾斜にして清浄なる個所を富南面神明神祠の敷地に選定し，該部落民の勤労奉仕作業にて地均工事を為し爾後三箇年計画を以て造営せんとす。
2,000	大旱年の直後にて寄進金の醵出容易ならざるため昭和十六年度より工事に着手することとす。
5,000	神明神祠造営奉賛会を創立し昭和十五年度より三箇年計画にて敷地地均及参道改良の諸工事を実施するものとす。
400,000	全州神社境内の地均・社殿の修築竝に献木五千四百余本の植樹を為し神苑を造成す。財源は官公吏・学校生徒児童及一般篤志家竝に公共団体・銀行会社等の寄付金に依り，尚ほ団体其の他各方面の勤労奉仕ありたり。
51,600	各方面の寄付金を得て造営を為す。
80,000	郡民の寄付金及篤志家の寄付金を以て造営することとす。
3,575	篤志家の寄付金に依り玉垣及石階段を新設す。
3,000	面民の寄進金及び勤労奉仕に依り造営を為すこととす。
4,000	面民の寄進金及び勤労奉仕に依り造営を為すこととす。
4,000	面民の寄進金及び勤労奉仕に依り造営を為すこととす。
3,500	面民の寄進金及び勤労奉仕に依り造営を為すこととす。
4,000	面民の寄進金及び勤労奉仕に依り造営を為すこととす。

区分	事業主体	事業名称	事業年度
	水旨神祠奉賛会	神祠造営	昭和 15～
	巳梅面神祠奉賛会	神祠造営	昭和 15～
	松洞神祠奉賛会	神祠造営	昭和 15～
	金池神祠奉賛会	神祠造営	昭和 15～
	帯江神祠奉賛会	神祠造営	昭和 15～
	徳果神祠奉賛会	神祠造営	昭和 15～
	寶節神祠奉賛会	神祠造営	昭和 15～
	雲峰神祠奉賛会	神祠造営	昭和 15～
	阿英神祠奉賛会	神祠造営	昭和 15～
	東面神祠奉賛会	神祠造営	昭和 15～
	◎扶安神社造営奉賛会	扶安神社造営	昭和 15～
	◎裡里神社	神社境内拡張	昭和 15～昭和 16
	◎井邑神社	神輿・神輿庫及祭具調製	昭和 15
	◎井邑神社	大鳥居建立	昭和 15～昭和 16
全羅南道	＊◎濟州島濟州邑	濟州神社造営	昭和 15～昭和 18
	＊◎光山郡松汀邑	松汀神社建立	昭和 15～昭和 16
	＊　高興郡蓬萊面	神祠燈籠奉献	昭和 15
	＊　長興郡長興邑	神饌田設置	昭和 15
	鈴泉里鎮座神明神祠奉賛会	神祠建立	昭和 15～昭和 16
	大洞面神祠奉賛会	神祠建立	昭和 15
	厳多面神祠奉賛会	神祠建立	昭和 15～昭和 16
	羅山面神祠奉賛会	神祠建立	昭和 15
	海保面神祠奉賛会	神祠建立	昭和 15
	月也面神祠奉賛会	神祠建立	昭和 15
	郡外面神祠奉賛会	神祠建立	昭和 15～昭和 16
	古今面神祠奉賛会	勅語奉安殿建設	昭和 15
	薪智面神祠奉賛会	神祠建立	昭和 15
	所安面神祠奉賛会	神祠建立	昭和 15～昭和 16
	蘆花面神祠奉賛会	神祠建立	昭和 15

経費	摘要
3,500	面民の寄進金及び勤労奉仕に依り造営を為すこととす。
4,000	面民の寄進金及び勤労奉仕に依り造営を為すこととす。
5,000	面民の寄進金及び勤労奉仕に依り造営を為すこととす。
4,000	面民の寄進金及び勤労奉仕に依り造営を為すこととす。
4,000	面民の寄進金及び勤労奉仕に依り造営を為すこととす。
3,500	面民の寄進金及び勤労奉仕に依り造営を為すこととす。
3,000	面民の寄進金及び勤労奉仕に依り造営を為すこととす。
6,000	面民の寄進金及び勤労奉仕に依り造営を為すこととす。
4,000	面民の寄進金及び勤労奉仕に依り造営を為すこととす。
4,000	面民の寄進金及び勤労奉仕に依り造営を為すこととす。
50,000	郡内有志に於て計画し篤志家の寄付金に依り造営することとす。
12,000	従来の境内面積は三千百九十五坪にして正面狭隘のため一般の寄付金と勤労奉仕に依り，約二千坪を拡張し参道石段其の他を整備す。
3,260	篤志者寄付金及郡内小学校職員・児童の醵出金に依り夫々整備す。
3,500	篤志者寄付金に依り参道入口に建設す。
50,000	多年の懸案たり濟州神社を造営し本島守護神として二十五万島民の敬神の対象たらしむるため，濟州神社造営期成会を組織し寄付金を募り昭和十八年度の之を完成することとす。
9,582	邑内一般寄付金及労力奉仕に依り社殿の造営及付属建設物の施設を為す。
350	一篤志家の寄付金を以て神明神祠前に燈籠を建設奉献し神域を荘厳ならしむ。
200	邑内振興会をして設置せしめ新穀を神社に献納せしむ。
15,186	一般寄付金及勤労奉仕に依り建立す。
3,100	崇敬者之寄付金に依り民有地千坪を購入し，各団体等の勤労奉仕に依り建立す。
3,000	崇敬者之寄付金に依り民有地六百六十坪を購入し，諸団体等の勤労奉仕を得て建立す。
2,300	敷地二千三百坪の寄付を得て崇敬者之寄付金及諸団体等の労力奉仕に依り建立す。
2,300	崇敬者之寄付金に依り林野九百坪を購入し，諸団体等の労力奉仕を以て建立す。
2,300	崇敬者之寄付金に依り林野千三百五十坪を購入し，諸団体等の労力奉仕を以て建立す。
4,000	一般寄付金及労力奉仕に依り七百十一坪の境内に建立す。
4,200	一般寄付金及面民多数の労力奉仕に依り境内四千三百九十五坪に建立す。
4,000	一般寄付金及勤労奉仕に依り五百八坪の境内に建立す。
2,800	一般寄付金及勤労奉仕に依り千七十一坪の境内に建立す。
4,000	一般寄付金及勤労奉仕に依り千九十五坪の境内に建立す。

区分	事業主体	事業名称	事業年度
	霊厳神祠奉賛会	神祠境内拡張	昭和 15
	美岩面神祠奉賛会	神祠建立	昭和 15
	三湖面神祠奉賛会	神祠建立	昭和 15
	西湖面神祠奉賛会	神祠建立	昭和 15～昭和 19
	新北面神祠奉賛会	神祠建立	昭和 15
	鶴山面神祠奉賛会	神祠建立	昭和 15
	龍面神明神祠造営奉賛会	神明神祠建立	昭和 15
	南面神明神祠造営奉賛会	神明神祠建立	昭和 15
	大徳神明神祠造営奉賛会	神明神祠建立	昭和 15
	道陽面神明神祠総代会	神明神祠復旧竝に倉庫設立	昭和 15～昭和 16
	孝池面神祠造営奉賛会	神祠建立	昭和 15～昭和 16
	石谷面神祠奉賛会	神祠建立	昭和 15
	西倉神明神祠奉賛会	神祠建立	昭和 15
	東谷面神明神祠奉賛会	神祠の建立	昭和 15
	◎康津神社奉賛会	康津新神社造営	昭和 15～昭和 16
	楸子西青年隊	神饌田設置	昭和 15
慶尚北道	＊ 慶州郡甘浦邑	甘浦神祠参道改修	昭和 15
	＊ 盈徳郡盈徳面	盈徳神明神祠の改修	昭和 15
	＊ 盈徳郡知品面	知品神祠建立	昭和 15
	＊ 醴泉郡醴泉面	大鳥居献納	昭和 15
	＊ 達城郡玄風面	神饌田設置	昭和 15
	＊ 永川郡新寧面	新寧神祠建立	昭和 15～昭和 16
	＊ 奉化郡祥雲面	祥雲神明神祠建立	昭和 15～昭和 16
	＊ 奉化郡春陽面	神祠境内拡張	昭和 15
	＊ 榮州郡浮石面	浮石神祠建立	昭和 15～昭和 16
	＊ 義城郡	神饌田設置	昭和 15
	＊ 金泉郡甘川面	神祠建立	昭和 15
	＊ 金泉郡代項面	神祠建立	昭和 15～昭和 16
	＊ 金泉郡甘文面	神祠建立	昭和 15～昭和 16
	＊ 金泉郡禦海面	神祠建立	昭和 15～昭和 16
	＊ 金泉郡知禮面	神祠建立	昭和 15～昭和 19

経費	摘要
1,622	面民の寄付金及勤労奉仕に依り施行す。
3,000	面民の寄付金及勤労奉仕に依り建立す。
3,000	面民の寄付金及勤労奉仕に依り建立す。
3,000	面民の寄付金及勤労奉仕に依り建立す。
3,000	面民の寄付金及勤労奉仕にて民有地を購入し建立す。
3,000	敷地の寄付を得一般の寄付金及団体員面民の勤労奉仕に依り建立す。
2,877	一般面民の寄付金及勤労奉仕に依り建立す。
2,700	一般の寄付金及面民児童の勤労奉仕に依り建立す。
2,800	面民の寄付金及勤労奉仕に依り建立す。
2,020	地方崇敬者の寄付金及勤労奉仕に依り復旧及建設を為す。
2,971	一般寄付金及勤労奉仕に依り造営す。
2,000	篤志家より境内地二千二百余坪の寄付を得一般の寄付金及勤労奉仕に依り建立す。
2,900	一般面民の寄付金及勤労奉仕に依り造営す。
3,210	面民の寄付金及勤労奉仕に依り建立す。
41,000	奉賛会を組織し邑民より寄付金を募り邑民の勤労奉仕に依り造営す。
200	神饌田を設置奉耕し面神祠竝に道社に神饌を奉献す。
2,100	参道五十四米の幅員を拡張し，直線に改め，階段二箇所を設く。
5,800	盈徳神明神祠改築奉賛委員会を組織し面民一般の寄付金及勤労奉仕に依り実施す。
3,000	知品面一圓を区域とする神祠建立，奉賛会を組織し寄進金及勤労奉仕に依り建設す。
1,000	一篤志家の寄進金に依り大鳥居を建立す。
406	各面民より籾二升宛醵出せしめ，之が売却金にて水田五畝歩を購入し設置す。
4,500	面内各氏子より醵金し氏子の勤労奉仕にて建立す。
2,000	面民の寄付金及勤労奉仕に依り建立す。
800	面民の勤労奉仕に依り拡張す。
395	面民の寄付金及勤労奉仕に依り建立す。
40	毎年新穀を神饌として朝鮮神宮・橿原神宮竝に大邱神社に奉納せしむることとし部落連盟をして奉耕に当らしむ。
3,000	崇敬者より醵金し神祠建立を為すこととす。
2,695	面神祠建立の期成会を組織し寄付金及面民の勤労奉仕に依り建立す。
4,000	一般より資金募集を為し敷地を買収し面民の勤労奉仕に依り建立す。
3,793	面内有志の寄付金及び一般の勤労奉仕に依り建立す。
500	五箇年計画を以て一般の寄付金及労力奉仕に依り建立することとす。

区分	事業主体	事業名称	事業年度
	＊　金泉郡大徳面	神祠建立	昭和 15
	＊　金泉郡釜項面	神祠建立	昭和 15～昭和 16
	＊　金泉郡亀城面	神祠建立	昭和 15～昭和 16
	＊　金泉郡開寧面	神祠建立	昭和 15～昭和 16
	＊　金泉郡南面	南面神祠建立	昭和 15～昭和 16
	＊　清道郡華陽面	神饌田設置	昭和 15
	＊　清道郡豊角面	豊角神祠建立	昭和 15～昭和 16
	＊　清道郡梅田面	梅田神祠建立	昭和 15～昭和 16
	＊　善山郡海平面	海平神明神祠建立	昭和 14～昭和 15
	大邱公立中学校	全国官国幣社由緒写真蒐集等	昭和 15
	軍威神祠造営奉賛会	神祠建立	昭和 15
	慶州郡農会	神饌田設置	昭和 15
	◎　慶州神社造営奉賛会	慶州神社造営	昭和 14～昭和 17
	江西神明神祠崇敬者	神明神祠移転	昭和 13～昭和 14
	陽南面神明神祠奉賛会	神明神祠造営	昭和 15～昭和 16
	◎浦項神社奉賛会	浦項神社移転修築	昭和 15～昭和 17
	兄山小学校	神祠造営	昭和 15
	神光小学校後援会	神祠造営	昭和 15～昭和 16
	財団法人煙草小売人協会店村支部	神祠手洗鉢奉納	昭和 15
	虎渓面神明神祠期成会	神明神祠建立	昭和 15
	江口神祠造営奉賛会	江口神祠造営	昭和 16
	北安小学校	神祠建立	昭和 16
	義城面神明神祠奉賛会	神祠移転	昭和 15～昭和 16
	◎尚州振興期成会	尚州神社造営	昭和 12～
	角南面神祠期成会	角南神祠建立	昭和 15～昭和 16
	◎国民総力源川部落連盟	部落神饌田設定	昭和 15
慶尚南道	＊◎梁山郡梁山面	神饌田設置	昭和 15
	＊◎咸安郡郡北面	郡北神明神社造営	昭和 15
	＊　宜寧郡宜寧面	神祠造営	昭和 15～昭和 16
	＊　密陽郡山外面	神祠造営	昭和 15～昭和 16
	＊　密陽郡初同面	神祠造営	昭和 15～昭和 16

経費	摘要
3,500	面民の寄付金及勤労奉仕に依り建立す。
2,800	面民の寄付金及勤労奉仕に依り建立す。
3,500	面民の寄付金及勤労奉仕に依り建立す。
3,700	面民の寄付金及勤労奉仕に依り建立す。
3,000	面内有志寄付金竝に面民の勤労作業にて建立す。
40	郡農会の補助竝に面費にて神饌水田一畝歩を設け奉耕し新穀は大邱神社に奉献す。
5,000	面民の寄付金及勤労奉仕に依り建立す。
6,000	面内一般崇敬者の寄付金及勤労奉仕に依り建立す。
2,700	面内一般崇敬者の寄付金及勤労奉仕に依り建立す。
60	校友会の寄付金に依り全国より蒐集す。
9,000	神祠造営奉賛会を結成し寄付金を募り神祠を造営し面民の敬神の念涵養に資せんとす。
100	農会支辨に依り設置し新穀を大邱神社に献納す。
100,000	郡民の寄付金竝に勤労奉仕に依り造営することとす。
3,568	崇敬者醵出金及篤志者寄付金竝に勤労奉仕にて移転し境域を整備す。
8,407	一般崇敬者の寄付金及勤労奉仕に依り造営す。
100,000	一般篤志家の寄付金及勤労奉仕に依り移転修築することとす。
400	父兄・職員・児童の醵出金竝に勤労奉仕に依り建設す。
700	後援会の寄付金・児童の醵出金及勤労奉仕に依り造営す。
270	支部内小売人の寄付金に依り作製し献納す。
1,276	期成会よりの醵出金以て建立す。
20,000	地方有志の寄付金及勤労奉仕に依り造営す。
600	後援会其の他の寄付金及児童の労力奉仕に依り建立す。
12,000	一般寄付金にて従来義城面帳竹洞に奉斎しありしを上里洞に移転改築す。
40,000	一般の寄付金に依り尚州神社を造営することとす。
6,000	一般面民の寄付金及勤労奉仕に依り建立す。
26	青松郡農会補助の下に部落神饌田を設定し収穫したる精粟一升を大邱神社に奉献せり。
41	神饌田を設置新基部落連盟に耕作せしめ之を朝鮮神宮に献納す。
5,000	篤志者の寄付金竝に面民の醵金及勤労奉仕に依り建設す。
13,000	篤志者の寄付金及面民の勤労奉仕に依り神殿を改築，神域の拡張整備を為し，第二鳥居・燈籠・手水舎・倉庫等を建設す。
5,100	面内有志寄付金を以て造営す。
2,400	面内有志寄付金を以て造営す。

区分	事業主体	事業名称	事業年度
	＊　密陽郡上東面	神祠造営	昭和15～昭和16
	＊　密陽郡武安面	神祠造営	昭和15～昭和16
	＊　昌原郡熊川面	熊川神祠造営	昭和15～昭和16
	◎晋州公立中学校	石燈籠献納	昭和15
	◎統營自治青年団	社号柱塔建設	昭和15
	◎統營警防団	統營神社境内植樹	昭和15
	梁山神明神祠奉賛会	梁山神明神祠拡充	昭和15
	梁山公立農業実修学校	神祠造営	昭和15
	◎院洞面連盟	神社造営	昭和15
	伽★神明神祠建立奉賛会	伽★神明神祠建立	昭和14～昭和16
	法守小学校	神祠造営	昭和15
	国民総力三浪津面連盟	神祠改築	昭和15
	◎鎮海公立高等女学校	神饌園設定	昭和14
	昌原学校組合	大鳥居建立竝に表参道築造	昭和15
黄海道	＊　鳳山郡沙里院邑	神祠造営	昭和15～昭和16
	海州刑務所職員温交会	神祠造営	昭和15
	平壌刑務所金山浦支所職員会	神祠造営	昭和15
平安南道	＊　龍岡郡池雲面	神祠造営	昭和15
	＊　龍岡郡大代面	神祠造営	昭和15～昭和16
	＊　大同郡南串面	神祠造営	昭和15～昭和16
	＊　大同郡柴足面	神祠造営	昭和14～昭和15
	＊　大同郡南兄弟山面	神明神祠造営	昭和15～昭和16
	＊　安州郡東面	神祠造営	昭和15
	＊　安州郡新安州面	神明神祠改造	昭和15～昭和16
	◎新陽里第一区里会	神社奉賛会寄付	昭和15
	◎賑町内地人貸座敷組合	神社修築竝に国旗掲揚台建設	昭和15

経費	摘要
2,200	面内一般の寄付金を以て造営す。
2,488	面内一般有志寄付金を以て造営す。
2,500	神祠造営奉賛会寄付金及有志寄付金竝に面民の勤労奉仕に依り造営す。
2,000	職員・生徒の醵金に依り晋州神社の神域に石燈籠一対を奉納す。
600	団費にて統営神社社号柱塔を石材を以て建設す。
30	団員の寄付金に依り統営神社境内に記念植樹を為す。
7,862	面内氏子及有志の寄付金に依り梁山神明神域拡張・参道の改修其の他諸設備を為す。本工事作業は各部落連盟員の奉仕に依れり。
300	篤志家の寄付金に依り神祠を造営す。
1,500	部落有志者の寄付金に依り神社を造営し，之が地均作業には連盟員の勤労奉仕を以てせり。
10,000	面内篤志者の寄付金及一般の勤労奉仕に依り建立す。
1,000	面内一般の寄付金及児童の労力奉仕に依り神祠を造営し爾後毎年十一月十日を以て例祭日と定む。
6,000	面民の寄付金及労力奉仕にて神祠を改築依す。
31	校友会を以て校庭に神饌園を設定し校内神棚及鎮海神社に奉饌す。
885	寄付金及面民及小学児童の勤労奉仕を以て昌原神祠大鳥居建立竝に表参道を新設す。
100,000	邑民一般に寄付金の割当募集を為し，邑民及諸団体等ぼ勤労奉仕に依り造営す。
210	海州刑務所職員を以て組織せる温交会員の醵金に依り同所構内に収容員をして日夕参拝せしめ敬神崇祖の観念扶殖に努む。
535	職員の醵出金及朝鮮治刑協会の補助金に依り支所構内に建設し，鳥居・玉垣・燈龍等も整備し職員及在所者をして参拝せしめ，敬神崇祖の観念を厚からしむ。
2,000	一般寄付金に依り造営す。
10,000	面内一般の寄付金を以て造営す。
4,000	面内一般の寄付金及勤労奉仕を以て造営す。
2,500	面内一般の寄付金を以て造営す。
4,216	篤志家の寄付金及面民の勤労奉仕に依り敷地二千三百坪内に建設す。
300	一般面民の寄付金及勤労奉仕に依り造営す。
15,000	現在の神祠は腐朽せるを以て面内に於ける崇敬者及篤志家の寄付金竝に一般の勤労奉仕を以て神祠を改築す。
426	里内有志寄付金を以て平壌神社奉賛会へ百七十六圓，護国神社奉賛会へ百五十圓寄付す。
2,300	町内の稲荷神社鳥居及玉垣の修築竝に同境内国旗掲揚台を建設す。

区分	事業主体	事業名称	事業年度
	◎賑町会	防空壕築造	昭和 15
	◎鎮南浦神社造営奉賛会	鎮南浦神社造営	昭和 15～昭和 18
	平壌刑務所鎮南浦支所職員	神祠及遥拝所造営	昭和 15～昭和 16
	徳川神祠奉賛会	神祠神域の移転拡張	昭和 15
	陽徳郡教育会	陽徳神祠玉垣造営	昭和 15～
	江西神祠神域拡張奉賛会	江西神祠神域拡張及整備	昭和 15～
	東面神祠奉賛会	神祠造営	昭和 18
平安北道	＊　龍川郡外上面	南市神祠造営	昭和 15～昭和 16
	＊　楚山郡楚山面	神祠神域整備	昭和 15
	＊　楚山郡古面	神明神造営	昭和 15
	＊　熙川郡熙川面	神明神祠境内拡張整備	昭和 14～昭和 15
	＊◎宣川郡宣川邑	宣川神社造営	昭和 15～昭和 16
	◎龍川神社	龍川神社境内拡張及施設整備	昭和 15
	楚山八幡神祠崇敬者	神祠境域整備	昭和 15
咸鏡南道	◎咸興神社奉賛会	咸興神社造営	昭和 15～
	咸鏡刑務所元山支所職員	神祠造営	昭和 15
	◎北青神社奉賛会	北青神社造営	昭和 15～
	◎永興神社奉賛会	永興神社造営	昭和 14～昭和 17
	◎帝国在郷軍人会羅南支部	護国神社勤労作業奉仕及燈籠献納	昭和 15

経費	摘要
1,500	町内有志の寄付金及町民の勤労奉仕に依り町の中央なる稲荷神社境内の坪数十二坪，収容人員百二十人の永久的防空壕を築造す。
200,000	氏子及敬神者の寄付金及府職員・各町連盟・中小学校生徒・児童の勤労奉仕作業に依り四箇年継続事業として造営することとす。
480	全職員の寄付金及朝鮮治刑協会の補助金竝に職員の勤労奉仕に依り造営す。
14,000	現在の神祠地域は土地狭隘にて参拝及諸式擧行に支障尠からず依て腐朽せるを以て一般寄付金及勤労奉仕を以て之を適当の地に移転拡張せんとし三箇年継続事業として施行することとす。
440	郡下小学校職員及児童の醵出金を以て陽徳神祠の玉垣造営を為したり。
11,000	面内一般より寄付金を募り神祠移転・神域拡張を為し，玉垣・石段の築造，倉庫の建設，祭具の整備等を為す。
955	四箇年継続事業として一般寄付金を募り造営することとす。
10,000	面内一般有志の寄付金を得て造営す。敷地地均工事は各官公署職員及面民の勤労奉仕に依りたり。
1,565	篤志家の寄付金竝に一般の勤労奉仕に依り八幡神祠の鳥居及玉垣の造営等を為す。
2,060	面内有志の寄付金及面民の勤労奉仕に依り造営す。
7,920	一般寄付金及現物寄付竝に面民多数の勤労奉仕に依り本殿・手水舎・鳥居・玉垣等の整備，燈籠・狛犬の設置，境内拡張，参道の植樹等を為し神域の尊厳を増大せり。
42,000	有志の寄付金及邑民の勤労奉仕に依り造営す。
2,600	龍川神社の境域を拡張し木柵を修理し社庫を新築す。経費は有志の寄付金に依り地均し石材運搬等は各官公署職員及部民の勤労奉仕に依る。
1,565	崇敬者の寄付金及崇敬者，官公署員，学校職員生徒等の勤労奉仕に依り楚山八幡神祠の境内及参道を改修し鳥居を建設す。
552,000	本道の総鎮護として庶民の崇敬最も厚く，神威遍く全道を光被するに至れるも社殿其の他の施設完からざるを以て紀元二千六百年記念事業として之を整備することとなり奉賛会を組織し，一般及諸団体より寄付金を募り，社殿を造営し，神域竝に諸施設を整へ，神徳の昂揚を図り，敬神崇祖の美風涵養に努むることとす。
676	支所職員其の他の寄付金竝に同職員の勤労奉仕に依り神祠を造営す。
80,000	一般の寄付金及勤労奉仕にてぞうえいすることとす。
61,112	一般より寄付を金募り面民及諸団体の労力奉仕に依り神殿其の他建物の造営，境内拡張及参道築造を為す。
1,000	羅南護国神社建設せらるるを以て支部会員を以て勤労奉仕を為し又会員の醵金にて社前に燈籠を献納す。